편입은 김영! 김영편입!

김영편입

수학

선형대수

김영편입 컨텐츠평가연구소 지음

행렬과 벡터, 4단계로 정리하는 편입수학의 핵심 개념과 공식

김영북스

합격을 완성할 단 하나의 선택

김영편입 수학
선형대수

PREFACE

선형대수, 이렇게 출제된다!

- 선형대수는 행렬과 벡터를 중심으로 구성된 중요한 수학 분야로, 각각 고유한 수학적 원리와 응용 방법을 가지고 있습니다. 깊이 있는 이해를 바탕으로 자주 출제되는 핵심 개념을 문제에 적용하는 학습 방법이 필수적입니다.

4단계 추천 학습법

- **1단계 | 기본공식 암기**
  공식 적용만으로 득점할 수 있는 문제가 출제되므로 영역별로 공식을 따로 정리하여 암기합니다.

- **2단계 | 문제 적용력 향상**
  개념과 공식이 문제에 적용되는 방법을 '개념적용' 문제를 풀며 파악합니다.

- **3단계 | 대표출제유형 파악**
  학습한 개념과 공식을 대표 빈출문제를 통해 다시 한번 명확하게 정리합니다.

- **4단계 | 유형 익히기**
  각 주제별로 출제되는 다양한 유형을 '실전 기출문제'로 접하고 반복하여 풀이 시간을 절약합니다.

김영편입 선형대수를 추천하는 이유!

- **최신 출제경향을 완벽 반영한 이론서**
  "김영편입 수학 기출문제 해설집"에서 제공하고 있는 대학별 출제 비중 및 출제경향을 분석해 출제빈도가 높은 유형을 이론별 난이도에 맞게 수록하였습니다.

- **이해하기 쉬운 해설**
  초보자도 이해하기 쉽게 생략된 풀이과정이 없도록 상세히 풀어 썼습니다.

HOW TO STUDY

STEP 01 → 핵심을 강조한 이론과 공식을 토대로 한 개념학습

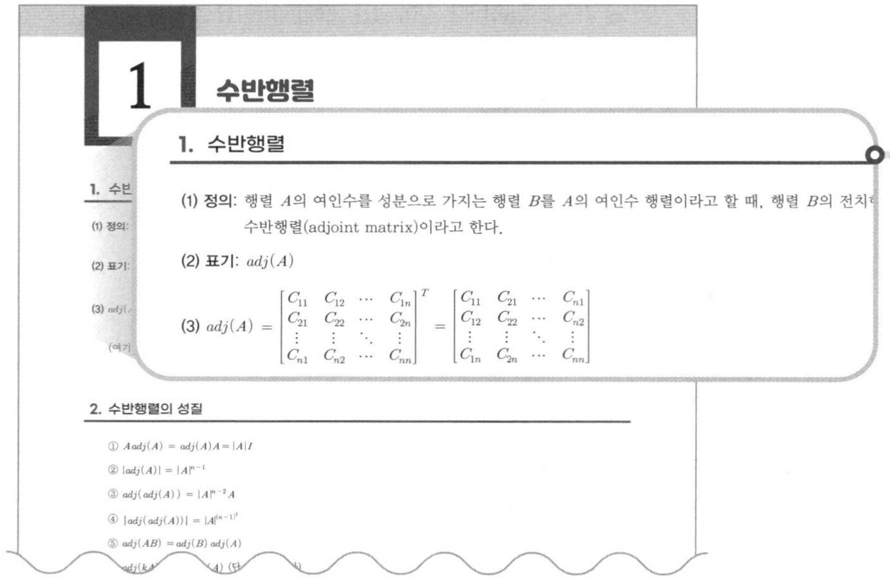

1 수반행렬

1. 수반행렬

(1) 정의: 행렬 A의 여인수를 성분으로 가지는 행렬 B를 A의 여인수 행렬이라고 할 때, 행렬 B의 전치행렬을 수반행렬(adjoint matrix)이라고 한다.

(2) 표기: $adj(A)$

(3) $adj(A) = \begin{bmatrix} C_{11} & C_{12} & \cdots & C_{1n} \\ C_{21} & C_{22} & \cdots & C_{2n} \\ \vdots & \vdots & \ddots & \vdots \\ C_{n1} & C_{n2} & \cdots & C_{nn} \end{bmatrix}^T = \begin{bmatrix} C_{11} & C_{21} & \cdots & C_{n1} \\ C_{12} & C_{22} & \cdots & C_{n2} \\ \vdots & \vdots & \ddots & \vdots \\ C_{1n} & C_{2n} & \cdots & C_{nn} \end{bmatrix}$

2. 수반행렬의 성질

① $A\,adj(A) = adj(A)A = |A|I$

② $|adj(A)| = |A|^{n-1}$

③ $adj(adj(A)) = |A|^{n-2}A$

④ $|adj(adj(A))| = |A|^{(n-1)^2}$

⑤ $adj(AB) = adj(B)\,adj(A)$

중요개념

빈출개념과 공식 위주의 학습이 가능하도록 구성했습니다.

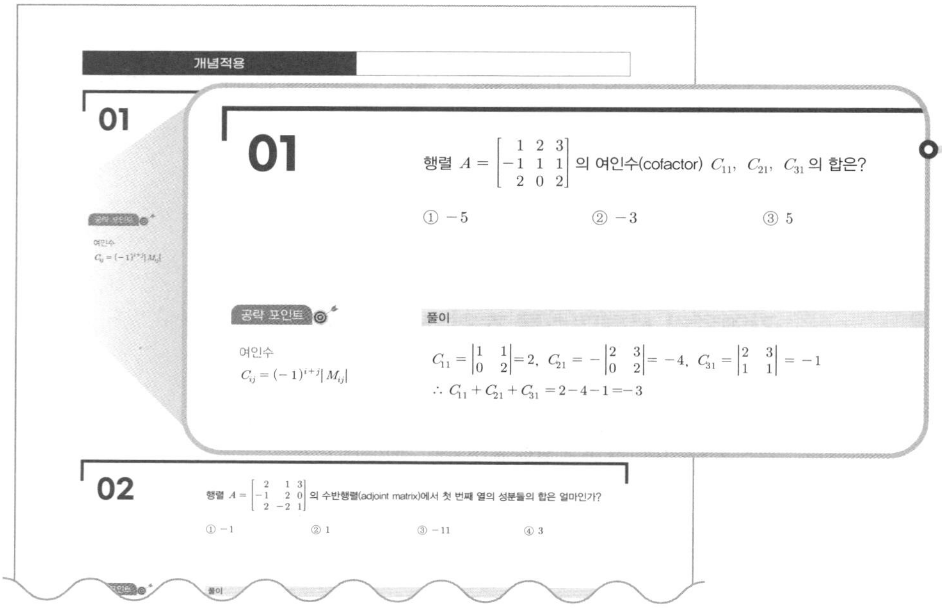

개념적용

01

행렬 $A = \begin{bmatrix} 1 & 2 & 3 \\ -1 & 1 & 1 \\ 2 & 0 & 2 \end{bmatrix}$ 의 여인수(cofactor) C_{11}, C_{21}, C_{31} 의 합은?

① -5 ② -3 ③ 5

공략 포인트

여인수

$C_{ij} = (-1)^{i+j}|M_{ij}|$

풀이

$C_{11} = \begin{vmatrix} 1 & 1 \\ 0 & 2 \end{vmatrix} = 2$, $C_{21} = -\begin{vmatrix} 2 & 3 \\ 0 & 2 \end{vmatrix} = -4$, $C_{31} = \begin{vmatrix} 2 & 3 \\ 1 & 1 \end{vmatrix} = -1$

$\therefore C_{11} + C_{21} + C_{31} = 2 - 4 - 1 = -3$

02

행렬 $A = \begin{bmatrix} 2 & 1 & 3 \\ -1 & 2 & 0 \\ 2 & -2 & 1 \end{bmatrix}$ 의 수반행렬(adjoint matrix)에서 첫 번째 열의 성분들의 합은 얼마인가?

① -1 ② 1 ③ -11 ④ 3

개념적용문제

앞서 배운 개념을 적용할 수 있는 문제로 학습 이해도를 높였습니다.

또한, 관련 개념은 공략포인트로 제공하여 풀이와 함께 문제 적응력을 높일 수 있습니다.

편입수학 문제풀이에 꼭 필요한

개념 이해 & 공식 정리!

HOW TO STUDY

STEP 02 → 최신 출제경향을 반영한 대표출제유형 학습

3

출제경향 분석

수반행렬의 성질을 정확히 암기하고 문제에 적용할 수 있어야 합니다.

역행렬의 성질을 이용한 행렬식 계산문제가 자주 출제됩니다.

01 수반행렬의 성질

개념 1. 수반행렬

다음 행렬 $A=\begin{bmatrix} 2 & -3 & 1 & 0 \\ 0 & 3 & 2 & 5 \\ 0 & 0 & 1 & 6 \\ 0 & 0 & 0 & 5 \end{bmatrix}$의 수반행렬(adjoint matrix) $adj(A)$의 행렬식 값은?

① 30 ② 30^2 ③ 30^3 ④ 30^4

풀이

STEP A 수반행렬의 성질 이용하기

$|adj(A)| = |A|^{n-1}$을 이용하여

구하고자 하는 $adj(A)$의 행렬식 값을 구하면 다음과 같다.

$|A|^{4-1} = |A|^3$

STEP B 행렬 A의 행렬식 구하기

삼각행렬의 행렬식은 대각원소들의 곱이므로

$$|A| = \begin{vmatrix} 2 & -3 & 1 & 0 \\ 0 & 3 & 2 & 5 \\ 0 & 0 & 1 & 6 \\ 0 & 0 & 0 & 5 \end{vmatrix} = 2 \cdot 3 \cdot 1 \cdot 5 = 30$$

즉, 구하고자 하는 값 $|adj(A)| = |A|^3 = 30^3$

58 김영편입

출제경향분석

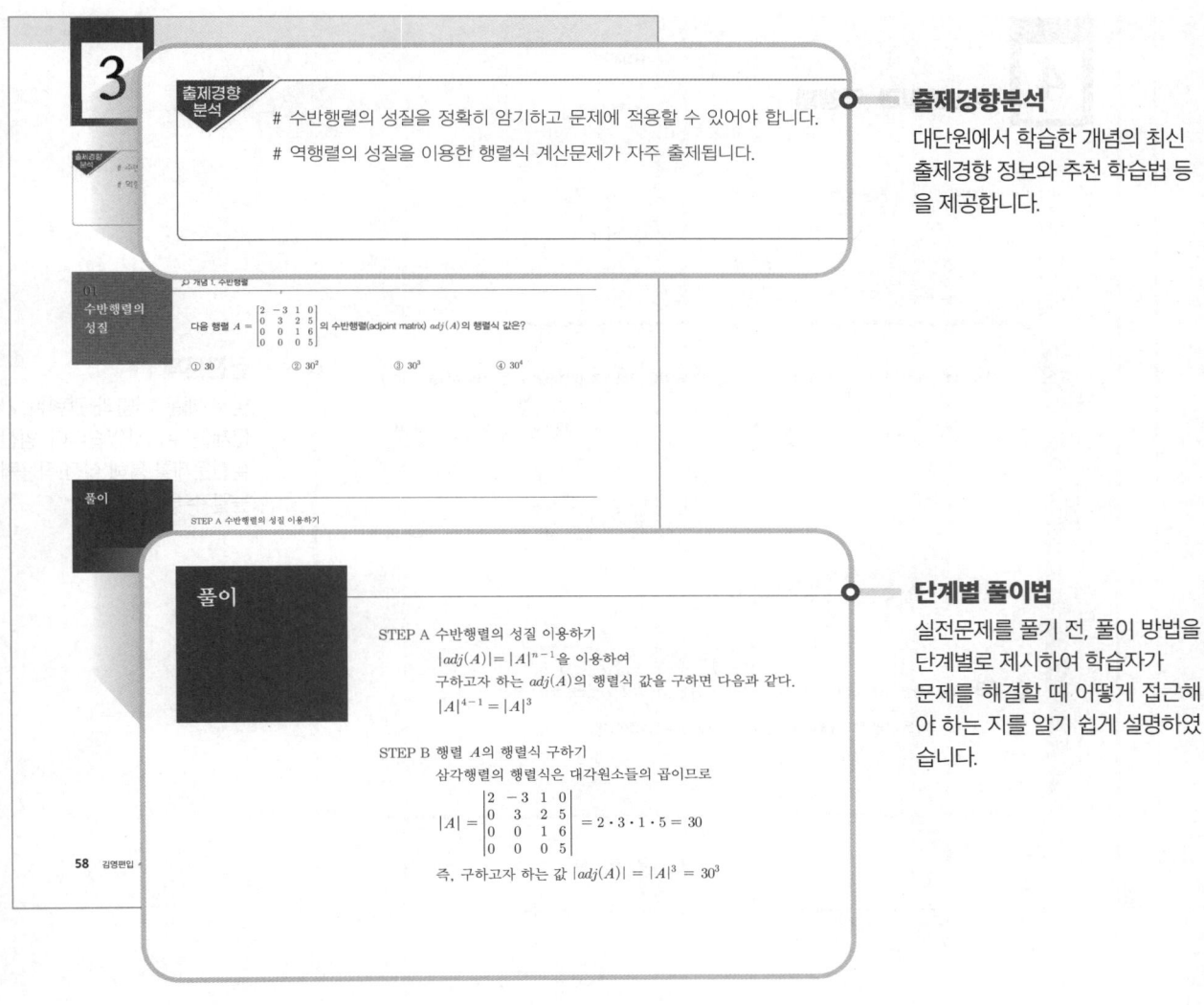

대단원에서 학습한 개념의 최신 출제경향 정보와 추천 학습법 등을 제공합니다.

단계별 풀이법

실전문제를 풀기 전, 풀이 방법을 단계별로 제시하여 학습자가 문제를 해결할 때 어떻게 접근해야 하는 지를 알기 쉽게 설명하였습니다.

최신 출제경향을 분석한 대표출제유형 문제로

단계별 풀이법 제시!

HOW TO STUDY

STEP 03 → 실제 시험장에서 만나볼 실전문제

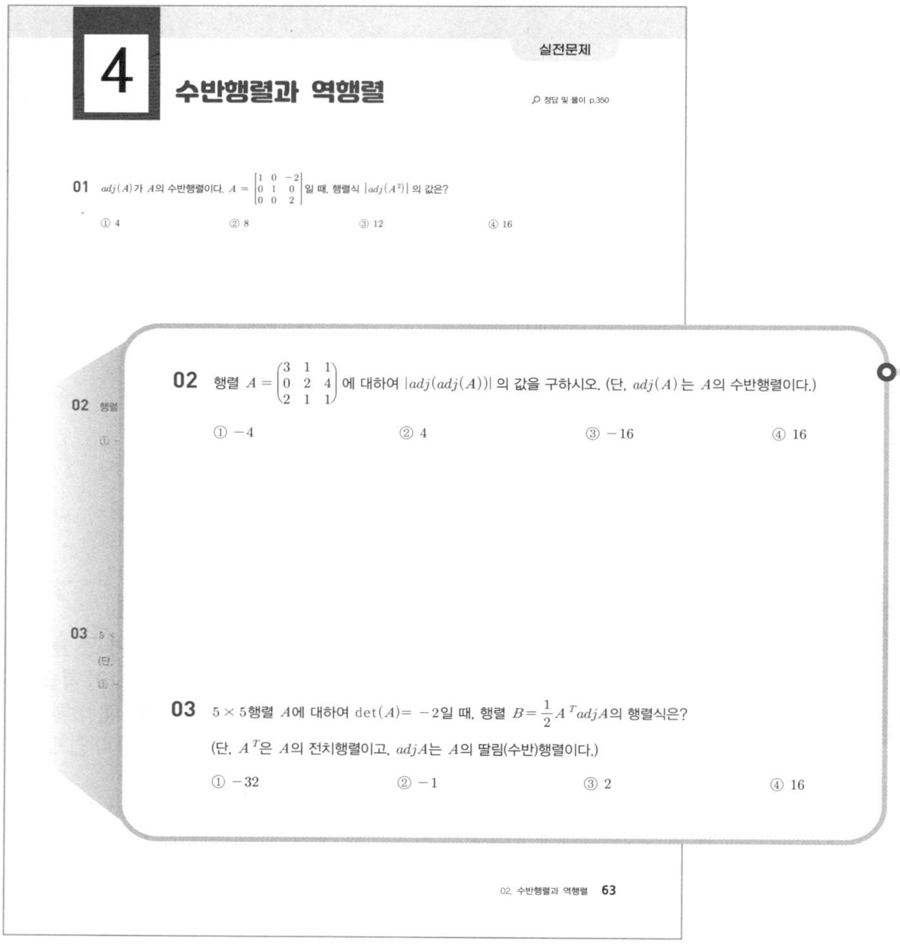

실전문제

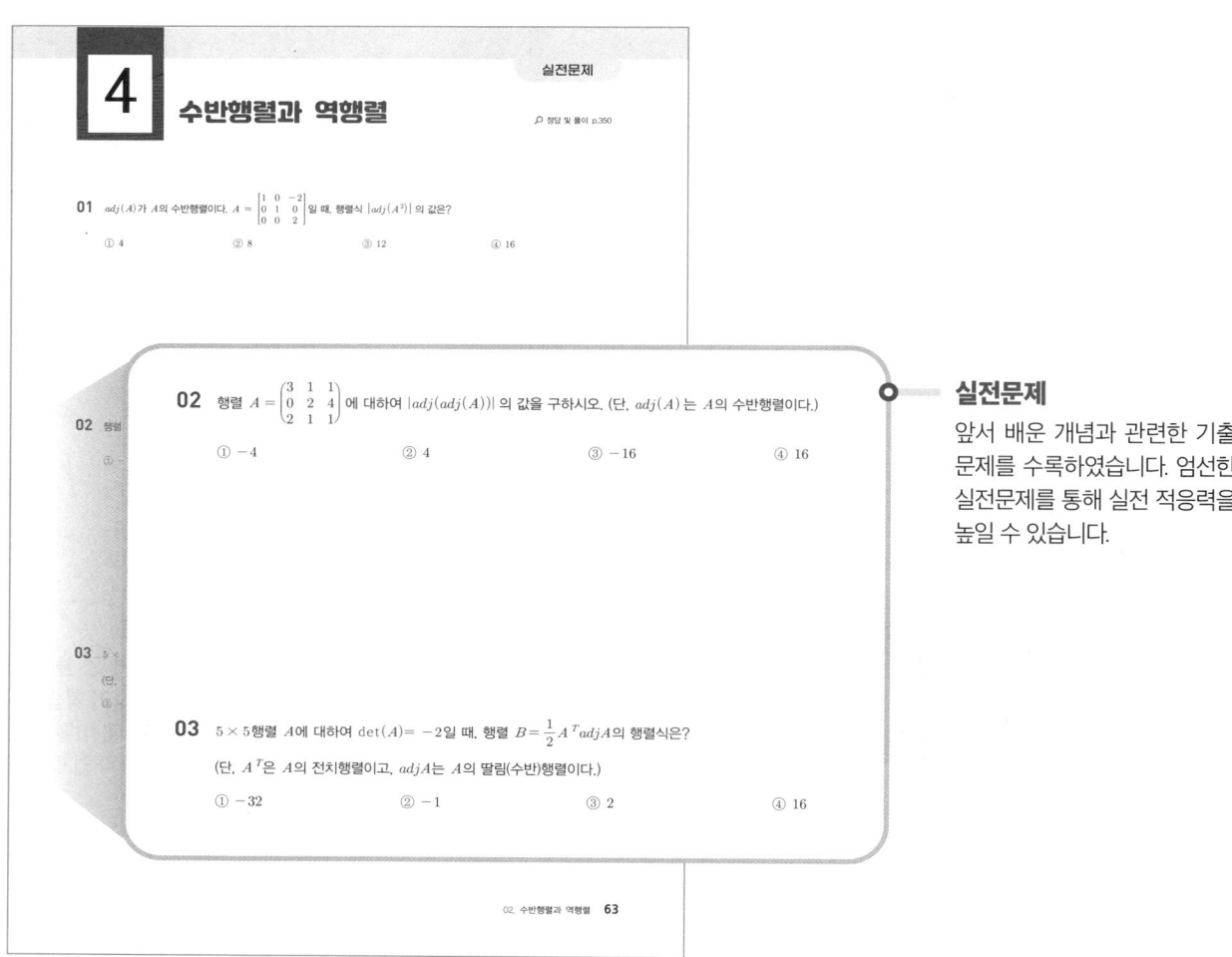

앞서 배운 개념과 관련한 기출문제를 수록하였습니다. 엄선한 실전문제를 통해 실전 적응력을 높일 수 있습니다.

이론 단계에 맞춘 난이도 구성에 더해

최신 출제경향을 완벽 반영한 실전문제!

STEP 04 → 수학 초보자도 이해할 수 있는 친절한 해설

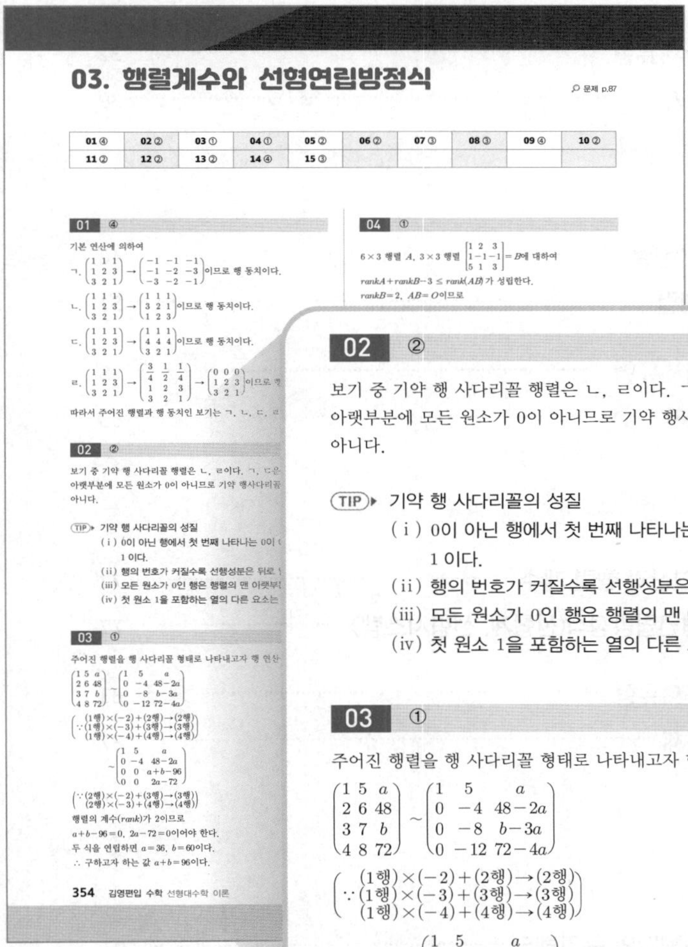
03. 행렬계수와 선형연립방정식

문제 p.87

01 ④	02 ②	03 ①	04 ①	05 ②	06 ②	07 ③	08 ③	09 ④	10 ②
11 ②	12 ②	13 ②	14 ④	15 ③					

02 ②

보기 중 기약 행 사다리꼴 행렬은 ㄴ, ㄹ이다. ㄱ, ㄷ은 행렬의 맨 아랫부분에 모든 원소가 0이 아니므로 기약 행사다리꼴 행렬이 아니다.

TIP ▸ 기약 행 사다리꼴의 성질

(i) 0이 아닌 행에서 첫 번째 나타나는 0이 아닌 원소는 1 이다.

(ii) 행의 번호가 커질수록 선행성분은 뒤로 밀린다.

(iii) 모든 원소가 0인 행은 행렬의 맨 아랫부분에 있다.

(iv) 첫 원소 1을 포함하는 열의 다른 요소는 모두 0이다.

03 ①

주어진 행렬을 행 사다리꼴 형태로 나타내고자 행 연산을 하면

$$\begin{pmatrix} 1 & 5 & a \\ 2 & 6 & 48 \\ 3 & 7 & b \\ 4 & 8 & 72 \end{pmatrix} \sim \begin{pmatrix} 1 & 5 & a \\ 0 & -4 & 48-2a \\ 0 & -8 & b-3a \\ 0 & -12 & 72-4a \end{pmatrix}$$

$$\left(\because \begin{matrix} (1행)\times(-2)+(2행)\rightarrow(2행) \\ (1행)\times(-3)+(3행)\rightarrow(3행) \\ (1행)\times(-4)+(4행)\rightarrow(4행) \end{matrix}\right)$$

$$\sim \begin{pmatrix} 1 & 5 & a \\ 0 & -4 & 48-2a \\ 0 & 0 & a+b-96 \\ 0 & 0 & 2a-72 \end{pmatrix}$$

상세한 해설

초보자도 쉽게 이해할 수 있도록 해설을 풀어 설명했습니다.

또한, TIP을 더해 해당 문제에 필요한 공식을 간결하게 확인할 수 있도록 구성했습니다.

풀이 과정의 중간 생략을 줄이고 실제 학습자가

이해하기 쉬운 풀이해설과 관련팁 제공!

CONTENTS

01 행렬과 행렬식

02 수반행렬과 역행렬

03 행렬 계수와 선형연립방정식

04 벡터

05 직선과 평면의 방정식

06 벡터공간

07 고윳값과 고유벡터

08 선형사상

CONTENTS

09 내적공간과 이차형식

정답 및 풀이

01

행렬과 행렬식

출제 비중 & 빈출 키워드 리포트

단원	출제 비중 (합계 14%)	빈출 키워드
1. 행렬	3%	·행렬의 연산
2. 특수행렬	3%	·전치행렬
3. 행렬식	8%	·대각합
		·행렬식의 성질과 계산법

1 행렬

1. 정의

(1) 용어 및 표기

① 행렬(matrix): 수나 문자를 직사각형 모양으로 배열하여 괄호 ( ) 또는 [ ]로 묶은 것을 말한다.

② 행(row): 행렬에서 가로의 줄을 말하며, 위에서부터 차례로 제1 행, 제2 행, ⋯이라고 한다.

③ 열(column): 행렬에서 세로의 줄을 말하며, 왼쪽에서부터 차례로 제1 열, 제2 열, ⋯ 이라고 한다.

④ 성분(원소): 행렬을 이루는 각각의 수나 문자를 말한다.

- 행렬 A 의 제i 행과 j 열의 교차점의 위치에 있는 성분을 행렬 A의 $(i,\ j)$ 성분 또는 원소라 하고, 기호로는 a_{ij} 와 같이 나타낸다. $(1 \le i \le m\,,\ 1 \le j \le n)$
- 행렬 A 를 간단히 $A = (a_{ij})_{m \times n}$ 또는 $[a_{ij}]_{m \times n}$으로 나타낸다.
- 표기

$$A = [a_{ij}]_{m \times n} = \begin{bmatrix} a_{11} & a_{12} & \cdots & a_{1n} \\ a_{21} & a_{22} & \cdots & a_{2n} \\ \vdots & \vdots & \ddots & \vdots \\ a_{m1} & a_{m2} & \cdots & a_{mn} \end{bmatrix} \begin{matrix} \leftarrow \text{제1행} \\ \leftarrow \text{제2행} \\ \\ \\ \end{matrix}$$

↑ 제1열 ↑ 제2열

⑤ 정사각(정방)행렬: 행과 열의 개수가 같은 행렬을 말한다.

⑥ n차 정사각행렬: $n \times n$ 행렬을 말한다.

⑦ 행렬 A의 크기(size): $m \times n$ (m: 행의 개수, n: 열의 개수)

⑧ 대각성분(주대각성분): n차 정방행렬에서 왼쪽 위에서 오른쪽 아래로의 대각선 성분을 말한다.

⑨ 영행렬(zero matrix): 행렬의 모든 성분이 0일 때의 행렬을 말하며, O로 나타낸다.

⑩ n차 단위행렬(항등행렬): n차 정방행렬 중에서 대각성분이 모두 1 이고, 그 이외의 성분은 모두 0인 행렬을 말한다.

- 기호: I 또는 E
- 표기
  - 이차 단위행렬($I_{2\times2}$)

    $$\begin{pmatrix} 1 & 0 \\ 0 & 1 \end{pmatrix}$$

  - 삼차 단위행렬($I_{3\times3}$)

    $$\begin{pmatrix} 1 & 0 & 0 \\ 0 & 1 & 0 \\ 0 & 0 & 1 \end{pmatrix}$$

TIP ▸ 예시

- 행렬 $\begin{pmatrix} 1 & 3 & 5 \\ 2 & 4 & 4 \end{pmatrix}$는 2×3 행렬이고, 제1 행은 $(1 \quad 3 \quad 5)$, 제2 열은 $\begin{pmatrix} 3 \\ 4 \end{pmatrix}$이다.
- 행렬 $\begin{pmatrix} 11 & 7 \\ 13 & 6 \end{pmatrix}$에서 (1, 2) 성분인 a_{12}는 7이고, (2, 2) 성분인 a_{22}는 6이다.
- $(0 \quad 0)$, $\begin{pmatrix} 0 \\ 0 \end{pmatrix}$, $\begin{pmatrix} 0 & 0 \\ 0 & 0 \end{pmatrix}$, $\begin{pmatrix} 0 & 0 & 0 \\ 0 & 0 & 0 \end{pmatrix}$은 각각 1×2, 2×1, 2×2, 2×3 행렬인 영행렬이다.

(2) 두 행렬이 서로 같을 조건

① 정의: 두 행렬 A, B가 같은 크기를 가지고 대응하는 성분이 각각 같을 때, 행렬 A와 B는 서로 같다고 한다.

② 기호: $A=B$

③ 일반적으로 2×2 행렬 A, B가 서로 같을 조건은 다음과 같다.

두 행렬 $A=\begin{pmatrix} a_{11} & a_{12} \\ a_{21} & a_{22} \end{pmatrix}$, $B=\begin{pmatrix} b_{11} & b_{12} \\ b_{21} & b_{22} \end{pmatrix}$ 에 대하여

$$A=B \Leftrightarrow \begin{cases} a_{11}=b_{11}, & a_{12}=b_{12} \\ a_{21}=b_{21}, & a_{22}=b_{22} \end{cases}$$

④ 예시

$$\begin{bmatrix} a & -1 \\ 0 & d \end{bmatrix} = \begin{bmatrix} 5 & c \\ b & -3 \end{bmatrix}$$

두 행렬이 같다면 대응하는 성분이 각각 같으므로 등식을 만족시키는 상수 $a=5, b=0, c=-1, d=-3$이다.

2. 행렬의 연산(덧셈, 뺄셈, 실수배)

(1) 행렬의 덧셈과 뺄셈

① 같은 꼴의 행렬 A, B에 대하여 두 행렬의 덧셈과 뺄셈은 대응되는 성분끼리 계산한다.

② 표기

두 행렬 $A=[a_{ij}]_{m\times n}$, $B=[b_{ij}]_{m\times n}$에 대해

$$A+B = [a_{ij}+b_{ij}]_{m\times n} = \begin{bmatrix} a_{11}+b_{11} & a_{12}+b_{12} & \cdots & a_{1n}+b_{1n} \\ a_{21}+b_{21} & a_{22}+b_{22} & \cdots & a_{2n}+b_{2n} \\ \vdots & \vdots & \ddots & \vdots \\ a_{m1}+b_{m1} & a_{m2}+b_{m2} & \cdots & a_{mn}+b_{mn} \end{bmatrix}$$

$$A-B = [a_{ij}-b_{ij}]_{m\times n} = \begin{bmatrix} a_{11}-b_{11} & a_{12}-b_{12} & \cdots & a_{1n}-b_{1n} \\ a_{21}-b_{21} & a_{22}-b_{22} & \cdots & a_{2n}-b_{2n} \\ \vdots & \vdots & \ddots & \vdots \\ a_{m1}-b_{m1} & a_{m2}-b_{m2} & \cdots & a_{mn}-b_{mn} \end{bmatrix}$$

③ 예시

$A=\begin{pmatrix} 1 & 5 \\ 2 & 3 \end{pmatrix}$, $B=\begin{pmatrix} 3 & -5 \\ 7 & 6 \end{pmatrix}$일 때

$A+B=\begin{pmatrix} 1+3 & 5+(-5) \\ 2+7 & 3+6 \end{pmatrix}=\begin{pmatrix} 4 & 0 \\ 9 & 9 \end{pmatrix}$이고

$A-B=\begin{pmatrix} 1-3 & 5-(-5) \\ 2-7 & 3-6 \end{pmatrix}=\begin{pmatrix} -2 & 10 \\ -5 & -3 \end{pmatrix}$이다.

(2) 행렬의 실수배

① 임의의 실수 k에 대하여 행렬 A의 각 성분에 k를 곱한 수를 성분으로 하는 행렬을 행렬 A의 k 배라 하고, 기호 kA로 나타낸다.

② 표기

행렬 $A=[a_{ij}]_{m\times n}$ 와 임의의 실수 $k\in R$ 에 대해 다음이 성립한다.

$$kA=[ka_{ij}]_{m\times n}=\begin{bmatrix} ka_{11} & ka_{12} & \cdots & ka_{1n} \\ ka_{21} & ka_{22} & \cdots & ka_{2n} \\ \vdots & \vdots & \ddots & \vdots \\ ka_{m1} & ka_{m2} & \cdots & ka_{mn} \end{bmatrix}$$

③ 예시

$A=\begin{pmatrix} a_{11} & a_{12} \\ a_{21} & a_{22} \end{pmatrix}$일 때, $kA=k\begin{pmatrix} a_{11} & a_{12} \\ a_{21} & a_{22} \end{pmatrix}=\begin{pmatrix} ka_{11} & ka_{12} \\ ka_{21} & ka_{22} \end{pmatrix}$

(3) 행렬의 덧셈, 실수배의 성질

① 실수의 덧셈의 경우와 마찬가지로 행렬의 덧셈에 대해서도 교환법칙과 결합법칙이 성립한다.

② 덧셈의 성질(같은 크기의 행렬 A, B, C인 경우)

- $A+B=B+A$ (교환법칙)
- $(A+B)+C=A+(B+C)$ (결합법칙)
- $A+O=O+A=A$
- $A+(-A)=O$

③ 행렬의 실수배에 관한 성질(두 행렬 A, B가 같은 꼴이고, k, l은 실수)

- $1A=A$, $(-1)A=-A$, $0A=O$, $kO=O$
- $(kl)A=k(lA)$ (결합법칙)
- $(k+l)A=kA+lA$, $k(A+B)=kA+kB$ (분배법칙)

④ 행렬의 등식에서도 보통의 문자식에서와 마찬가지로 이항하여 계산할 수 있다.

- $X+B=A \Leftrightarrow X=A-B$ (같은 꼴의 행렬 A, B, X인 경우)
- 예시

두 행렬 $A=\begin{pmatrix} 2 & 1 \\ 3 & -1 \end{pmatrix}$, $B=\begin{pmatrix} 3 & 1 \\ 1 & 0 \end{pmatrix}$에 대하여 $A=X+B$를 만족하는 행렬 X는

$X=A-B=\begin{pmatrix} 2-3 & 1-1 \\ 3-1 & -1-0 \end{pmatrix}=\begin{pmatrix} -1 & 0 \\ 2 & -1 \end{pmatrix}$

3. 행렬의 연산(곱셈)

(1) 행렬의 곱셈

① A와 B의 곱: 행렬 A의 열의 개수와 행렬 B의 행의 개수가 같을 때, A의 제i 행의 성분에 B의 제j 열의 대응하는 성분을 차례로 곱한 후 더한 값을 $(i,\ j)$ 성분으로 하는 행렬

② 기호: AB

③ 계산법: 앞 행렬의 i 행 성분과 뒤 행렬의 j 열 성분을 순서대로 곱하여 합한 후, 결과 행렬의 i 행 j 열 위치에 갖다 놓는다.

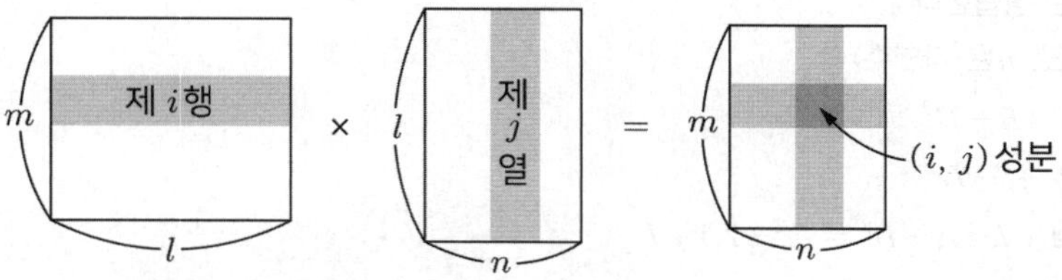

행렬 A 행렬 B 행렬 AB

④ 예시

$$\begin{pmatrix} a & b \\ c & d \end{pmatrix}\begin{pmatrix} e & f \\ g & h \end{pmatrix}=\begin{pmatrix} a\times e+b\times g & a\times f+b\times h \\ c\times e+d\times g & c\times f+d\times h \end{pmatrix}=\begin{pmatrix} ae+bg & af+bh \\ ce+dg & cf+dh \end{pmatrix}$$

⑤ 특징

$m\times l$ 행렬 A와 $l\times n$ 행렬 B의 곱 AB는 $m\times n$ 행렬이다.

(2) 단위행렬과의 곱

행렬 A가 n차 정방행렬이고 I는 n차 단위행렬일 때, 다음이 성립한다.

$$AI=IA=A$$

(3) 행렬의 거듭제곱

행렬 A가 정사각행렬, I는 단위행렬, m, n이 자연수일 때, 다음이 성립한다.

① $A^2=AA$, $A^3=A^2A$, $A^4=A^3A$, $\cdots$, $A^{n+1}=A^nA$

② $A^mA^n=A^{m+n}$, $(A^m)^n=A^{mn}$

③ $I^2=I$, $I^3=I$, $\cdots$, $I^n=I$

④ 예시

$A=\begin{pmatrix} 1 & 1 \\ 2 & 3 \end{pmatrix}$일 때

$A^2=\begin{pmatrix} 1 & 1 \\ 2 & 3 \end{pmatrix}\begin{pmatrix} 1 & 1 \\ 2 & 3 \end{pmatrix}=\begin{pmatrix} 3 & 4 \\ 8 & 11 \end{pmatrix}$

$A^3=A^2A=\begin{pmatrix} 3 & 4 \\ 8 & 11 \end{pmatrix}\begin{pmatrix} 1 & 1 \\ 2 & 3 \end{pmatrix}=\begin{pmatrix} 11 & 15 \\ 30 & 41 \end{pmatrix}$

(4) 행렬의 곱셈의 성질

합과 곱이 정의되는 세 행렬 A, B, C에 대하여 다음의 성질을 갖는다.

① $AB\neq BA$ (교환법칙이 성립하지 않는다.)

② 결합법칙: $(AB)C=A(BC)=ABC$

③ 분배법칙: $A(B+C)=AB+AC$, $(A+B)C=AC+BC$

④ $k(AB)=(kA)B=A(kB)$ (단, k는 실수)

⑤ $AB=O \not\Rightarrow A=O$ 또는 $B=O$

⑥ $A^2=O \not\Rightarrow A=O$

⑦ $AB=AC$ 이고 $A\neq O \not\Rightarrow B=C$

TIP ▸ 행렬의 곱셈에서는 교환법칙이 성립하지 않으므로 지수법칙, 곱셈 공식 등이 성립하지 않는다.
(단, 단위행렬 I일 때는 성립한다.)

- $(AB)^n \neq A^n B^n$ (단, n은 자연수)
- $(A \pm B)^2 \neq A^2 \pm 2AB + B^2$
- $(A+B)(A-B) \neq A^2 - B^2$
- $(A+I)^2 = A^2 + 2A + I$, $(A-I)^2 = A^2 - 2A + I$

개념적용

01

두 행렬 $A=\begin{pmatrix} 6 & 2 \\ -3 & 0 \end{pmatrix}$, $B=\begin{pmatrix} 0 & -1 \\ 1 & 2 \end{pmatrix}$에 대하여 다음을 계산하시오.

(1) $-A$

(2) $2B$

(3) $A+4B$

공략 포인트

(1), (2) 행렬의 실수배

(3) 행렬의 실수배 계산 후 행렬의 덧셈

풀이

(1) $-A=-\begin{pmatrix} 6 & 2 \\ -3 & 0 \end{pmatrix}=\begin{pmatrix} -6 & -2 \\ 3 & 0 \end{pmatrix}$

(2) $2B=2\begin{pmatrix} 0 & -1 \\ 1 & 2 \end{pmatrix}=\begin{pmatrix} 0 & -2 \\ 2 & 4 \end{pmatrix}$

(3) $A+4B=\begin{pmatrix} 6 & 2 \\ -3 & 0 \end{pmatrix}+4\begin{pmatrix} 0 & -1 \\ 1 & 2 \end{pmatrix}=\begin{pmatrix} 6 & 2 \\ -3 & 0 \end{pmatrix}+\begin{pmatrix} 0 & -4 \\ 4 & 8 \end{pmatrix}=\begin{pmatrix} 6 & -2 \\ 1 & 8 \end{pmatrix}$

정답 풀이 참조

02

행렬 $A=\begin{pmatrix} -1 & 3 & 0 \\ 1 & -1 & 2 \\ 2 & -2 & 2 \end{pmatrix}$, $B=\begin{pmatrix} 1 & 1 & -1 \\ 0 & 3 & 1 \\ 1 & 0 & 1 \end{pmatrix}$에 대해 $AB=(c_{ij})$ 일 때, c_{23} 의 값은?

① -2 ② -3 ③ 3 ④ 0

공략 포인트

성분 c_{23}는 앞 행렬인 A의 2행과 뒤 행렬인 B의 3열을 순서대로 곱하여 합한 값이다.

풀이

$A=\begin{pmatrix} -1 & 3 & 0 \\ 1 & -1 & 2 \\ 2 & -2 & 2 \end{pmatrix}$, $B=\begin{pmatrix} 1 & 1 & -1 \\ 0 & 3 & 1 \\ 1 & 0 & 1 \end{pmatrix}$에 대해 c_{23}의 값은

A의 2행 성분과 B의 3열 성분 곱과 합에 의해 이루어진다.

$\therefore\ c_{23}=1\times(-1)+(-1)\times1+2\times1=0$

정답 ④

03

방정식 $x^2-7x-1=0$ 의 두 근을 α, β 라고 하자.

행렬 $A=\begin{pmatrix} \alpha & 1 \\ 1 & \beta \end{pmatrix}$ 에 대하여 $A^2=\begin{pmatrix} a & b \\ c & d \end{pmatrix}$ 라고 할 때, $a+d$ 의 값을 구하면?

① 53 ② 42 ③ 31 ④ 28

공략 포인트

행렬의 거듭제곱

$A^2=AA$

풀이

이차방정식 $x^2-7x-1=0$ 의 두 근이 α, β 이므로

근과 계수의 관계에 의하여 $\alpha+\beta=7$, $\alpha\beta=-1$

$$A^2=\begin{pmatrix} \alpha & 1 \\ 1 & \beta \end{pmatrix}\begin{pmatrix} \alpha & 1 \\ 1 & \beta \end{pmatrix}$$

$$=\begin{pmatrix} \alpha^2+1 & \alpha+\beta \\ \alpha+\beta & 1+\beta^2 \end{pmatrix}=\begin{pmatrix} a & b \\ c & d \end{pmatrix}$$

$\therefore\ a=\alpha^2+1,\ d=1+\beta^2$

$$\therefore\ a+d=\alpha^2+1+1+\beta^2$$
$$=(\alpha+\beta)^2-2\alpha\beta+2$$
$$=7^2-2\cdot(-1)+2=53$$

TIP ▸ 근과 계수와의 관계공식

$ax^2+bx+c=0$의 근이 α, β일 때

$\alpha+\beta=-\frac{b}{a}$, $\alpha\beta=\frac{c}{a}$

정답 ①

04

A와 B는 임의의 2×2 행렬이다. 다음 명제들 중 옳은 것을 모두 고르시오.

ㄱ. $AB=BA$
ㄴ. $A^2=O$이면 $A=O$이다.
ㄷ. $(AB)C=A(BC)$
ㄹ. $AC=BC$이면 $A=B$ 혹은 $C=O$이다.

① ㄹ　② ㄱ, ㄷ　③ ㄷ　④ ㄴ

공략 포인트

행렬의 곱셈의 성질
- 교환법칙이 성립하지 않음
- 결합법칙 성립
- $A^2=O \not\Rightarrow A=O$
- $AB=AC$이고 $A\neq O$ $\not\Rightarrow B=C$

풀이

ㄱ. (거짓)
$AB\neq BA$. 즉, 행렬의 곱셈에 대한 교환법칙은 성립하지 않는다.

ㄴ. (거짓)
[반례] $A=\begin{bmatrix}0&1\\0&0\end{bmatrix}$이면 $A^2=O$이지만 $A\neq O$이다.

ㄷ. (참)
$(AB)C=A(BC)$. 즉, 행렬의 곱셈에 대한 결합법칙은 성립한다.

ㄹ. (거짓)
[반례] $A=\begin{bmatrix}1&1\\0&0\end{bmatrix}$, $B=\begin{bmatrix}2&1\\0&0\end{bmatrix}$, $C=\begin{bmatrix}0&0\\1&0\end{bmatrix}$이면

$$AC=\begin{bmatrix}1&1\\0&0\end{bmatrix}\begin{bmatrix}0&0\\1&0\end{bmatrix}=\begin{bmatrix}1&0\\0&0\end{bmatrix}$$

$$BC=\begin{bmatrix}2&1\\0&0\end{bmatrix}\begin{bmatrix}0&0\\1&0\end{bmatrix}=\begin{bmatrix}1&0\\0&0\end{bmatrix}$$

따라서 $AC=BC$이지만 $A\neq B$이고, $C\neq O$이다.

명제들 중 옳은 것은 ㄷ이다.

정답 ③

2 특수행렬

1. 행렬의 전치, 대각합

(1) 전치행렬(transposed matrix)

① 표기: 행렬 $A=[a_{ij}]_{m\times n}$ 에 대해 A 의 전치행렬을 A^T 또는 A^t 로 나타낸다.

② 정의: A의 행과 열을 교환하여 얻어진 $n\times m$ 행렬이다. 즉,

$$A^T=[a_{ji}]_{n\times m}=\begin{bmatrix} a_{11} & a_{21} & \cdots & a_{m1} \\ a_{12} & a_{22} & \cdots & a_{m2} \\ \vdots & \vdots & \ddots & \vdots \\ a_{1n} & a_{2n} & \cdots & a_{mn} \end{bmatrix}$$

③ 예시

$A=\begin{bmatrix} 1 & 2 & 5 \\ 3 & 4 & 7 \end{bmatrix}$의 전치행렬 $A^T=\begin{bmatrix} 1 & 2 & 5 \\ 3 & 4 & 7 \end{bmatrix}^T=\begin{bmatrix} 1 & 3 \\ 2 & 4 \\ 5 & 7 \end{bmatrix}$

(2) 전치행렬의 성질

① 덧셈과 곱셈이 정의되는 행렬 A, B 와 임의의 실수 $k\in R$ 에 대하여 다음을 만족한다.

- $(A^T)^T = A$
- $(A+B)^T = A^T + B^T$
- $(kA)^T = kA^T$
- $(AB)^T = B^T A^T$

② 예시

$A=\begin{bmatrix} 1 & 1 \\ 0 & 1 \end{bmatrix}$, $B=\begin{bmatrix} 1 & 0 \\ 1 & 1 \end{bmatrix}$이면 $AB=\begin{bmatrix} 1 & 1 \\ 0 & 1 \end{bmatrix}\begin{bmatrix} 1 & 0 \\ 1 & 1 \end{bmatrix}=\begin{bmatrix} 2 & 1 \\ 1 & 1 \end{bmatrix}$이다.

$(AB)^T=\begin{bmatrix} 2 & 1 \\ 1 & 1 \end{bmatrix}$, $B^TA^T=\begin{bmatrix} 1 & 1 \\ 0 & 1 \end{bmatrix}\begin{bmatrix} 1 & 0 \\ 1 & 1 \end{bmatrix}=\begin{bmatrix} 2 & 1 \\ 1 & 1 \end{bmatrix}$이므로

$\therefore\ (AB)^T = B^TA^T$

(3) 대각합(trace)

① 정의

n차 정방행렬 A의 주대각 원소들의 합을 trace라 하고 $tr(A)$로 나타낸다. 즉,

$$tr(A)=\sum_{i=1}^{n} a_{ii}=a_{11}+a_{22}+\cdots+a_{nn}$$

② 예시

$A=\begin{bmatrix} 1 & 0 & 2 \\ 5 & 3 & 1 \\ 6 & 4 & 2 \end{bmatrix}$ 일 때, $tr(A)=1+3+2=6$

③ 성질

임의의 n차 정방행렬 A, B와 임의의 실수 $k \in R$에 대하여

- $tr(A^T) = tr(A)$
- $tr(A+B) = tr(A) + tr(B)$
- $tr(kA) = k\,tr(A)$
- $tr(AB) = tr(BA)$

TIP▸ $m \times n$ 행렬 A에 대하여 $tr(AA^T) = \sum_{i=1}^{m}\sum_{j=1}^{n} {a_{ij}}^2$이다.

2. 특수행렬의 종류

(1) 삼각행렬

① 상삼각행렬: 주대각원소 아래에 있는 원소들이 모두 0인 정방행렬

$$\begin{bmatrix} a_{11} & a_{12} & a_{13} \\ 0 & a_{22} & a_{23} \\ 0 & 0 & a_{33} \end{bmatrix}, \begin{bmatrix} a_{11} & a_{12} & a_{13} & a_{14} \\ 0 & a_{22} & a_{23} & a_{24} \\ 0 & 0 & a_{33} & a_{34} \\ 0 & 0 & 0 & a_{44} \end{bmatrix}$$

② 하삼각행렬: 주대각원소 위에 있는 원소들이 모두 0인 정방행렬

$$\begin{bmatrix} a_{11} & 0 & 0 \\ a_{21} & a_{22} & 0 \\ a_{31} & a_{32} & a_{33} \end{bmatrix}, \begin{bmatrix} a_{11} & 0 & 0 & 0 \\ a_{21} & a_{22} & 0 & 0 \\ a_{31} & a_{32} & a_{33} & 0 \\ a_{41} & a_{42} & a_{43} & a_{44} \end{bmatrix}$$

③ 삼각행렬의 전치행렬: 상삼각행렬의 전치행렬은 하삼각행렬이고, 하삼각행렬의 전치행렬은 상삼각행렬이다.

TIP▸ • $(\text{상삼각행렬})^T = (\text{하삼각행렬})$
• $(\text{하삼각행렬})^T = (\text{상삼각행렬})$

(2) 대각행렬

주대각원소 이외의 다른 원소들이 모두 0인 정방행렬

(3) 단위행렬

① 정의: 대각행렬에서 주대각원소들이 모두 1인 대각행렬

② 표기: I 또는 E (I_n 또는 E_n)

③ 예시

$$I_2 = \begin{bmatrix} 1 & 0 \\ 0 & 1 \end{bmatrix},\ I_3 = \begin{bmatrix} 1 & 0 & 0 \\ 0 & 1 & 0 \\ 0 & 0 & 1 \end{bmatrix},\ \cdots$$

(4) 대칭행렬

① 정의: $A^T = A$ $(a_{ij} = a_{ji})$를 만족하는 정방행렬 A를 대칭행렬(symmetric matrix)이라 한다. 즉, 주대각원소를 중심으로 원소들이 대칭인 배열을 말한다.

② 예시

$\begin{pmatrix} 7 & -3 \\ -3 & 5 \end{pmatrix}, \begin{pmatrix} 2 & 3 & 5 \\ 3 & -3 & 1 \\ 5 & 1 & 7 \end{pmatrix}, \begin{pmatrix} 0 & 0 & 0 \\ 0 & 0 & 0 \\ 0 & 0 & 0 \end{pmatrix}$

(5) 교대행렬(또는 반대칭행렬)

① 정의: $A^T = -A$ $(a_{ij} = -a_{ji})$를 만족하는 정방행렬 A를 교대행렬(skew symmetric matrix)이라 한다. 즉, 주대각원소를 중심으로 원소들의 부호가 반대인 배열을 가지며, 주대각원소는 모두 0이다.

② 예시

$\begin{pmatrix} 0 & 1 \\ -1 & 0 \end{pmatrix}, \begin{pmatrix} 0 & 3 & -2 \\ -3 & 0 & 4 \\ 2 & -4 & 0 \end{pmatrix}, \begin{pmatrix} 0 & 0 & 0 \\ 0 & 0 & 0 \\ 0 & 0 & 0 \end{pmatrix}$

(6) 대칭행렬과 교대행렬의 합

임의의 정방행렬 A에 대하여 $A+A^T$는 대칭행렬이고, $A-A^T$는 교대행렬이다. 따라서 임의의 정방행렬 A는 대칭행렬과 교대행렬의 합으로 나타낼 수 있다.

$$A = \frac{1}{2}(A+A^T) + \frac{1}{2}(A-A^T)$$

개념적용

01

k 가 스칼라이고 A 와 B 가 $n \times n$ 행렬, 그리고 A 와 B 의 전치행렬을 각각 A^T 와 B^T 로 나타낼 때, 다음 중 옳지 않은 것은?

① $(A^T)^T = A$　② $(A+B)^T = A^T + B^T$

③ $(AB)^T = A^T B^T$　④ $(kA)^T = kA^T$

공략 포인트

스칼라
하나의 실수값

전치행렬의 성질
- $(A^T)^T = A$
- $(A+B)^T = A^T + B^T$
- $(kA)^T = kA^T$
- $(AB)^T = B^T A^T$

풀이

$(AB)^T = B^T A^T$이므로
보기 중 옳지 않은 것은 ③이다.

정답 ③

02

정방행렬 $A = (a_{ij})_{n \times n}$ 의 전치행렬 A^T 에 대하여 행렬 $A - A^T$ 의 전치행렬은?

① $-A + A^T$　② $-A - A^T$　③ $A - A^T$　④ $A + A^T$

공략 포인트

전치행렬의 성질
- $(A^T)^T = A$
- $(A+B)^T = A^T + B^T$

풀이

$$(A - A^T)^T = A^T - (A^T)^T = A^T - A = -A + A^T$$

다른 풀이

임의의 행렬 A에 대하여 $A - A^T$는 교대행렬이므로
$(A - A^T)^T = -(A - A^T) = -A + A^T$이다.

정답 ①

03

행렬 $A = \begin{bmatrix} 0 & 1 & 3 \\ -1 & 0 & -2 \\ -3 & 2 & 0 \end{bmatrix}$에 대하여 $B = 10A + 8A^T$의 전치행렬 B^T는?

① $-2A$ ② $-A$ ③ A ④ $2A$

공략 포인트

교대행렬

$A^T = -A$를 만족하는 정방행렬로, 주대각원소를 중심으로 원소들의 부호가 반대인 배열을 가지고, 주대각원소는 모두 0이다.

풀이

$A = \begin{bmatrix} 0 & 1 & 3 \\ -1 & 0 & -2 \\ -3 & 2 & 0 \end{bmatrix}$는 교대행렬(반대칭행렬)로 $A^T = -A$이다.

$B = 10A + 8A^T = 10A + 8(-A) = 2A$이므로

$B^T = 2A^T = -2A$

정답 ①

04

$\begin{pmatrix} 3 & 4 \\ 8 & 9 \end{pmatrix} = \begin{pmatrix} a_{11} & a_{12} \\ a_{21} & a_{22} \end{pmatrix} + \begin{pmatrix} b_{11} & b_{12} \\ b_{21} & b_{22} \end{pmatrix}$이고 $a_{ij} = a_{ji}$, $b_{ij} = -b_{ji}$일 때, $a_{12} + b_{22}$의 값을 구하시오.

① -6 ② 0 ③ 6 ④ 12

공략 포인트

대칭행렬과 교대행렬의 합

임의의 정방행렬 A에 대하여 $A + A^T$는 대칭행렬이고, $A - A^T$는 교대행렬이다.

따라서 A는 대칭행렬과 교대행렬의 합으로 나타낼 수 있다.

$A = \frac{1}{2}\{(A + A^T) + (A - A^T)\}$

풀이

임의의 정방행렬 $A = (a_{ij})$에 대하여

$A = \frac{1}{2}\{(A + A^T) + (A - A^T)\}$이므로

$$A = \frac{1}{2}\left[\left\{\begin{pmatrix} 3 & 4 \\ 8 & 9 \end{pmatrix} + \begin{pmatrix} 3 & 8 \\ 4 & 9 \end{pmatrix}\right\} + \left\{\begin{pmatrix} 3 & 4 \\ 8 & 9 \end{pmatrix} - \begin{pmatrix} 3 & 8 \\ 4 & 9 \end{pmatrix}\right\}\right]$$

$$= \frac{1}{2}\left\{\begin{pmatrix} 6 & 12 \\ 12 & 18 \end{pmatrix} + \begin{pmatrix} 0 & -4 \\ 4 & 0 \end{pmatrix}\right\}$$

$$= \begin{pmatrix} 3 & 6 \\ 6 & 9 \end{pmatrix} + \begin{pmatrix} 0 & -2 \\ 2 & 0 \end{pmatrix}$$

$\therefore a_{12} + b_{22} = 6 + 0 = 6$

정답 ③

3 행렬식

1. 행렬식(행렬식 함수)

(1) 정의

행렬식(determinant)은 실변수 x에 그 제곱값을 대응시키는 실함수 $f(x)=x^2$과 같이 행렬변수에 실수를 대응시키는 하나의 함수이다. 즉,

행렬식은 n차 정방행렬 $A=[a_{ij}]_{n\times n}=\begin{bmatrix} a_{11} & a_{12} & \cdots & a_{1n} \\ a_{21} & a_{22} & \cdots & a_{2n} \\ \vdots & \vdots & \ddots & \vdots \\ a_{n1} & a_{n2} & \cdots & a_{nn} \end{bmatrix}$에 연관된 스칼라이며, 다음과 같이 표기한다.

$$\det(A)=|A|=\begin{vmatrix} a_{11} & a_{12} & \cdots & a_{1n} \\ a_{21} & a_{22} & \cdots & a_{2n} \\ \vdots & \vdots & \ddots & \vdots \\ a_{n1} & a_{n2} & \cdots & a_{nn} \end{vmatrix}$$

2. 행렬식의 계산법

(1) 여인수 전개(또는 라플라스 전개)

① a_{ij}의 여인수(cofactor): $C_{ij}=(-1)^{i+j}|M_{ij}|$

② $|M_{ij}|$: a_{ij}의 소행렬 A로부터 원소 a_{ij}를 포함하는 i행과 j열을 소거하여 얻은 행렬 A의 소행렬(부분행렬)의 행렬식이다.

③ i행에 관한 여인수 전개: $\det(A)=\sum_{j=1}^{n} a_{ij}C_{ij}$

④ j열에 관한 여인수 전개: $\det(A)=\sum_{i=1}^{n} a_{ij}C_{ij}$

(2) 3×3 행렬에 대한 여인수 전개

① 한 행이나 한 열을 선택한다.

② 한 행 또는 열을 지우고 남은 행렬 부분을 소행렬이라한다.

- 예시 1

$$A=\begin{bmatrix} a_{11} & a_{12} & a_{13} \\ a_{21} & a_{22} & a_{23} \\ a_{31} & a_{32} & a_{33} \end{bmatrix}$$

$$\Rightarrow M_{11}=\begin{pmatrix} a_{22} & a_{23} \\ a_{32} & a_{33} \end{pmatrix}$$

$$\Rightarrow |M_{11}|=a_{22}a_{33}-a_{23}a_{32}$$

• 예시 2

$$A=\begin{pmatrix} a_{11} & a_{12} & a_{13} \\ a_{21} & a_{22} & a_{23} \\ a_{31} & a_{32} & a_{33} \end{pmatrix}$$

$$\Rightarrow M_{12}=\begin{pmatrix} a_{21} & a_{23} \\ a_{31} & a_{33} \end{pmatrix}$$

$$\Rightarrow |M_{12}|=a_{21}a_{33}-a_{23}a_{31}$$

③ 여인수 C_{ij}는 소행렬식에 부호를 붙인 것을 의미한다. 여기서 $|M_{ij}|$을 소행렬식이라 한다.

$$C_{ij}=(-1)^{i+j}|M_{ij}|$$

$$C=\begin{pmatrix} |M_{11}| & -|M_{12}| & |M_{13}| \\ -|M_{21}| & |M_{22}| & -|M_{23}| \\ |M_{31}| & -|M_{32}| & |M_{33}| \end{pmatrix}=\begin{pmatrix} C_{11} & C_{12} & C_{13} \\ C_{21} & C_{22} & C_{23} \\ C_{31} & C_{32} & C_{33} \end{pmatrix}$$

④ 행렬식 (1행을 선택했을 경우)

$$|A|=a_{11}C_{11}+a_{12}C_{12}+a_{13}C_{13}$$

TIP ▸ • 여인수 전개에서 행렬식의 값은 주어진 행렬의 어떤 행이나 열을 선택하여도 동일하므로, 0이 많은 행이나 열을 선택하는 것이 좋다.
• 본 계산법은 4×4 이상 행렬식의 계산에서 활용하며, 3×3 이하의 행렬식은 아래 주어진 공식을 암기한다.
• 전개식의 이해가 어렵다면 이어서 나올 '개념적용문제'의 3, 4번의 풀이와 함께 학습하는 것이 좋다.

(3) 3×3 이하인 행렬의 행렬식

① $\det[a_{11}] = a_{11}$

② $\det\begin{bmatrix} a_{11} & a_{12} \\ a_{21} & a_{22} \end{bmatrix} = a_{11}a_{22}-a_{12}a_{21}$

③ $\det\begin{bmatrix} a_{11} & a_{12} & a_{13} \\ a_{21} & a_{22} & a_{22} \\ a_{31} & a_{32} & a_{33} \end{bmatrix} =$

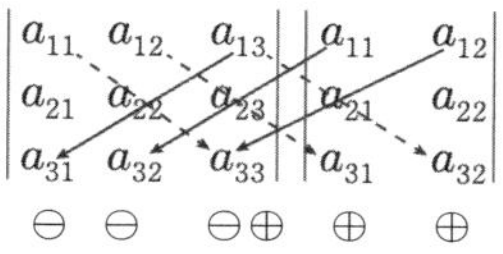

$$= a_{11}a_{22}a_{33}+a_{12}a_{23}a_{31}+a_{13}a_{21}a_{32}-a_{13}a_{22}a_{31}-a_{11}a_{23}a_{32}-a_{12}a_{21}a_{33}$$

(4) 2×2 행렬, 3×3 행렬의 행렬식의 도형적 의미

① A가 2×2 행렬이면, $|\det(A)|$는 평행사변형의 넓이를 의미한다.

② A가 3×3 행렬이면, $|\det(A)|$는 평행육면체의 부피를 의미한다.

3. 행렬식의 성질

n차 정방행렬 A, B와 임의의 스칼라 $k \in \mathbb{R}$에 대하여 다음이 성립한다.

① $|A^T| = |A|$ 또는 $\det(A^T) = \det(A)$

② 두 행(열)을 바꾸면 행렬식 값은 부호만 바뀐다.

③ 한 행(열)에 k배하여 다른 행에 더해도 행렬식 값은 변하지 않는다.

④ 한 행(열)의 모든 원소에 k배하여 얻은 행렬식 값은 처음 행렬식 값의 k배이다.

⑤ $|kA| = k^n|A|$ 또는 $\det(kA) = k^n\det(A)$

⑥ $|AB| = |A||B|$ 또는 $\det(AB) = \det(A)\det(B)$

⑦ $|A^n| = |A|^n$ 또는 $\det(A^n) = (\det(A))^n$

⑧ $|AB| = |BA|$ 또는 $\det(AB) = \det(BA)$

⑨ $\det(A+B) \neq \det(A) + \det(B)$임에 주의한다.

⑩ 한 행(열)의 원소가 모두 0이면 행렬식 값은 0이다.

⑪ 두 행(열)의 원소가 서로 비례 관계에 있으면 행렬식 값은 0이다.

⑫ 삼각행렬 또는 대각행렬의 행렬식은 대각원소들의 곱이다.

⑬ 단위행렬의 행렬식은 1이다.

⑭ 홀수차 교대행렬(또는 반대칭행렬)의 행렬식은 0이다.

⑮ 한 행(또는 열)의 각 성분이 두 수의 합으로 되어 있다면, 두 수의 각각을 그 원소의 자리에 놓아서 얻은 두 행렬식의 합으로 나타낼 수 있다. 예를 들면 다음과 같다.

$$\begin{vmatrix} a & b_1+b_2 & c \\ d & e_1+e_2 & f \\ g & h_1+h_2 & i \end{vmatrix} = \begin{vmatrix} a & b_1 & c \\ d & e_1 & f \\ g & h_1 & i \end{vmatrix} + \begin{vmatrix} a & b_2 & c \\ d & e_2 & f \\ g & h_2 & i \end{vmatrix}$$

TIP▸ 한 행에 0이 아닌 수를 곱하여 다른 행에 더해도 행렬식은 변하지 않는다는 성질을 이용하여, 0을 많이 만든 다음 여인수 전개를 이용하면 계산을 줄일 수 있다.

개념적용

01

다음 행렬 A의 행렬식은?

$$A = \begin{bmatrix} 2 & 1 \\ 1 & 2 \end{bmatrix}$$

① 1　② 2　③ 3　④ 4

공략 포인트

2×2 행렬의 행렬식

$\det\begin{bmatrix} a_{11} & a_{12} \\ a_{21} & a_{22} \end{bmatrix} = a_{11}a_{22} - a_{12}a_{21}$

풀이

$\det(A) = 2\cdot 2 - 1\cdot 1 = 3$

정답 ③

02

다음 행렬의 행렬식은?

$$\begin{bmatrix} 1 & 1 & 1 \\ 2 & 3 & 3 \\ 3 & 2 & 5 \end{bmatrix}$$

① 3　② 4　③ 6　④ 8

공략 포인트

3×3 행렬의 행렬식

$\det\begin{bmatrix} a_{11} & a_{12} & a_{13} \\ a_{21} & a_{22} & a_{23} \\ a_{31} & a_{32} & a_{33} \end{bmatrix}$

$= a_{11}a_{22}a_{33} + a_{12}a_{23}a_{31} + a_{13}a_{21}a_{32} - a_{13}a_{22}a_{31} - a_{12}a_{21}a_{33} - a_{11}a_{23}a_{32}$

풀이

$$\begin{vmatrix} 1 & 1 & 1 \\ 2 & 3 & 3 \\ 3 & 2 & 5 \end{vmatrix} = 1\cdot 3\cdot 5 + 1\cdot 3\cdot 3 + 1\cdot 2\cdot 2 - 1\cdot 3\cdot 3 - 1\cdot 2\cdot 5 - 1\cdot 3\cdot 2$$

$$= 15 + 9 + 4 - 9 - 10 - 6$$

$$= 3$$

정답 ①

03

$\begin{vmatrix} 0 & 10 & 5 & 0 \\ 2 & 1 & 0 & 3 \\ 0 & 3 & 0 & -2 \\ -2 & -4 & 0 & 3 \end{vmatrix}$ 의 값은?

① 0　　② 15　　③ 60　　④ 120

공략 포인트

여인수 전개에서 행렬식의 값은 주어진 행렬의 어떤 행이나 열을 선택하여도 동일하므로, 본 문제에서는 0이 많은 3열을 선택하여 전개한다.

풀이

3열을 선택하여 전개하면

$$\begin{vmatrix} 0 & 10 & 5 & 0 \\ 2 & 1 & 0 & 3 \\ 0 & 3 & 0 & -2 \\ -2 & -4 & 0 & 3 \end{vmatrix} = 5\begin{vmatrix} 2 & 1 & 3 \\ 0 & 3 & -2 \\ -2 & -4 & 3 \end{vmatrix} - 0\begin{vmatrix} 0 & 10 & 0 \\ 0 & 3 & -2 \\ -2 & -4 & 3 \end{vmatrix} + 0\begin{vmatrix} 0 & 10 & 0 \\ 2 & 1 & 3 \\ -2 & -4 & 3 \end{vmatrix} - 0\begin{vmatrix} 0 & 10 & 0 \\ 2 & 1 & 3 \\ 0 & 3 & -2 \end{vmatrix}$$

$$= 5 \cdot \begin{vmatrix} 2 & 1 & 0 \\ 0 & 3 & -2 \\ 0 & -3 & 6 \end{vmatrix} = 5 \cdot (36-12) = 5 \cdot 24 = 120$$

정답 ④

04

행렬식 $|A| = \begin{vmatrix} 1 & -1 & 1 & -1 & 1 \\ 0 & 2 & -2 & 2 & -2 \\ 0 & 0 & 3 & -3 & 3 \\ 0 & 0 & 0 & 4 & -4 \\ 1 & 0 & 0 & 0 & 5 \end{vmatrix}$ 의 값은?

① 0　　② 120　　③ 144　　④ 240

공략 포인트

행렬식의 성질
한 행(열)에 k배하여 다른 행에 더해도 행렬식 값은 변하지 않는다.

여인수 전개에서 행렬식의 값은 주어진 행렬의 어떤 행이나 열을 선택하여도 동일하므로, 0이 많은 행이나 열을 선택하여 전개한다.

풀이

(1행)×(−1)+(5행) ⇒ (5행)으로 행렬을 변환한 후 1열을 선택해 전개하면

$$\begin{vmatrix} 1 & -1 & 1 & -1 & 1 \\ 0 & 2 & -2 & 2 & -2 \\ 0 & 0 & 3 & -3 & 3 \\ 0 & 0 & 0 & 4 & -4 \\ 1 & 0 & 0 & 0 & 5 \end{vmatrix} = \begin{vmatrix} 1 & -1 & 1 & -1 & 1 \\ 0 & 2 & -2 & 2 & -2 \\ 0 & 0 & 3 & -3 & 3 \\ 0 & 0 & 0 & 4 & -4 \\ 0 & 1 & -1 & 1 & 4 \end{vmatrix} = \begin{vmatrix} 2 & -2 & 2 & -2 \\ 0 & 3 & -3 & 3 \\ 0 & 0 & 4 & -4 \\ 1 & -1 & 1 & 4 \end{vmatrix}$$ 이다.

(4행)×(−2)+(1행) ⇒ (1행)으로 행렬을 변환한 후, 전개하면

$$\begin{vmatrix} 2 & -2 & 2 & -2 \\ 0 & 3 & -3 & 3 \\ 0 & 0 & 4 & -4 \\ 1 & -1 & 1 & 4 \end{vmatrix} = \begin{vmatrix} 0 & 0 & 0 & -10 \\ 0 & 3 & -3 & 3 \\ 0 & 0 & 4 & -4 \\ 1 & -1 & 1 & 4 \end{vmatrix} = (-1) \cdot 1 \begin{vmatrix} 0 & 0 & -10 \\ 3 & -3 & 3 \\ 0 & 4 & -4 \end{vmatrix} = (-1)(-120) = 120$$ 이다.

다른 풀이

1열에 대한 여인수 전개하면

$$\begin{vmatrix} 1 & -1 & 1 & -1 & 1 \\ 0 & 2 & -2 & 2 & -2 \\ 0 & 0 & 3 & -3 & 3 \\ 0 & 0 & 0 & 4 & -4 \\ 1 & 0 & 0 & 0 & 5 \end{vmatrix} = \begin{vmatrix} 2 & -2 & 2 & -2 \\ 0 & 3 & -3 & 3 \\ 0 & 0 & 4 & -4 \\ 0 & 0 & 0 & 5 \end{vmatrix} + \begin{vmatrix} -1 & 1 & -1 & 1 \\ 2 & -2 & 2 & -2 \\ 0 & 3 & -3 & 3 \\ 0 & 0 & 4 & -4 \end{vmatrix} = 120 + 0 = 120$$

(∵ 삼각행렬의 행렬식은 대각원소들의 곱이고, 또한 1행과 2행이 비례관계이므로)

정답 ②

05

3차 정방행렬 A, B에 대하여 $\det A = 2$, $\det B = 3$일 때, 다음을 구하시오.

(1) $\det(A^T)$

(2) $\det(A^3)$

(3) $\det(AB)$

(4) $\det(A^2B)$

(5) $\det(2B)$

공략 포인트

행렬식의 성질

- $|A^T| = |A|$ 또는 $\det(A^T) = \det(A)$
- $|A^n| = |A|^n$ 또는 $\det(A^n) = (\det(A))^n$
- $|AB| = |BA|$ 또는 $\det(AB) = \det(BA)$
- $|kA| = k^n|A|$ 또는 $\det(kA) = k^n\det(A)$

풀이

(1) $\det A = \det(A^T) = 2$

(2) $\det(A^3) = (\det A)^3 = 8$

(3) $\det(AB) = \det A \cdot \det B = 6$

(4) $\det(A^2B) = \det(A^2) \cdot \det B = (\det A)^2 \cdot \det B = 12$

(5) $\det(2B) = 2^3 \det B = 24$

정답 (1) 2 (2) 8 (3) 6 (4) 12 (5) 24

06

행렬식 $\det\begin{pmatrix} a & b & c \\ d & e & f \\ g & h & i \end{pmatrix} = 1$일 때, 다음 식의 값은?

$$\det\begin{pmatrix} -a+3g & -2g & -3d \\ -b+3h & -2h & -3e \\ -c+3i & -2i & -3f \end{pmatrix}$$

① 6　　② -6　　③ 18　　④ -18

공략 포인트

행렬식의 성질

- 한 행(열)에 k배하여 다른 행에 더해도 행렬식 값은 변하지 않는다.
- $|A^T| = |A|$

풀이

$$\det\begin{pmatrix} -a+3g & -2g & -3d \\ -b+3h & -2h & -3e \\ -c+3i & -2i & -3f \end{pmatrix} = \begin{vmatrix} -a+3g & -2g & -3d \\ -b+3h & -2h & -3e \\ -c+3i & -2i & -3f \end{vmatrix} = (-2)(-3)\begin{vmatrix} -a+3g & g & d \\ -b+3h & h & e \\ -c+3i & i & f \end{vmatrix}$$

(2열)$\times(-3)$ + (1열)→(1열)으로 행렬을 변환하면

$$= (6)\begin{vmatrix} -a & g & d \\ -b & h & e \\ -c & i & f \end{vmatrix}$$

$$= (6)(-1)\begin{vmatrix} a & g & d \\ b & h & e \\ c & i & f \end{vmatrix}$$

$\det(A^T) = \det(A)$이므로 행렬을 변환하면

$$= (-6)\begin{vmatrix} a & b & c \\ g & h & i \\ d & e & f \end{vmatrix}$$

2행과 3행을 바꾸면

$$= (-6)(-1)\begin{vmatrix} a & b & c \\ d & e & f \\ g & h & i \end{vmatrix}$$

$= 6$

정답 ①

4 행렬과 행렬식

출제경향 분석

기본적인 행렬 연산에 대한 연습을 충분히 해야 합니다.
특수행렬의 성질을 암기하는 것이 중요합니다.
행렬식 성질을 이용한 계산문제가 자주 출제됩니다.

01 행렬의 성질

개념 1. 행렬

A, B, C가 $n \times n$ 행렬일 때, 다음 중 옳은 명제는?

① A^2이 단위행렬이면 A 또는 $-A$가 단위행렬이다.
② $AB = BA$이면 $(A+B)(A-B) = A^2 - B^2$이다.
③ A^2이 영행렬이면, A도 영행렬이다.
④ $AB = AC$이고 A가 영행렬이 아니면, $B = C$이다.

풀이

STEP A 행렬의 성질을 이용하기

① [반례] $A = \begin{bmatrix} 2 & -3 \\ 1 & -2 \end{bmatrix}$ (거짓)

② $AB = BA$이면 $(A+B)(A-B) = A^2 - AB + BA - B^2 = A^2 - B^2$ (참)

③ [반례] $A = \begin{bmatrix} 0 & 1 \\ 0 & 0 \end{bmatrix}$ (거짓)

④ [반례] $A = \begin{bmatrix} 0 & 1 \\ 0 & 0 \end{bmatrix}, B = \begin{bmatrix} 0 & 0 \\ 0 & 0 \end{bmatrix}, C = \begin{bmatrix} 1 & 0 \\ 0 & 0 \end{bmatrix}$ (거짓)

따라서 다음 중 옳은 명제는 ②이다.

정답 ②

02 전치행렬과 대각합

개념 2. 특수행렬

차원이 같고 실수 위에서 정의된 두 정사각행렬 A, B에 대해, 다음 보기에서 <u>틀린</u> 것의 개수는?

| 보 기 |

ㄱ. $(AB)^T = A^T B^T$　　ㄴ. $trA = trA^T$

ㄷ. $trAB = trBA$　　ㄹ. $A^T A$는 대칭행렬이다.

① 1개　② 2개　③ 3개　④ 4개

풀이

STEP A 전치행렬의 성질을 이용하기

ㄱ. $(AB)^T = B^T A^T \neq A^T B^T$이다. (거짓)

STEP B 정사각행렬의 대각합 성질을 이용하기

ㄴ. 행렬 A와 A^T의 대각성분이 같으므로 $trA = trA^T$가 성립한다. (참)

ㄷ. 대각합의 성질에 의하여 $trAB = trBA$가 성립한다. (참)

STEP C 대칭행렬의 정의를 이용하기

ㄹ. $(A^T A)^T = A^T (A^T)^T = A^T A$이므로 $A^T A$는 대칭행렬이다. (참)

정답 ①

03 전치행렬의 성질

개념 2. 특수행렬

2×2 행렬 $A=\begin{bmatrix} x & y \\ z & w \end{bmatrix}$에 대하여 $A^T=\begin{bmatrix} x & z \\ y & w \end{bmatrix}$라고 정의할 때,

다음 설명 중에서 옳은 것을 모두 고르면? (단, x, y, z, w 는 모두 실수이다.)

ㄱ. 임의의 2×2 행렬 B에 대하여, $(B+B^T)^T=B+B^T$이다.
ㄴ. 임의의 2×2 행렬 B와 C 에 대하여, $(BC)^T=(BC)$이면 $BC=CB$이다.
ㄷ. 임의의 2×2 행렬 B와 C 에 대하여, $(BC)^T=B^TC^T$이다.

① ㄱ ② ㄴ ③ ㄷ ④ ㄱ, ㄴ

풀이

STEP A 전치행렬의 성질을 이용하여 참/거짓 구분하기

ㄱ. (참)

$(B+B^T)^T=B^T+(B^T)^T=B^T+B=B+B^T$

ㄴ. (거짓)

[반례] $B=\begin{bmatrix} 1 & 1 \\ 0 & 1 \end{bmatrix}$, $C=\begin{bmatrix} 1 & 0 \\ 1 & 1 \end{bmatrix}$ 이면

$BC=\begin{bmatrix} 1 & 1 \\ 0 & 1 \end{bmatrix}\begin{bmatrix} 1 & 0 \\ 1 & 1 \end{bmatrix}=\begin{bmatrix} 2 & 1 \\ 1 & 1 \end{bmatrix}$이고

$CB=\begin{bmatrix} 1 & 0 \\ 1 & 1 \end{bmatrix}\begin{bmatrix} 1 & 1 \\ 0 & 1 \end{bmatrix}=\begin{bmatrix} 1 & 1 \\ 1 & 2 \end{bmatrix}$이다.

따라서 $(BC)^T=(BC)$ 이지만 $BC\neq CB$이다.

ㄷ. (거짓)

$(BC)^T=C^TB^T\neq B^TC^T$

다음 설명 중 옳은 것은 ㄱ이다.

다른 풀이

ㄱ. 임의의 행렬 B에 대하여 $B+B^T$는 대칭행렬이므로, $(B+B^T)^T=B+B^T$이다.

정답 ①

04 특수행렬의 종류

개념 2. 특수행렬

행렬 $A=\begin{bmatrix}1&2&3\\4&5&6\\7&8&9\end{bmatrix}$ 는 대칭행렬(symmetric matrix) S 와 반대칭행렬(skew−symmetric matrix) T 의 합으로 표현될 수 있다. 이때 반대칭행렬 T를 구하시오.

① $\begin{bmatrix}0&-1&-2\\1&0&-1\\2&1&0\end{bmatrix}$ ② $\begin{bmatrix}1&-1&-2\\1&3&-1\\2&1&9\end{bmatrix}$ ③ $\begin{bmatrix}0&-1&-2\\2&0&-1\\2&2&0\end{bmatrix}$ ④ $\begin{bmatrix}0&1&2\\1&0&3\\2&1&0\end{bmatrix}$

풀이

STEP A 대칭행렬과 교대행렬의 합의 관계식으로 행렬 A 나타내기

$$A=\frac{1}{2}\{(A+A^T)+(A-A^T)\}=S+T$$

STEP B 반대칭행렬 T를 구하기

$A=\begin{bmatrix}1&2&3\\4&5&6\\7&8&9\end{bmatrix}$일 때,

반대칭행렬 $T=\frac{1}{2}(A-A^T)=\frac{1}{2}\left(\begin{bmatrix}1&2&3\\4&5&6\\7&8&9\end{bmatrix}-\begin{bmatrix}1&4&7\\2&5&8\\3&6&9\end{bmatrix}\right)=\begin{bmatrix}0&-1&-2\\1&0&-1\\2&1&0\end{bmatrix}$

정답 ①

05 행렬식의 계산법

개념 3. 행렬식

행렬 $A=\begin{pmatrix} 2 & 1 & 3 & 1 \\ -2 & 3 & -1 & 2 \\ 2 & 1 & 2 & 3 \\ -4 & -2 & 0 & -1 \end{pmatrix}$ 의 행렬식의 값은 얼마인가?

① 104 ② -104 ③ 204 ④ -204

풀이

STEP A 행렬식을 계산하기 위해 행렬식의 성질 이용하기

$$|A|=\begin{vmatrix} 2 & 1 & 3 & 1 \\ -2 & 3 & -1 & 2 \\ 2 & 1 & 2 & 3 \\ -4 & -2 & 0 & -1 \end{vmatrix}$$

$\begin{Bmatrix} (4열)\times(-4)+(1열)=(1열) \\ (4열)\times(-2)+(2열)=(2열) \end{Bmatrix}$로 행렬을 전개하면

$$=\begin{vmatrix} -2 & -1 & 3 & 1 \\ -10 & -1 & -1 & 2 \\ -10 & -5 & 2 & 3 \\ 0 & 0 & 0 & -1 \end{vmatrix}$$ 이다.

STEP B 0이 많은 4행을 택하여 여인수를 전개하기

$$|A|=(-1)\begin{vmatrix} -2 & -1 & 3 \\ -10 & -1 & -1 \\ -10 & -5 & 2 \end{vmatrix}$$

$$=(-1)\times(-2)\times(-1)\times\begin{vmatrix} 1 & 1 & 3 \\ 5 & 1 & -1 \\ 5 & 5 & 2 \end{vmatrix}$$

$$=-2\times\begin{vmatrix} 1 & 0 & 3 \\ 5 & -4 & -1 \\ 5 & 0 & 2 \end{vmatrix} \quad (\because\ (-1)\times 1열+2열)$$

$$=(-2)\times(-4)\times(2-15)$$

$$=8\times(-13)=-104$$

정답 ②

06 행렬식의 성질

개념 3. 행렬식

행렬 $A = \begin{bmatrix} a & b \\ c & d \end{bmatrix}$의 행렬식이 12일 때, 다음 설명 중 옳은 것을 모두 고르면?

(단, a, b, c, d는 모두 실수이다.)

ㄱ. 행렬 A^2 의 행렬식은 144 이다.

ㄴ. 행렬 $B = \begin{bmatrix} 2a & b-5a \\ 2c & d-5c \end{bmatrix}$ 의 행렬식은 24 이다.

ㄷ. 행렬 $C = \begin{bmatrix} 3a & -b \\ 3c & -d \end{bmatrix}$ 의 행렬식은 -36 이다.

① ㄱ　　② ㄴ　　③ ㄱ, ㄴ　　④ ㄱ, ㄴ, ㄷ

풀이

STEP A 행렬식의 성질을 이용하여 참/거짓 구분하기

ㄱ. $|A| = 12$이므로 $|A^2| = |A|^2 = 144$이다. (참)

ㄴ. $|B| = \begin{vmatrix} 2a & b-5a \\ 2c & d-5c \end{vmatrix} = 2\begin{vmatrix} a & b-5a \\ c & d-5c \end{vmatrix} = 2\begin{vmatrix} a & b \\ c & d \end{vmatrix} = 2|A| = 24$ (참)

ㄷ. $|C| = \begin{vmatrix} 3a & -b \\ 3c & -d \end{vmatrix} = 3\begin{vmatrix} a & -b \\ c & -d \end{vmatrix} = -3\begin{vmatrix} a & b \\ c & d \end{vmatrix} = -3|A| = -36$ (참)

설명 중 옳은 것은 ㄱ, ㄴ, ㄷ이다.

정답 ④

07
행렬식의 계산법과 성질

개념 3. 행렬식

행렬식 $\det\begin{bmatrix} a & b & c \\ d & e & f \\ g & h & i \end{bmatrix} = -6$일 때, 다음 식의 값은?

$$\det\begin{bmatrix} 3a & 3b & 3c \\ -d & -e & -f \\ 4g & 4h & 4i \end{bmatrix} + \det\begin{bmatrix} -3a & -3b & -3c \\ d & e & f \\ g-d & h-e & i-f \end{bmatrix} + \det\begin{bmatrix} a+g & b+h & c+i \\ d & e & f \\ g & h & i \end{bmatrix}$$

① 88 ② 86 ③ 84 ④ 82

풀이

STEP A 주어진 행렬식 값을 이용하기 위해 다음 식을 알맞게 변환하기(1)

$$\begin{vmatrix} 3a & 3b & 3c \\ -d & -e & -f \\ 4g & 4h & 4i \end{vmatrix} = 3\begin{vmatrix} a & b & c \\ -d & -e & -f \\ 4g & 4h & 4i \end{vmatrix} = 3\cdot(-1)\begin{vmatrix} a & b & c \\ d & e & f \\ 4g & 4h & 4i \end{vmatrix}$$

$$= 3\cdot(-1)\cdot 4\begin{vmatrix} a & b & c \\ d & e & f \\ g & h & i \end{vmatrix}$$

$$= 3\cdot(-1)\cdot 4\cdot(-6) = 72$$

STEP B 주어진 행렬식 값을 이용하기 위해 다음 식을 알맞게 변환하기(2)

$$\begin{vmatrix} -3a & -3b & -3c \\ d & e & f \\ g-d & h-e & i-f \end{vmatrix} = (-3)\begin{vmatrix} a & b & c \\ d & e & f \\ g-d & h-e & i-f \end{vmatrix}$$

$$= (-3)\begin{vmatrix} a & b & c \\ d & e & f \\ g & h & i \end{vmatrix} = (-3)(-6) = 18$$

STEP C 주어진 행렬식 값을 이용하기 위해 다음 식을 알맞게 변환하기(3)

$$\begin{vmatrix} a+g & b+h & c+i \\ d & e & f \\ g & h & i \end{vmatrix} = \begin{vmatrix} a & b & c \\ d & e & f \\ g & h & i \end{vmatrix} = -6$$

STEP D 각각의 행렬식 값을 더하기

(주어진 식) $= 72+18+(-6) = 84$

정답 ③

5 행렬과 행렬식

정답 및 풀이 p.346

01 행렬 $A=\begin{pmatrix} 1 & 3 \\ 5 & 6 \end{pmatrix}$에 대하여 행렬 B가 $A-B=AB$를 만족할 때, 행렬 B의 모든 원소의 합은?

① 1　② 2　③ 3　④ 4

02 행렬 $A=\begin{pmatrix} 2 & 1 \\ 0 & 2 \end{pmatrix}$에 대하여 A^{10}의 모든 성분의 합을 구하면?

① 7×2^{10}　② 7×2^{9}　③ 13×2^{10}　④ 13×2^{9}

03 $n\times n$ 행렬 A, B, C에 대하여 다음 중 틀린 것을 모두 고른 것은?
(단, n은 임의의 자연수이고, k는 임의의 실수이다.)

ㄱ. $A(B+C)=(B+C)A$
ㄴ. $k(AB)=A(kB)$
ㄷ. $(kA)^T=kA^T$
ㄹ. $A(BC)=(AB)C$
ㅁ. $(AB)^T=A^TB^T$

① ㄱ, ㄴ　② ㄱ, ㅁ　③ ㄷ, ㄹ　④ ㄱ, ㄷ, ㅁ

04 행렬 $A=\begin{pmatrix} 1 & 2 \\ 3 & 0 \end{pmatrix}$에 대하여 행렬 B는 $6B-A=AB$를 만족할 때, 행렬 B의 대각원소의 합은?

① $\frac{1}{2}$　　② $\frac{3}{4}$　　③ 1　　④ $\frac{5}{4}$

05 A, B, C가 서로 다른 정방행렬이고 O은 영행렬일 때, 다음 중 옳은 것은?
(단, A^t는 A 의 전치행렬이다.)

① $ABC=CBA$
② $(ABC)^t = C^t B^t A^t$
③ $A(B+C)=O$이면 $A=O$ 또는 $B+C=O$
④ $(A+B+C)-(A+B+C) \neq O$

06 n차 정사각행렬 A, B, C에 대하여 옳은 것을 모두 고른 것은?

ㄱ. $trA=trA^T$
ㄴ. $trAB=trBA$
ㄷ. $tr((A+B)(A-B))=tr(A^2)-tr(B^2)$
ㄹ. $AB-BA=I$를 만족하는 A,B는 존재하지 않는다.

① ㄱ, ㄴ　　② ㄱ, ㄷ　　③ ㄴ, ㄷ, ㄹ　　④ ㄱ, ㄴ, ㄷ, ㄹ

07 $A = \begin{bmatrix} 32 & 45 \\ 21 & 29 \end{bmatrix}$, $B = \begin{bmatrix} 33 & 45 \\ 21 & 30 \end{bmatrix}$, $C = \begin{bmatrix} 1 & 0 \\ 0 & 1 \end{bmatrix}$일 때, 다음 중 옳지 않은 것은?

(단, A^T는 A의 전치행렬이다.)

① $AB = BA$

② $((AB)^T C)^T = C^T A^T B^T$

③ $A(B+C) = AB + AC$

④ $(A+B)(A-B) = A^2 - B^2$

08 다음 행렬 A의 전치행렬(transpose) A^T에 대하여 대각합(trace) $tr(AA^T)$의 값은?

$$A = \begin{bmatrix} 1 & 0 & 1 & 1 \\ 0 & -1 & 0 & 1 \\ 1 & 0 & 2 & 0 \\ 0 & 1 & -1 & -2 \end{bmatrix}$$

① 0

② 4

③ 10

④ 16

09 행렬 $\begin{bmatrix} 2 & -1 & 1 \\ 3 & 0 & 4 \\ -1 & 2 & -3 \end{bmatrix}$을 대칭행렬과 교대행렬의 합으로 나타내면 다음과 같다.

$$\begin{bmatrix} 2 & a & 0 \\ b & 0 & c \\ 0 & d & -3 \end{bmatrix} + \begin{bmatrix} 0 & e & 1 \\ f & 0 & g \\ -1 & h & 0 \end{bmatrix}$$

이때, $abcd - efgh$의 값은?

① -10

② -5

③ 0

④ 5

10 행렬식이 k인 3×3 행렬 A가 다음과 같이 주어져 있다.

$$A=\begin{bmatrix} a_1 & a_2 & a_3 \\ b_1 & b_2 & b_3 \\ c_1 & c_2 & c_3 \end{bmatrix}$$

다음 중 행렬식이 k와 같지 <u>않은</u> 행렬을 고르시오. (단, $k\neq0$이다.)

① $B=\begin{bmatrix} c_1 & c_2 & c_3 \\ a_1 & a_2 & a_3 \\ b_1 & b_2 & b_3 \end{bmatrix}$

② $C=\begin{bmatrix} 2a_1-4c_1 & a_2-2c_2 & a_3-2c_3 \\ 6b_1+2c_1 & 3b_2+c_2 & 3b_3+c_3 \\ 2c_1 & c_2 & c_3 \end{bmatrix}$

③ $D=\begin{bmatrix} \frac{2}{3}a_1 & \frac{a_2}{3} & a_3 \\ 2b_1 & b_2 & 3b_3 \\ c_1 & \frac{c_2}{2} & \frac{3}{2}c_3 \end{bmatrix}$

④ $E=\begin{bmatrix} a_1+2a_2+3a_3 & a_2 & a_3 \\ b_1+2b_2+3b_3 & b_2 & b_3 \\ c_1+2c_2+3c_3 & c_2 & c_3 \end{bmatrix}$

11 방정식 $\det\begin{pmatrix} x & -1 \\ 3 & 1-x \end{pmatrix}=\det\begin{pmatrix} 1 & 0 & -3 \\ 2 & x & -6 \\ 1 & 3 & x-5 \end{pmatrix}$을 만족하는 x는?

① $\frac{1\pm\sqrt{11}}{4}$　② $\frac{2\pm\sqrt{22}}{4}$　③ $\frac{3\pm\sqrt{33}}{4}$　④ $\frac{2\pm\sqrt{11}}{2}$

12 행렬 $\begin{pmatrix} 78 & 3 & \pi & \sqrt{2} \\ 1675 & 67 & 6 & e \\ 3025 & 121 & 11 & 5 \\ 1100 & 44 & 4 & 2 \end{pmatrix}$의 행렬식은?

① 6　② -12　③ 24　④ -48

13 행렬 $A=\begin{pmatrix} 1 & 2 & 1 & 0 \\ 0 & 3 & 1 & 1 \\ -1 & 0 & 3 & 1 \\ 3 & 1 & 2 & 0 \end{pmatrix}$의 행렬식 $\det(A)$의 값은?

① 2 ② 4 ③ 8 ④ 16

14 행렬 $A=\begin{bmatrix} 1 & 2 & 4 \\ 1 & 3 & 9 \\ 1 & 4 & 16 \end{bmatrix}$에 대하여 행렬 $2A^7$의 행렬식(determinant) $\det(2A^7)$은?

① 2 ② 2^3 ③ 2^8 ④ 2^{10}

15 크기가 같은 두 정사각행렬 A, B에 대하여 보기에서 <u>틀린</u> 것의 개수는?

| 보 기 |

ㄱ. A와 B 모두 영행렬이 아니면, BA도 영행렬이 아니다.
ㄴ. A와 B 모두 대칭행렬이면, BA도 대칭행렬이다.
ㄷ. $A^2 = BA$이고 A가 영행렬이 아니면, $B = A$이다.
ㄹ. $BA = A$이면, B의 행렬식은 1이다.

① 1개 ② 2개 ③ 3개 ④ 4개

16 행렬 $C=\begin{bmatrix} 2 & 4 & 7 \\ 6 & 0 & 3 \\ 1 & 5 & 3 \end{bmatrix}$가 주어져 있을 때, 전치행렬 C^T의 행렬식(determinant)의 값은?

① 119　　② 120　　③ 121　　④ 122

17 행렬 $A=\begin{pmatrix} 1 & a & b & c \\ 1 & c & b & a \\ 1 & b & c & a \\ 1 & b-c & c-a & a-b \end{pmatrix}$의 행렬식 값의 인수가 아닌 것은?

① $a-b$　　② $b-c$　　③ $c-a$　　④ $a+b+c$

18 다음과 같은 행렬식의 방정식이 성립하는 경우를 고르면?

$$\det\begin{pmatrix} a & b & a & b \\ 0 & a & b & a \\ 2a & 3a+2b & 3a+3b & 3a+2b \\ 3a & -a+3b & 3a-b & 3b \end{pmatrix}=16$$

① $a=-3,\ b=-\frac{1}{3}$　　② $a=-2,\ b=-\frac{1}{4}$

③ $a=-1,\ b=\frac{1}{12}$　　④ $a=1,\ b=\frac{1}{3}$

19 두 행렬 $A=\begin{pmatrix} a_{11} & a_{12} & a_{13} \\ a_{21} & a_{22} & a_{23} \\ a_{31} & a_{32} & a_{33} \end{pmatrix}$, $B=\begin{pmatrix} a_{11} & a_{12} & a_{13} \\ b_{21} & b_{22} & b_{23} \\ a_{31} & a_{32} & a_{33} \end{pmatrix}$의 행렬식이 차례대로 α, β일 때,

$C=\begin{pmatrix} 2a_{11} & 2a_{12} & -2a_{13} \\ 2a_{21}-b_{21} & 2a_{22}-b_{22} & -2a_{23}+b_{23} \\ -2a_{31} & -2a_{32} & 2a_{33} \end{pmatrix}$의 행렬식은? (단, α, β는 상수이다.)

① $-8\alpha+8\beta$ ② $-8\alpha+4\beta$ ③ $8\alpha-4\beta$ ④ $8\alpha-8\beta$

20 네 행렬 $A=\begin{bmatrix} a & b & c \\ d & e & f \\ g & h & i \end{bmatrix}$, $P=\begin{bmatrix} a & b & c \\ d & e & f \\ 5g & 5h & 5i \end{bmatrix}$, $Q=\begin{bmatrix} a & b & c \\ g & h & i \\ d & e & f \end{bmatrix}$, $R=\begin{bmatrix} a & b & c \\ 2d+a & 2e+b & 2f+c \\ g & h & i \end{bmatrix}$에 대하여

$\det A=7$일 때, $\det P+\det Q+\det R$의 값은?

① 42 ② 44 ③ 46 ④ 48

02

수반행렬과 역행렬

출제 비중 & 빈출 키워드 리포트

단원	출제 비중 (합계 7%)	빈출 키워드
1. 수반행렬	2%	·수반행렬
2. 역행렬	5%	·역행렬의 계산법
		·역행렬의 성질
		·역행렬이 존재할 조건

1 수반행렬

1. 수반행렬

(1) **정의:** 행렬 A의 여인수를 성분으로 가지는 행렬 B를 A의 여인수 행렬이라고 할 때, 행렬 B의 전치행렬을 A의 수반행렬(adjoint matrix)이라고 한다.

(2) **표기:** $adj(A)$

(3) $adj(A) = \begin{bmatrix} C_{11} & C_{12} & \cdots & C_{1n} \\ C_{21} & C_{22} & \cdots & C_{2n} \\ \vdots & \vdots & \ddots & \vdots \\ C_{n1} & C_{n2} & \cdots & C_{nn} \end{bmatrix}^T = \begin{bmatrix} C_{11} & C_{21} & \cdots & C_{n1} \\ C_{12} & C_{22} & \cdots & C_{n2} \\ \vdots & \vdots & \ddots & \vdots \\ C_{1n} & C_{2n} & \cdots & C_{nn} \end{bmatrix}$

(여기서 C_{ij}는 a_{ij} 의 여인수이다.)

2. 수반행렬의 성질

① $A\,adj(A) = adj(A)A = |A|I$

② $|adj(A)| = |A|^{n-1}$

③ $adj(adj(A)) = |A|^{n-2}A$

④ $|adj(adj(A))| = |A|^{(n-1)^2}$

⑤ $adj(AB) = adj(B)\,adj(A)$

⑥ $adj(kA) = k^{n-1}adj(A)$ (단, k는 스칼라)

개념적용

01

행렬 $A = \begin{bmatrix} 1 & 2 & 3 \\ -1 & 1 & 1 \\ 2 & 0 & 2 \end{bmatrix}$ 의 여인수(cofactor) C_{11}, C_{21}, C_{31} 의 합은?

① -5　② -3　③ 5　④ 3

공략 포인트

여인수
$C_{ij} = (-1)^{i+j}|M_{ij}|$

풀이

$C_{11} = \begin{vmatrix} 1 & 1 \\ 0 & 2 \end{vmatrix} = 2$, $C_{21} = -\begin{vmatrix} 2 & 3 \\ 0 & 2 \end{vmatrix} = -4$, $C_{31} = \begin{vmatrix} 2 & 3 \\ 1 & 1 \end{vmatrix} = -1$

$\therefore C_{11} + C_{21} + C_{31} = 2-4-1=-3$

정답 ②

02

행렬 $A = \begin{bmatrix} 2 & 1 & 3 \\ -1 & 2 & 0 \\ 2 & -2 & 1 \end{bmatrix}$ 의 수반행렬(adjoint matrix)에서 첫 번째 열의 성분들의 합은 얼마인가?

① -11　② -1　③ 1　④ 3

공략 포인트

행렬 A의 여인수를 성분으로 하는 행렬의 전치행렬을 행렬 A의 수반행렬이라 하므로, 행렬 A의 수반행렬에서 첫 번째 열의 성분들의 합은 행렬 A의 첫 번째 행의 성분들의 여인수들의 합과 같다.

풀이

행렬 $A = \begin{pmatrix} 2 & 1 & 3 \\ -1 & 2 & 0 \\ 2 & -2 & 1 \end{pmatrix}$의 수반행렬에서 첫 번째 열의 성분들의 합은

행렬 A의 첫 번째 행의 성분들의 여인수들의 합과 같다.

$C_{11} + C_{12} + C_{13} = |M_{11}| - |M_{12}| + |M_{13}| = 2 - (-1) + (-2) = 1$

정답 ③

03

행렬 $A = \begin{bmatrix} 0 & 0 & 1 \\ 0 & 1 & c \\ 1 & c & c^2 \end{bmatrix}$ $(c \neq 0)$의 수반행렬(adjoint of A)에서 제3행의 원소들의 합을 구하시오.

① -1　　② 1　　③ $c-1$　　④ $c+1$

공략 포인트

행렬 A의 여인수를 성분으로 하는 행렬의 전치행렬을 행렬 A의 수반행렬이라 하므로, 행렬 A의 수반행렬에서 세 번째 행의 성분들의 합은 행렬 A의 세 번째 열의 성분들의 여인수들의 합과 같다.

풀이

행렬 $A = \begin{pmatrix} 0 & 0 & 1 \\ 0 & 1 & c \\ 1 & c & c^2 \end{pmatrix}$의 수반행렬에서 제3행의 원소들의 합은

행렬 A의 제3열의 원소들의 여인수들의 합과 같다.

$C_{13} + C_{23} + C_{33} = |M_{13}| - |M_{23}| + |M_{33}| = (-1) - 0 + 0 = -1$

정답 ①

04

행렬 $A = \begin{bmatrix} 3 & 1 & 1 \\ 0 & 2 & 4 \\ 2 & 1 & 1 \end{bmatrix}$ 이고 $adj(A)$가 A의 수반행렬(adjoint matrix)을 의미할 때,

행렬식 $\det(adj(A))$의 값은?

① 2　　② 4　　③ -2　　④ -4

공략 포인트

수반행렬의 성질

$|adj(A)| = |A|^{n-1}$

풀이

$$|A| = \begin{vmatrix} 3 & 1 & 1 \\ 0 & 2 & 4 \\ 2 & 1 & 1 \end{vmatrix} = \begin{vmatrix} 1 & 0 & 0 \\ 0 & 2 & 4 \\ 2 & 1 & 1 \end{vmatrix} = -2$$

$\therefore |adj(A)| = |A|^{3-1} = (-2)^2 = 4$

정답 ②

2 역행렬

1. 역행렬

(1) 역행렬(inverse matrix)의 정의

① n차 정방행렬 A에 대하여 $AB=BA=I$를 만족하는 정방행렬 B가 존재할 때, A를 가역적이라 하고 B를 A의 역행렬이라 부른다. (I는 n차 단위행렬)

② 표기: $B=A^{-1}$

(2) 정칙행렬과 특이행렬

- 정칙행렬(또는 가역행렬): A가 역행렬을 가질 경우
- 특이행렬(또는 비가역행렬): A가 역행렬을 갖지 않을 경우

2. 역행렬의 계산법

(1) 역행렬 A^{-1}

① $A^{-1}=\dfrac{1}{|A|}adj(A)$ (단, $|A|\neq 0$일 때)

② 역행렬의 계산

$A=\begin{pmatrix} a & b \\ c & d \end{pmatrix}$ 일 때, $A^{-1}=\dfrac{1}{ad-bc}\begin{pmatrix} d & -b \\ -c & a \end{pmatrix}$

(2) 역행렬을 구하는 순서

① 행렬식을 구한다.

② 여인수 행렬의 전치행렬인 수반행렬 $adj\,A$를 구한다.

③ 구하고자 하는 역행렬 $A^{-1}=\dfrac{1}{|A|}\cdot adj\,A$를 구한다.

3. 역행렬의 성질

임의의 n차 가역행렬 A, B와 임의의 실수 $k\in\mathbb{R}$에 대하여

① $AA^{-1}=A^{-1}A=I$

② $(A^{-1})^{-1}=A$

③ $(A^{T})^{-1}=(A^{-1})^{T}$

④ $(kA)^{-1} = \frac{1}{k}A^{-1}$

⑤ $(AB)^{-1} = B^{-1}A^{-1}$

⑥ $(A^n)^{-1} = (A^{-1})^n$

⑦ $|A^{-1}| = \frac{1}{|A|}$

⑧ $|A^{-n}| = \frac{1}{|A|^n}$

TIP ▸ $(A+B)^{-1} \neq A^{-1} + B^{-1}$임에 유의한다.

4. 역행렬이 존재할 조건

(1) 역행렬이 존재할 조건과 존재하지 않기 위한 조건

① A의 역행렬 A^{-1}이 존재하기 위한 필요충분조건: $\det(A) \neq 0$

② A의 역행렬 A^{-1}이 존재하지 않기 위한 필요충분조건: $\det(A) = 0$

(2) 참고사항

① A가 가역일 때, A의 역행렬은 유일하게 존재한다.

② A, B가 가역행렬이면 AB도 가역행렬이다.

③ A, B가 특이행렬이면 AB도 특이행렬이다.

개념적용

01

$A=\begin{bmatrix}0 & 1\\-1 & 1\end{bmatrix}$일 때, A^{-1}을 구하시오.

① $\begin{bmatrix}0 & -1\\1 & -1\end{bmatrix}$ ② $\begin{bmatrix}1 & 0\\1 & -1\end{bmatrix}$ ③ $\begin{bmatrix}1 & -1\\1 & 0\end{bmatrix}$ ④ $\begin{bmatrix}1 & 1\\0 & -1\end{bmatrix}$

공략 포인트

역행렬의 계산법

$ad-bc\neq 0$일 때,

$A=\begin{pmatrix}a & b\\c & d\end{pmatrix}$의 역행렬은

$A^{-1}=\dfrac{1}{ad-bc}\begin{pmatrix}d & -b\\-c & a\end{pmatrix}$

풀이

$A=\begin{pmatrix}0 & 1\\-1 & 1\end{pmatrix}$의 역행렬 $A^{-1}=\dfrac{1}{1}\begin{pmatrix}1 & -1\\1 & 0\end{pmatrix}=\begin{pmatrix}1 & -1\\1 & 0\end{pmatrix}$

정답 ③

02

행렬 $A=\begin{bmatrix}2 & 1 & -1\\0 & 2 & 1\\0 & 0 & 3\end{bmatrix}$의 역행렬을 구하시오.

① $\begin{pmatrix}6 & -3 & 3\\0 & 6 & -2\\0 & 0 & 4\end{pmatrix}$ ② $\dfrac{1}{2}\begin{pmatrix}6 & -3 & 2\\0 & 6 & 3\\0 & 0 & 4\end{pmatrix}$

③ $\dfrac{1}{12}\begin{pmatrix}6 & -3 & 3\\0 & 6 & -2\\0 & 0 & 4\end{pmatrix}$ ④ $\dfrac{1}{3}\begin{pmatrix}6 & -3 & 3\\0 & 6 & -2\\0 & 0 & 4\end{pmatrix}$

공략 포인트

수반행렬을 이용한 역행렬의 계산법

$A^{-1}=\dfrac{1}{\det(A)}adjA$

풀이

삼각행렬의 행렬식은 대각원소들의 곱으로

$|A|=\begin{vmatrix}2 & 1 & -1\\0 & 2 & 1\\0 & 0 & 3\end{vmatrix}=2\cdot 2\cdot 3=12$이다.

$adj(A)=\begin{pmatrix}6 & 0 & 0\\-3 & 6 & 0\\3 & -2 & 4\end{pmatrix}^T=\begin{pmatrix}6 & -3 & 3\\0 & 6 & -2\\0 & 0 & 4\end{pmatrix}$이므로

$A^{-1}=\dfrac{1}{|A|}adj(A)=\dfrac{1}{12}\begin{pmatrix}6 & -3 & 3\\0 & 6 & -2\\0 & 0 & 4\end{pmatrix}$

정답 ③

03

$A=\begin{bmatrix} 2 & 4 & 3 \\ -1 & 0 & 1 \\ 1 & 2 & 2 \end{bmatrix}$ 의 역행렬 A^{-1} 의 3행의 원소들의 합을 구하시오.

① 1 ② -1 ③ 2 ④ -2

공략 포인트

수반행렬을 이용한 역행렬의 계산법

$A^{-1}=\dfrac{1}{\det(A)}adjA$

풀이

$$|A|=\begin{vmatrix} 2 & 4 & 3 \\ -1 & 0 & 1 \\ 1 & 2 & 2 \end{vmatrix}=\begin{vmatrix} 2 & 4 & 5 \\ -1 & 0 & 0 \\ 1 & 2 & 3 \end{vmatrix}=\begin{vmatrix} 4 & 5 \\ 2 & 3 \end{vmatrix}=12-10=2$$

행렬 $A=\begin{pmatrix} 2 & 4 & 3 \\ -1 & 0 & 1 \\ 1 & 2 & 2 \end{pmatrix}$ 의 역행렬 A^{-1} 의 3행의 원소들의 합은

$$\frac{1}{|A|}(C_{13}+C_{23}+C_{33})=\frac{1}{|A|}(|M_{13}|-|M_{23}|+|M_{33}|)=\frac{1}{2}\{(-2)-0+4\}=1$$

정답 ①

04

$A^5=\begin{bmatrix} 3 & 4 \\ 2 & 3 \end{bmatrix}$, $(A^{-1})^5=\begin{bmatrix} a & b \\ c & d \end{bmatrix}$ 일 때, $a+b+c+d$ 를 계산하시오.

① 0 ② 1 ③ 2 ④ 3

공략 포인트

역행렬의 성질

$(A^{-1})^n=(A^n)^{-1}$

풀이

$(A^{-1})^5=(A^5)^{-1}=\begin{pmatrix} 3 & 4 \\ 2 & 3 \end{pmatrix}^{-1}=\begin{pmatrix} 3 & -4 \\ -2 & 3 \end{pmatrix}$ 이므로

$a=3,\ b=-4,\ c=-2,\ d=3$이다.

$\therefore\ a+b+c+d=0$

정답 ①

05

다음 행렬의 성질 중 항상 성립하는 성질이 아닌 것은?

(단, A^{-1}은 A의 역행렬이고, A^{T}은 A의 전치행렬을 나타낸다.)

① $(A^{-1})^{-1} = A$ ② $(AB)^{-1} = A^{-1}B^{-1}$

③ $(A^{2})^{-1} = (A^{-1})^{2}$ ④ $(A^{-1})^{T} = (A^{T})^{-1}$

공략 포인트

역행렬의 성질
- $(A^{-1})^{-1} = A$
- $(AB)^{-1} = B^{-1}A^{-1}$
- $(A^{n})^{-1} = (A^{-1})^{n}$
- $(A^{T})^{-1} = (A^{-1})^{T}$

풀이

② $(AB)^{-1} = B^{-1}A^{-1}$

정답 ②

06

A는 $n \times n$행렬이다. A^{t}는 A의 전치행렬, A^{-1}은 A의 역행렬, $|A|$는 A의 행렬식을 나타낸다.

다음 중 옳지 않은 것은?

① $(A^{t})^{-1} = (A^{-1})^{t}$ ② $|AA| = |A|$

③ $|AA^{-1}| = 1$ ④ $|A^{t}| = |A|$

공략 포인트

행렬의 성질
- $(A^{T})^{-1} = (A^{-1})^{T}$
- $AA^{-1} = I$
- $|A^{T}| = |A|$
- $AA = A^{2}$

풀이

② $|AA| = |A|^{2} \neq |A|$

정답 ②

07

A 와 B 는 3×3 행렬이며 다음과 같이 주어졌다.

$$A=\begin{pmatrix}1&0&0\\3&2&2\\-7&1&3\end{pmatrix},\ B=\begin{pmatrix}0&1&1\\0&-2&1\\1&3&5\end{pmatrix}$$

행렬 $C=AB$ 라고 할 때, C 의 역행렬의 행렬식인 $\det(C^{-1})$ 은 얼마인가?

① $\frac{1}{12}$ ② $\frac{1}{6}$ ③ 1 ④ 4

공략 포인트

역행렬의 성질

$|A^{-1}|=\frac{1}{|A|}$

행렬식의 성질

$\det(AB)=\det(A)\det(B)$

풀이

$\det(A)=\begin{vmatrix}1&0&0\\3&2&2\\-7&1&3\end{vmatrix}=4$이고 $\det(B)=\begin{vmatrix}0&1&1\\0&-2&1\\1&3&5\end{vmatrix}=3$이다.

$$\therefore\ \det(C^{-1})=\frac{1}{\det(C)}=\frac{1}{\det(AB)}=\frac{1}{\det(A)\cdot\det(B)}=\frac{1}{12}$$

정답 ①

08

다음 행렬 중 역행렬을 갖지 않는 것을 고르시오.

① $\begin{pmatrix}1&-1\\2&4\end{pmatrix}$ ② $\begin{pmatrix}0&2\\-1&3\end{pmatrix}$ ③ $\begin{pmatrix}2&1\\-1&4\end{pmatrix}$ ④ $\begin{pmatrix}1&2\\-2&-4\end{pmatrix}$

공략 포인트

역행렬이 존재하지 않기 위한 필요충분조건

$\det(A)=0$

풀이

A 가 역행렬을 갖지 않기 위한 필요충분조건은 $\det(A)=0$ 이다.

$\begin{vmatrix}1&2\\-2&-4\end{vmatrix}=0$이므로 보기 중 역행렬을 갖지 않는 것은 ④이다.

정답 ④

09

행렬 $A=\begin{pmatrix} 1 & 2 & 3 \\ 0 & 2 & 4 \\ 0 & 0 & 3 \end{pmatrix}$ 이 주어졌을 때, 다음 중 가장 큰 값은?

① $\det(2A)$ ② $\det(adj(A))$ ③ $\det(2A^{-1})$ ④ $\det((2A)^{-1})$

공략 포인트

행렬식의 성질

$|kA| = k^n|A|$

수반행렬의 성질

- $|adj(A)| = |A|^{n-1}$
- $adj(kA) = k^{n-1}adj(A)$

역행렬의 성질

$|A^{-1}| = \frac{1}{|A|}$

풀이

삼각행렬의 행렬식은 대각원소들의 곱이므로
$|A| = (1)(2)(3) = 6$이다.

① 행렬식의 성질에 따라 $|2A| = 2^3|A| = 48$이다.

② $|adj(A)| = |A|^2 = 36$

③ $|2A^{-1}| = 2^3|A^{-1}| = \frac{2^3}{|A|} = \frac{4}{3}$

④ $|(2A)^{-1}| = \frac{1}{|2A|} = \frac{1}{2^3|A|} = \frac{1}{48}$

즉, 보기 중 가장 큰 값은 ①이다.

정답 ①

3 수반행렬과 역행렬

출제경향 분석

\# 수반행렬의 성질을 정확히 암기하고 문제에 적용할 수 있어야 합니다.

\# 역행렬의 성질을 이용한 행렬식 계산문제가 자주 출제됩니다.

01 수반행렬의 성질

개념 1. 수반행렬

다음 행렬 $A = \begin{bmatrix} 2 & -3 & 1 & 0 \\ 0 & 3 & 2 & 5 \\ 0 & 0 & 1 & 6 \\ 0 & 0 & 0 & 5 \end{bmatrix}$ 의 수반행렬(adjoint matrix) $adj(A)$의 행렬식 값은?

① 30 ② 30^2 ③ 30^3 ④ 30^4

풀이

STEP A 수반행렬의 성질 이용하기

$|adj(A)| = |A|^{n-1}$을 이용하여

구하고자 하는 $adj(A)$의 행렬식 값을 구하면 다음과 같다.

$|A|^{4-1} = |A|^3$

STEP B 행렬 A의 행렬식 구하기

삼각행렬의 행렬식은 대각원소들의 곱이므로

$$|A| = \begin{vmatrix} 2 & -3 & 1 & 0 \\ 0 & 3 & 2 & 5 \\ 0 & 0 & 1 & 6 \\ 0 & 0 & 0 & 5 \end{vmatrix} = 2 \cdot 3 \cdot 1 \cdot 5 = 30$$

즉, 구하고자 하는 값 $|adj(A)| = |A|^3 = 30^3$

정답 ③

02 수반행렬과 역행렬

개념 2. 역행렬

행렬 $A = \begin{bmatrix} 1 & 0 & 0 \\ p & 1 & 0 \\ p^2 & p & 1 \end{bmatrix}$의 역행렬 A^{-1}에서 제3행의 원소들의 합은?

① $1-p$ ② p ③ p^2 ④ $p+p^2$

풀이

STEP A 행렬 A의 행렬식 값 구하기

삼각행렬의 행렬식은 대각원소들의 곱이므로

$|A| = \begin{vmatrix} 1 & 0 & 0 \\ p & 1 & 0 \\ p^2 & p & 1 \end{vmatrix} = 1$이다.

STEP B 수반행렬의 정의에 따라 구하고자 하는 값 구하기

행렬 $A = \begin{pmatrix} 1 & 0 & 0 \\ p & 1 & 0 \\ p^2 & p & 1 \end{pmatrix}$의 역행렬 A^{-1}에서 제3행의 원소들의 합은

$$\frac{1}{|A|}(C_{13} + C_{23} + C_{33}) = \frac{1}{|A|}(|M_{13}| - |M_{23}| + |M_{33}|) = (0 - p + 1) = 1 - p$$

정답 ①

03

역행렬의 계산법

개념 2. 역행렬

행렬 $\begin{bmatrix} 1 & 1 & 1 \\ 0 & -1 & 2 \\ 0 & 0 & -1 \end{bmatrix}$의 역행렬이 $\begin{bmatrix} a_{11} & a_{12} & a_{13} \\ a_{21} & a_{22} & a_{23} \\ a_{31} & a_{32} & a_{33} \end{bmatrix}$일 때, $\sum_{i=1}^{3}\left(\sum_{j=1}^{3} a_{ij}\right)$의 값은?

① 0 ② 1 ③ 2 ④ 3

풀이

STEP A 행렬식 구하기

삼각행렬의 행렬식은 대각원소들의 곱이므로

$\begin{vmatrix} 1 & 1 & 1 \\ 0 & -1 & 2 \\ 0 & 0 & -1 \end{vmatrix} = 1 \cdot (-1) \cdot (-1) = 1$이다.

STEP B 여인수행렬의 전치행렬인 수반행렬 $adjA$ 구하기

$$adj(A) = \begin{pmatrix} 1 & 0 & 0 \\ 1 & -1 & 0 \\ 3 & -2 & -1 \end{pmatrix}^T = \begin{pmatrix} 1 & 1 & 3 \\ 0 & -1 & -2 \\ 0 & 0 & -1 \end{pmatrix}$$

STEP C 역행렬 구하기

$$A^{-1} = \frac{1}{|A|} adj(A) = \begin{pmatrix} 1 & 1 & 3 \\ 0 & -1 & -2 \\ 0 & 0 & -1 \end{pmatrix}$$

STEP D 주어진 역행렬과 비교한 후, 구하고자 하는 값 구하기

$$\sum_{i=1}^{3}\left(\sum_{j=1}^{3} a_{ij}\right) = 1$$

TIP ▸ 역행렬을 구하는 순서

- 행렬식을 구한다.
- 여인수의 전치행렬인 수반행렬 $adjA$를 구한다.
- 구하고자 하는 역행렬 $A^{-1} = \frac{1}{|A|} \cdot adjA$를 구한다.

정답 ②

04 역행렬이 존재하지 않을 조건

개념 2. 역행렬

행렬 $\begin{bmatrix} a^2-2a-3 & a^3+2a & 5a \\ 0 & a^2-5a & 5a-5 \\ 0 & 0 & 5a-10 \end{bmatrix}$의 역행렬이 존재하지 않는 a의 값들 전체의 합은?

① 3 ② 5 ③ 7 ④ 9

풀이

STEP A 역행렬이 존재하지 않기 위한 조건 파악하기

행렬 A의 역행렬 A^{-1}이 존재하지 않기 위한 필요충분조건은 $\det(A)=0$이다.

STEP B $\det(A)=0$ 구하기

삼각행렬의 행렬식은 대각원소들의 곱이므로 $(a^2-2a-3)(a^2-5a)(5a-10)=0$이다.

즉, $a^2-2a-3=0$ 또는 $a^2-5a=0$ 또는 $5a-10=0$이다.

이를 만족하는 $a=-1, 3$ 또는 $a=0, 5$ 또는 $a=2$이다.

따라서 a의 값들 전체의 합은 9이다.

정답 ④

05
역행렬의 성질

개념 2. 역행렬

실수 성분을 갖는 4×4 행렬 A가 $\det(A)=3$일 때, $\det\left((-2A^t)^{-1}\right)$의 값을 구하면?

(단, 임의의 행렬 M에 대하여 M^t는 M의 전치행렬을 나타낸다.)

① $-\frac{1}{6}$ ② $-\frac{1}{48}$ ③ $\frac{1}{48}$ ④ $\frac{1}{6}$

풀이

STEP A 역행렬의 성질($(A^t)^{-1}=(A^{-1})^t$)에 따라 주어진 식을 전개하기

$$\left|(-2A^t)^{-1}\right| = \frac{1}{|-2A^t|} = \frac{1}{(-2)^4|A^t|} = \frac{1}{16|A|} = \frac{1}{48}$$

STEP B 행렬식의 성질($|kA|=k^n|A|$, $|A^t|=|A|$)에 따라 식을 전개하기

$$\frac{1}{|-2A^t|} = \frac{1}{(-2)^4|A^t|} = \frac{1}{16|A|} = \frac{1}{16\cdot3} = \frac{1}{48}$$

정답 ③

06
역행렬의 성질

개념 2. 역행렬

3×3 행렬 A와 B의 행렬식이 $\det(A)=2$, $\det(B)=1$일 때, 다음 중 옳지 않은 것은?

① $\det(AB)=2$ ② $\det(3A)=6$ ③ $\det\left((2B)^{-1}\right)=\frac{1}{8}$ ④ $\det\left(BA^{-1}\right)=\frac{1}{2}$

풀이

STEP A 행렬식의 성질을 이용하기

① $\det(AB)=\det(A)\cdot\det(B)=2$

② $\det(3A)=3^3\det(A)=27\cdot2=54$

STEP B 역행렬의 성질을 이용하기

③ $\det\left((2B)^{-1}\right)=\frac{1}{\det(2B)}=\frac{1}{2^3\det(B)}=\frac{1}{8}$

④ $\det\left(BA^{-1}\right)=\det(B)\cdot\det\left(A^{-1}\right)=\frac{\det(B)}{\det(A)}=\frac{1}{2}$

정답 ②

4 수반행렬과 역행렬

정답 및 풀이 p.350

01 $adj(A)$가 A의 수반행렬이다. $A=\begin{bmatrix}1&0&-2\\0&1&0\\0&0&2\end{bmatrix}$일 때, 행렬식 $|adj(A^2)|$의 값은?

① 4　② 8　③ 12　④ 16

02 행렬 $A=\begin{pmatrix}3&1&1\\0&2&4\\2&1&1\end{pmatrix}$에 대하여 $|adj(adj(A))|$의 값을 구하시오. (단, $adj(A)$는 A의 수반행렬이다.)

① -4　② 4　③ -16　④ 16

03 5×5행렬 A에 대하여 $\det(A)=-2$일 때, 행렬 $B=\frac{1}{2}A^T adjA$의 행렬식은?

(단, A^T은 A의 전치행렬이고, $adjA$는 A의 딸림(수반)행렬이다.)

① -32　② -1　③ 2　④ 16

04 $A=\begin{bmatrix}1&0&7\\1&1&7\\7&1&1\end{bmatrix}$ 일 때, $adj(A)\cdot A$ 의 대각성분의 합은? (단, $adj(A)$ 는 행렬 A 의 수반행렬(adjoint matrix)이다.)

① -144　　② -49　　③ 3　　④ 15

05 $A=\begin{bmatrix}2&5&5\\-1&-1&0\\2&4&3\end{bmatrix}$ 의 역행렬 A^{-1} 는?

① $A^{-1}=\begin{bmatrix}3&-5&-5\\-3&4&5\\2&-2&-3\end{bmatrix}$　　② $A^{-1}=\begin{bmatrix}3&-5&-5\\3&4&5\\2&-2&-3\end{bmatrix}$

③ $A^{-1}=\begin{bmatrix}3&5&-5\\-3&4&5\\2&2&-3\end{bmatrix}$　　④ $A^{-1}=\begin{bmatrix}3&-5&5\\-3&4&5\\2&-2&3\end{bmatrix}$

06 행렬 $A=\begin{bmatrix}1&0&0&0\\0&2&5&0\\0&1&3&0\\0&0&0&4\end{bmatrix}$ 의 역행렬 A^{-1}에 대한 대각합(trace), 즉 $Tr(A^{-1})$은 얼마인가?

① $\frac{25}{4}$　　② $\frac{13}{2}$　　③ $\frac{27}{4}$　　④ 7

07 행렬 $A=\begin{bmatrix} 9 & 6 & 1 & 6 & 4 \\ 5 & 6 & 0 & 5 & 9 \\ 6 & 4 & 4 & 1 & 7 \\ 0 & 3 & 5 & 0 & 7 \\ 4 & 0 & 4 & 1 & 3 \end{bmatrix}$의 역행렬 A^{-1}의 1행 2열 성분은? (단, $|A|$는 A의 행렬식이다.)

① $\dfrac{\begin{vmatrix} 5 & 0 & 5 & 9 \\ 6 & 4 & 1 & 7 \\ 0 & 5 & 0 & 7 \\ 4 & 4 & 1 & 3 \end{vmatrix}}{|A|}$

② $\dfrac{\begin{vmatrix} 5 & 0 & 5 & 9 \\ 6 & 4 & 1 & 7 \\ 0 & 5 & 0 & 7 \\ 4 & 4 & 1 & 3 \end{vmatrix}}{-|A|}$

③ $\dfrac{\begin{vmatrix} 6 & 1 & 6 & 4 \\ 4 & 4 & 1 & 7 \\ 3 & 5 & 0 & 7 \\ 0 & 4 & 1 & 3 \end{vmatrix}}{|A|}$

④ $\dfrac{\begin{vmatrix} 6 & 1 & 6 & 4 \\ 4 & 4 & 1 & 7 \\ 3 & 5 & 0 & 7 \\ 0 & 4 & 1 & 3 \end{vmatrix}}{-|A|}$

08 3×3행렬(3차 정사각행렬) A의 행렬식이 2일 때, 다음 중 행렬식이 가장 큰 행렬은?
(단, A^{-1}은 A의 역행렬, A^T는 A의 전치행렬, $adjA$는 A의 딸림(수반)행렬이다.)

① $2A^{-1}$ ② $(2A)^{-1}$ ③ $2A^T$ ④ $2(adjA)$

09 다음 명제 중 참인 것의 개수는? (단, O는 영행렬이다.)

ㄱ. n차 정방행렬 A에 대하여 $A^T=-A$이면 $tr(A)=0$이다.
ㄴ. n차 정방행렬 A가 가역행렬이고 $A^{-1}=A$이면 $\det(A)=\pm 1$이다.
ㄷ. $m\times n$ 행렬 A에 대하여 A^TA는 대칭행렬이다.
ㄹ. $m\times n$ 행렬 A에 대하여 $AA^T=O$ 또는 $A^TA=O$이면 $A=O$이다.

① 1개 ② 2개 ③ 3개 ④ 4개

10 다음 행렬 A에 대하여 $I+A+A^2$의 역행렬의 행렬식을 구하면?

$$A=\begin{bmatrix}0&2&1\\0&0&3\\0&0&0\end{bmatrix}$$

① 1 ② -1 ③ 2 ④ -2

11 두 행렬 $A=\begin{bmatrix}a&0&0\\0&b&0\\0&0&c\end{bmatrix}$, $B=\begin{bmatrix}d&0&0\\0&e&0\\0&0&f\end{bmatrix}$에 대하여 옳은 것만을 보기에서 있는 대로 고른 것은?

(단, $\det(A)$는 A의 행렬식이고, A^{-1}은 A의 역행렬이다.)

| 보 기 |

ㄱ. $\det(2A)=2\det(A)$

ㄴ. $(A-B)^2=A^2-2AB+B^2$

ㄷ. $\det(A)\neq 0$이면 $\det(A^{-1}B)=\det(A)\det(B)$이다.

① ㄱ ② ㄴ ③ ㄷ ④ ㄱ, ㄴ

12 두 이차 정사각행렬 A, B가 다음 조건을 모두 만족시킨다.

(a) A의 역행렬이 존재하고, $A\neq kE$ (k는 실수)이다. (단, E는 단위행렬이다.)

(b) $A^2=B$이고 $B^2=8A$이다.

이때, 옳은 것을 보기에서 모두 고르면?

| 보 기 |

ㄱ. $AB=BA$

ㄴ. B의 역행렬이 존재한다.

ㄷ. $A-2E$의 역행렬이 존재하면 $2A+B$의 역행렬은 존재하지 않는다.

① ㄴ ② ㄷ ③ ㄱ, ㄴ ④ ㄱ, ㄷ

13 크기가 2019×2019 인 행렬 A, B, C는 다음을 만족한다.

$$\det A = 2,\ \det B = 2,\ \det C = 3$$

이때 $\det(A^{-1}B^t(-3C))$의 값을 구하면? (단, B^t는 B의 전치행렬이다.)

① 9　　② -3^{2020}　　③ 3^{2019}　　④ -3^{2019}

14 행렬 A와 B가 다음과 같이 주어졌을 때, $\det(B^{-1}A^{-1})$ 의 값은?

(단, $\det(B^{-1}A^{-1})$ 는 행렬 $B^{-1}A^{-1}$ 의 행렬식이다.)

$$A = \begin{pmatrix} 0 & 0 & 1 & 2 \\ 2 & 1 & 2 & 4 \\ 1 & 2 & 1 & 2 \\ 2 & 0 & 4 & 6 \end{pmatrix} \qquad B = \begin{pmatrix} 1 & 0 & 0 & 1 \\ 2 & -2 & 1 & 0 \\ 1 & 0 & 2 & 1 \\ -1 & 1 & 0 & 1 \end{pmatrix}$$

① $\dfrac{1}{24}$　　② $\dfrac{1}{36}$　　③ $\dfrac{1}{48}$　　④ $\dfrac{1}{52}$

15 행렬 A가 $A\begin{bmatrix}1\\0\\0\end{bmatrix}=\begin{bmatrix}1\\1\\1\end{bmatrix}$, $A\begin{bmatrix}0\\2\\0\end{bmatrix}=\begin{bmatrix}1\\2\\3\end{bmatrix}$, $A\begin{bmatrix}0\\0\\3\end{bmatrix}=\begin{bmatrix}1\\-1\\1\end{bmatrix}$을 만족할 때, A^{-1}의 $(2,3)$ 성분은?

① -1　　② $\dfrac{4}{9}$　　③ $\dfrac{2}{3}$　　④ 1

16 다음 중 틀린 것을 모두 고른 것은? (단, A, B는 $n \times n$ 행렬이다.)

ㄱ. $\det(AB) = \det(BA)$이면 $AB = BA$이다.
ㄴ. $\det(A) = 0$이면 A는 영행렬이다.
ㄷ. $\det(-A) = -\det(A)$

① ㄱ　② ㄱ, ㄴ　③ ㄷ　④ ㄱ, ㄴ, ㄷ

17 두 $n \times n$ 행렬 A, B에 대하여 다음 중 옳은 것을 모두 고르면? (단, $n \geq 2$이다.)

ㄱ. $\det(AB) = \det(A) \cdot \det(B)$
ㄴ. 실수 k에 대하여 $\det(kA) = k\det(A)$
ㄷ. A가 가역행렬이고 A^T를 A의 전치행렬이라 하면, $\det(A^{-1}) = \dfrac{1}{\det(A^T)}$

① ㄱ　② ㄱ, ㄷ　③ ㄴ, ㄷ　④ ㄱ, ㄴ, ㄷ

18 다음 행렬의 역행렬이 존재하지 않도록 하는 모든 실수 c의 값의 합은?

$$\begin{bmatrix} c & -c & c \\ 2 & c & 1 \\ 0 & 0 & c \end{bmatrix}$$

① -2　② -1　③ 0　④ 1

19 행렬 $A=\begin{pmatrix} 2 & 3 & 2 \\ 1 & 3 & 1 \\ 1 & 2 & -1 \end{pmatrix}$의 수반행렬(adjoint matrix)이 B일 때, $tr(AB)$의 값은?

(단, $tr(A)$는 행렬 A의 대각합(trace)이다.)

① -6 ② -12 ③ -18 ④ -24

20 2차 정사각행렬 A에 대하여 보기에서 옳은 것만을 있는 대로 고른 것은?
(단, I는 단위행렬, O은 영행렬이고 $\det$는 행렬식을 나타낸다.)

| 보 기 |

ㄱ. $A^2=A$이면 $A=I$이거나 $A=O$이다.

ㄴ. $\det(A)=\frac{1}{2}$이면 $\sum_{n=1}^{\infty}\det(A^n)=1$이다.

ㄷ. 실수 c에 대하여 cA가 역행렬을 가지면 A도 역행렬을 갖는다.

ㄹ. $\det(A)\neq 0$이고 $A\neq I$이면 $\det(A+I)\neq O$이다.

① ㄱ, ㄴ ② ㄴ, ㄷ ③ ㄴ, ㄹ ④ ㄱ, ㄷ, ㄹ

03

행렬 계수와 선형연립방정식

출제 비중 & 빈출 키워드 리포트

단원	출제 비중 (합계 8%)	빈출 키워드
1. 행 연산과 행렬 계수	6%	·기본 행 연산 ·행렬 계수
2. 선형연립방정식	2%	·계수행렬 ·첨가행렬

1 행 연산과 행렬 계수

1. 기본 행 연산

(1) 행렬의 기본 행 연산(elementary row operation)

① 두 행을 교환하는 것

② 한 행에 0이 아닌 상수를 곱하는 것

③ 한 행의 상수배를 다른 행에 더하는 것

(2) 행 동치(row equivalent)와 행 축소(row reduction)

① 행 동치: 하나의 행렬에 대하여 일련의 기본 행 연산을 통해 다른 행렬을 얻을 때의 두 행렬

② 행 축소: 행 동치 행렬을 얻기 위한 기본 행 연산을 수행하는 절차

2. 행 사다리꼴

(1) $m \times n$ 행렬 A가 기본 행 연산을 거친 후 다음 조건을 만족할 때, 행 사다리꼴(row−echelon form) 행렬이라 한다.

① O이 아닌 행에서 첫 번째 나타나는 0이 아닌 원소를 선행(선두)성분이라 한다.

② 행의 번호가 커질수록 선행성분은 우측으로 밀린다.

③ 모든 원소가 0인 행은 행렬의 맨 아랫부분에 있다.

(2) 예시

$\begin{pmatrix} 1 & 3 \\ 0 & 5 \end{pmatrix}$, $\begin{pmatrix} 2 & 3 & 2 & 3 \\ 0 & 1 & 0 & 4 \\ 0 & 0 & 0 & 0 \end{pmatrix}$

3. 기약 행 사다리꼴

(1) 기약 행 사다리꼴(reduced row−echelon form)의 특징

① O이 아닌 행에서 첫 번째 나타나는 0이 아닌 선행성분은 1이다.

② 행의 번호가 커질수록 선행성분은 우측으로 밀린다.

③ 선행성분 1을 포함하는 열의 다른 성분들은 모두 0이다.

④ 모든 원소가 0인 행은 행렬의 맨 아랫부분에 있다.

(2) 예시

$\begin{pmatrix} 1 & 0 \\ 0 & 1 \end{pmatrix}$, $\begin{pmatrix} 1 & 2 & 0 & 3 \\ 0 & 0 & 1 & 4 \\ 0 & 0 & 0 & 0 \end{pmatrix}$

TIP ▸ 행렬 A의 행 사다리꼴은 무수히 많이 존재하지만, 기약 행 사다리꼴은 유일하게 존재한다.

4. 행렬 계수

(1) 행렬 계수($rank$)의 정의

$m\times n$ 행렬 A가 행 사다리꼴 형태인 B와 행 동치이면 A의 계수 $rank(A)$는 O이 아닌 B 행들의 개수이다.

(2) 예시

행렬 $A=\begin{pmatrix} 1 & 2 & 4 \\ 0 & -1 & 2 \\ 0 & 0 & 0 \\ 0 & 0 & 0 \end{pmatrix}$일 때, O이 아닌 행들의 개수는 2개이므로 $rank(A)=2$이다.

(3) 행렬 계수의 성질 (여기서 $m\times n$ 행렬 A)

① $rank(A^T) = rank(A)$

② 임의의 두 행을 교환해도 $rank$는 변하지 않는다.

③ 한 행에 k배하여 다른 행에 더해도 $rank$는 변하지 않는다.

④ 어떤 행에 0이 아닌 수를 곱해도 $rank$는 변하지 않는다.

⑤ $rank(A^TA)=rank(A)=rank(A^T)=rank(AA^T)$

⑥ $rank(AB) \le \min\{rank(A), rank(B)\}$

⑦ $rank(A+B) \le rank(A)+rank(B)$

⑧ A가 가역행렬이면 $rank(AB)=rank(B)$ (여기서 $m\times m$ 행렬 A, $m\times n$ 행렬 B)
즉, 가역행렬은 $rank$값을 변하게 하지 않는다.

⑨ 실베스터 부등식
$rankA+rankB-n\le rank(AB)$ (여기서 $m\times n$ 행렬 A, $n\times l$ 행렬 B)

⑩ n차 정방행렬 A에 대하여, A가 가역행렬이면
- $\det(A) \neq 0$
- $rank(A) = n$

개념적용

01

행렬 $A=\begin{pmatrix} 1 & 2 & 1 & 10 \\ -2 & 3 & 1 & 5 \\ -1 & 5 & 2 & 15 \end{pmatrix}$의 $rank$를 구하시오.

① 1 ② 2 ③ 3 ④ 4

공략 포인트

행렬 계수($rank$)의 정의
$m\times n$ 행렬 A가 행 사다리꼴 형태인 B와 행 동치이면 A의 계수 $rank(A)$는 O이 아닌 B의 행들의 개수이다.

풀이

$rank$를 구하기 위해서는 주어진 행렬 A를 행 사다리꼴 형태로 만든 후, O이 아닌 행들의 개수를 구하면 된다.

$$A=\begin{pmatrix} 1 & 2 & 1 & 10 \\ -2 & 3 & 1 & 5 \\ -1 & 5 & 2 & 15 \end{pmatrix} \begin{bmatrix} (1\text{행})\times 2+(2\text{행})\Rightarrow(2\text{행}) \\ (1\text{행})+(3\text{행})\Rightarrow(3\text{행}) \end{bmatrix}$$

$$\sim\begin{pmatrix} 1 & 2 & 1 & 10 \\ 0 & 7 & 3 & 25 \\ 0 & 7 & 3 & 25 \end{pmatrix} (2\text{행})\times(-1)+(3\text{행})\Rightarrow(3\text{행})$$

$$\sim\begin{pmatrix} 1 & 2 & 1 & 10 \\ 0 & 7 & 3 & 25 \\ 0 & 0 & 0 & 0 \end{pmatrix}$$

$\therefore rank(A)=2$

정답 ②

02

$A=\begin{pmatrix} 1 & 2 & 4 & 3 \\ 3 & -1 & 2 & -2 \\ 5 & -4 & 0 & a \end{pmatrix}$에 대하여 $rank(A)=2$일 때, a의 값은?

① -9 ② -7 ③ -5 ④ -3

공략 포인트

$rank(A)=2$는 O이 아닌 행들의 개수가 2개임을 의미하므로, 3행이 O이 되어야 한다는 것을 이용하여 풀이한다.

풀이

$A=\begin{pmatrix} 1 & 2 & 4 & 3 \\ 3 & -1 & 2 & -2 \\ 5 & -4 & 0 & a \end{pmatrix}\sim\begin{pmatrix} 1 & 2 & 4 & 3 \\ 0 & -7 & -10 & -11 \\ 0 & -14 & -20 & a-15 \end{pmatrix}$이므로

$a-15=-22$일 때 $rank(A)=2$를 만족한다.

$\therefore a=-7$

정답 ②

03

행렬 $A=\begin{pmatrix} -2 & -5 & 8 & 0 & -17 \\ 1 & 3 & -5 & -1 & 5 \\ 2 & 4 & -6 & -2 & 4 \\ 1 & 7 & -13 & -5 & -3 \end{pmatrix}$의 계수($rank$)는 얼마인가?

① 1 ② 2 ③ 3 ④ 4

공략 포인트

행렬 계수의 성질

- 임의의 두 행을 교환해도 $rank$는 변하지 않는다.
- 한 행에 k 배하여 다른 행에 더해도 $rank$는 변하지 않는다.

풀이

$rank$를 구하기 위해서는 주어진 행렬 A를 행 사다리꼴 형태로 만든 후, O이 아닌 행들의 개수를 구하면 된다.

먼저 1행과 2행을 바꾸면 다음과 같다.

$$A=\begin{pmatrix} -2 & -5 & 8 & 0 & -17 \\ 1 & 3 & -5 & -1 & 5 \\ 2 & 4 & -6 & -2 & 4 \\ 1 & 7 & -13 & -5 & -3 \end{pmatrix} \sim \begin{pmatrix} 1 & 3 & -5 & -1 & 5 \\ -2 & -5 & 8 & 0 & -17 \\ 2 & 4 & -6 & -2 & 4 \\ 1 & 7 & -13 & -5 & -3 \end{pmatrix}$$

$\begin{bmatrix} 2\times(1\text{행})+(2\text{행})\Rightarrow(2\text{행}) \\ (-2)\times(1\text{행})+(3\text{행})\Rightarrow(3\text{행}) \\ (-1)\times(1\text{행})+(4\text{행})\Rightarrow(4\text{행}) \end{bmatrix}$

$$\sim \begin{pmatrix} 1 & 3 & -5 & -1 & 5 \\ 0 & 1 & -2 & -2 & -7 \\ 0 & -2 & 4 & 0 & -6 \\ 0 & 4 & -8 & -4 & -8 \end{pmatrix}$$

$\begin{bmatrix} 2\times(2\text{행})+(3\text{행})\Rightarrow(3\text{행}) \\ (-4)\times(2\text{행})+(4\text{행})\Rightarrow(4\text{행}) \end{bmatrix}$

$$\sim \begin{pmatrix} 1 & 3 & -5 & -1 & 5 \\ 0 & 1 & -2 & -2 & -7 \\ 0 & 0 & 0 & -4 & -20 \\ 0 & 0 & 0 & 4 & 20 \end{pmatrix}$$

$[(3\text{행})+(4\text{행})\Rightarrow(4\text{행})]$

$$\sim \begin{pmatrix} 1 & 3 & -5 & -1 & 5 \\ 0 & 1 & -2 & -2 & -7 \\ 0 & 0 & 0 & -4 & -20 \\ 0 & 0 & 0 & 0 & 0 \end{pmatrix}$$

$\therefore\ rank(A)=3$

정답 ③

04

$n \times n$ 행렬 A, B에 대하여 보기 중에서 옳은 것의 개수는?

> ㄱ. $rank(AB) > rank(B)$
>
> ㄴ. U가 역행렬을 가지면 $rank(UA) = rank(A)$
>
> ㄷ. $rankA = n$이면 $\det(AA^T) \neq 0$이다.
>
> ㄹ. $A^2 = O$이면 $rank(A) \leq \dfrac{n}{2}$

① 1개　　② 2개　　③ 3개　　④ 4개

공략 포인트

행렬 계수 정리

$rank(AB) \leq \min\{rankA, rankB\}$

풀이

ㄱ. (거짓)

[반례] $A = \begin{pmatrix} 0 & 0 \\ 0 & 0 \end{pmatrix}$, $B = \begin{pmatrix} 1 & 0 \\ 0 & 1 \end{pmatrix}$

ㄴ. (참)

$rank$의 기본 성질에 의하여 참이다.

ㄷ. (참)

n차 정방행렬 A에 대하여 $rankA = n$이면 $\det A \neq 0$이다.

$\det(AA^T) = \det A \cdot \det A^T = (\det A)^2 \neq 0$

ㄹ. (참)

부등식 $rankA + rankB - n \leq rank(AB)$에서 $B \to A$를 대입하면

$2rankA - n \leq rank(A^2) = 0$

따라서 $rankA \leq \dfrac{n}{2}$이다.

따라서 보기 중에서 옳은 것의 개수는 3개다.

정답 ③

2 선형연립방정식(선형계, 선형시스템)

1. 연립 1차방정식의 행렬형

(1) 미지수가 n개인 m개의 1차 연립방정식을 가정한 경우, 행렬방정식으로 변환하면 다음과 같다.

$$\begin{cases} a_{11}x_1 + a_{12}x_2 + \cdots + a_{1n}x_n = b_1 \\ a_{21}x_1 + a_{22}x_2 + \cdots + a_{2n}x_n = b_2 \\ \vdots \qquad \vdots \qquad \vdots \qquad \vdots \qquad \vdots \\ a_{m1}x_1 + a_{m2}x_2 + \cdots + a_{mn}x_n = b_m \end{cases} \cdots\cdots (*)$$

$$\Leftrightarrow \begin{bmatrix} a_{11} & a_{12} & \cdots & a_{1n} \\ a_{21} & a_{22} & \cdots & a_{2n} \\ & & \vdots & \\ a_{m1} & a_{m2} & \cdots & a_{mn} \end{bmatrix} \begin{bmatrix} x_1 \\ x_2 \\ \vdots \\ x_n \end{bmatrix} = \begin{bmatrix} b_1 \\ b_2 \\ \vdots \\ b_m \end{bmatrix}$$

$$\Leftrightarrow \boldsymbol{Ax} = \boldsymbol{b}$$

① 계수행렬: $\boldsymbol{A} = \begin{bmatrix} a_{11} & a_{12} & \cdots & a_{1n} \\ a_{21} & a_{22} & \cdots & a_{2n} \\ \vdots & \vdots & \ddots & \vdots \\ a_{m1} & a_{m2} & \cdots & a_{mn} \end{bmatrix}$

② 미지수행렬: $\boldsymbol{x} = \begin{bmatrix} x_1 \\ \vdots \\ x_n \end{bmatrix}$

③ 상수행렬: $\boldsymbol{b} = \begin{bmatrix} b_1 \\ \vdots \\ b_m \end{bmatrix}$

(2) 종류

① 계수행렬: 행렬방정식 $Ax = b$에서의 A

② 첨가(확대, 확장)행렬: 행렬 A에 b를 최후 열로 추가한 행렬

$$[A \mid b] = \left[\begin{array}{cccc|c} a_{11} & a_{12} & \cdots & a_{1n} & b_1 \\ a_{21} & a_{22} & \cdots & a_{2n} & b_2 \\ \vdots & \vdots & & \vdots & \vdots \\ a_{m1} & a_{m2} & \cdots & a_{mn} & b_m \end{array}\right]$$

- $b = O$인 경우 동차(제차) 연립방정식이라 한다.
- $b \neq O$인 경우 비동차(비제차) 연립방정식이라 한다.

(3) 정리

만일 두 개의 선형방정식계의 첨가행렬이 행 동치이면 이들 선형방정식은 같은 해집합을 갖는다.

2. 연립 1차방정식의 풀이법

(1) 소거법

첨가행렬을 사용하여 선형연립방정식(*)의 해를 구하기 위하여 가우스 소거법(Gaussian elimination) 또는 가우스−조던 소거법(Gaussian−Jordan elimination)을 사용한다.

① 가우스 소거법

- 첨가행렬이 다음의 성질을 갖는 행 사다리꼴의 행 동치 첨가행렬이 될 때까지 행 축소를 수행한다.
- 행 사다리꼴인 첨가행렬을 얻은 시점에서 연산을 중지한다. 따라서 다른 순서로 행 연산을 적용하면 다른 행 사다리꼴을 얻을 수도 있다. 이 방법으로 선형연립방정식의 해를 얻기 위해서는 역대입법을 사용한다.

② 가우스−조던 소거법

- 기약 행 사다리꼴인 첨가행렬을 얻을 때까지 행 연산을 수행한다.
- 기약 행 사다리꼴인 첨가행렬을 얻을 때까지 연산을 수행한다. 따라서 어떤 순서로 행 연산을 하든지 항상 동일한 기약 행 사다리꼴의 첨가행렬을 얻는다. 이 방법에서는 역대입법을 사용할 필요가 없다.

(2) 크래머의 규칙

선형연립방정식 $Ax=b$인 $\begin{bmatrix} a_{11} & a_{12} & \cdots & a_{1n} \\ a_{21} & a_{22} & \cdots & a_{2n} \\ & \vdots & & \\ a_{n1} & a_{n2} & \cdots & a_{nn} \end{bmatrix}\begin{bmatrix} x_1 \\ x_2 \\ \vdots \\ x_n \end{bmatrix}=\begin{bmatrix} b_1 \\ b_2 \\ \vdots \\ b_n \end{bmatrix}$에서 $\det(A) \neq 0$이면 $x_j = \dfrac{\det(A_j)}{\det(A)}$이다.

(여기서 행렬 A_j는 행렬 A의 j열을 열벡터 $\begin{bmatrix} b_1 \\ b_2 \\ \vdots \\ b_n \end{bmatrix}$로 바꾼 행렬)

3. 역행렬에 의한 연립 1차방정식의 풀이

(1) A가 $n\times n$ 행렬이고 역행렬 A^{-1}가 존재할 때, 즉 미지수의 수와 방정식의 수가 같을 때, 다음을 이용하여 주어진 선형계($AX=B$꼴)의 해를 구할 수 있다.

$$AX=B \Leftrightarrow A^{-1}(AX)=A^{-1}B \Leftrightarrow X=A^{-1}B$$

(2) 미지수와 방정식의 수가 같은 선형계의 경우

① A^{-1}가 존재하면: 오직 하나의 해를 갖는다.

② A^{-1}가 존재하지 않으면: 해가 없거나 무수히 많은 해를 갖는다.

4. 선형연립방정식의 해

(1) 선형연립방정식(*)의 해(solution)는 각 방정식을 만족하는 n개의 변숫값 $x_1, x_2, \cdots, x_n$이다.

(2) 선형연립방정식은 다음 중 하나를 만족한다.

① 해를 갖지 않는다.

② 오직 하나의 해를 갖는다.

③ 무수히 많은 해를 갖는다.

(3) 만일 선형연립방정식(*)이 동차(혹은 제차)이면, 최소한 자명한 해 $x_1 = 0, \cdots, x_n = 0$을 갖는다.

5. 선형연립방정식 해의 존재성과 유일성

(1) 계수와 선형시스템 해의 연관성

m개의 방정식과 n개의 미지수를 가진 비동차 선형시스템 $A\boldsymbol{x} = \boldsymbol{b}$에서 $[A|\boldsymbol{b}]$는 시스템의 첨가행렬을 나타낸다고 할 때,

① $rank(A) = rank(A|\boldsymbol{b})$이면 해가 존재한다.

- $rank(A) = n$이면 유일한 해가 존재한다.
- $rank(A) < n$이면 무수히 많은 해가 존재한다.

② $rank(A) < rank(A|\boldsymbol{b})$이면 해가 존재하지 않는다.

(2) m개의 방정식과 n개의 미지수를 가진 동차 선형시스템 $A\boldsymbol{x} = \boldsymbol{0}$은 해가 항상 존재한다.

① $rank(A) = n$이면 자명해 $\boldsymbol{x} = \boldsymbol{0}$을 갖는다.

② $rank(A) < n$이면 무수히 많은 해를 갖는다.

(3) n차 정방행렬 A에 대하여 다음이 성립한다.

A가 가역행렬	$\Leftrightarrow$	$\det(A) \neq 0$
	$\Leftrightarrow$	$rank(A) = n$
	$\Leftrightarrow$	비동차 선형시스템 $A\boldsymbol{x} = \boldsymbol{b}$ 는 유일해 $\boldsymbol{x} = A^{-1}\boldsymbol{b}$ 를 갖는다.
	$\Leftrightarrow$	동차 선형시스템 $A\boldsymbol{x} = \boldsymbol{0}$은 자명해 $\boldsymbol{x} = \boldsymbol{0}$ 만을 갖는다.

01

다음 연립방정식 $\begin{cases} -x+y+2z=2 \\ 3x-y+z=6 \\ -x+3y+4z=4 \end{cases}$ 을 만족하는 x, y, z에 대하여 $x+y+z$의 값은?

① 2　　② 1　　③ -1　　④ -2

공략 포인트

첨가(확대, 확장)행렬
행렬 A에 b를 최후 열로 추가한 행렬

풀이

주어진 일차 연립방정식은

$\begin{pmatrix} -1 & 1 & 2 \\ 3 & -1 & 1 \\ -1 & 3 & 4 \end{pmatrix}\begin{pmatrix} x \\ y \\ z \end{pmatrix}=\begin{pmatrix} 2 \\ 6 \\ 4 \end{pmatrix}$로 나타낼 수 있으므로

첨가행렬에 대하여 행 연산을 수행하면

$$\left(\begin{array}{ccc|c} -1 & 1 & 2 & 2 \\ 3 & -1 & 1 & 6 \\ -1 & 3 & 4 & 4 \end{array}\right) \sim \left(\begin{array}{ccc|c} -1 & 1 & 2 & 2 \\ 0 & 2 & 7 & 12 \\ 0 & 2 & 2 & 2 \end{array}\right)$$

$$\sim \left(\begin{array}{ccc|c} -1 & 1 & 2 & 2 \\ 0 & 2 & 7 & 12 \\ 0 & 0 & -5 & -10 \end{array}\right)$$

$$\sim \left(\begin{array}{ccc|c} -1 & 1 & 2 & 2 \\ 0 & 2 & 7 & 12 \\ 0 & 0 & 1 & 2 \end{array}\right)$$

$$\sim \left(\begin{array}{ccc|c} -1 & 1 & 2 & 2 \\ 0 & 2 & 0 & -2 \\ 0 & 0 & 1 & 2 \end{array}\right)$$

$$\sim \left(\begin{array}{ccc|c} -1 & 1 & 2 & 2 \\ 0 & 1 & 0 & -1 \\ 0 & 0 & 1 & 2 \end{array}\right)$$

$$\sim \left(\begin{array}{ccc|c} -1 & 0 & 0 & -1 \\ 0 & 1 & 0 & -1 \\ 0 & 0 & 1 & 2 \end{array}\right)$$

$$\sim \left(\begin{array}{ccc|c} 1 & 0 & 0 & 1 \\ 0 & 1 & 0 & -1 \\ 0 & 0 & 1 & 2 \end{array}\right)$$

$\therefore\ x=1,\ y=-1,\ z=2$

즉, 구하고자 하는 $x+y+z=2$이다.

정답 ①

02

다음 일차 연립방정식의 해 중 x_4의 값을 구하시오.

$$\begin{aligned} 2x_1 - 2x_2 + x_3 + 2x_4 &= 8 \\ x_1 + 3x_2 + x_3 + x_4 &= 3 \\ 3x_1 + x_2 + 2x_3 - x_4 &= -1 \end{aligned}$$

① 1　② 3　③ 6　④ 무수히 많다

공략 포인트

첨가(확대, 확장)행렬
행렬 A에 b를 최후 열로 추가한 행렬

풀이

주어진 일차 연립방정식은

$$\begin{bmatrix} 2 & -2 & 1 & 2 \\ 1 & 3 & 1 & 1 \\ 3 & 1 & 2 & -1 \end{bmatrix}\begin{bmatrix} x_1 \\ x_2 \\ x_3 \\ x_4 \end{bmatrix} = \begin{bmatrix} 8 \\ 3 \\ -1 \end{bmatrix}$$ 로 나타낼 수 있다.

첨가행렬에 대하여 행 연산을 수행하면

$$\left[\begin{array}{cccc|c} 2 & -2 & 1 & 2 & 8 \\ 1 & 3 & 1 & 1 & 3 \\ 3 & 1 & 2 & -1 & -1 \end{array}\right] \sim \left[\begin{array}{cccc|c} 1 & 3 & 1 & 1 & 3 \\ 2 & -2 & 1 & 2 & 8 \\ 3 & 1 & 2 & -1 & -1 \end{array}\right]$$
$$\sim \left[\begin{array}{cccc|c} 1 & 3 & 1 & 1 & 3 \\ 0 & -8 & -1 & 0 & 2 \\ 0 & -8 & -1 & -4 & -10 \end{array}\right]$$
$$\sim \left[\begin{array}{cccc|c} 1 & 3 & 1 & 1 & 3 \\ 0 & -8 & -1 & 0 & 2 \\ 0 & 0 & 0 & -4 & -12 \end{array}\right]$$

$-4x_4 = -12$ 이므로 $x_4 = 3$이다.

정답 ②

03

다음 연립방정식의 해가 존재하지 않는 c 값은?

$$\begin{cases} x + 2y + 3z = 1 \\ x + 3y + 5z = 0 \\ \quad\ \ y + cz = 1 \end{cases}$$

① -2　② -1　③ 1　④ 2

공략 포인트

첨가(확대, 확장)행렬
행렬 A에 b를 최후 열로 추가한 행렬

행렬 계수($rank$)의 정의
$m \times n$ 행렬 A가 행 사다리꼴 형태인 B와 행 동치이면 A의 계수 $rank(A)$는 O이 아닌 B행들의 개수이다.

풀이

주어진 연립방정식은

$$\begin{pmatrix} 1 & 2 & 3 \\ 1 & 3 & 5 \\ 0 & 1 & c \end{pmatrix}\begin{pmatrix} x \\ y \\ z \end{pmatrix} = \begin{pmatrix} 1 \\ 0 \\ 1 \end{pmatrix}$$ 로 나타낼 수 있다.

첨가행렬에 대하여 행 연산을 수행하면

$$\left(\begin{array}{ccc|c} 1 & 2 & 3 & 1 \\ 1 & 3 & 5 & 0 \\ 0 & 1 & c & 1 \end{array}\right) \sim \left(\begin{array}{ccc|c} 1 & 2 & 3 & 1 \\ 0 & 1 & 2 & -1 \\ 0 & 1 & c & 1 \end{array}\right) \sim \left(\begin{array}{ccc|c} 1 & 2 & 3 & 1 \\ 0 & 1 & 2 & -1 \\ 0 & 0 & c-2 & 2 \end{array}\right)$$

계수와 선형시스템 해의 연관성에서 해가 존재하지 않는 조건은
$rank(A) \neq rank(A \mid b)$이다.
즉, $c = 2$이면 $rank A = 2$, $rank(\boldsymbol{A}|b) = 3$이 되어 연립방정식의 해가 존재하지 않는다.

정답 ④

04

다음 연립방정식이 무한개의 해를 갖기 위한 s, t의 조건을 구하면?

$$\begin{aligned} x+\ \ y+3z&=2 \\ x+2y+2z&=3 \\ x+3y+sz&=t \end{aligned}$$

① $s=3, t=2$ ② $s=3, t\neq 2$ ③ $s=1, t=4$ ④ $s=1, t\neq 4$

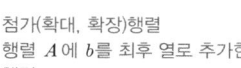

공략 포인트

첨가(확대, 확장)행렬
행렬 A에 b를 최후 열로 추가한 행렬

행렬 계수($rank$)의 정의
$m\times n$ 행렬 A가 행 사다리꼴 형태인 B와 행 동치이면 A의 계수 $rank(A)$는 O이 아닌 B행들의 개수이다.

풀이

주어진 연립방정식은

$\begin{pmatrix} 1 & 1 & 3 \\ 1 & 2 & 2 \\ 1 & 3 & s \end{pmatrix}\begin{pmatrix} x \\ y \\ z \end{pmatrix}=\begin{pmatrix} 2 \\ 3 \\ t \end{pmatrix}$로 나타낼 수 있다.

첨가행렬에 대하여 행 연산을 수행하면

$$\left(\begin{array}{ccc|c} 1 & 1 & 3 & 2 \\ 1 & 2 & 2 & 3 \\ 1 & 3 & s & t \end{array}\right)\sim\left(\begin{array}{ccc|c} 1 & 1 & 3 & 2 \\ 0 & 1 & -1 & 1 \\ 0 & 2 & s-3 & t-2 \end{array}\right)\sim\left(\begin{array}{ccc|c} 1 & 1 & 3 & 2 \\ 0 & 1 & -1 & 1 \\ 0 & 0 & s-1 & t-4 \end{array}\right)$$

계수와 선형시스템 해의 연관성에서 무수히 많은 해를 가지려면

$rank(A)=rank(A\mid b)<3$이어야 하고, 이를 위한 조건은

$s=1, t=4$이다.

정답 ③

05

다음 1차 연립방정식이 유일한 해를 가질 실수 a의 조건이 <u>아닌</u> 것은?

$$\begin{cases} x+2y=1 \\ -x+ay=0 \end{cases}$$

① $a=0$ ② $a=1$ ③ $a=2$ ④ $a=-2$

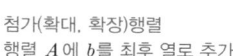

공략 포인트

첨가(확대, 확장)행렬
행렬 A에 b를 최후 열로 추가한 행렬

행렬 계수($rank$)의 정의
$m\times n$ 행렬 A가 행 사다리꼴 형태인 B와 행 동치이면 A의 계수 $rank(A)$는 O이 아닌 B행들의 개수이다.

풀이

주어진 연립방정식은

$\begin{pmatrix} 1 & 2 \\ -1 & a \end{pmatrix}\begin{pmatrix} x \\ y \end{pmatrix}=\begin{pmatrix} 1 \\ 0 \end{pmatrix}$로 나타낼 수 있다.

첨가행렬에 대하여 행 연산을 수행하면

$$\left(\begin{array}{cc|c} 1 & 2 & 1 \\ -1 & a & 0 \end{array}\right)\sim\left(\begin{array}{cc|c} 1 & 2 & 1 \\ 0 & a+2 & 1 \end{array}\right)$$

계수와 선형시스템 해의 연관성에서 유일한 해를 가지려면

$rank(A)=rank(A\mid b)$이어야 한다.

$rank(A)=rank(A\mid b)=2$

따라서 $a=-2$인 경우를 제외하고 유일한 해를 갖는다.

다른 풀이

연립방정식 $Ax=b$가 유일해를 갖기 위한 필요충분조건은 $\det(A)\neq 0$이다.

즉, $\begin{vmatrix} 1 & 2 \\ -1 & a \end{vmatrix}\neq 0 \Rightarrow a+2\neq 0 \Rightarrow a\neq -2$

정답 ④

3 행렬 계수와 선형연립방정식

출제경향 분석

\# 행렬의 계수 $rank$를 계산하는 방법에 대해 충분한 연습을 해야 합니다.

\# 선형연립방정식 해의 존재성과 관련된 문제가 자주 출제됩니다.

01 행렬 계수

개념 1. 행 연산과 행렬 계수

행렬 $A=\begin{pmatrix} 1 & 0 & 1 & 0 & 1 & 1 \\ 1 & 0 & 0 & 1 & 1 & 0 \\ 0 & 1 & 0 & 0 & 0 & 1 \\ 1 & 1 & 0 & 1 & 1 & 1 \end{pmatrix}$의 계수($rank$)는?

① 2 ② 3 ③ 4 ④ 5

풀이

STEP A 기본 행 연산을 이용하여 행 사다리꼴 형태로 변형하기

$$A=\begin{pmatrix} 1 & 0 & 1 & 0 & 1 & 1 \\ 1 & 0 & 0 & 1 & 1 & 0 \\ 0 & 1 & 0 & 0 & 0 & 1 \\ 1 & 1 & 0 & 1 & 1 & 1 \end{pmatrix} \sim \begin{pmatrix} 1 & 0 & 1 & 0 & 1 & 1 \\ 0 & 0 & -1 & 1 & 0 & -1 \\ 0 & 1 & 0 & 0 & 0 & 1 \\ 0 & 1 & -1 & 1 & 0 & 0 \end{pmatrix}$$

$$\sim \begin{pmatrix} 1 & 0 & 1 & 0 & 1 & 1 \\ 0 & 0 & -1 & 1 & 0 & -1 \\ 0 & 1 & 0 & 0 & 0 & 1 \\ 0 & 0 & -1 & 1 & 0 & -1 \end{pmatrix}$$

$$\sim \begin{pmatrix} 1 & 0 & 1 & 0 & 1 & 1 \\ 0 & 1 & 0 & 0 & 0 & 1 \\ 0 & 0 & -1 & 1 & 0 & -1 \\ 0 & 0 & 0 & 0 & 0 & 0 \end{pmatrix}$$

STEP B 행렬 계수($rank$) 구하기

O이 아닌 행들의 개수는 3개이므로

구하고자 하는 행렬의 계수 $rank(A)=3$이다.

정답 ②

02 연립방정식의 풀이

개념 2. 선형연립방정식

범위 $-\frac{\pi}{2}<x<\frac{\pi}{2}$, $-\frac{\pi}{2}\le y\le\frac{\pi}{2}$, $0\le z\le\pi$의 실수 x, y, z가 다음 연립방정식을 만족할 때, $x+2y+z$의 값은?

$$\begin{aligned} \tan x - 2\sin y \quad\quad &= 2 \\ \tan x - \sin y + \cos z &= 2 \\ \sin y - \cos z &= -1 \end{aligned}$$

① $\frac{\pi}{6}$　② $\frac{\pi}{4}$　③ $\frac{\pi}{3}$　④ $\frac{\pi}{2}$

풀이

STEP A 주어진 연립방정식을 행렬로 나타내기

$$\begin{bmatrix} 1 & -2 & 0 \\ 1 & -1 & 1 \\ 0 & 1 & -1 \end{bmatrix}\begin{bmatrix} \tan x \\ \sin y \\ \cos z \end{bmatrix} = \begin{bmatrix} 2 \\ 2 \\ -1 \end{bmatrix}$$

STEP B 첨가행렬로 나타낸 후 행 연산 수행하기

$$\left[\begin{array}{ccc|c} 1 & -2 & 0 & 2 \\ 1 & -1 & 1 & 2 \\ 0 & 1 & -1 & -1 \end{array}\right] \sim \left[\begin{array}{ccc|c} 1 & -2 & 0 & 2 \\ 0 & 1 & 1 & 0 \\ 0 & 1 & -1 & -1 \end{array}\right] \sim \left[\begin{array}{ccc|c} 1 & -2 & 0 & 2 \\ 0 & 1 & 1 & 0 \\ 0 & 0 & -2 & -1 \end{array}\right]$$

STEP C 연립방정식의 해를 얻기

$\cos z=\frac{1}{2}$, $\sin y=-\frac{1}{2}$, $\tan x=1$

STEP D 범위 내의 실수 x, y, z 구하기

$x=\frac{\pi}{4}$, $y=-\frac{\pi}{6}$, $z=\frac{\pi}{3}$이므로

구하고자 하는 $x+2y+z=\frac{\pi}{4}$이다.

정답 ②

03 선형연립방정식 해의 존재성과 유일성

개념 2. 선형연립방정식

다음 1차 연립방정식에 대한 설명 중 옳은 것의 개수는?

$$\begin{cases} x+2y+z+w=2 \\ 2x-2y+3z+3w=1 \\ x-4y+2z+(a^2-2)w=a-3 \end{cases}$$

ㄱ. $a=2$일 때 무수히 많은 해를 갖는다.

ㄴ. $a=-2$일 때 해를 갖지 않는다.

ㄷ. $a \neq \pm 2$일 때 유일한 해를 갖는다.

① 0개　② 1개　③ 2개　④ 3개

풀이

STEP A 주어진 연립방정식을 행렬로 나타내기

$$\begin{bmatrix} 1 & 2 & 1 & 1 \\ 2 & -2 & 3 & 3 \\ 1 & -4 & 2 & a^2-2 \end{bmatrix}\begin{bmatrix} x \\ y \\ z \\ w \end{bmatrix}=\begin{bmatrix} 2 \\ 1 \\ a-3 \end{bmatrix}$$ 로 나타낼 수 있다.

STEP B 첨가행렬로 나타낸 후 행 연산 수행하기

$$\left[\begin{array}{cccc|c} 1 & 2 & 1 & 1 & 2 \\ 2 & -2 & 3 & 3 & 1 \\ 1 & -4 & 2 & a^2-2 & a-3 \end{array}\right] \sim \left[\begin{array}{cccc|c} 1 & 2 & 1 & 1 & 2 \\ 0 & -6 & 1 & 1 & -3 \\ 0 & -6 & 1 & a^2-3 & a-5 \end{array}\right]$$

$$\sim \left[\begin{array}{cccc|c} 1 & 2 & 1 & 1 & 2 \\ 0 & -6 & 1 & 1 & -3 \\ 0 & 0 & 0 & a^2-4 & a-2 \end{array}\right]$$

STEP C 계수와 선형시스템 해의 연관성으로 참/거짓 판별하기

ㄱ. (참)
$a=2$이면 $rankA=rank(A \mid b)<4$이므로 무수히 많은 해를 갖는다.
(여기서 4: 미지수 개수)

ㄴ. (참)
$a=-2$이면 $rankA \neq rank(A \mid b)$이므로 해를 갖지 않는다.

ㄷ. (거짓)
$a \neq \pm 2$이면 $rankA=rank(A \mid b)<4$이므로 무수히 많은 해를 갖는다.

즉, 설명 중 옳은 것의 개수는 2개다.

정답 ③

04 선형연립방정식 해의 존재성과 유일성

개념 2. 선형연립방정식

x, y, z에 대한 다음 연립방정식이 무수히 많은 해를 갖는다고 할 때, k 의 값을 구하시오.

$$\begin{aligned} x + \ \ y + kz &= 1 \\ x + ky + \ \ z &= 1 \\ kx + \ \ y + \ \ z &= -2 \end{aligned}$$

① -2　　② 1　　③ -1　　④ 2

풀이

STEP A 주어진 연립방정식을 행렬로 나타내기

$$\begin{bmatrix} 1 & 1 & k \\ 1 & k & 1 \\ k & 1 & 1 \end{bmatrix} \begin{bmatrix} x \\ y \\ z \end{bmatrix} = \begin{bmatrix} 1 \\ 1 \\ -2 \end{bmatrix}$$

STEP B 행렬식 구하여 판단하기

$\det\begin{pmatrix} 1 & 1 & k \\ 1 & k & 1 \\ k & 1 & 1 \end{pmatrix} = 0$이면 주어진 연립방정식은

무수히 많은 해를 갖거나 해를 갖지 않는다.

즉, $k^3 - 3k + 2 = 0$이므로 $k = 1, -2$이다.

STEP C k값에 따른 해의 연관성 구하기

따라서 $k = -2$이면 무수히 많은 해를 갖는다.

$k = 1$이면 해가 없다.

$k \neq 1, -2$이면 유일해를 갖는다.

즉, 연립방정식이 무수히 많은 해를 갖는 k의 값은 -2다.

정답 ①

4 행렬 계수와 선형연립방정식

정답 및 풀이 p.354

01 다음 보기 중 행렬 $\begin{pmatrix} 1 & 1 & 1 \\ 1 & 2 & 3 \\ 3 & 2 & 1 \end{pmatrix}$과 행 동치인 것을 모두 고르면?

| 보 기 |

ㄱ. $\begin{pmatrix} -1 & -1 & -1 \\ -1 & -2 & -3 \\ -3 & -2 & -1 \end{pmatrix}$ ㄴ. $\begin{pmatrix} 1 & 1 & 1 \\ 3 & 2 & 1 \\ 1 & 2 & 3 \end{pmatrix}$ ㄷ. $\begin{pmatrix} 1 & 1 & 1 \\ 4 & 4 & 4 \\ 3 & 2 & 1 \end{pmatrix}$ ㄹ. $\begin{pmatrix} 0 & 0 & 0 \\ 1 & 2 & 3 \\ 3 & 2 & 1 \end{pmatrix}$

① ㄱ, ㄴ ② ㄴ, ㄷ ③ ㄷ, ㄹ ④ ㄱ, ㄴ, ㄷ, ㄹ

02 보기에서 기약 행 사다리꼴(row reduced echelon form) 행렬을 모두 고르면?

| 보 기 |

ㄱ. $\begin{pmatrix} 1 & 0 & 1 \\ 0 & 1 & 1 \\ 0 & 0 & 1 \end{pmatrix}$ ㄴ. $\begin{pmatrix} 1 & 0 & 1 \\ 0 & 1 & 1 \\ 0 & 0 & 0 \end{pmatrix}$ ㄷ. $\begin{pmatrix} 1 & 0 & 0 \\ 0 & 0 & 1 \\ 0 & 1 & 0 \end{pmatrix}$ ㄹ. $\begin{pmatrix} 1 & 0 & 1 \\ 0 & 1 & 0 \\ 0 & 0 & 0 \end{pmatrix}$

① ㄱ, ㄴ, ㄹ ② ㄴ, ㄹ ③ ㄷ, ㄹ ④ ㄱ, ㄴ, ㄷ

03 행렬 $\begin{bmatrix} 1 & 5 & a \\ 2 & 6 & 48 \\ 3 & 7 & b \\ 4 & 8 & 72 \end{bmatrix}$의 계수($rank$)가 2일 때, $a+b$의 값은?

① 96 ② 97 ③ 98 ④ 99

04 모든 성분이 0인 6×3 행렬을 O라 하자. 영행렬이 아닌 6×3 행렬 A에 대하여

$A\begin{bmatrix}1 & 2 & 3\\ 1 & -1 & -1\\ 5 & 1 & 3\end{bmatrix}=O$일 때, $rank(A)$를 구하면?

① 1 ② 2 ③ 3 ④ 4

05 행렬 $\begin{bmatrix}6 & 0 & 3\\ 0 & 2 & 0\\ 4 & 0 & 2\\ 0 & 6 & 0\end{bmatrix}$의 계수($rank$)는?

① 1 ② 2 ③ 3 ④ 4

06 다음 행렬 A의 계수($rank$)는?

$$A=\begin{bmatrix}1 & 4 & 2\\ 3 & 1 & -5\\ -2 & 3 & 7\\ -7 & 5 & 19\end{bmatrix}$$

① 1 ② 2 ③ 3 ④ 4

07 다음 일차 연립방정식의 해 중 x_3 의 값은?

$$\begin{aligned} x_1-2x_2+x_3-x_4\ &=2 \\ 2x_1-3x_2+4x_3-3x_4&=0 \\ 3x_1-5x_2+2x_3-4x_4&=3 \end{aligned}$$

① -4　② $-\frac{1}{2}$　③ $-\frac{1}{3}$　④ 2

08 다음 연립방정식을 만족하는 x_1 의 값은?

$$\begin{aligned} 2x_1+4x_2-\ x_3-3x_4 &= -13 \\ -3x_1-\ x_2+2x_3+4x_4 &= 14 \\ x_1-3x_2+4x_3-2x_4 &= 6 \\ -4x_1+2x_2-3x_3+\ x_4 &= -9 \end{aligned}$$

① -1　② 0　③ 1　④ 2

09 다음 연립방정식이 유일한 해를 갖기 위한 조건으로 옳지 <u>않은</u> 것은?

$$\begin{cases} ax_1+bx_2=2 \\ ax_1+ax_2+bx_3=3 \\ 2ax_1+2ax_2+ax_3+bx_4=4 \\ ax_1+bx_2+cx_4=5 \end{cases}$$

① $a=1$, $b=2$, $c=1$　② $a=1$, $b=0$, $c=1$
③ $a=2$, $b=0$, $c=1$　④ $a=2$, $b=1$, $c=2$

10 x, y, z에 대한 연립방정식이 무수히 많은 해를 갖는다고 할 때, a의 값을 구하시오.

$$\begin{cases} x - y + 3z = 1 \\ ax - y + z = -1 \\ -3x + ay - 4z = 0 \end{cases}$$

① 4 ② 2 ③ −1 ④ 1

11 연립 일차방정식 $\begin{cases} x_1 + kx_2 = 1 \\ x_2 + kx_3 = 1 \\ x_3 + kx_4 = 1 \\ x_4 + kx_1 = 1 \end{cases}$ 의 해가 존재하지 않도록 하는 k의 값은?

① -2 ② -1 ③ 0 ④ 1

12 다음 선형연립방정식이 무수히 많은 해를 갖기 위한 실수 a의 값은?

$$\begin{cases} -3x - 3y + (a^2 - 5a)z = a - 5 \\ x + z = 2 \\ 2x + y + 3z = 3 \end{cases}$$

① 1 ② 2 ③ 3 ④ 4

13 연립방정식 $\begin{bmatrix} 2 & 6 & 6 & 4 \\ 2 & 6 & 9 & 5 \\ -1 & -3 & 3 & 0 \end{bmatrix}\begin{bmatrix} x_1 \\ x_2 \\ x_3 \\ x_4 \end{bmatrix} = \begin{bmatrix} b_1 \\ b_2 \\ b_3 \end{bmatrix}$가 모든 b_1, b_2, b_3에 대해서 근을 가질 필요충분조건이

$\alpha b_1 + \beta b_2 + 2b_3 = 0$일 때, $\alpha + \beta$의 값은?

① -1　　② 1　　③ -2　　④ 2

14 행렬 A가 n차 정사각행렬일 때, 다음 중 'A는 가역행렬이다.'와 필요충분조건은 몇 개인가?

ㄱ. A의 전치행렬 A^T는 가역행렬이다.
ㄴ. $\det(A) = 0$이다.
ㄷ. A는 n차 항등행렬 I와 행동치이다.
ㄹ. 동차 연립 일차방정식 $Ax = 0$의 해는 0뿐이다.
ㅁ. 연립 일차방정식 $Ax = b$는 모든 벡터 b에 대해 유일한 해가 존재한다.
ㅂ. x_1과 x_2가 연립 일차방정식 $Ax = b$의 해이면 $x_1 - x_2$는 $Ax = 0$의 해이다.

① 1개　　② 2개　　③ 3개　　④ 4개

15 x, y, z에 대한 선형연립방정식이 무수히 많은 해를 갖게 되는 상수 a의 값은?

$$\begin{cases} 4x + y + 5z = 0 \\ 14x + 4y + 17z = 0 \\ 6x + 2y + az = 0 \end{cases}$$

① -1　　② 1　　③ 7　　④ 3

04

벡터

출제 비중 & 빈출 키워드 리포트

단원	출제 비중 (합계 11%)	빈출 키워드
1. 평면벡터와 공간벡터		· 벡터의 내적과 외적
2. 벡터의 내적	5%	· 벡터의 삼중곱
3. 벡터의 외적	6%	· 정사영벡터

1 평면벡터와 공간벡터

1. 스칼라와 벡터

(1) 스칼라(scalar)

길이, 넓이, 부피 등과 같은 물리적 양을 실수로 표현한 값

(2) 벡터(vector)

힘, 속도, 가속도 등과 같이 크기와 방향을 모두 가지는 것

TIP ▶ 정리

(1) 스칼라: 크기만 가지고 있는 것으로 속력이 해당한다.

(2) 벡터: 크기와 방향성 모두를 가지고 있는 것으로 속도가 해당한다.

2. 기하적 벡터

(1) 표기

① 기하적 벡터들은 흔히 화살표나 유향선분으로 나타낸다.

시점이 A , 종점이 B인 벡터는 $\overrightarrow{AB}$ 또는 $\vec{a}$ 로 쓴다.

크기는 $\|\overrightarrow{AB}\|$ 또는 $|\overrightarrow{AB}|$ 로 표시한다.

② 벡터의 크기: 화살표의 길이

③ 벡터의 방향: 화살표의 방향

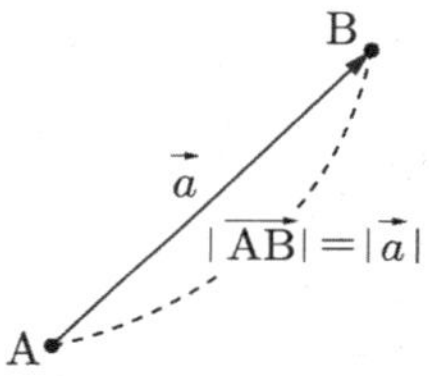

(2) 벡터의 종류

① 단위벡터: 크기가 1인 벡터이다.

② 영벡터: 크기가 0인 벡터로, $\vec{0}$ 로 나타낸다.

③ 역벡터: 벡터 $\overrightarrow{AB}$ 와 크기는 같고 방향이 반대인 벡터로, $-\overrightarrow{AB}$ 로 나타낸다.

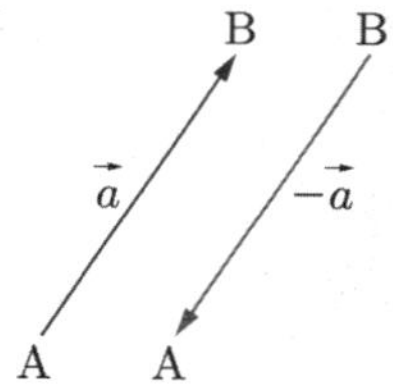

(3) 벡터의 상등

① 두 벡터 $\overrightarrow{AB}$, $\overrightarrow{CD}$ 가 그 크기와 방향이 각각 같을 때, 이 두 벡터는 서로 같다고 한다.

② 표기: $\overrightarrow{AB} = \overrightarrow{CD}$

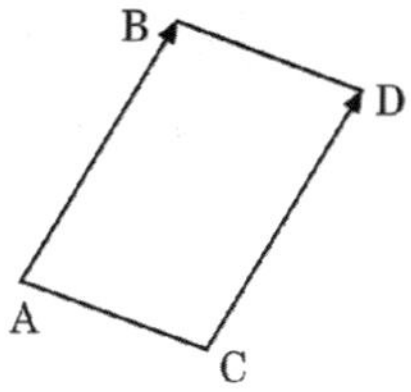

3. 벡터의 연산

(1) 벡터의 덧셈

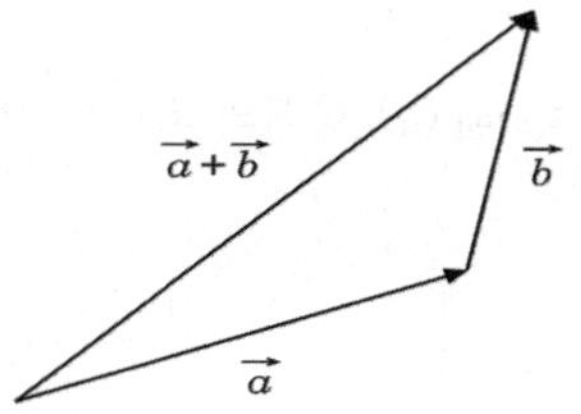

삼각형 법칙

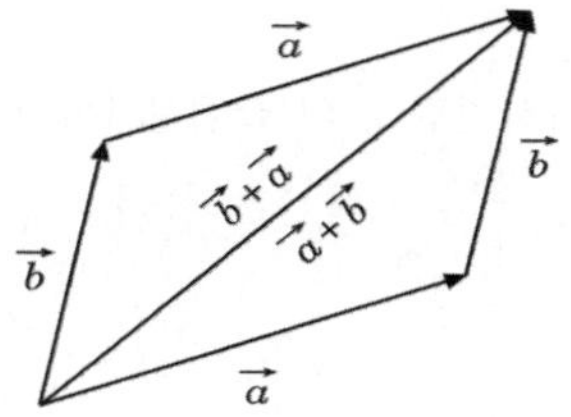

평행사변형 법칙

(2) 벡터의 뺄셈

① 두 벡터 $\vec{a}$, $\vec{b}$에 대하여 $\vec{b}+\vec{x}=\vec{a}$를 만족하는 $\vec{x}$를 $\vec{a}$에서 $\vec{b}$를 뺀 차라고 한다.

② 표기

$\vec{a}-\vec{b}(=\vec{x})$

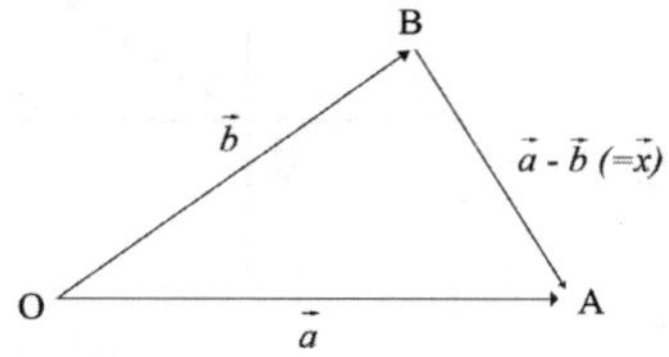

(3) 벡터의 스칼라배

m이 스칼라이고 $\vec{a}$가 벡터일 때, 스칼라배 $m\vec{a}$의 크기는 벡터 $\vec{a}$의 크기에 $|m|$을 곱한 것과 같다.

① $m>0$: $\vec{a}$와 같은 방향의 벡터

② $m<0$: $\vec{a}$와 반대 방향의 벡터

③ $m=0$ 또는 $\vec{a}=\vec{0}$: $m\vec{a}=\vec{0}$

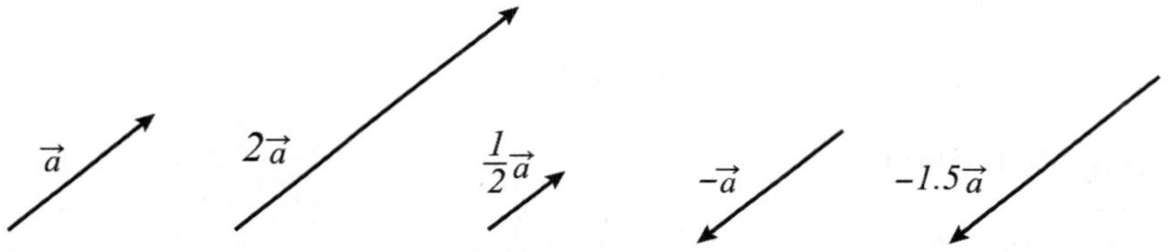

4. 두 벡터가 평행일 조건

(1) 정의

영벡터가 아닌 두 벡터 $\vec{a}$, $\vec{b}$의 방향이 같거나 반대일 때, $\vec{a}$와 $\vec{b}$는 서로 평행하다고 한다.

(2) 표기 및 의미

① 기호: $\vec{a}//\vec{b}$

② 의미: $\vec{a}=t\vec{b}$를 만족하는 스칼라 t가 존재한다.

5. 벡터의 성분

(1) 성분(component)

① 정의

직교좌표계의 원점과 벡터 $\vec{a}$ 의 시점을 일치시키면 $\vec{a}$ 의 끝점은 $(a_1,\ a_2)$ 또는 $(a_1,\ a_2,\ a_3)$ 형태의 좌표를 갖는데, 이들의 좌표를 $\vec{a}$ 의 성분이라 한다.

② 표기

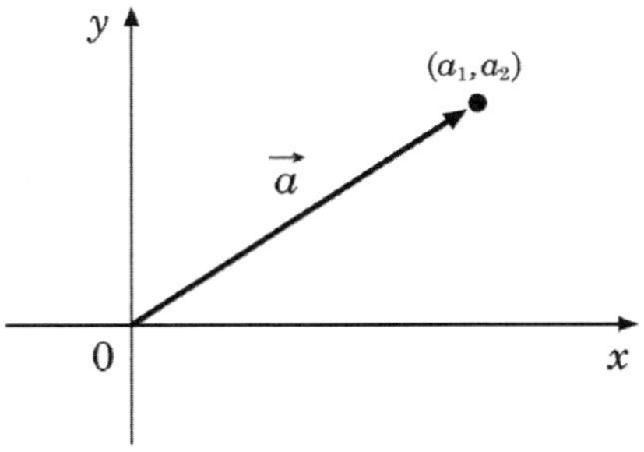

$\vec{a}=(a_1,\ a_2)$

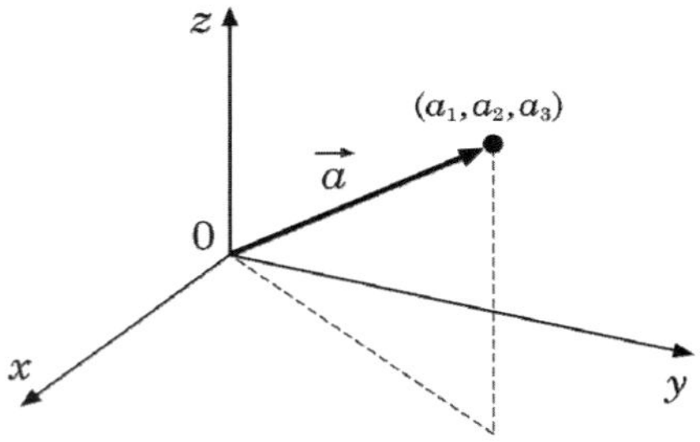

$\vec{a}=(a_1, a_2, a_3)$

(2) 위치벡터(position vector)

원점 $(0, 0, 0)$으로부터 좌표상의 위치 (x, y, z)까지 향하는 벡터

(3) 주어진 두 점으로부터 벡터를 구성하는 방법

① 주어진 점 $\mathrm{A}(x_1, y_1)$와 $\mathrm{B}(x_2, y_2)$에 대하여

$$\overrightarrow{\mathrm{AB}} = (x_2 - x_1, y_2 - y_1) = \overrightarrow{\mathrm{OB}} - \overrightarrow{\mathrm{OA}}$$

② 주어진 점 $\mathrm{A}(x_1, y_1, z_1)$와 $\mathrm{B}(x_2, y_2, z_2)$에 대하여

$$\overrightarrow{\mathrm{AB}} = (x_2 - x_1, y_2 - y_1, z_2 - z_1) = \overrightarrow{\mathrm{OB}} - \overrightarrow{\mathrm{OA}}$$

(4) 벡터의 크기(길이)

① 2차원벡터 $\vec{a}=(a_1, a_2)$의 크기

$$|\vec{a}| = \sqrt{a_1^{\,2} + a_2^{\,2}}$$

② 3차원벡터 $\vec{a}=(a_1, a_2, a_3)$의 크기

$$|\vec{a}| = \sqrt{a_1^{\,2} + a_2^{\,2} + a_3^{\,2}}$$

(5) 벡터 성분에 의한 연산

평면벡터 $\vec{a}=(a_1, a_2)$, $\vec{b}=(b_1, b_2)$	공간벡터 $\vec{a}=(a_1,a_2,a_3)$, $\vec{b}=(b_1,b_2,b_3)$
$\vec{a}=\vec{b} \Leftrightarrow a_1=b_1,\ a_2=b_2$	$\vec{a}=\vec{b} \Leftrightarrow a_1=b_1,\ a_2=b_2,\ a_3=b_3$
$\vec{a}+\vec{b}=(a_1+b_1,\ a_2+b_2)$	$\vec{a}+\vec{b}=(a_1+b_1, a_2+b_2, a_3+b_3)$
$\vec{a}-\vec{b}=(a_1-b_1,\ a_2-b_2)$	$\vec{a}-\vec{b}=(a_1-b_1, a_2-b_2, a_3-b_3)$
$k\vec{a}=(ka_1,\ ka_2)$	$k\vec{a}=(ka_1, ka_2, ka_3)$

(여기서 k는 임의의 스칼라)

(6) 벡터의 성질

$\vec{a}$, $\vec{b}$, $\vec{c}$ 가 벡터이고 m, n이 스칼라일 때

① $\vec{a}+\vec{b}=\vec{b}+\vec{a}$

② $(\vec{a}+\vec{b})+\vec{c}=\vec{a}+(\vec{b}+\vec{c})$

③ $\vec{a}+\vec{0}=\vec{a}$

④ $\vec{a}+(-\vec{a})=\vec{0}$

⑤ $m(\vec{a}+\vec{b})=m\vec{a}+m\vec{b}$

⑥ $(m+n)\vec{a}=m\vec{a}+n\vec{a}$

⑦ $(mn)\vec{a}=m(n\vec{a})$

⑧ $1\vec{a}=\vec{a}$

(7) 기본 단위벡터

① 평면벡터(평면상 $\mathbb{R}^2$)

- $\vec{i}=(1,0)$, $\vec{j}=(0,1)$
- $\vec{a}=(a_1,a_2)=a_1\vec{i}+a_2\vec{j}$

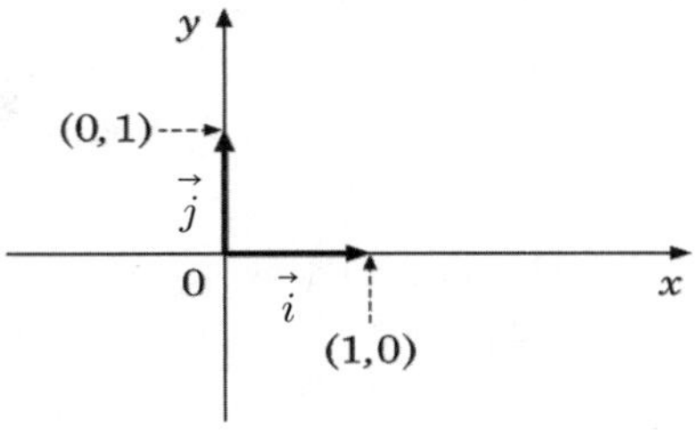

② 공간벡터(공간상 $\mathbb{R}^3$)

- $\vec{i}=(1,0,0)$, $\vec{j}=(0,1,0)$, $\vec{k}=(0,0,1)$
- $\vec{a}=(a_1,a_2,a_3)=a_1\vec{i}+a_2\vec{j}+a_3\vec{k}$

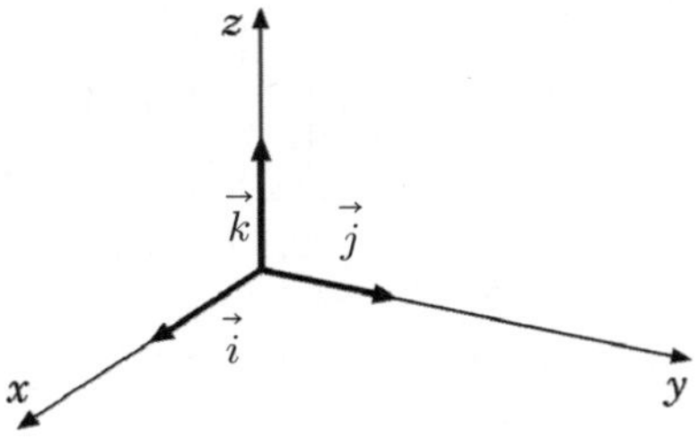

TIP ▸ $\vec{a}$ 와 같은 방향을 가지는 단위벡터

$\dfrac{\vec{a}}{|\vec{a}|}$ (단, $\vec{a}\neq\vec{0}$)

개념적용

01

다음 그림을 보고, 물음에 답하시오.

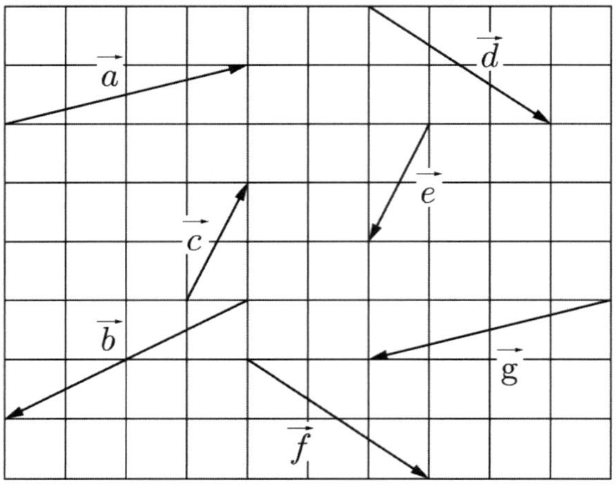

(1) 서로 같은 벡터는 어느 것인가?

(2) 서로 역벡터인 것은 어느 것인가?

공략 포인트

벡터의 상등
두 벡터의 크기와 방향이 서로 같은 벡터

역벡터
벡터의 크기는 같고, 방향이 반대인 벡터

풀이

(1) 서로 같은 벡터는 크기(길이)와 방향이 같은 벡터를 말한다.
즉, $\vec{d}$ 와 $\vec{f}$이다.

(2) 역벡터는 벡터의 크기(길이)는 같고 방향이 반대인 벡터를 말한다.
즉, $\vec{a}$ 와 $\vec{g}$, $\vec{c}$ 와 $\vec{e}$이다.

정답 풀이 참조

02

다음 두 점 A, B에 대하여 벡터 $\overrightarrow{AB}$의 크기를 구하시오.

$$A(2,5),\ B(-1,1)$$

① 5 ② 4 ③ 2 ④ 1

공략 포인트

2차원 벡터 $\vec{a}=(a_1,\ a_2)$의 크기
$|\vec{a}|=\sqrt{a_1^{\,2}+a_2^{\,2}}$

풀이

$\overrightarrow{AB}=\overrightarrow{OB}-\overrightarrow{OA}=(-1,1)-(2,5)=(-3,-4)$

$|\overrightarrow{AB}|=\sqrt{(-3)^2+(-4)^2}=\sqrt{25}=5$

정답 ①

03

다음 두 점 A, B에 대하여 벡터 $\overrightarrow{AB}$의 크기를 구하시오.

$$A(2,3,4),\ B(-1,1,-2)$$

① 8　　② 7　　③ 6　　④ 5

공략 포인트

3차원 벡터 $\vec{a}=(a_1, a_2, a_3)$의 크기
$|\vec{a}|=\sqrt{{a_1}^2+{a_2}^2+{a_3}^2}$

풀이

$\overrightarrow{AB}=\overrightarrow{OB}-\overrightarrow{OA}=(-1,1,-2)-(2,3,4)=(-3,-2,-6)$

$|\overrightarrow{AB}|=\sqrt{(-3)^2+(-2)^2+(-6)^2}=\sqrt{49}=7$

정답 ②

04

벡터 $\vec{a}=(4,0,3)$, $\vec{b}=(-2,1,5)$라 할 때, 다음을 구하시오.

(1) $\vec{a}+\vec{b}$

(2) $\vec{a}-\vec{b}$

(3) $3\vec{b}$

(4) $3\vec{a}+5\vec{b}$

공략 포인트

(1) 벡터의 덧셈
(2) 벡터의 뺄셈
(3) 벡터의 스칼라배
(4) 벡터의 스칼라배와 덧셈

풀이

(1) $\vec{a}+\vec{b}=(4,0,3)+(-2,1,5)$
$=(4+(-2),0+1,3+5)$
$=(2,1,8)$

(2) $\vec{a}-\vec{b}=(4,0,3)-(-2,1,5)$
$=(4-(-2),0-1,3-5)$
$=(6,-1,-2)$

(3) $3\vec{b}=3(-2,1,5)=(3\cdot(-2),3\cdot1,3\cdot5)=(-6,3,15)$

(4) $3\vec{a}+5\vec{b}=3(4,0,3)+5(-2,1,5)$
$=(3\cdot4,3\cdot0,3\cdot3)+(5\cdot(-2),5\cdot1,5\cdot5)$
$=(12,0,9)+(-10,5,25)=(2,5,34)$

정답 풀이 참조

05

원점 O와 두 점 $A(-2,3)$, $B(2,-1)$가 있다.

다음 벡터에 대하여 기본벡터 $\vec{i}$, $\vec{j}$를 사용하여 나타내고, 성분을 사용하여 나타내시오.

(1) $\overrightarrow{OA}$

(2) $\overrightarrow{OB}$

공략 포인트

평면상의 기본단위벡터
$\vec{a} = a_1\vec{i} + a_2\vec{j} = (a_1, a_2)$

풀이

(1) $\overrightarrow{OA} = -2\vec{i} + 3\vec{j} = (-2, 3)$
(2) $\overrightarrow{OB} = 2\vec{i} - \vec{j} = (2, -1)$

정답 풀이 참조

06

원점 O와 두 점 $A(-2,1,3)$, $B(0,1,-2)$가 있다.

다음 벡터에 대하여 기본 벡터 $\vec{i}$, $\vec{j}$, $\vec{k}$를 사용하여 나타내고, 성분을 사용하여 나타내시오.

(1) $\overrightarrow{OA}$

(2) $\overrightarrow{OB}$

공략 포인트

공간상의 기본단위벡터
$\vec{a} = a_1\vec{i} + a_2\vec{j} + a_3\vec{k}$
$= (a_1, a_2, a_3)$

풀이

(1) $\overrightarrow{OA} = -2\vec{i} + \vec{j} + 3\vec{k} = (-2, 1, 3)$
(2) $\overrightarrow{OB} = \vec{j} - 2\vec{k} = (0, 1, -2)$

정답 풀이 참조

2 벡터의 내적

1. 내적의 표현

(1) 2차원벡터의 내적

$\vec{a}=(a_1, a_2)=a_1\vec{i}+a_2\vec{j}$, $\vec{b}=(b_1, b_2)=b_1\vec{i}+b_2\vec{j}$ 일 때,

$$\vec{a}\cdot\vec{b}=a_1b_1+a_2b_2$$

(2) 3차원벡터의 내적

$\vec{a}=(a_1, a_2, a_3)=a_1\vec{i}+a_2\vec{j}+a_3\vec{k}$, $\vec{b}=(b_1, b_2, b_3)=b_1\vec{i}+b_2\vec{j}+b_3\vec{k}$ 일 때,

$$\vec{a}\cdot\vec{b}=a_1b_1+a_2b_2+a_3b_3$$

TIP▸ 일반적으로 $\mathbb{R}^n$에 속하는 임의의 벡터 $\vec{a}=(a_1, a_2, \cdots, a_n)$를 n차원벡터라고 한다.

2. 내적의 성질

세 벡터 $\vec{a}, \vec{b}, \vec{c}$ 와 임의의 스칼라 m에 대해

① $\vec{a}\cdot\vec{b}=\vec{b}\cdot\vec{a}$

② $\vec{a}\cdot(\vec{b}+\vec{c})=\vec{a}\cdot\vec{b}+\vec{a}\cdot\vec{c}$
$(\vec{a}+\vec{b})\cdot\vec{c}=\vec{a}\cdot\vec{c}+\vec{b}\cdot\vec{c}$

③ $(\vec{a}+\vec{b})\cdot(\vec{c}+\vec{d})=\vec{a}\cdot\vec{c}+\vec{a}\cdot\vec{d}+\vec{b}\cdot\vec{c}+\vec{b}\cdot\vec{d}$

④ $(m\vec{a})\cdot\vec{b}=m(\vec{a}\cdot\vec{b})=\vec{a}\cdot(m\vec{b})$

⑤ $\vec{a}\cdot\vec{a}=|\vec{a}|^2$

⑥ $\vec{0}\cdot\vec{a}=0$

3. 벡터의 사잇각

(1) 사잇각 θ 가 영벡터가 아닌 두 벡터 $\vec{a}$ 와 $\vec{b}$ 사이의 각일 때, 다음 식에서 사잇각 θ를 구한다.

① $\vec{a}\cdot\vec{b}=|\vec{a}||\vec{b}|\cos\theta$

② $\cos\theta=\dfrac{\vec{a}\cdot\vec{b}}{|\vec{a}||\vec{b}|}$ (단, $0\le\theta\le\pi$)

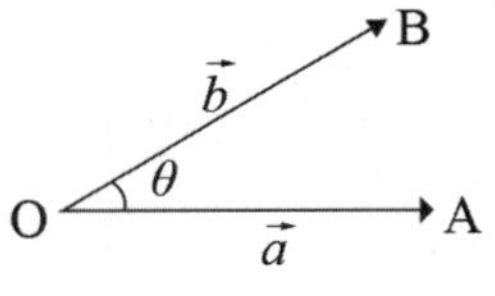

(2) 벡터의 수직과 평행 (여기서 $\vec{a} \neq \vec{0}, \vec{b} \neq \vec{0}$)

① 수직(직교): $\vec{a} \cdot \vec{b} = 0$

② 평행: $\vec{a} \cdot \vec{b} = \pm |\vec{a}||\vec{b}|$

4. 방향각과 방향코사인

(1) 방향각

영이 아닌 벡터 $\vec{a} = a_1\vec{i} + a_2\vec{j} + a_3\vec{k}$에 대하여 $\vec{a}$와 각각의 단위벡터 $\vec{i}, \vec{j}, \vec{k}$ 사이의 각 α, β, γ 를 $\vec{a}$의 방향각이라 한다.

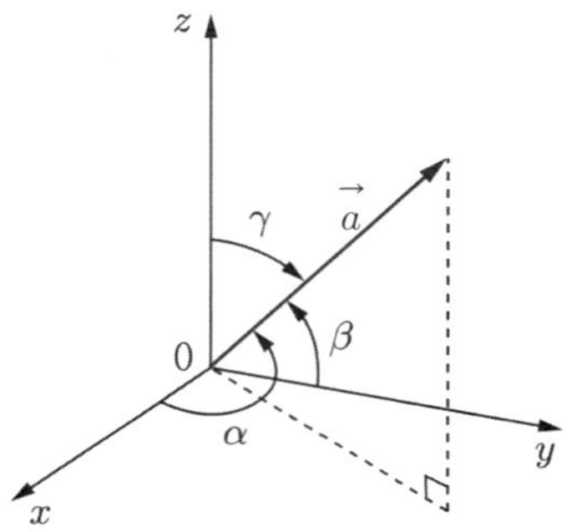

(2) 방향코사인

$\cos\alpha, \cos\beta, \cos\gamma$를 $\vec{a}$의 방향코사인이라 한다.

$$\cos\alpha = \frac{\vec{a} \cdot \vec{i}}{|\vec{a}||\vec{i}|} = \frac{a_1}{|\vec{a}|}$$

$$\cos\beta = \frac{\vec{a} \cdot \vec{j}}{|\vec{a}||\vec{j}|} = \frac{a_2}{|\vec{a}|}$$

$$\cos\gamma = \frac{\vec{a} \cdot \vec{k}}{|\vec{a}||\vec{k}|} = \frac{a_3}{|\vec{a}|}$$

TIP▸ 영이 아닌 벡터 $\vec{a}$의 방향코사인은 단위벡터 $\frac{\vec{a}}{|\vec{a}|}$ 의 성분들로 다음의 특징을 갖는다.

$$\cos^2\alpha + \cos^2\beta + \cos^2\gamma = 1$$

5. 정사영벡터

(1) 벡터 $\vec{a}$를 지나는 직선 위에 벡터 $\vec{b}$를 정사영하여 얻은 것을 $\vec{a}$ 위로의 $\vec{b}$의 정사영벡터라고 부르고, $proj_{\vec{a}}\vec{b}$로 나타낸다.

(2) $|\vec{b}|\cos\theta$는 $\vec{a}$ 방향의 $\vec{b}$ 스칼라 성분이라고 부른다.

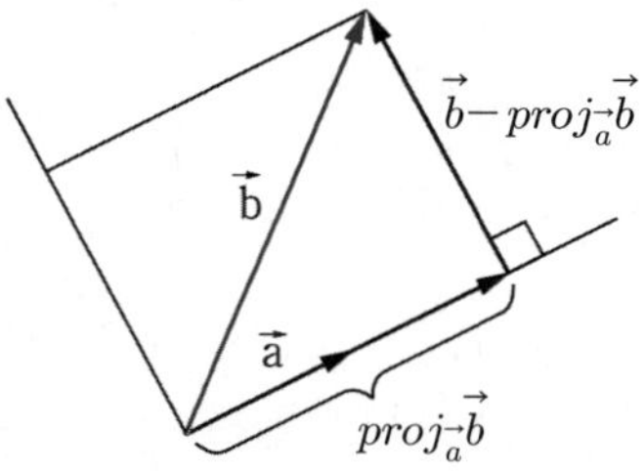

(3) 표기

① $\vec{a}$ 위로의 $\vec{b}$의 벡터 사영

$$proj_{\vec{a}}\vec{b} = \frac{\vec{b}\cdot\vec{a}}{|\vec{a}|^2}\vec{a} = \left(\frac{\vec{b}\cdot\vec{a}}{|\vec{a}|}\right)\frac{\vec{a}}{|\vec{a}|}$$

② $\vec{a}$ 위로의 $\vec{b}$의 스칼라 사영

$$comp_{\vec{a}}\vec{b} = \frac{\vec{b}\cdot\vec{a}}{|\vec{a}|}$$

③ $\vec{a}$에 수직인 $\vec{b}$의 벡터 성분

$$\vec{b}-proj_{\vec{a}}\vec{b}$$

개념적용

01

두 벡터 $\vec{u} = -\vec{i}+4\vec{j}+\vec{k}$, $\vec{v} = 3\vec{j}-3\vec{k}$ 가 이루는 각 θ 를 구하면? (단, $0 \le \theta \le \pi$ 이다.)

① $\frac{\pi}{6}$ ② $\frac{\pi}{4}$ ③ $\frac{\pi}{3}$ ④ $\frac{\pi}{2}$

공략 포인트

두 벡터의 사잇각
$\vec{a} \cdot \vec{b} = |\vec{a}|\,|\vec{b}|\cos\theta$에서
사잇각 θ를 구한다.

3차원 벡터 $\vec{a} = (a_1, a_2, a_3)$의
크기
$|\vec{a}| = \sqrt{{a_1}^2 + {a_2}^2 + {a_3}^2}$

풀이

$\vec{u} = -\vec{i}+4\vec{j}+\vec{k} = (-1,4,1)$, $|\vec{u}| = \sqrt{1+16+1} = \sqrt{18}$

$\vec{v} = 3\vec{j}-3\vec{k} = (0,3,-3)$, $|\vec{v}| = \sqrt{9+9} = \sqrt{18}$

$$\cos\theta = \frac{\vec{u} \cdot \vec{v}}{|\vec{u}||\vec{v}|} = \frac{12-3}{\sqrt{18}\sqrt{18}} = \frac{9}{18} = \frac{1}{2}$$

$\therefore \theta = \frac{\pi}{3}$ ($\because 0 \le \theta \le \pi$)

정답 ③

02

공간상의 세 점 $A = (-1, 1, 1)$, $B = (1, 0, 2)$, $C = (0, 2, 3)$에 대하여

선분 AB와 AC가 이루는 예각의 크기는?

① $\frac{\pi}{3}$ ② $\frac{\pi}{6}$ ③ $\frac{\pi}{4}$ ④ $\frac{\pi}{2}$

공략 포인트

두 벡터의 사잇각
$\vec{u} \cdot \vec{v} = |\vec{u}|\,|\vec{v}|\cos\theta$에서
사잇각 θ를 구한다.

3차원 벡터 $\vec{a} = (a_1, a_2, a_3)$의
크기
$|\vec{a}| = \sqrt{{a_1}^2 + {a_2}^2 + {a_3}^2}$

풀이

$\overrightarrow{AB} = \overrightarrow{OB} - \overrightarrow{OA} = (2,-1,1)$, $|\overrightarrow{AB}| = \sqrt{4+1+1} = \sqrt{6}$

$\overrightarrow{AC} = \overrightarrow{OC} - \overrightarrow{OA} = (1,1,2)$, $|\overrightarrow{AC}| = \sqrt{1+1+4} = \sqrt{6}$

$$\cos\theta = \frac{\overrightarrow{AB} \cdot \overrightarrow{AC}}{|\overrightarrow{AB}||\overrightarrow{AC}|} = \frac{2-1+2}{\sqrt{6}\sqrt{6}} = \frac{3}{6} = \frac{1}{2}$$

$\therefore \theta = \frac{\pi}{3}$

정답 ①

03

3차원벡터 $\vec{a}$, $\vec{b}$ 가 다음과 같이 주어졌다.

$$\vec{a} = (-1, x^2, 1),\ \vec{b} = (x, 1, -2)$$

$\vec{a}$ 와 $\vec{b}$ 가 서로 수직이며, $\|\vec{a}\| > 2$ 이면 x의 값은 얼마인가? (단, $\|\vec{a}\|$ 는 $\vec{a}$ 의 길이이다.)

① -1　② 1　③ 2　④ 3

공략 포인트

벡터의 수직

영벡터가 아닌 두 벡터 $\vec{a}$, $\vec{b}$에 대하여 $\vec{a} \cdot \vec{b} = 0$이면 두 벡터는 서로 수직이다.

3차원 벡터 $\vec{a} = (a_1, a_2, a_3)$의 크기

$|\vec{a}| = \sqrt{{a_1}^2 + {a_2}^2 + {a_3}^2}$

풀이

$\vec{a}$ 와 $\vec{b}$ 가 서로 수직이면, $\vec{a} \cdot \vec{b} = 0$이다.

$\vec{a} \cdot \vec{b} = -x + x^2 - 2 = 0$

$\Leftrightarrow x^2 - x - 2 = 0$

$\Leftrightarrow (x+1)(x-2) = 0$

$\therefore x = -1,\ 2$

$\|\vec{a}\| > 2 \Leftrightarrow \sqrt{x^4 + 2} > 2$를 만족해야 하므로 이를 만족하는 x의 값은 $x = 2$이다.

정답 ③

04

3차원 공간의 벡터 $\vec{v} = (1, -1, \sqrt{2})$가 x축, y축, z축의 양의 방향과 이루는 각을 각각 α, β, γ라고 할 때, $\alpha + \beta + \gamma$의 값을 구하시오. (단, $0 \le \alpha, \beta, \gamma \le \pi$이다.)

① $\frac{\pi}{4}$　② $\frac{5}{6}\pi$　③ $\frac{5}{4}\pi$　④ $\frac{11}{6}\pi$

공략 포인트

방향각

$\vec{a} = a_1 i + a_2 j + a_3 k$에 대하여 $\vec{a}$와 각각의 단위벡터 i, j, k 사이의 각 α, β, γ를 $\vec{a}$의 방향각이라고 한다.

$\cos\alpha = \frac{a_1}{|\vec{a}|}$

$\cos\beta = \frac{a_2}{|\vec{a}|}$

$\cos\gamma = \frac{a_3}{|\vec{a}|}$

풀이

벡터 $\vec{v}$의 크기 $|\vec{v}| = \sqrt{1+1+2} = \sqrt{4} = 2$이므로

$\cos\alpha = \frac{1}{|\vec{v}|} = \frac{1}{2} \Leftrightarrow \alpha = \frac{\pi}{3}$

$\cos\beta = \frac{-1}{|\vec{v}|} = \frac{-1}{2} \Leftrightarrow \beta = \frac{2}{3}\pi$

$\cos\gamma = \frac{\sqrt{2}}{|\vec{v}|} = \frac{\sqrt{2}}{2} \Leftrightarrow \gamma = \frac{\pi}{4}$

즉, 구하고자 하는 값 $\alpha + \beta + \gamma = \frac{5}{4}\pi$이다.

정답 ③

05

벡터 $a=(1, 0, 2)$, 벡터 $b=(2, -1, 4)$에 대하여 다음을 구하시오.

(1) 벡터 b를 벡터 a 위로의 정사영벡터

(2) 벡터 a에 수직인 벡터 b의 벡터성분

(3) 벡터 b를 벡터 a 위로의 스칼라사영

공략 포인트

정사영벡터

$proj_{\vec{a}}\vec{b} = \dfrac{\vec{a} \cdot \vec{b}}{|\vec{a}|^2}\vec{a}$

스칼라사영

$comp_{\vec{a}}\vec{b} = \dfrac{\vec{a} \cdot \vec{b}}{|\vec{a}|}$

풀이

(1) $proj_{\vec{a}}\vec{b}=\dfrac{\vec{a} \cdot \vec{b}}{|\vec{a}|^2}\vec{a}=\dfrac{2+0+8}{1+0+4}(1, 0, 2)=2(1, 0, 2)=(2, 0, 4)$

(2) $\vec{b}-proj_{\vec{a}}\vec{b}=(2,-1,4)-(2,0,4)=(0,-1,0)$

(3) $comp_{\vec{a}}\vec{b}=\dfrac{\vec{a} \cdot \vec{b}}{|\vec{a}|}=\dfrac{10}{\sqrt{5}}=2\sqrt{5}$

정답 풀이 참조

3 벡터의 외적

1. 외적의 정의

(1) $\vec{a}\times\vec{b}$ 의 방향은 그림과 같이 오른손법칙에 따라 주어진다.

따라서 외적 벡터 $\vec{a}\times\vec{b}$ 는 $\vec{a}$ 와 $\vec{b}$ 모두와 직교한다.

$$\vec{a}\cdot(\vec{a}\times\vec{b})=0,\ \vec{b}\cdot(\vec{a}\times\vec{b})=0$$

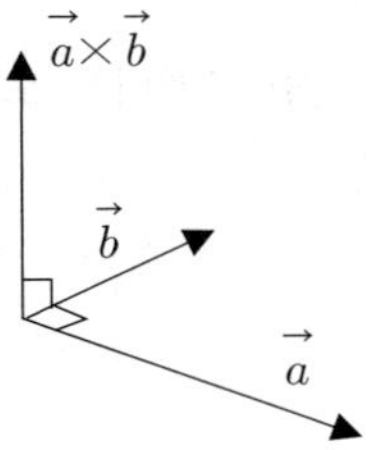

(2) 벡터의 외적 계산

$\vec{a}=(a_1,a_2,a_3)$, $\vec{b}=(b_1,b_2,b_3)$일 때,

$$\vec{a}\times\vec{b}=\begin{vmatrix}\vec{i}&\vec{j}&\vec{k}\\a_1&a_2&a_3\\b_1&b_2&b_3\end{vmatrix}=(a_2b_3-a_3b_2,\ -a_1b_3+a_3b_1,\ a_1b_2-a_2b_1)$$

2. 외적의 성질

세 벡터 $\vec{a}, \vec{b}, \vec{c}$ 와 스칼라 m에 대해

① $\vec{a}\times\vec{b}=-(\vec{b}\times\vec{a})$: 교환법칙이 성립하지 않는다.

② $\vec{a}\times(\vec{b}\times\vec{c})\neq(\vec{a}\times\vec{b})\times\vec{c}$

③ $\vec{a}\times(\vec{b}+\vec{c})=\vec{a}\times\vec{b}+\vec{a}\times\vec{c}$, $(\vec{a}+\vec{b})\times\vec{c}=\vec{a}\times\vec{c}+\vec{b}\times\vec{c}$

④ $(\vec{a}+\vec{b})\times(\vec{c}+\vec{d})=\vec{a}\times\vec{c}+\vec{a}\times\vec{d}+\vec{b}\times\vec{c}+\vec{b}\times\vec{d}$

⑤ $(m\vec{a})\times\vec{b}=m(\vec{a}\times\vec{b})=\vec{a}\times(m\vec{b})$

⑥ $\vec{a}\times\vec{a}=\vec{0}$

⑦ $\vec{a}\times\vec{0}=\vec{0}\times\vec{a}=\vec{0}$

⑧ $|\vec{a}\times\vec{b}|^2+(\vec{a}\cdot\vec{b})^2=(\vec{a}\cdot\vec{a})(\vec{b}\cdot\vec{b})$

⑨ $\vec{i}\times\vec{j}=\vec{k}$, $\vec{j}\times\vec{k}=\vec{i}$, $\vec{k}\times\vec{i}=\vec{j}$, $\vec{j}\times\vec{i}=-\vec{k}$, $\vec{k}\times\vec{j}=-\vec{i}$, $\vec{i}\times\vec{k}=-\vec{j}$

(여기서 $\vec{i}, \vec{j}, \vec{k}$는 단위벡터이다.)

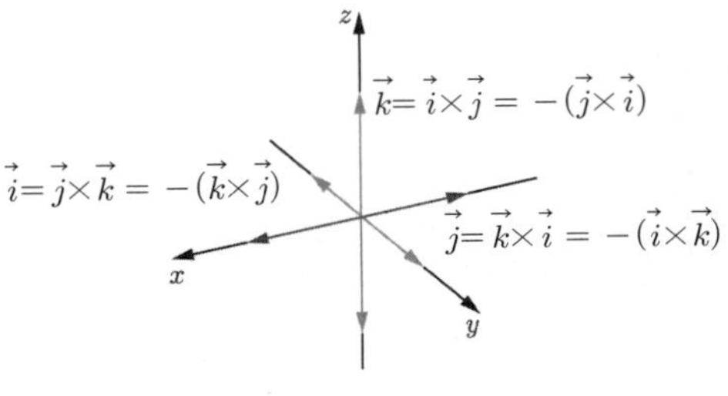

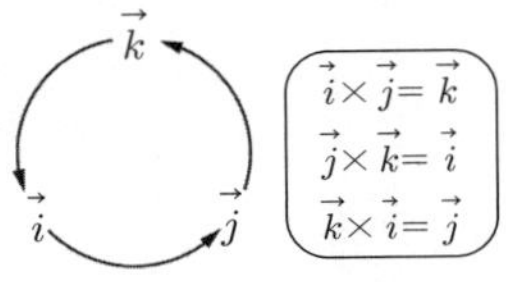

3. 외적과 벡터의 사잇각

(1) 영벡터가 아닌 두 벡터 $\vec{a}$ 와 $\vec{b}$ 사이의 각이 θ 일 때, 다음이 성립한다.

$$|\vec{a}\times\vec{b}| = |\vec{a}||\vec{b}|\sin\theta \text{ (단, } 0 \le \theta \le \pi \text{)}$$

(2) **벡터의 평행**

$$\vec{a}\times\vec{b} = \vec{0}$$

(3) 영벡터는 모든 벡터에 수직인 동시에 평행인 벡터이다.

4. 삼중곱

(1) **스칼라 삼중곱**

세 벡터 $\vec{a}=(a_1, a_2, a_3)$, $\vec{b}=(b_1, b_2, b_3)$, $\vec{c}=(c_1, c_2, c_3)$의 스칼라 삼중곱을 $\vec{a}\cdot(\vec{b}\times\vec{c})$라 하고, 다음과 같이 계산한다.

$$\vec{a}\cdot(\vec{b}\times\vec{c}) = \begin{vmatrix} a_1 & a_2 & a_3 \\ b_1 & b_2 & b_3 \\ c_1 & c_2 & c_3 \end{vmatrix}$$

(2) **스칼라 삼중곱의 성질**

① $\vec{a}\cdot(\vec{b}\times\vec{c}) = \vec{c}\cdot(\vec{a}\times\vec{b}) = \vec{b}\cdot(\vec{c}\times\vec{a})$

② $(\vec{a}\times\vec{b})\cdot(\vec{c}\times\vec{d}) = (\vec{a}\cdot\vec{c})(\vec{b}\cdot\vec{d}) - (\vec{a}\cdot\vec{d})(\vec{b}\cdot\vec{c})$

(3) **벡터 삼중곱의 성질**

① $\vec{a}\times(\vec{b}\times\vec{c}) = (\vec{a}\cdot\vec{c})\vec{b} - (\vec{a}\cdot\vec{b})\vec{c}$

② $(\vec{a}\times\vec{b})\times\vec{c} = (\vec{a}\cdot\vec{c})\vec{b} - (\vec{b}\cdot\vec{c})\vec{a}$

③ $(\vec{a}\times\vec{b})\times(\vec{c}\times\vec{d}) = \{\vec{a}\cdot(\vec{c}\times\vec{d})\}\vec{b} - \{\vec{b}\cdot(\vec{c}\times\vec{d})\}\vec{a}$
$= \{\vec{a}\cdot(\vec{b}\times\vec{d})\}\vec{c} - \{\vec{a}\cdot(\vec{b}\times\vec{c})\}\vec{d}$

5. 벡터에 의해 결정되는 도형의 넓이

(1) 두 벡터 $\vec{a}$ 와 $\vec{b}$ 에 의해 결정되는 도형의 넓이

① 평행사변형: $|\vec{a}\times\vec{b}|$

② 삼각형: $\frac{1}{2}|\vec{a}\times\vec{b}|$

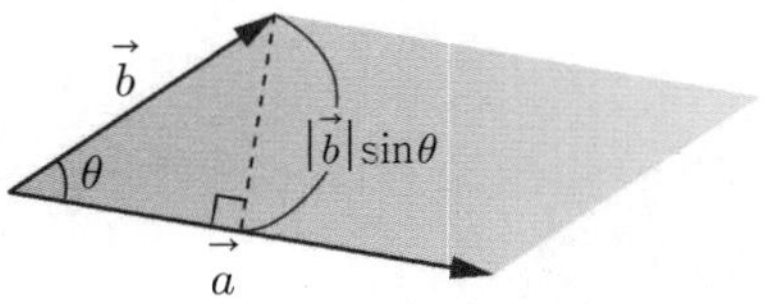

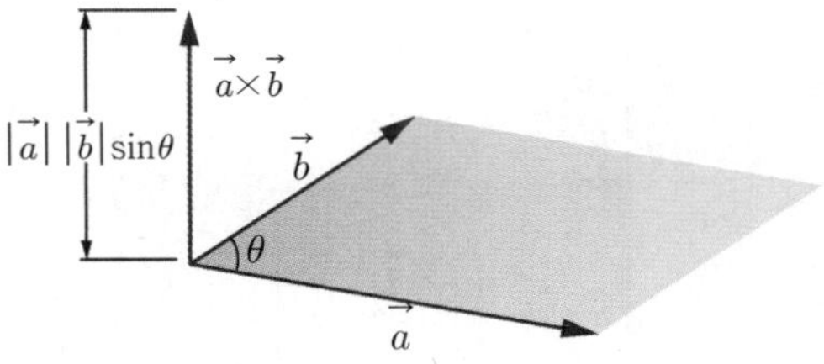

(2) 세 벡터 $\vec{a}$, $\vec{b}$, $\vec{c}$ 에 의해 결정되는 도형의 부피

① 평행육면체: $|\vec{a}\cdot(\vec{b}\times\vec{c})|$

② 사면체: $\frac{1}{6}|\vec{a}\cdot(\vec{b}\times\vec{c})|$

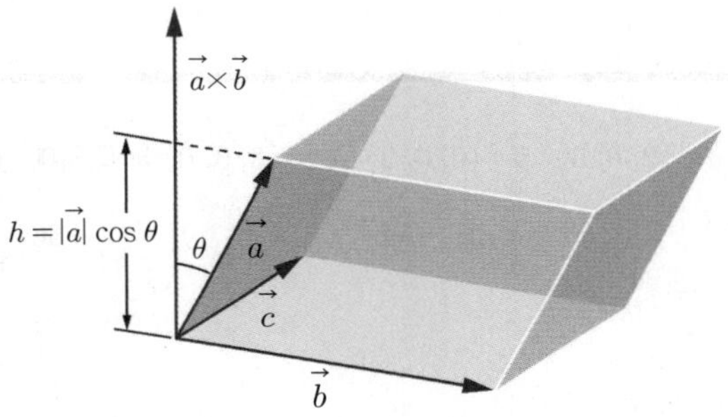

개념적용

01

$\vec{a} = (1, -3, 2)$, $\vec{b} = (2, 1, -2)$일 때, $\vec{a} \times \vec{b}$ 는?

① $(2, 3, 4)$ ② $(3, 4, 5)$ ③ $(4, 6, 7)$ ④ $(6, 8, 9)$

공략 포인트

벡터의 외적

$$\vec{a} \times \vec{b} = \begin{vmatrix} \vec{i} & \vec{j} & \vec{k} \\ a_1 & a_2 & a_3 \\ b_1 & b_2 & b_3 \end{vmatrix} = (a_2b_3 - a_3b_2,\ -a_1b_3 + a_3b_1,\ a_1b_2 - a_2b_1)$$

풀이

$$\vec{a} \times \vec{b} = \begin{vmatrix} \vec{i} & \vec{j} & \vec{k} \\ 1 & -3 & 2 \\ 2 & 1 & -2 \end{vmatrix} = (6-2,\ 2+4,\ 1+6) = (4, 6, 7)$$

정답 ③

02

세 벡터 $\vec{a} = (2, 0, 3)$, $\vec{b} = (0, 6, 2)$, $\vec{c} = (3, 3, 0)$에 대하여 $\vec{a} \cdot (\vec{b} \times \vec{c})$ 의 값을 구하면?

① -12 ② -54 ③ -66 ④ 0

공략 포인트

스칼라 삼중곱

$$\vec{a} \cdot (\vec{b} \times \vec{c}) = \begin{vmatrix} a_1 & a_2 & a_3 \\ b_1 & b_2 & b_3 \\ c_1 & c_2 & c_3 \end{vmatrix}$$

풀이

$$\vec{a} \cdot (\vec{b} \times \vec{c}) = \begin{vmatrix} 2 & 0 & 3 \\ 0 & 6 & 2 \\ 3 & 3 & 0 \end{vmatrix} = -66$$

정답 ③

03

$\vec{a}, \vec{b}, \vec{c}$가 $\mathbb{R}^3$상의 벡터일 때 다음 중 값이 다른 것은?

① $\vec{a} \cdot (\vec{b} \times \vec{c})$ ② $(\vec{a} \times \vec{b}) \cdot \vec{c}$ ③ $-\vec{b} \cdot (\vec{a} \times \vec{c})$ ④ $\vec{c} \cdot (\vec{b} \times \vec{a})$

공략 포인트

스칼라 삼중곱의 성질

$$\vec{a} \cdot (\vec{b} \times \vec{c}) = \vec{c} \cdot (\vec{a} \times \vec{b}) = \vec{b} \cdot (\vec{c} \times \vec{a})$$

풀이

$$\vec{a} \cdot (\vec{b} \times \vec{c}) = \vec{c} \cdot (\vec{a} \times \vec{b}) = (\vec{a} \times \vec{b}) \cdot \vec{c} = -\vec{c} \cdot (\vec{b} \times \vec{a}) = \vec{b} \cdot (\vec{c} \times \vec{a}) = -\vec{b} \cdot (\vec{a} \times \vec{c})$$

정답 ④

04

3차원 공간의 벡터 $\vec{a}=(1,0,0)$, $\vec{b}=(0,1,1)$, $\vec{c}=(0,0,1)$, $\vec{d}=(1,1,1)$에 대하여 $(\vec{a}\times\vec{b})\cdot(\vec{c}\times\vec{d})$의 값을 구하시오.

① -1　　② 0　　③ 1　　④ 3

공략 포인트

스칼라 삼중곱의 성질
$(\vec{a}\times\vec{b})\cdot(\vec{c}\times\vec{d})$
$=(\vec{a}\cdot\vec{c})(\vec{b}\cdot\vec{d})-(\vec{a}\cdot\vec{d})(\vec{b}\cdot\vec{c})$

풀이

$$(\vec{a}\times\vec{b})\cdot(\vec{c}\times\vec{d})=(\vec{a}\cdot\vec{c})(\vec{b}\cdot\vec{d})-(\vec{a}\cdot\vec{d})(\vec{b}\cdot\vec{c})$$
$$=-1\cdot 1$$
$$=-1$$

다른 풀이

$$\vec{a}\times\vec{b}=\begin{vmatrix}\vec{i}&\vec{j}&\vec{k}\\1&0&0\\0&1&1\end{vmatrix}=(0,-1,1)$$

$$\vec{c}\times\vec{d}=\begin{vmatrix}\vec{i}&\vec{j}&\vec{k}\\0&0&1\\1&1&1\end{vmatrix}=(-1,1,0)$$

$$\therefore\ (\vec{a}\times\vec{b})\cdot(\vec{c}\times\vec{d})=(0,-1,1)\cdot(-1,1,0)=-1$$

정답 ①

05

3차원 공간의 벡터 $\vec{x}=(2,1,-1)$, $\vec{y}=(1,-1,1)$, $\vec{z}=(0,1,3)$의 벡터 삼중곱 $\vec{x}\times(\vec{y}\times\vec{z})$를 구하시오.

① $(-2,0,1)$　　② $(-2,2,-2)$　　③ $(-4,3,1)$　　④ $(0,0,0)$

공략 포인트

벡터 삼중곱의 성질
$\vec{a}\times(\vec{b}\times\vec{c})$
$=(\vec{a}\cdot\vec{c})\vec{b}-(\vec{a}\cdot\vec{b})\vec{c}$

풀이

$$\vec{x}\times(\vec{y}\times\vec{z})=(\vec{x}\cdot\vec{z})\vec{y}-(\vec{x}\cdot\vec{y})\vec{z}$$
$$=-2(1,-1,1)$$
$$=(-2,2,-2)$$

다른 풀이

$$\vec{y}\times\vec{z}=\begin{vmatrix}\vec{i}&\vec{j}&\vec{k}\\1&-1&1\\0&1&3\end{vmatrix}=(-4,-3,1)$$

$$\therefore\ \vec{x}\times(\vec{y}\times\vec{z})=\begin{vmatrix}\vec{i}&\vec{j}&\vec{k}\\2&1&-1\\-4&-3&1\end{vmatrix}=(-2,2,-2)$$

정답 ②

06

공간 위의 네 점 A(0, 0, 0), B(1, 1, 0), C(0, 1, 1), D(1, 2, 1)를 꼭짓점으로 갖는 평행사변형의 면적을 구하시오.

① $\sqrt{2}$ ② $\sqrt{3}$ ③ 2 ④ $\sqrt{5}$

공략 포인트

두 벡터 $\vec{a}$와 $\vec{b}$에 의해 결정되는 평행사변형의 넓이

$|\vec{a}\times\vec{b}|$

풀이

$\overrightarrow{AB}=(1,1,0)$, $\overrightarrow{AC}=(0,1,1)$이므로

$$\overrightarrow{AB}\times\overrightarrow{AC}=\begin{vmatrix}\vec{i}&\vec{j}&\vec{k}\\1&1&0\\0&1&1\end{vmatrix}=(1,-1,1)$$

$\therefore$ 평행사변형의 면적 $=|\overrightarrow{AB}\times\overrightarrow{AC}|=\sqrt{3}$

정답 ②

07

공간상의 세 점 $P=(1, 0, 0)$, $Q=(0, 2, 0)$, $R=(0, 0, 3)$으로 이루어진 삼각형 PQR의 면적은?

① $\frac{\sqrt{14}}{2}$ ② $\sqrt{14}$ ③ $\frac{7}{2}$ ④ 7

공략 포인트

두 벡터 $\vec{a}$와 $\vec{b}$에 의해 결정되는 삼각형의 넓이

$\frac{1}{2}|\vec{a}\times\vec{b}|$

풀이

$\overrightarrow{PQ}=(-1,2,0)$, $\overrightarrow{PR}=(-1,0,3)$이므로

$$\overrightarrow{PQ}\times\overrightarrow{PR}=\begin{vmatrix}\vec{i}&\vec{j}&\vec{k}\\-1&2&0\\-1&0&3\end{vmatrix}=(6,3,2)$$

$\therefore$ 삼각형의 면적 $=\frac{1}{2}|\overrightarrow{PQ}\times\overrightarrow{PR}|=\frac{1}{2}\cdot\sqrt{36+9+4}=\frac{7}{2}$

정답 ③

4 벡터

출제경향 분석

\# 내적과 외적에 대한 성질을 묻는 문제가 자주 출제됩니다.

\# 내적과 외적을 이용한 평행사변형(또는 삼각형)의 넓이와 평행육면체(또는 사면체)의 부피를 계산하는 문제가 출제됩니다.

01 내적과 외적의 성질

개념 2. 벡터의 내적

임의의 세 공간벡터 $\vec{a}, \vec{b}, \vec{c}$에 대한 다음 수식 중 옳은 것을 모두 고르면?

ㄱ. $|\vec{a}+\vec{b}|^2+|\vec{a}-\vec{b}|^2=2(|\vec{a}|^2+|\vec{b}|^2)$

ㄴ. $(\vec{a} \cdot \vec{b})^2+|\vec{a}\times\vec{b}|^2=|\vec{a}|^2|\vec{b}|^2$

ㄷ. $(\vec{a}\times\vec{b}) \cdot \vec{c} \geq 0$

ㄹ. $\vec{a}\times(\vec{b}\times\vec{c})=(\vec{a}\times\vec{b})\times\vec{c}$

① ㄱ, ㄴ ② ㄱ, ㄷ ③ ㄱ, ㄴ, ㄹ ④ ㄴ, ㄷ

풀이

STEP A 내적 및 외적의 성질에 따라 참, 거짓 판별하기

ㄱ. (참)

$$|\vec{a}+\vec{b}|^2+|\vec{a}-\vec{b}|^2=\vec{a}\cdot\vec{a}+2\vec{a}\cdot\vec{b}+\vec{b}\cdot\vec{b}+\vec{a}\cdot\vec{a}-2\vec{a}\cdot\vec{b}+\vec{b}\cdot\vec{b}$$
$$=2\vec{a}\cdot\vec{a}+2\vec{b}\cdot\vec{b}$$
$$=2(|\vec{a}|^2+|\vec{b}|^2)$$

ㄴ. (참)

$$(\vec{a}\cdot\vec{b})^2+|\vec{a}\times\vec{b}|^2=(|\vec{a}|\,|\vec{b}|\cos\theta)^2+(|\vec{a}|\,|\vec{b}|\sin\theta)^2=|\vec{a}|^2|\vec{b}|^2$$

$(\because \cos^2\theta+\sin^2\theta=1)$

ㄷ. (거짓)

$\vec{a}\times\vec{b}$ 와 $\vec{c}$ 의 사잇각이 $\frac{\pi}{2}$ 보다 크면 $(\vec{a}\times\vec{b})\cdot\vec{c}<0$이다.

ㄹ. (거짓)

벡터의 외적은 결합법칙이 성립하지 않는다.

$\vec{a}\times(\vec{b}\times\vec{c}) \neq (\vec{a}\times\vec{b})\times\vec{c}$

따라서 수식 중 옳은 것은 ㄱ, ㄴ이다.

정답 ①

02
정사영벡터

개념 2. 벡터의 내적

벡터 $4\vec{i}+6\vec{j}-7\vec{k}$의 벡터 $2\vec{i}+2\vec{j}-\vec{k}$ 위로의 벡터 사영(vector projection)을 구하면?

① $(8,\ -4,\ -12)$ ② $(-2,\ 2,\ 1)$ ③ $(6,\ 6,\ -3)$ ④ $(-2,\ -2,\ 1)$

풀이

STEP A 벡터 사영 공식에 따라 벡터 $\vec{a}$, $\vec{b}$ 선정하기

벡터 $2\vec{i}+2\vec{j}-\vec{k}$ 위로의 벡터 $4\vec{i}+6\vec{j}-7\vec{k}$ 사영을 구하는 문제이므로

$\vec{a}=(2, 2, -1)$, $\vec{b}=(4, 6, -7)$이라 선정한다.

이때 벡터 $\vec{a}$의 크기 $|\vec{a}|=\sqrt{4+4+1}=3$이다.

STEP B 벡터 사영 공식에 대입하기

$$\begin{aligned} proj_{\vec{a}}\vec{b} &= \frac{\vec{a}\cdot\vec{b}}{|\vec{a}|^2}\vec{a} \\ &= \frac{8+12+7}{3^2}(2,\ 2,\ -1) \\ &= \frac{27}{9}(2, 2, -1) \\ &= (6, 6, -3) \end{aligned}$$

정답 ③

03 벡터에 의해 결정되는 도형의 넓이

개념 3. 벡터의 외적

세 점 A(2, 0, 3), B(3, 1, 2), C(1, 1, 2)를 세 꼭짓점으로 갖는 삼각형의 넓이는?

① $\frac{\sqrt{2}}{2}$　　② $\sqrt{2}$　　③ $\frac{3}{2}\sqrt{2}$　　④ $2\sqrt{2}$

풀이

STEP A 선분벡터 구하기

$$\overrightarrow{AB}=(1,\ 1,\ -1),\ \overrightarrow{AC}=(-1,\ 1,\ -1)$$

STEP B 벡터의 외적 구하기

$$\overrightarrow{AB}\times\overrightarrow{AC}=\begin{vmatrix}\vec{i} & \vec{j} & \vec{k}\\ 1 & 1 & -1\\ -1 & 1 & -1\end{vmatrix}=(0,\ 2,\ 2)$$

STEP C 벡터 크기 구하기

$$|\overrightarrow{AB}\times\overrightarrow{AC}|=\sqrt{2^2+2^2}=\sqrt{8}=2\sqrt{2}$$

STEP D 벡터에 의해 결정되는 삼각형의 넓이 구하기

$$\triangle ABC=\frac{1}{2}|\overrightarrow{AB}\times\overrightarrow{AC}|=\sqrt{2}$$

정답 ②

04 벡터에 의해 결정되는 도형의 넓이

개념 3. 벡터의 외적

좌표공간에서 네 점을 꼭짓점으로 하는 사면체의 부피는?

$$A(0,0,0),\ B(2,1,3),\ C(1,0,1),\ D(2,2,2)$$

① $\frac{1}{3}$ ② $\frac{2}{3}$ ③ 1 ④ $\frac{4}{3}$

풀이

STEP A 선분벡터 구하기

각각의 두 점을 이용하여 각 벡터를 잡으면

$\overrightarrow{AB}=(2,1,3)$, $\overrightarrow{AC}=(1,0,1)$, $\overrightarrow{AD}=(2,2,2)$이다.

STEP B 벡터에 의해 결정되는 사면체의 부피 구하기

$$\text{사면체의 부피} = \frac{1}{6}\times \text{평행육면체의 부피}$$

$$= \frac{1}{6}\left|\overrightarrow{AB}\cdot\left(\overrightarrow{AC}\times\overrightarrow{AD}\right)\right|$$

$$= \frac{1}{6}\left|\begin{vmatrix} 2 & 1 & 3 \\ 1 & 0 & 1 \\ 2 & 2 & 2 \end{vmatrix}\right| = \frac{1}{3}$$

정답 ①

5 벡터

정답 및 풀이 p.357

01 두 벡터 $\vec{a} = (1, 5)$, $\vec{b} = (8, 1)$와 실수 k 에 대하여 벡터 $\vec{a}+k\vec{b}$ 의 크기가 최소가 되게 하는 k 를 구하면?

① $-\frac{1}{5}$　　② $-\frac{8}{61}$　　③ 0　　④ $\frac{11}{56}$

02 두 벡터 $u=(3,\ -1,\ 4)$와 $v=(2,\ 0,\ 1)$에 대하여 v에 수직인 u의 벡터성분의 크기는?

① $\sqrt{5}$　　② $\sqrt{6}$　　③ $2\sqrt{5}$　　④ $2\sqrt{6}$

03 두 벡터 $\vec{a}=(2,\ 3,\ 7)$, $\vec{b}=(1,\ 0,\ 7)$에 대하여 $\vec{a}$를 $\vec{b}$와 평행한 벡터 $\overrightarrow{a_T}$와 $\vec{b}$와 수직인 벡터 $\overrightarrow{a_N}$의 합으로 나타내자.

이때, $\overrightarrow{a_T}$는?

① $\overrightarrow{a_T} = \left(\frac{51}{52},\ 0,\ \frac{357}{52}\right)$　　② $\overrightarrow{a_T} = \left(\frac{49}{52},\ 0,\ \frac{343}{52}\right)$

③ $\overrightarrow{a_T} = (1,\ 0,\ 7)$　　④ $\overrightarrow{a_T} = \left(\frac{51}{50},\ 0,\ \frac{357}{50}\right)$

04 $\vec{u}$는 3차원 공간의 단위벡터(unit vector)이며, 벡터 $\vec{i}-\vec{j}$와 $\vec{i}+\vec{j}+\vec{k}$에 대해 각각 직교할 때, 벡터 $\vec{u}$가 될 수 있는 것을 모두 구하시오. (단, $\vec{i}$, $\vec{j}$, $\vec{k}$는 표준 단위벡터이다.)

ㄱ. $\frac{1}{\sqrt{6}}(\vec{i}+\vec{j}-2\vec{k})$	ㄴ. $\frac{1}{\sqrt{6}}(-\vec{i}+\vec{j}+2\vec{k})$
ㄷ. $\frac{1}{\sqrt{6}}(\vec{i}-\vec{j}-2\vec{k})$	ㄹ. $\frac{1}{\sqrt{6}}(-\vec{i}-\vec{j}+2\vec{k})$

① ㄱ, ㄷ ② ㄴ, ㄷ ③ ㄱ, ㄹ ④ ㄷ, ㄹ

05 벡터 $\vec{v}=2\vec{i}+3\vec{j}+6\vec{k}$가 x축, y축, z축의 양의 방향과 이루는 각의 크기를 각각 α, β, γ라 할 때, $\frac{\cos\alpha\cos\beta}{\cos^2\alpha+\cos^2\beta+\cos^2\gamma}$의 값은?

① $\frac{1}{49}$ ② $\frac{6}{49}$ ③ $\frac{12}{49}$ ④ $\frac{18}{49}$

06 삼차원 벡터 $\vec{u}, \vec{v}, \vec{w}$에 대하여 $\vec{u}\cdot(\vec{v}\times\vec{w})=1$일 때, $3\vec{v}\cdot(\vec{v}\times\vec{w})-2(\vec{w}\times\vec{v})\cdot\vec{u}$의 값은?

① 1 ② 2 ③ 3 ④ 4

07 좌표공간에서 두 벡터 $(2,\ -1,\ 3)$과 $(-1,\ 2,\ -3)$에 모두 수직이고, 크기가 $\sqrt{3}$인 벡터를 $(a,\ b,\ c)$라 할 때, $ab+bc+ca$의 값은? (단, $a<0$인 경우이다.)

① -2　　② -1　　③ 0　　④ 1

08 함수 f 가 $\mathbb{R}^4$ 의 원점을 제외한 모든 점에서 $f(x_1, x_2, x_3, x_4) = \dfrac{3x_1+2x_2+x_3+4x_4}{\sqrt{x_1^2+x_2^2+x_3^2+x_4^2}}$ 로 주어질 때, f의 최댓값은?

① 30　　② 10　　③ $\sqrt{30}$　　④ $\sqrt{10}$

09 각 모서리의 길이가 1인 정사면체 ABCD에 대하여 $(\overrightarrow{\mathrm{AB}} \times \overrightarrow{\mathrm{BC}}) \cdot (\overrightarrow{\mathrm{AC}} \times \overrightarrow{\mathrm{CD}})$의 절댓값은?

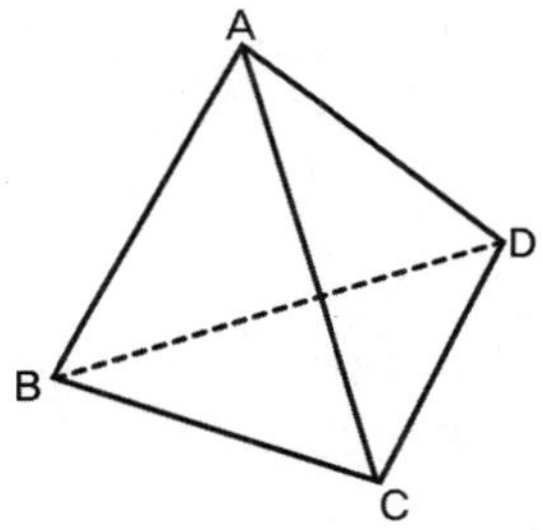

① 0　　② $\dfrac{1}{2}$　　③ $\dfrac{1}{3}$　　④ $\dfrac{1}{4}$

10 영벡터가 아닌 두 3차원 벡터 $\vec{a}$와 $\vec{b}$에 대하여 다음 중 $\vec{b}$와 수직이 아닐 수 있는 것을 고르시오.
(단, $proj_{\vec{a}}\vec{b}$는 벡터 $\vec{a}$로 내린 $\vec{b}$의 사영벡터이다.)

① $\vec{a} \times \vec{b}$
② $\vec{b} - proj_{\vec{a}}\vec{b}$
③ $(\vec{a} - 2\vec{b}) \times (\vec{b} - 2\vec{a})$
④ $(\vec{b} \cdot \vec{b})\vec{a} - (\vec{a} \cdot \vec{b})\vec{b}$

11 3차원 공간의 세 점 $(0,1,1)$, $(2,-1,2)$, $(3,1,5)$를 꼭짓점으로 하는 삼각형의 넓이는?

① 1
② $\sqrt{2}$
③ $\dfrac{3\sqrt{3}}{2}$
④ $\dfrac{5\sqrt{5}}{2}$

12 좌표공간의 네 점 $(2, 0, 1)$, $(5, 2, 0)$, $(0, 5, 2)$, $(4, 1, 6)$을 꼭짓점으로 갖는 사면체의 부피는?

① 15
② 16
③ 17
④ 18

13 점 $A(1, 2, 2)$, $B(3, 2, 3)$, $C(4, 1, 0)$, $D(2, 3, 0)$를 꼭짓점으로 하는 사면체 ABCD를 $xy-$평면에 사영하여 얻은 도형의 넓이는?

① 1 ② 2 ③ 3 ④ 4

14 점 $O(0, 0, 0)$, $A(x, 1, 0)$, $B(0, x, 3)$, $C(-1, 1, x)$를 꼭짓점으로 갖는 사면체 부피의 최댓값은? (단, $-2 \leq x \leq 2$이다.)

① $\frac{1}{6}$ ② $\frac{1}{3}$ ③ $\frac{5}{6}$ ④ 1

15 벡터 $\vec{u}=(-1,\ 1,\ -2)$를 벡터 $\vec{v}=(1,\ 0,\ -1)$에 사영할 때, 스칼라사영(scalar projection) a와 벡터사영(vector projection) $(b,\ c,\ d)$에 대하여 $a^2+b^2+c^2+d^2$의 값은?

① $\frac{1}{2}$ ② $\frac{1}{\sqrt{2}}$ ③ 1 ④ $\frac{3}{2}$

16 $\vec{u}, \vec{v}, \vec{w}$가 3차원 공간 R^3의 벡터이고 $\vec{u}$가 단위벡터일 때, 다음 보기에서 옳은 것의 개수는?

ㄱ. $\vec{u} \cdot \vec{v} = \vec{u} \cdot \vec{w}$이고 $\vec{v}, \vec{w}$가 모두 단위벡터이면 $\vec{v} = \vec{w}$이다.
ㄴ. $\vec{u} \times \vec{v} = \vec{u} \times \vec{w}$이고 $\vec{v}, \vec{w}$가 모두 영벡터가 아니면 $\vec{v} = \vec{w}$이다.
ㄷ. $\vec{u} \cdot \vec{v} = \vec{u} \cdot \vec{w}$이고 $\vec{u} \times \vec{v} = \vec{u} \times \vec{w}$이면 $\vec{v} = \vec{w}$이다.

① 0개 ② 1개 ③ 2개 ④ 3개

17 공간상의 두 벡터 $\vec{a}, \vec{b}$는 $|\vec{a}| = 1, |\vec{b}| = 2, \vec{a} \cdot \vec{b} = 1$을 만족한다. $|(\vec{a} - \vec{b}) \times (\vec{a} \times \vec{b})|$의 값은?

① $\frac{1}{3}$ ② $\frac{1}{\sqrt{3}}$ ③ $\sqrt{3}$ ④ 3

18 3차원 공간($\mathbb{R}^3$)의 벡터 $\vec{u}, \vec{v}, \vec{w}$와 스칼라 c에 대하여 다음 중 옳은 것을 모두 고르시오.

ㄱ. $\vec{u} \cdot (\vec{v} \times \vec{w}) = (\vec{u} \times \vec{v}) \cdot \vec{w}$
ㄴ. $(c\vec{u}) \times \vec{v} = \vec{u} \times (c\vec{v}) = c(\vec{u} \times \vec{v})$
ㄷ. $\vec{u} \times (\vec{v} + \vec{w}) = \vec{u} \times \vec{v} + \vec{u} \times \vec{w}$
ㄹ. $\vec{u} \times \vec{v} = \vec{v} \times \vec{u}$
ㅁ. $\vec{u} \times (\vec{v} \times \vec{w}) = (\vec{u} \cdot \vec{v})\vec{w} - (\vec{u} \cdot \vec{w})\vec{v}$

① ㄱ, ㄴ, ㄷ ② ㄱ, ㄴ, ㄹ ③ ㄱ, ㄴ, ㅁ ④ ㄷ, ㄹ, ㅁ

19 3차원 공간벡터 $\vec{a}, \vec{b}, \vec{c}$에 대하여 다음 중 옳은 것을 모두 고르시오.
(단, $\vec{0}$은 영벡터(zero vector), $\bullet$은 내적(inner product), $\times$는 외적(cross product), $\|\ \|$는 놈(norm)이다.)

ㄱ. $(\vec{a}\times\vec{b})\times\vec{c}=(\vec{a}\bullet\vec{c})\vec{b}-(\vec{b}\bullet\vec{c})\vec{a}$
ㄴ. 영벡터가 아닌 벡터 $\vec{a}$에 대하여 $\vec{a}\bullet\vec{b}=0$이고, $\vec{a}\times\vec{b}=\vec{0}$이면, $\vec{b}=\vec{0}$이다.
ㄷ. 모든 $\vec{x}\in R^3$에 대하여 $\vec{a}\bullet\vec{x}=\vec{b}\bullet\vec{x}$이면, $\vec{a}=\vec{b}$이다.
ㄹ. $\|\vec{a}\times\vec{b}\|=\|\vec{a}\|\,\|\vec{b}\|$

① ㄱ, ㄴ, ㄷ ② ㄱ, ㄴ, ㄹ ③ ㄱ, ㄷ, ㄹ ④ ㄴ, ㄷ, ㄹ

20 좌표공간에 있는 5개의 점 A(2, 1, 3), B(1, 1, 1), C(3, 2, 4), D(2, 3, 4), E(3, 4, 3)를 꼭짓점으로 하는 육면체의 부피는?
(단, 육면체의 면은 △ABC, △ACD, △ABD, △BCE, △CDE, △BDE이다.)

① 2 ② 3 ③ 4 ④ 5

05

직선과 평면의 방정식

출제 비중 & 빈출 키워드 리포트

단원	출제 비중 (합계 11%)
1. 직선과 평면의 방정식	4%
2. 직선과 평면의 위치 관계	2%
3. 직선과 평면의 사잇각	5%

빈출 키워드

· 평면의 방정식과 결정 조건
· 직선과 평면의 위치 관계
· 교점과 교선
· 공간에서의 거리

1 직선과 평면의 방정식

1. 직선의 방정식

(1) 직선을 결정하는 요소

① xy평면에서의 직선: 직선 위의 한 점과 직선의 기울기가 주어지면 결정된다.

② 3차원 공간에서의 직선 l: l 위의 한 점 $A(x_1, y_1, z_1)$와 l의 방향 $\vec{d}$를 알면 구할 수 있다.
(여기서 벡터 $\vec{d}$: 직선의 방향벡터)

(2) $\vec{d} = (a, b, c)$를 직선 l과 평행인 벡터라 할 때, 점 $\mathrm{P}(x, y, z)$를 l 위의 임의의 점이라 하면 벡터 $\overrightarrow{\mathrm{AP}}$와 $\vec{d}$가 평행하므로 $\overrightarrow{\mathrm{AP}} = t\vec{d}$를 만족하는 스칼라 t가 존재한다. 즉,

$$\overrightarrow{\mathrm{AP}} = t\vec{d} \quad \Leftrightarrow \quad (x - x_1, y - y_1, z - z_1) = t(a, b, c)$$

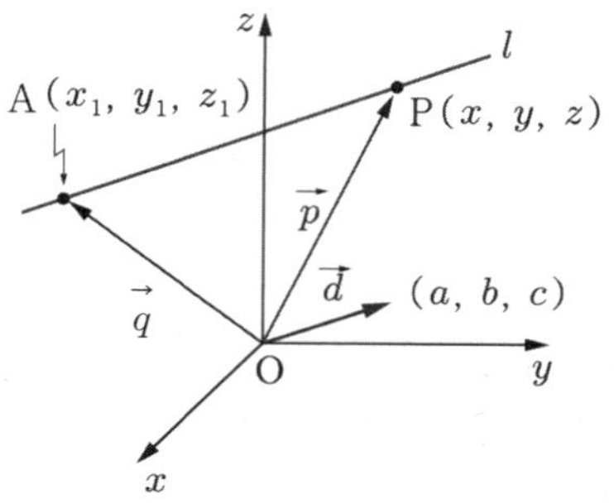

(3) 점 $A(x_1, y_1, z_1)$를 지나고, 방향벡터가 $\vec{d} = (a, b, c)$인 직선의 방정식

① 매개변수방정식: $x = at + x_1$, $y = bt + y_1$, $z = ct + z_1$

② 대칭방정식: $\dfrac{x - x_1}{a} = \dfrac{y - y_1}{b} = \dfrac{z - z_1}{c}$

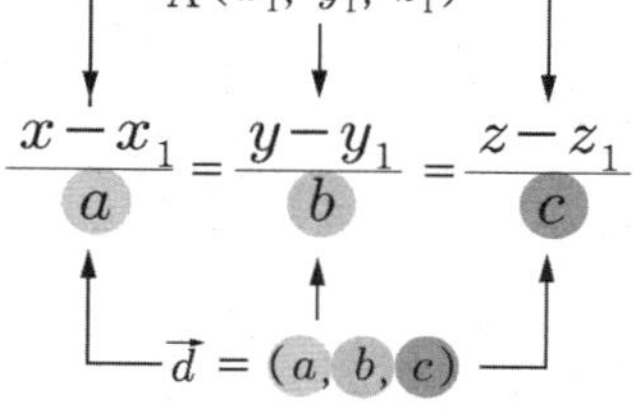

③ 벡터방정식: $r(t) = \langle at + x_1, bt + y_1, ct + z_1 \rangle$

2. 평면의 방정식

(1) 평면을 결정하는 요소

평면에 수직인 벡터는 평면의 방향을 나타낸다. 따라서 공간에서의 평면은 평면 위의 한 점 $\mathrm{A}(x_1, y_1, z_1)$와 이 평면에 수직인 벡터 $\vec{n}$에 의하여 결정된다. (여기서 벡터 $\vec{n}$: 평면의 법선벡터)

(2) $\vec{n}=(a,b,c)$를 평면과 수직인 벡터라 할 때, 점 $\mathrm{A}(x_1, y_1, z_1)$, 점 $\mathrm{P}(x, y, z)$라고 하면 $\vec{p}=(x, y, z)$, $\vec{a}=(x_1, y_1, z_1)$이다.

이때, 다음이 성립한다.

$$\vec{n} \cdot \overrightarrow{\mathrm{AP}}=0 \quad \Leftrightarrow \quad (a,b,c) \cdot (x-x_1, y-y_1, z-z_1)=0$$

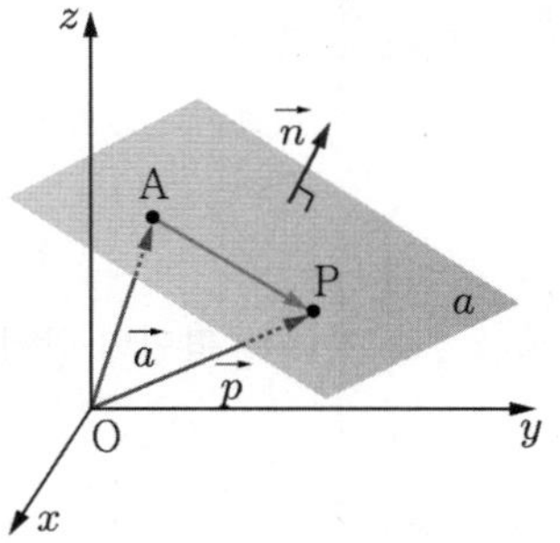

(3) 점 $A(x_1, y_1, z_1)$를 지나고, 법선벡터가 $\vec{n}=(a,b,c)$인 평면의 방정식

① 스칼라방정식: $a(x-x_1)+b(y-y_1)+c(z-z_1)=0$

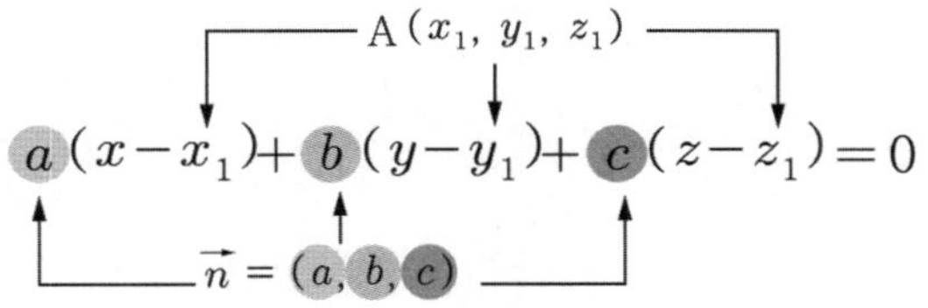

② 선형방정식: $ax+by+cz=d$ (여기서 $d=ax_1+by_1+cz_1$)

③ 세 점 $A(x_1, y_1, z_1)$, $B(x_2, y_2, z_2)$, $C(x_3, y_3, z_3)$를 지나는 평면의 법선벡터

$$\vec{n}=\overrightarrow{AB} \times \overrightarrow{AC}$$

3. 평면의 결정 조건

(1) 조건

① 한 직선 위에 있지 않은 세 점

② 한 직선과 그 위에 있지 않은 한 점

③ 만나는 두 직선

④ 평행한 두 직선

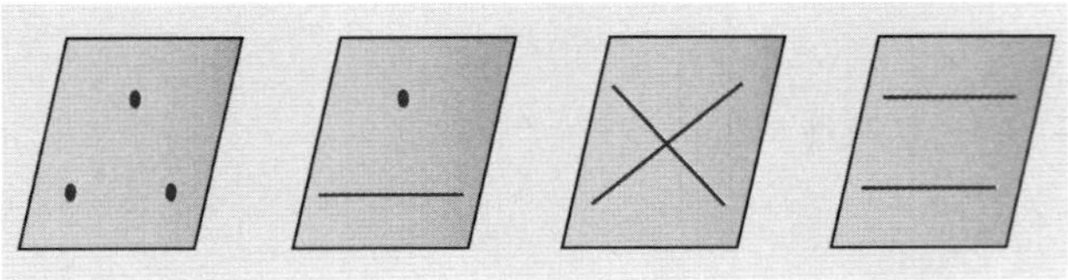

(2) 관련 공식

① 세 점 (x_1, y_1, z_1), (x_2, y_2, z_2), (x_3, y_3, z_3)을 지나는 평면의 방정식

$$\det\begin{pmatrix} x & y & z & 1 \\ x_1 & y_1 & z_1 & 1 \\ x_2 & y_2 & z_2 & 1 \\ x_3 & y_3 & z_3 & 1 \end{pmatrix} = 0$$

② x절편이 a, y절편이 b, z절편이 c인 평면의 방정식

$$\frac{x}{a} + \frac{y}{b} + \frac{z}{c} = 1$$

개념적용

01

점 $(-2, 0, 4)$를 지나서 벡터 $\vec{u} = 2\vec{i} + 4\vec{j} - 2\vec{k}$ 에 평행인 직선의 매개변수방정식과 대칭방정식을 구하시오.

(1) 매개변수방정식

(2) 대칭방정식

공략 포인트

점 $A(x_1, y_1, z_1)$를 지나고, 방향벡터가 $\vec{d} = (a, b, c)$인 직선의 방정식

(1) 매개변수방정식

$x = at + x_1$

$y = bt + y_1$

$z = ct + z_1$

(2) 대칭방정식

$\frac{x - x_1}{a} = \frac{y - y_1}{b} = \frac{z - z_1}{c}$

풀이

지나는 점의 좌표는 $(-2, 0, 4)$, 방향벡터는 $\vec{d} = (2, 4, -2)$이므로

$(x+2,\ y,\ z-4)\ //\ (2,\ 4,\ -2)$

(1) 매개변수방정식: $x = 2t - 2$, $y = 4t$, $z = -2t + 4$

(2) 대칭방정식: $\frac{x+2}{2} = \frac{y}{4} = \frac{z-4}{-2}$

정답 풀이 참조

02

점 $A(2, 4, -3)$와 $B(3, -1, 1)$를 지나는 직선의 매개변수방정식과 대칭방정식을 구하시오.

(1) 매개변수방정식

(2) 대칭방정식

공략 포인트

점 $A(x_1, y_1, z_1)$를 지나고, 방향벡터가 $\vec{d} = (a, b, c)$인 직선의 방정식

(1) 매개변수방정식

$x = at + x_1$

$y = bt + y_1$

$z = ct + z_1$

(2) 대칭방정식

$\frac{x - x_1}{a} = \frac{y - y_1}{b} = \frac{z - z_1}{c}$

풀이

지나는 점의 좌표는 $A(2, 4, -3)$, 방향벡터는 $\vec{d} = \overrightarrow{AB} = (1, -5, 4)$이므로

$(x-2,\ y-4,\ z+3)\ //\ (1, -5, 4)$

(1) 매개변수방정식: $x = t + 2$, $y = -5t + 4$, $z = 4t - 3$

(2) 대칭방정식: $\frac{x-2}{1} = \frac{y-4}{-5} = \frac{z+3}{4}$

정답 풀이 참조

03

점 $(1,2,3)$을 지나고 $\vec{v} = 2\hat{i} - 3\hat{j} + 4\hat{k}$ 에 수직인 평면의 방정식은?

(여기서 $\hat{i}$, $\hat{j}$, $\hat{k}$ 는 각각 x, y, z축 방향의 단위벡터이다.)

① $x + 2y - 3z - 8 = 0$
② $x + 2y - 3z + 8 = 0$
③ $2x - 3y + 4z + 8 = 0$
④ $2x - 3y + 4z - 8 = 0$

공략 포인트

점 $A(x_1, y_1, z_1)$를 지나고, 법선벡터가 $\vec{n} = (a, b, c)$인 평면의 방정식
$a(x - x_1) + b(y - y_1)$
$+ c(z - z_1) = 0$

풀이

점 $(1,2,3)$ 을 지나고 법선벡터가 $\vec{n} = (2, -3, 4)$인 평면의 방정식은
$(x-1, y-2, z-3) \cdot (2, -3, 4) = 0$
$\Leftrightarrow 2(x-1) - 3(y-2) + 4(z-3) = 0$
$\Leftrightarrow 2x - 3y + 4z - 8 = 0$이다.

정답 ④

04

벡터 $(2, 8, -5)$에 수직이고, 점 $(4, -1, 3)$을 포함하는 평면의 방정식을 구하시오.

① $x - 6y - 2z = 1$
② $x + y - z = 1$
③ $2x + 8y - 5z = -15$
④ $2x - 2y + 2z = 7$

공략 포인트

점 $A(x_1, y_1, z_1)$를 지나고, 법선벡터가 $\vec{n} = (a, b, c)$인 평면의 방정식
$a(x - x_1) + b(y - y_1)$
$+ c(z - z_1) = 0$

풀이

점 $(4, -1, 3)$을 지나고, 법선벡터가 $(2, 8, -5)$ 인 평면의 방정식은
$(x-4, y+1, z-3) \cdot (2, 8, -5) = 0$
$\Leftrightarrow 2(x-4) + 8(y+1) - 5(z-3) = 0$
$\Leftrightarrow 2x + 8y - 5z = -15$ 이다.

정답 ③

05

점 $\mathrm{P}(1,2,3)$, $\mathrm{Q}(1,1,2)$, $\mathrm{R}(0,3,5)$을 지나는 평면의 방정식은?

① $x-y+z=2$　　② $x-y+z=3$
③ $x-y+z=4$　　④ $x-y+z=5$

공략 포인트

세 점 $A(x_1,y_1,z_1)$, $B(x_2,y_2,z_2)$, $C(x_3,y_3,z_3)$를 지나는 평면의 법선벡터
$\vec{n}=\overrightarrow{AB}\times\overrightarrow{AC}$

점 $A(x_1,y_1,z_1)$를 지나고, 법선벡터가 $\vec{n}=(a,b,c)$인 평면의 방정식
$a(x-x_1)+b(y-y_1)+c(z-z_1)=0$

풀이

$\overrightarrow{\mathrm{PQ}}=(0,-1,-1)$, $\overrightarrow{\mathrm{PR}}=(-1,1,2)$이므로
세 점 P, Q, R을 지나는 평면의 법선벡터는

$$\vec{n}=\overrightarrow{\mathrm{PQ}}\times\overrightarrow{\mathrm{PR}}=\begin{vmatrix}\vec{i}&\vec{j}&\vec{k}\\0&-1&-1\\-1&1&2\end{vmatrix}=(-1,1,-1)\text{이다.}$$

따라서 점 P(1, 2, 3)를 지나고, 법선벡터 $\vec{n}=(-1,1,-1)$인 평면의 방정식은
$-(x-1)+(y-2)-(z-3)=0$
$\Leftrightarrow x-y+z=2$이다.

정답 ①

06

세 점 $(4,-3,5)$, $(1,3,5)$, $(5,1,6)$을 지나는 평면의 방정식이 $ax+by+cz=-25$일 때, $a+b+c$의 값은?

① 0　　② -3　　③ -9　　④ 3

공략 포인트

세 점 $A(x_1,y_1,z_1)$, $B(x_2,y_2,z_2)$, $C(x_3,y_3,z_3)$를 지나는 평면의 법선벡터
$\vec{n}=\overrightarrow{AB}\times\overrightarrow{AC}$

점 $A(x_1,y_1,z_1)$를 지나고, 법선벡터가 $\vec{n}=(a,b,c)$인 평면의 방정식
$a(x-x_1)+b(y-y_1)+c(z-z_1)=0$

풀이

$\mathrm{P}(4,-3,5)$, $\mathrm{Q}(1,3,5)$, $\mathrm{R}(5,1,6)$이라 하면
$\overrightarrow{\mathrm{PQ}}=(-3,6,0)$, $\overrightarrow{\mathrm{PR}}=(1,4,1)$이다.
세 점 P, Q, R을 지나는 평면의 법선벡터는

$$\vec{n}=\overrightarrow{\mathrm{PQ}}\times\overrightarrow{\mathrm{PR}}=\begin{vmatrix}\vec{i}&\vec{j}&\vec{k}\\-3&6&0\\1&4&1\end{vmatrix}=(6,3,-18)\text{이다.}$$

따라서 점 $\mathrm{P}(4,-3,5)$를 지나고, 법선벡터 $\vec{n}=(6,3,-18)$인 평면의 방정식은
$6(x-4)+3(y+3)-18(z-5)=0$
$\Leftrightarrow 2x+y-6z=-25$이다.
주어진 식과 비교하면 $a=2$, $b=1$, $c=-6$이므로
구하고자 하는 값 $a+b+c=-3$이다.

정답 ②

07

삼차원 공간의 세 점 A$(1,\ -1,\ 2)$, B$(-1,\ 1,\ 4)$, C$(1,\ 3,\ -2)$를 지나는 평면 위에 놓이지 않은 점은?

① $(-3,\ 5,\ 4)$ ② $(2,\ 1,\ -1)$ ③ $(-2,\ 3,\ 4)$ ④ $(7,\ -4,\ -7)$

공략 포인트

세 점 $A(x_1, y_1, z_1)$, $B(x_2, y_2, z_2)$, $C(x_3, y_3, z_3)$를 지나는 평면의 법선벡터 $\vec{n} = \overrightarrow{AB} \times \overrightarrow{AC}$

점 $A(x_1, y_1, z_1)$를 지나고, 법선벡터가 $\vec{n} = (a, b, c)$인 평면의 방정식 $a(x - x_1) + b(y - y_1) + c(z - z_1) = 0$

풀이

$\overrightarrow{\mathrm{AB}} = (-2, 2, 2)$, $\overrightarrow{\mathrm{AC}} = (0, 4, -4)$이므로

세 점 A, B, C를 지나는 평면의 법선벡터는

$$\vec{n} = \overrightarrow{\mathrm{AB}} \times \overrightarrow{\mathrm{AC}} = \begin{vmatrix} \vec{i} & \vec{j} & \vec{k} \\ -2 & 2 & 2 \\ 0 & 4 & -4 \end{vmatrix} = (-16,\ -8,\ -8)\text{이다.}$$

따라서 세 점 A, B, C를 지나는 평면의 방정식은

$-16(x-1) - 8(y+1) - 8(z-2) = 0$

$\Leftrightarrow 2x + y + z = 3$이다.

그러므로 이 평면 위에 놓이지 않은 점은 $(2,\ 1,\ -1)$이다.

$(\because\ 2 \cdot 2 + 1 - 1 = 4 \neq 3)$

정답 ②

08

점 $(2, 1, 1)$을 지나고, 직선 $x = 2t + 1, y = t + 2, z = 3t + 1$을 포함하는 평면의 방정식은?

① $x + y + z = 4$ ② $x - y - z = 0$

③ $x + 2y - z = 3$ ④ $x + y - z = 2$

공략 포인트

점 $A(x_1, y_1, z_1)$를 지나고, 방향벡터가 $\vec{d} = (a, b, c)$인 직선의 방정식(매개변수방정식)

$x = at + x_1$

$y = bt + y_1$

$z = ct + z_1$

풀이

직선의 방향벡터는 $\vec{d} = (2, 1, 3)$이고, 한 점 $(1, 2, 1)$을 지난다.

점 A$(2, 1, 1)$와 직선 위의 점 B$(1, 2, 1)$를 연결한 벡터는

$\overrightarrow{\mathrm{AB}} = (-1, 1, 0)$이므로

구하고자 하는 평면의 법선벡터는 직선의 방향벡터와 $\overrightarrow{\mathrm{AB}}$에 동시 수직인 벡터이다. 즉,

$$\vec{n} = \vec{d} \times \overrightarrow{\mathrm{AB}} = \begin{vmatrix} \vec{i} & \vec{j} & \vec{k} \\ 2 & 1 & 3 \\ -1 & 1 & 0 \end{vmatrix} = (-3,\ -3,\ 3)$$

따라서 점 $(2, 1, 1)$을 지나고 직선 $x = 2t + 1, y = t + 2, z = 3t + 1$을 포함하는 평면의 방정식은

$-3(x-2) - 3(y-1) + 3(z-1) = 0$

$\Leftrightarrow x + y - z = 2$이다.

정답 ④

09

다음 중 두 직선 $\frac{x}{1}=\frac{y-1}{2}=\frac{z-2}{-1}$, $\frac{x}{-4}=\frac{y-1}{-2}=\frac{z-2}{2}$ 를 포함하는 평면과 평행인 것은?

① $x+2y+z=1$　② $2x+3y+4z=1$
③ $x-2y+z=1$　④ $x+y+3z=1$

공략 포인트

점 $A(x_1, y_1, z_1)$를 지나고, 방향벡터가 $\vec{d}=(a,b,c)$인 직선의 방정식(대칭방정식)

$$\frac{x-x_1}{a}=\frac{y-y_1}{b}=\frac{z-z_1}{c}$$

풀이

직선 $\frac{x}{1}=\frac{y-1}{2}=\frac{z-2}{-1}$의 방향벡터는 $\overrightarrow{d_1}=(1,2,-1)$이고

직선 $\frac{x}{-4}=\frac{y-1}{-2}=\frac{z-2}{2}$의 방향벡터는 $\overrightarrow{d_2}=(-4,-2,2)$이므로

방향벡터가 각각 $\overrightarrow{d_1}$, $\overrightarrow{d_2}$인 두 직선을 포함하는 평면의 법선벡터는

$$\vec{n}=\overrightarrow{d_1}\times\overrightarrow{d_2}=\begin{vmatrix}\vec{i} & \vec{j} & \vec{k}\\ 1 & 2 & -1\\ -4 & -2 & 2\end{vmatrix}=(2,2,6)//(1,1,3)\text{이다.}$$

따라서 두 직선을 포함하는 평면과 평행인 것은 $x+y+3z=1$이다.

정답 ④

10

다음 식을 만족하는 R^3의 점 (x, y, z)로 이루어진 평면에 수직인 벡터는?

$$\det\begin{pmatrix}x & y & z & 1\\ 1 & 1 & 3 & 1\\ 1 & 2 & 2 & 1\\ 2 & 1 & 2 & 1\end{pmatrix}=0$$

① $(0,\ 1,\ 2)$　② $(1,\ 2,\ 3)$　③ $(1,\ 1,\ 1)$　④ $(1,\ 2,\ -3)$

공략 포인트

세 점 (x_1, y_1, z_1), (x_2, y_2, z_2), (x_3, y_3, z_3)을 지나는 평면의 방정식

$$\det\begin{pmatrix}x & y & z & 1\\ x_1 & y_1 & z_1 & 1\\ x_2 & y_2 & z_2 & 1\\ x_3 & y_3 & z_3 & 1\end{pmatrix}=0$$

세 점 $A(x_1, y_1, z_1)$, $B(x_2, y_2, z_2)$, $C(x_3, y_3, z_3)$를 지나는 평면의 법선벡터 $\vec{n}=\overrightarrow{AB}\times\overrightarrow{AC}$

풀이

$\det\begin{pmatrix}x & y & z & 1\\ 1 & 1 & 3 & 1\\ 1 & 2 & 2 & 1\\ 2 & 1 & 2 & 1\end{pmatrix}=0$은 세 점 $P_1(1,1,3)$, $P_2(1,2,2)$, $P_3(2,1,2)$를 지나는 평면을 말한다.

$\overrightarrow{P_1P_2}=(0,1,-1)$, $\overrightarrow{P_1P_3}=(1,0,-1)$이므로

세 점 P_1, P_2, P_3를 포함하는 평면에 수직인 벡터는

$$\overrightarrow{P_1P_2}\times\overrightarrow{P_1P_3}=\begin{vmatrix}\vec{i} & \vec{j} & \vec{k}\\ 0 & 1 & -1\\ 1 & 0 & -1\end{vmatrix}=(-1,-1,-1)//(1,1,1)$$

정답 ③

11

x절편이 2, y절편이 3, z절편이 4인 평면의 방정식은?

① $\frac{x}{2}+\frac{y}{3}+\frac{z}{4}=0$ ② $\frac{x}{2}+\frac{y}{3}+\frac{z}{4}=1$

③ $2x+3y+4z=0$ ④ $2x+3y+4z=1$

공략 포인트

x절편이 a, y절편이 b, z절편이 c인 평면의 방정식

$\frac{x}{a}+\frac{y}{b}+\frac{z}{c}=1$

풀이

x절편이 2, y절편이 3, z절편이 4인 평면의 방정식은

$\frac{x}{2}+\frac{y}{3}+\frac{z}{4}=1$이다.

정답 ②

2 직선과 평면의 위치 관계

1. 위치 관계

(1) 두 직선의 위치 관계 (직선과 직선 간)

① 평행

$$L_1 \ // \ L_2 \Leftrightarrow \overrightarrow{d_1} \ // \ \overrightarrow{d_2}$$
$$\Leftrightarrow \overrightarrow{d_1} = t\overrightarrow{d_2}$$

② 수직

$$L_1 \perp L_2 \Leftrightarrow \overrightarrow{d_1} \perp \overrightarrow{d_2}$$
$$\Leftrightarrow \overrightarrow{d_1} \cdot \overrightarrow{d_2} = 0$$

(여기서 $\overrightarrow{d_1}$, $\overrightarrow{d_2}$: 두 직선 L_1과 L_2의 방향벡터)

(2) 두 평면의 위치 관계 (평면과 평면 간)

① 평행

$$\alpha \ // \ \beta \Leftrightarrow \overrightarrow{n_1} \ // \ \overrightarrow{n_2}$$
$$\Leftrightarrow \overrightarrow{n_1} = t\overrightarrow{n_2}$$

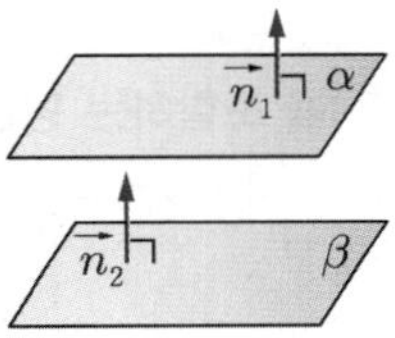

② 수직

$$\alpha \perp \beta \Leftrightarrow \overrightarrow{n_1} \perp \overrightarrow{n_2}$$
$$\Leftrightarrow \overrightarrow{n_1} \cdot \overrightarrow{n_2} = 0$$

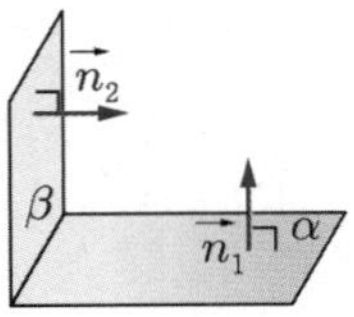

(여기서 $\overrightarrow{n_1}$, $\overrightarrow{n_2}$: 두 평면 α과 β의 법선벡터)

TIP ▸ 기호 '//'는 평행을 의미하고, '⊥'는 수직을 의미한다.

(3) 직선과 평면의 위치 관계 (직선과 평면 간)

① 평행

$$L \parallel P \Leftrightarrow \vec{d} \perp \vec{n}$$
$$\Leftrightarrow \vec{d} \cdot \vec{n} = 0$$

② 수직

$$L \perp P \Leftrightarrow \vec{d} \parallel \vec{n}$$
$$\Leftrightarrow \vec{d} = t\vec{n}$$

(여기서 $\vec{d}$: 직선 L의 방향벡터, $\vec{n}$: 평면 P의 법선벡터)

2. 벡터 간의 관계

(1) 방향벡터가 각각 $\overrightarrow{d_1}$, $\overrightarrow{d_2}$인 두 직선에 모두 수직인 직선의 방향벡터

$$\vec{d} = \overrightarrow{d_1} \times \overrightarrow{d_2}$$

(2) 법선벡터가 각각 $\overrightarrow{n_1}$, $\overrightarrow{n_2}$인 두 평면에 모두 수직인 평면의 법선벡터

$$\vec{n} = \overrightarrow{n_1} \times \overrightarrow{n_2}$$

(3) 방향벡터가 각각 $\overrightarrow{d_1}$, $\overrightarrow{d_2}$이고, 평행이 아닌 두 직선을 포함하는 평면의 법선벡터

$$\vec{n} = \overrightarrow{d_1} \times \overrightarrow{d_2}$$

(4) 점 A를 지나고 직선(방향벡터 $\vec{d}$, 지나는 한 점 B)을 포함하는 평면의 법선벡터

$$\vec{n} = \vec{d} \times \overrightarrow{\mathrm{AB}}$$

개념적용

01

다음 두 직선이 서로 수직이 되도록 하는 상수 k의 값은?

$$\frac{x-1}{2}=\frac{y+1}{2}=\frac{z+3}{k-4},\quad x=\frac{y-1}{k+1}=\frac{z+4}{-3}$$

① 10　　② 0　　③ -12　　④ 16

공략 포인트

두 직선의 위치 관계: 수직
$\vec{d_1}\cdot\vec{d_2}=0$

풀이

직선 $\frac{x-1}{2}=\frac{y+1}{2}=\frac{z+3}{k-4}$의 방향벡터는 $\vec{d_1}=(2, 2, k-4)$이고

직선 $x=\frac{y-1}{k+1}=\frac{z+4}{-3}$의 방향벡터는 $\vec{d_2}=(1, k+1, -3)$이다.

두 직선이 서로 수직이면 $\vec{d_1}\cdot\vec{d_2}=0$이므로

$\vec{d_1}\cdot\vec{d_2}=2+2(k+1)-3(k-4)=0$에서 $k=16$이다.

정답 ④

02

다음 두 직선 $\frac{x}{2}=\frac{y+1}{1}=\frac{z-2}{1}$, $\frac{x}{4}=\frac{y}{-2}=\frac{z+2}{3}$에 모두 수직인 직선은?

① $\frac{x}{5}=\frac{y}{2}=-\frac{z}{8}$　　② $\frac{x}{5}=\frac{y}{2}=\frac{z}{8}$

③ $\frac{x}{5}=-\frac{y}{2}=-\frac{z}{8}$　　④ $\frac{x}{5}=-\frac{y}{2}=\frac{z}{8}$

공략 포인트

벡터 간의 관계
방향벡터가 각각 $\vec{d_1}$, $\vec{d_2}$인 두 직선에 모두 수직인 직선의 방향벡터
$\vec{d}=\vec{d_1}\times\vec{d_2}$

풀이

두 직선에 모두 수직인 직선의 방향벡터 $\vec{d}$는

두 직선의 방향벡터 $\vec{d_1}=(2, 1, 1)$, $\vec{d_2}=(4, -2, 3)$에 모두 수직이다.

즉, $\vec{d}=\vec{d_1}\times\vec{d_2}=\begin{vmatrix}\vec{i} & \vec{j} & \vec{k}\\ 2 & 1 & 1\\ 4 & -2 & 3\end{vmatrix}=(5, -2, -8)$이다.

$\therefore$ 이를 만족하는 직선은 $\frac{x}{5}=-\frac{y}{2}=-\frac{z}{8}$ 뿐이다.

정답 ③

03

평면 $2x-y+3z=5$ 에 수직이고 점 $(1,0,1)$을 지나는 직선이 있다.

다음 중에서 이 직선 위에 있는 점은?

① $(3,-1,4)$　② $(1,1,-2)$　③ $(5,-2,3)$　④ $(-3,1,-5)$

공략 포인트

직선과 평면의 위치 관계: 수직
$\vec{d} \,//\, \vec{n} \Leftrightarrow \vec{d}=t\vec{n}$

풀이

평면과 수직인 직선의 방향벡터 $\vec{d}$는 평면의 법선벡터와 평행이므로
직선의 방향벡터 $\vec{d}=t(2,-1,3)$이다.
따라서 점 $(1,0,1)$을 지나는 직선은 $x=2t+1$, $y=-t$, $z=3t+1$이고,
이 직선 위에 있는 점은 보기 중 ① $(3,-1,4)$이다.

정답 ①

04

다음 중 직선 $x-1=\dfrac{y-3}{2}=2-z$와 평행한 평면은?

① $x+3y+z=1$　② $2x-y+z=2$　③ $3x-y+z=3$　④ $2x-y-2z=4$

공략 포인트

직선과 평면의 위치 관계: 평행
$\vec{d}\cdot\vec{n}=0$

풀이

직선 $x-1=\dfrac{y-3}{2}=2-z$의 방향벡터는 $\vec{d}=(1,2,-1)$이다.

직선과 평면이 평행이면 직선의 방향벡터 $\vec{d}$와 평면의 법선벡터 $\vec{n}$이 수직이므로
$\vec{d}\cdot\vec{n}=0$이어야 한다.

보기 ③ $3x-y+z=3$ 평면의 법선벡터 $\vec{n}=(3,-1,1)$이므로
$\vec{d}\cdot\vec{n}=3-2-1=0$의 관계를 만족한다.
즉, 다음 중 직선과 평행한 평면은 ③이다.

정답 ③

05

좌표공간에서 점 $(1, 0, -2)$를 지나고, 두 평면 $2x+y-z=2$, $x-y-z=3$에 각각 수직인 평면의 방정식은?

① $2x-y+3z+4=0$
② $2x+y+3z+4=0$
③ $2x-y-3z+4=0$
④ $2x+y-3z+4=0$

공략 포인트

벡터 간의 관계
법선벡터가 각각 $\overrightarrow{n_1}$, $\overrightarrow{n_2}$인 두 평면에 모두 수직인 평면의 법선벡터
$\overrightarrow{n}=\overrightarrow{n_1}\times\overrightarrow{n_2}$

풀이

$2x+y-z=2$의 법선벡터는 $\overrightarrow{n_1}=(2, 1, -1)$이고
$x-y-z=3$의 법선벡터 $\overrightarrow{n_2}=(1, -1, -1)$이다.
두 평면에 각각 수직인 평면의 법선벡터는

$$\overrightarrow{n}=\overrightarrow{n_1}\times\overrightarrow{n_2}=\begin{vmatrix}\vec{i} & \vec{j} & \vec{k}\\ 2 & 1 & -1\\ 1 & -1 & -1\end{vmatrix}=(-2, 1, -3)\,//\,(2, -1, 3)$$이다.

보기 중 이를 만족하는 평면의 방정식은 ① $2x-y+3z+4=0$이다.

정답 ①

3 직선과 평면의 사잇각

1. 사잇각

(1) 직선과 직선의 사잇각 (직선과 직선 간)

두 직선 l_1 과 l_2 의 방향벡터를 각각 $\vec{d_1}$, $\vec{d_2}$, 두 직선의 사잇각을 θ 라 할 때,

$$\cos\theta = \frac{\vec{d_1} \cdot \vec{d_2}}{\|\vec{d_1}\|\|\vec{d_2}\|}$$

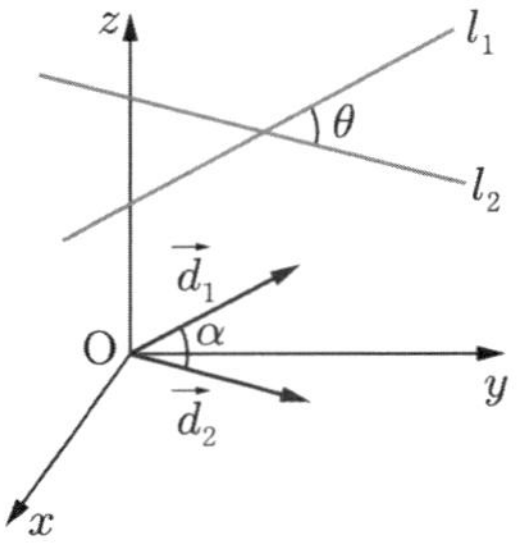

TIP ▸ 두 직선 l_1, l_2의 방향벡터를 각각 $\vec{d_1}=(a_1, b_1, c_1)$, $\vec{d_2}=(a_2, b_2, c_2)$라 하고 이 두 벡터가 이루는 각의 크기를 α라 하면, 두 직선이 이루는 각의 크기(예각) θ는 α와 $\pi-\alpha$ 중 작은 값과 같다.

(2) 평면과 평면의 사잇각 (평면과 평면 간)

두 평면 P_1 과 P_2 의 법선벡터를 각각 $\vec{n_1}$, $\vec{n_2}$, 두 평면의 사잇각을 θ 라 할 때,

$$\cos\theta = \frac{\vec{n_1} \cdot \vec{n_2}}{\|\vec{n_1}\|\|\vec{n_2}\|}$$

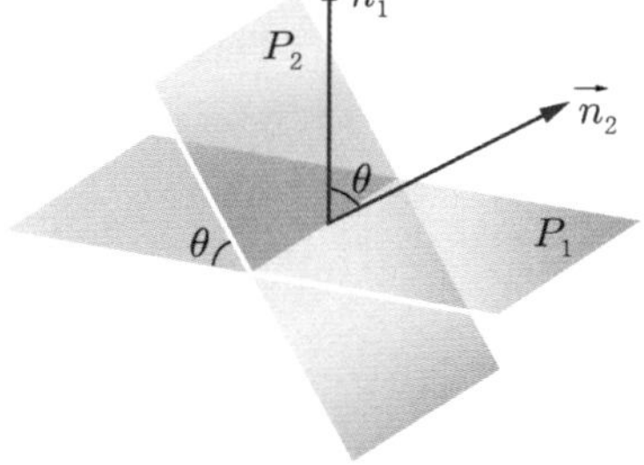

(3) 직선과 평면의 사잇각 (직선과 평면 간)

직선 l의 방향벡터를 $\vec{d}$라 하고 평면 P의 법선벡터를 $\vec{n}$, 직선과 평면의 사잇각을 θ라 할 때,

$$\sin\theta = \frac{\vec{d} \cdot \vec{n}}{\|\vec{d}\|\|\vec{n}\|}$$

2. 교점과 교선

(1) 직선과 평면의 교점

직선의 매개변수 방정식을 평면의 방정식에 대입한다.

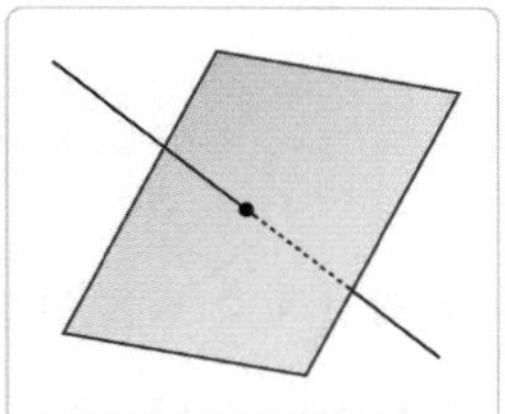

(2) 평면과 평면의 교선

교선의 방향벡터 $\vec{d}$는 두 평면의 법선벡터 $\overrightarrow{n_1}$과 $\overrightarrow{n_2}$에 동시에 수직이어야 하므로

$$\vec{d} = \overrightarrow{n_1} \times \overrightarrow{n_2}$$

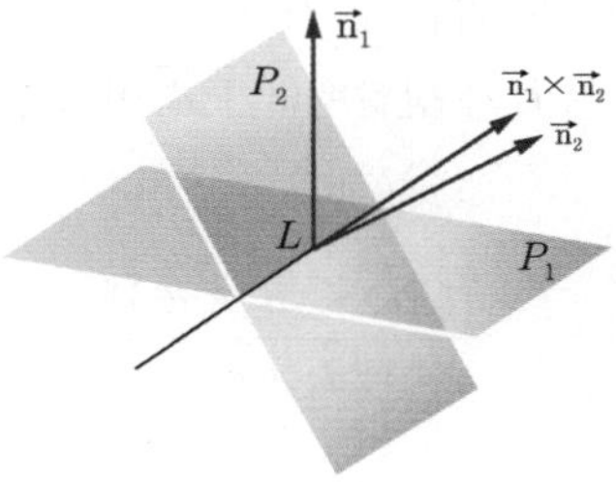

3. 공간에서의 거리

(1) 두 점 사이의 거리

$\mathrm{A}(x_1, y_1, z_1)$, $\mathrm{B}(x_2, y_2, z_2)$ 사이의 거리 $\overline{\mathrm{AB}}$

$$\overline{\mathrm{AB}} = \sqrt{(x_1 - x_2)^2 + (y_1 - y_2)^2 + (z_1 - z_2)^2}$$

(2) 점과 직선 사이의 거리

방향벡터가 $\vec{v}$이고, 점 P를 지나는 직선과 점 Q 사이의 거리

$$\frac{\|\overrightarrow{PQ} \times \vec{v}\|}{\|\vec{v}\|}$$

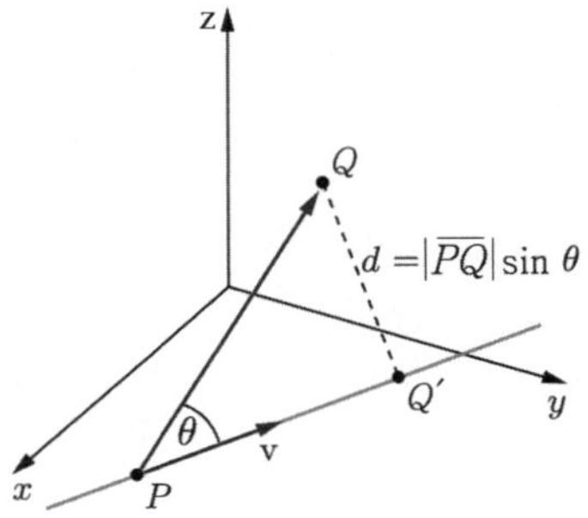

(3) 점과 평면 사이의 거리

점 $P(x_1, y_1, z_1)$와 평면 $ax+by+cz+d=0$ 사이의 거리

$$\frac{\|ax_1+by_1+cz_1+d\|}{\sqrt{a^2+b^2+c^2}}$$

(4) 직선과 직선 사이의 거리

① 평행한 두 직선 사이

- 배경: 공간에서 두 직선 사이의 거리는 두 직선의 각 점을 연결하는 선분 중에서 가장 짧은 것의 길이
- 풀이법: 평행한 두 직선 사이의 거리는 한 직선이 지나는 점을 구한 후, 그 점과 다른 직선 사이의 거리를 계산하여 구한다.

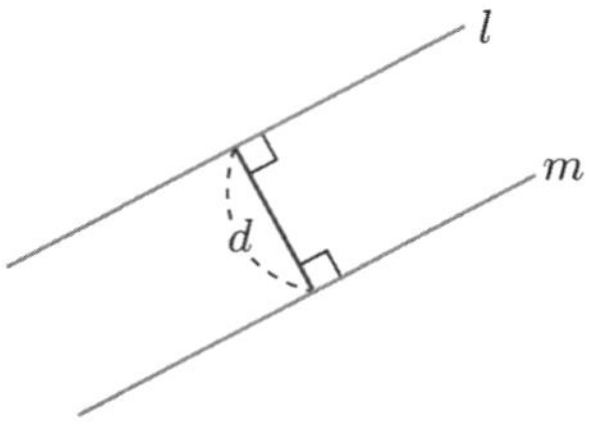

② 꼬인 위치의 두 직선 (만나지도 평행하지도 않는 두 직선)
방향벡터가 $\overrightarrow{d_1}$ 이고 점 P를 지나는 직선 l_1과 방향벡터가 $\overrightarrow{d_2}$ 이고 점 Q를 지나는 직선 l_2가 꼬인 위치에 있을 때, 두 직선 사이의 거리

$$\frac{\|\overrightarrow{PQ} \cdot (\overrightarrow{d_1} \times \overrightarrow{d_2})\|}{\|\overrightarrow{d_1} \times \overrightarrow{d_2}\|}$$

(5) 직선과 평면 사이의 거리

직선 위의 한 점을 구해서 그 점과 평면 사이의 거리 공식을 이용한다.

(6) 평행한 두 평면 사이의 거리

평행한 두 평면 $ax+by+cz=d_1$과 $ax+by+cz=d_2$ 사이의 거리

$$\frac{\|d_1-d_2\|}{\sqrt{a^2+b^2+c^2}}$$

(7) 구와 점, 구와 직선 또는 구와 평면 사이의 거리

구 $(x-a)^2+(y-b)^2+(z-c)^2=r^2$의 중심 (a, b, c)에서 점, 직선, 평면까지의 거리가 d일 때,

① 최소거리: $d-r$

② 최대거리: $d+r$
(여기서 r: 구의 반지름)

개념적용

01

다음 두 직선 $g_1 : \frac{x-2}{-4} = \frac{y+2}{3} = \frac{z-2}{5}$, $g_2 : \frac{x+2}{3} = \frac{y+1}{4} = \frac{z-1}{5}$ 가 이루는 각 θ를 구하시오.

① $\frac{\pi}{6}$ ② $\frac{\pi}{4}$ ③ $\frac{\pi}{3}$ ④ $\frac{\pi}{2}$

공략 포인트

직선과 직선의 사잇각
두 직선의 방향벡터가 각각 $\vec{d_1}$, $\vec{d_2}$일 때,

$\cos\theta = \frac{\vec{d_1} \cdot \vec{d_2}}{\|\vec{d_1}\|\|\vec{d_2}\|}$

풀이

직선 g_1의 방향벡터 $\vec{d_1} = (-4, 3, 5)$, 직선 g_2의 방향벡터 $\vec{d_2} = (3, 4, 5)$이므로
두 직선이 이루는 각을 θ라 하면

$\cos\theta = \frac{\vec{d_1} \cdot \vec{d_2}}{|\vec{d_1}||\vec{d_2}|} = \frac{25}{\sqrt{50}\sqrt{50}} = \frac{1}{2}$이다.

$\therefore\ \theta = \cos^{-1}\left(\frac{1}{2}\right) = \frac{\pi}{3}$

정답 ③

02

평면 $x+2y+3z=4$와 평면 $2x+y=-1$의 교각을 Φ라 할 때, $\cos\Phi$를 구하시오.

① $\frac{1}{\sqrt{70}}$ ② $\frac{2}{\sqrt{70}}$ ③ $\frac{3}{\sqrt{70}}$ ④ $\frac{4}{\sqrt{70}}$

공략 포인트

평면과 평면의 사잇각
두 평면 P_1과 P_2의 법선벡터를 각각 $\vec{n_1}$, $\vec{n_2}$, 두 평면의 사잇각을 θ라 할 때,

$\cos\theta = \frac{\vec{n_1} \cdot \vec{n_2}}{\|\vec{n_1}\|\|\vec{n_2}\|}$

풀이

두 평면의 방향벡터를 각각 $\vec{n_1}$, $\vec{n_2}$라 하면
$\vec{n_1} = (1, 2, 3)$, $\vec{n_2} = (2, 1, 0)$이므로

$\cos\Phi = \frac{\vec{n_1} \cdot \vec{n_2}}{\|\vec{n_1}\|\|\vec{n_2}\|} = \frac{2+2}{\sqrt{1+4+9}\sqrt{4+1}} = \frac{4}{\sqrt{14}\sqrt{5}} = \frac{4}{\sqrt{70}}$이다.

정답 ④

03

점 $(0,0,7)$을 지나고 벡터 $(2,-1,-1)$에 평행한 직선과 평면 $4x+y+z=3$이 이루는 각을 θ라 할 때, $\sin\theta$의 값은?

① $\frac{1}{\sqrt{2}}$ ② $\frac{1}{\sqrt{3}}$ ③ $\frac{1}{2}$ ④ $\frac{1}{\sqrt{5}}$

공략 포인트

직선과 평면의 사잇각
직선 l의 방향벡터를 $\vec{d}$라 하고 평면 P의 법선벡터를 $\vec{n}$, 직선과 평면의 사잇각을 θ라 하면
$\sin\theta = \frac{\vec{d}\cdot\vec{n}}{\|\vec{d}\|\|\vec{n}\|}$

풀이

직선의 방향벡터를 $\vec{d}$, 평면의 법선벡터를 $\vec{n}$이라 하면
$\vec{d}=(2,-1,-1)$, $\vec{n}=(4,1,1)$이므로
$\sin\theta = \frac{\vec{d}\cdot\vec{n}}{\|\vec{d}\|\|\vec{n}\|} = \frac{8-1-1}{\sqrt{4+1+1}\sqrt{16+1+1}} = \frac{6}{\sqrt{6}\sqrt{18}} = \frac{1}{\sqrt{3}}$이다.

정답 ②

04

두 직선 $l : x-4=y-3=-z+1$과 $m : x-1=y-2=-z+3$이 있다.
직선 m 위의 점 $\mathrm{A}(1,2,3)$를 지나는 직선 n이 직선 l과 수직으로 만날 때, l과 n의 교점은?

① $(2,1,3)$ ② $(4,3,1)$ ③ $(8,7,-3)$ ④ $(6,5,-1)$

공략 포인트

두 직선의 위치 관계: 수직
$\vec{d_1}\cdot\vec{d_2}=0$

풀이

직선 l의 매개변수 방정식은 $x=t+4$, $y=t+3$, $z=-t+1$이다.
직선 l과 직선 n의 교점을 $\mathrm{B}(t+4, t+3, -t+1)$라 하면,
$\overrightarrow{\mathrm{AB}}=(t+3, t+1, -t-2)$와 직선 l의 방향벡터 $\vec{d}=(1,1,-1)$은 수직이다.
즉, $\overrightarrow{\mathrm{AB}}\cdot\vec{d}=t+3+t+1+t+2=3t+6=0$이다.
이를 만족하는 $t=-2$이므로 직선 l과 직선 n의 교점은
$\mathrm{B}(2,1,3)$이다.

정답 ①

05

평면 $2x+y-z=1$과 수직이면서 한 점 $(0,1,2)$를 지나는 직선이 주어진 평면과 만나는 점의 좌표를 구하시오.

① $(0,1,0)$ ② $\left(\frac{2}{3}, \frac{4}{3}, \frac{5}{3}\right)$ ③ $(1,0,1)$ ④ $\left(\frac{1}{3}, \frac{2}{3}, \frac{1}{3}\right)$

공략 포인트

직선이 평면과 수직이므로 직선의 방향벡터와 평면의 법선벡터는 평행이다.

풀이

평면 $2x+y-z=1$의 법선벡터 $\vec{n}=(2, 1, -1)$과 직선의 방향벡터는 평행이므로
방향벡터 $\vec{d}=t(2, 1, -1)$이다.
이 직선이 점 $(0,1,2)$를 지나므로 매개변수 방정식을 구하면
$x=2t$, $y=t+1$, $z=-t+2$이다.
이 식을 주어진 평면의 방정식에 대입하면
$4t+t+1+t-2=1$에서 $t=\frac{1}{3}$이므로
직선이 주어진 평면과 만나는 점의 좌표는 $\left(\frac{2}{3}, \frac{4}{3}, \frac{5}{3}\right)$이다.

정답 ②

06

평면 $x+y+z=1$과 $2x-y+z=1$의 교선의 방정식은?

① $2x=y=\dfrac{2z-2}{3}$ ② $x=2y=\dfrac{2z-2}{5}$

③ $2x=2y=\dfrac{2z-1}{3}$ ④ $x=2y=\dfrac{2-2z}{3}$

공략 포인트

평면과 평면의 교선

교선의 방향벡터 $\vec{d}$는 두 평면의 법선벡터 $\overrightarrow{n_1}$과 $\overrightarrow{n_2}$에 동시 수직이어야 하므로

$\vec{d}=\overrightarrow{n_1}\times\overrightarrow{n_2}$

풀이

두 평면의 법선벡터를 각각 $\overrightarrow{n_1}$, $\overrightarrow{n_2}$라 하면 $\overrightarrow{n_1}=(1,1,1)$, $\overrightarrow{n_2}=(2,-1,1)$이므로

두 평면의 교선의 방정식의 방향벡터 $\vec{d}$는 $\vec{d}=\overrightarrow{n_1}\times\overrightarrow{n_2}=\begin{vmatrix} i & j & k \\ 1 & 1 & 1 \\ 2 & -1 & 1 \end{vmatrix}=(2,1,-3)$이다.

① $2x=y=\dfrac{2z-2}{3} \Leftrightarrow \dfrac{x}{\frac{1}{2}}=\dfrac{y}{1}=\dfrac{z-1}{\frac{3}{2}}$ 의 방향벡터는

$\left(\dfrac{1}{2},1,\dfrac{3}{2}\right)//(1,2,3)$

② $x=2y=\dfrac{2z-2}{5} \Leftrightarrow \dfrac{x}{1}=\dfrac{y}{\frac{1}{2}}=\dfrac{z-1}{\frac{5}{2}}$ 의 방향벡터는

$\left(1,\dfrac{1}{2},\dfrac{5}{2}\right)//(2,1,5)$

③ $2x=2y=\dfrac{2z-1}{3} \Leftrightarrow \dfrac{x}{\frac{1}{2}}=\dfrac{y}{\frac{1}{2}}=\dfrac{z-\frac{1}{2}}{\frac{3}{2}}$ 의 방향벡터는

$\left(\dfrac{1}{2},\dfrac{1}{2},\dfrac{3}{2}\right)//(1,1,3)$

④ $x=2y=\dfrac{2-2z}{3} \Leftrightarrow \dfrac{x}{1}=\dfrac{y}{\frac{1}{2}}=\dfrac{z-1}{-\frac{3}{2}}$ 의 방향벡터는

$\left(1,\dfrac{1}{2},-\dfrac{3}{2}\right)//(2,1,-3)$

따라서 두 평면의 교선의 방정식은 ④이다.

다른 풀이

$x+y+z=1 \cdots$(i), $2x-y+z=1 \cdots$(ii)

(ii) $-$ (i) $\Rightarrow x-2y=0 \Rightarrow x=2y$

(i) $+$ (ii) $\Rightarrow 3x+2z=2 \Rightarrow x=\dfrac{2-2z}{3}$

따라서 두 평면의 교선의 방정식은 $x=2y=\dfrac{2-2z}{3}$

정답 ④

07

원점에서 직선 $\frac{x-3}{2} = y-1 = z+1$까지의 최소 거리는?

① $\sqrt{2}$ ② $\sqrt{3}$ ③ 2 ④ $\sqrt{5}$

공략 포인트

점과 직선 사이의 거리
방향벡터가 $\vec{v}$ 이고, 점 P를 지나는 직선과 점 Q사이의 거리는 다음과 같다.
$\frac{|\overrightarrow{PQ} \times \vec{v}|}{|\vec{v}|}$

풀이

직선의 방향벡터를 $\vec{d}$, 이 직선이 지나는 한 점을 Q라 하면
$\vec{d} = (2,1,1)$, $O(0,0,0)$, $Q(3,1,-1)$이므로 $\overrightarrow{OQ} = (3,1,-1)$

$$\overrightarrow{OQ} \times \vec{d} = \begin{vmatrix} \vec{i} & \vec{j} & \vec{k} \\ 3 & 1 & -1 \\ 2 & 1 & 1 \end{vmatrix} = (2,-5,1)$$

따라서 원점 O에서 직선까지의 최소 거리는 다음과 같다.

$$\frac{|\overrightarrow{OQ} \times \vec{d}|}{|\vec{d}|} = \frac{\sqrt{4+25+1}}{\sqrt{4+1+1}} = \frac{\sqrt{30}}{\sqrt{6}} = \sqrt{5}$$

정답 ④

08

점 $P(1,3,2)$에서 평면 $3x-2y+6z=2$에 이르는 거리는?

① 1 ② 2 ③ 3 ④ 4

공략 포인트

점과 평면 사이의 거리
점 $P(x_1, y_1, z_1)$와 평면 $ax+by+cz+d=0$ 사이의 거리
$\frac{|ax_1+by_1+cz_1+d|}{\sqrt{a^2+b^2+c^2}}$

풀이

점 $P(1,3,2)$에서 평면 $3x-2y+6z-2=0$에 이르는 거리는

$$\frac{|3\cdot 1+(-2)\cdot 3+6\cdot 2-2|}{\sqrt{3^2+(-2)^2+6^2}} = \frac{7}{7} = 1$$

정답 ①

09

두 직선 $\frac{x+1}{2}=y-2=\frac{z-1}{3}$과 $\frac{x-2}{3}=\frac{y-1}{2}=\frac{z+3}{5}$ 사이의 거리는?

① $\sqrt{2}$ ② $\sqrt{3}$ ③ $2\sqrt{3}$ ④ $2\sqrt{5}$

공략 포인트

점과 평면 사이의 거리
점 $P(x_1, y_1, z_1)$와
평면 $ax+by+cz+d=0$
사이의 거리
$\frac{|ax_1+by_1+cz_1+d|}{\sqrt{a^2+b^2+c^2}}$

풀이

직선 $\frac{x+1}{2}=y-2=\frac{z-1}{3}$의 방향벡터는 $\vec{d_1}=(2,1,3)$이고, 점 $(-1,2,1)$을 지난다.

직선 $\frac{x-2}{3}=\frac{y-1}{2}=\frac{z+3}{5}$의 방향벡터는 $\vec{d_2}=(3,2,5)$이고, 점 $(2,1,-3)$을 지난다.

따라서 점 $(-1,2,1)$을 지나고, 법선벡터 $\vec{n}=\vec{d_1}\times\vec{d_2}=\begin{vmatrix}\vec{i}&\vec{j}&\vec{k}\\2&1&3\\3&2&5\end{vmatrix}=(-1,-1,1)$을

갖는 평면의 방정식은 $x+y-z=0$ 이다.
그러므로 다른 한 점 $(2,1,-3)$에서 평면 $x+y-z=0$ 사이의 거리는
$\frac{|2+1+3|}{\sqrt{1+1+1}}=\frac{6}{\sqrt{3}}=2\sqrt{3}$ 이다.

정답 ③

10

평면 $2x+2y-z=a$와 직선 $x-1=y-2=\frac{z-3}{b}$ 사이의 거리가 2일 때,

두 양의 상수 a와 b의 합 $a+b$는?

① 10 ② 11 ③ 13 ④ 14

공략 포인트

직선과 평면 사이의 거리는 직선 위의 한 점을 구해서 점과 평면 사이의 거리 공식을 이용하여 푼다.

점과 평면 사이의 거리
점 $P(x_1, y_1, z_1)$와
평면 $ax+by+cz+d=0$
사이의 거리
$\frac{|ax_1+by_1+cz_1+d|}{\sqrt{a^2+b^2+c^2}}$

풀이

평면 $2x+2y-z=a$의 법선벡터는 $\vec{n}=(2,2,-1)$이고

직선 $x-1=y-2=\frac{z-3}{b}$의 방향벡터는 $\vec{d}=(1,1,b)$이다.

평면과 직선 사이의 거리가 0이 아니므로 평면과 직선은 평행해야 한다.
평면과 직선이 평행하려면 법선벡터와 방향벡터가 수직이어야 하므로
$\vec{n}\cdot\vec{d}=2+2-b=0$이어야 한다.
$\therefore b=4$
또한, 직선 위의 점 $(1,2,3)$에서 평면 $2x+2y-z-a=0$ 사이의 거리가 2이므로
$\frac{|2+4-3-a|}{\sqrt{4+4+1}}=\frac{|3-a|}{3}=2$이어야 한다.
$\therefore a=9$ ($\because a>0$)
그러므로 구하고자 하는 값은 $a+b=13$이다.

정답 ③

11

두 평면 $x-3y+2z-1=0$과 $x-3y+2z+3=0$ 사이의 거리는?

① $\dfrac{1}{\sqrt{14}}$ ② $\dfrac{2}{\sqrt{14}}$ ③ $\dfrac{3}{\sqrt{14}}$ ④ $\dfrac{4}{\sqrt{14}}$

공략 포인트

평행한 두 평면 사이의 거리
평행한 두 평면
$ax+by+cz=d_1$ 와
$ax+by+cz=d_2$
사이의 거리
$\dfrac{|d_1-d_2|}{\sqrt{a^2+b^2+c^2}}$

풀이

두 평면 $x-3y+2z=1$과 $x-3y+2z=-3$ 사이의 거리는
$\dfrac{|1-(-3)|}{\sqrt{1+9+4}}=\dfrac{4}{\sqrt{14}}$이다.

다른 풀이

평행한 두 평면 사이의 거리는 한 평면 위의 점과 다른 평면 사이의 거리로도 구할 수 있다.
한 평면 $x-3y+2z-1=0$ 위의 점 $(1, 0, 0)$에서 다른 평면 $x-3y+2z+3=0$까지의 거리는 다음과 같다.
$\dfrac{|1-3\cdot 0+2\cdot 0+3|}{\sqrt{1+(-3)^2+2^2}}=\dfrac{4}{\sqrt{14}}$

정답 ④

12

구면 $x^2+y^2+z^2=1$ 위의 점과 평면 $x+2y+2z=6$ 과의 거리의 최댓값을 구하시오.

① $\dfrac{1}{2}$ ② 1 ③ 2 ④ 3

공략 포인트

구와 평면 사이의 거리
$(x-a)^2+(y-b)^2+(z-c)^2$
$=r^2$

구의 중심 (a, b, c) 에서
점, 직선, 평면까지의 거리가
d일 때,
① 최소거리: $d-r$
② 최대거리: $d+r$

풀이

$x^2+y^2+z^2=1$은 중심이 $(0, 0, 0)$이고 반지름이 1인 구이다.
구의 중심 $(0, 0, 0)$에서 평면 $x+2y+2z-6=0$ 사이의 거리는
$\dfrac{|-6|}{\sqrt{1+4+4}}=\dfrac{6}{\sqrt{9}}=2$이다.
즉, 구면 위의 점과 평면과의 거리의 최댓값은 구의 중심과 평면 사이의 거리에서 구의 반지름을 더한 값이다.
그러므로 구하고자 하는 값은 $2+1=3$이다.

정답 ④

4 직선과 평면의 방정식

출제경향 분석

직선과 평면의 방정식을 결정하는 문제가 자주 출제됩니다.

공간에서 점, 직선, 평면 사이의 교점, 사잇각, 거리를 계산하는 문제가 다양하게 출제됩니다.

01 직선의 방정식

개념 1. 직선과 평면의 방정식

점 $(1,0,2)$를 지나고 평면 $2x-y+z=1$에 수직인 직선의 방정식은?

① $\frac{x+1}{2}=-y=z+2$　　② $\frac{x+1}{2}=y=z+2$

③ $\frac{x-1}{2}=y=z-2$　　④ $\frac{x-1}{2}=-y=z-2$

풀이

STEP A 직선의 방향벡터 구하기

평면 $2x-y+z=1$에 수직인 직선의 방향벡터는 $\vec{d}=(2,-1,1)$이다.

STEP B 직선의 방정식 구하기

지나는 한 점 $(1,0,2)$과 방향벡터 $\vec{d}=(2,-1,1)$인 직선의 방정식은

$\frac{x-1}{2}=-y=z-2$이다.

정답 ④

02 평면의 방정식

개념 1. 직선과 평면의 방정식

삼차원 공간의 세 점 $P_1(0,1,-2)$, $P_2(1,0,2)$, $P_3(2,3,0)$ 를 지나는 평면 위에 놓이지 않은 점은?

① $(1,2,-1)$ ② $(0,-1,1)$ ③ $(3,0,7)$ ④ $(1,0,3)$

풀이

STEP A 세 점을 지나는 평면의 법선벡터 구하기

$\overrightarrow{P_1P_2}=(1,-1,4)$, $\overrightarrow{P_1P_3}=(2,2,2)$이므로

평면의 법선벡터는 $\vec{n}=\overrightarrow{P_1P_2}\times\overrightarrow{P_1P_3}=(-10,6,4)\,//\,(5,-3,-2)$이다.

STEP B 평면의 방정식 구하기

법선벡터 $\vec{n}=(5,-3,-2)$라 하면 평면의 방정식은

$5x-3y-2z=1$이다.

STEP C 평면 위에 놓이지 않은 점을 보기에서 대입하여 찾기

보기에 주어진 점을 평면의 방정식에 대입하여 성립하지 않는 것을

찾으면 된다.

즉, ④ $(1,0,3)$을 대입하면 $5\cdot1-3\cdot0-2\cdot3=-1\neq1$

즉, 평면의 방정식이 성립하지 않으므로 구하고자 하는 평면 위에 놓이지 않은 점임을

알 수 있다.

정답 ④

03 직선과 평면의 위치 관계

개념 2. 직선과 평면의 위치 관계

평면 $2x+y-3z=4$에 대해 점 $(1,2,3)$과 대칭인 점은?

① $(3,-2,-3)$

② $\left(\frac{25}{7},\frac{23}{7},-\frac{6}{7}\right)$

③ $(1,2,-3)$

④ $\left(\frac{23}{7},\frac{6}{7},-\frac{25}{7}\right)$

풀이

STEP A 두 점을 연결하는 벡터와 법선벡터의 관계 이용하기

구하고자 하는 대칭인 점을 (a,b,c)라고 하면
평면 위의 점 $(1,2,3)$과 점 (a,b,c)를 연결하는 벡터는
평면의 법선벡터와 평행하다.
즉, $(a-1,b-2,c-3)\ //\ (2,1,-3)$ 이므로
$a=2k+1,\ b=k+2,\ c=-3k+3$이다.

STEP B 중점을 평면의 방정식에 대입하기

두 점의 중점 $\left(\frac{a+1}{2},\frac{b+2}{2},\frac{c+3}{2}\right)$은 평면 위에 있으므로
중점을 평면의 방정식에 대입하면
$2a+b-3c=13$이다.
여기에 앞서 구한 $a=2k+1,\ b=k+2,\ c=-3k+3$을 대입하면
$k=\frac{9}{7}$이므로 구하고자 하는 점은 $\left(\frac{25}{7},\frac{23}{7},-\frac{6}{7}\right)$이다.

정답 ②

04 교점과 교선

개념 3. 직선과 평면의 사잇각

3차원 공간에서 두 평면 $x-z=1$과 $y+2z=3$의 교선을 품고, 평면 $x+y-2z=1$과 수직인 평면 위에 있지 않은 점은?

① $(1,1,2)$ ② $(1,2,1)$ ③ $(-1,3,1)$ ④ $(-1,4,1)$

풀이

STEP A 교선의 방향벡터 구하기

두 평면 $x-z=1$과 $y+2z=3$의 교선의 방향벡터는 두 평면의 법선벡터와 동시에 수직이어야 하므로

교선의 방향벡터 $\vec{d}=\begin{vmatrix} \vec{i} & \vec{j} & \vec{k} \\ 1 & 0 & -1 \\ 0 & 1 & 2 \end{vmatrix}=(1,-2,1)$이다.

STEP B 구하고자 하는 평면의 법선벡터 구하기

평면 $x+y-2z=1$의 법선벡터는 $(1,1,-2)$이다.

구하고자 하는 평면은 이 법선벡터와 교선의 방향벡터에 동시에 수직인 법선벡터를 갖는다. 즉,

$\vec{n}=\begin{vmatrix} \vec{i} & \vec{j} & \vec{k} \\ 1 & -2 & 1 \\ 1 & 1 & -2 \end{vmatrix}=(3,3,3)\,//\,(1,1,1)$이다.

STEP C 구하고자 하는 평면의 방정식 구하기

두 평면 $x-z=1$과 $y+2z=3$의 교선상의 한 점은 $(1,3,0)$이므로

구하고자 하는 평면의 방정식은 $x+y+z=4$이다.

STEP D 평면 위에 놓이지 않은 점을 보기에서 대입하여 찾기

보기에 주어진 점을 대입하여 성립하지 않는 식을 찾으면

평면위에 있지 않는 점은 ③ $(-1,3,1)$이다. ($\because$ $-1+3+1=3\neq4$)

정답 ③

05 평면과 평면의 사잇각

개념 3. 직선과 평면의 사잇각

두 평면 $x+y+z=1$과 $x-2y+2z=1$이 이루는 각의 크기는?

① $\sin^{-1}\left(\dfrac{1}{3\sqrt{3}}\right)$ ② $\cos^{-1}\left(\dfrac{1}{3\sqrt{3}}\right)$ ③ $\dfrac{\pi}{6}$ ④ $\dfrac{\pi}{3}$

풀이

STEP A 두 평면의 법선벡터 구하기

평면 $x+y+z=1$의 법선벡터는 $\overrightarrow{n_1}=(1,1,1)$이고,

평면 $x-2y+2z=1$의 법선벡터는 $\overrightarrow{n_2}=(1,-2,2)$이다.

STEP B 평면과 평면의 사잇각 구하기

두 평면의 사잇각을 θ라 하면

$\cos\theta=\dfrac{\overrightarrow{n_1}\cdot\overrightarrow{n_2}}{|\overrightarrow{n_1}||\overrightarrow{n_2}|}=\dfrac{1-2+2}{\sqrt{1+1+1}\sqrt{1+4+4}}=\dfrac{1}{3\sqrt{3}}$이다.

즉, 구하고자 하는 사잇각 $\theta=\cos^{-1}\left(\dfrac{1}{3\sqrt{3}}\right)$이다.

정답 ②

06
직선과 평면의 사잇각

개념 3. 직선과 평면의 사잇각

$\mathbb{R}^3$ 에서 평면 $3x-y+2z=0$ 과 직선 $\dfrac{x-3}{2}=\dfrac{y+1}{3}=4-z$ 가 이루는 각을 구하면?

① $\cos^{-1}\dfrac{1}{7}$　② $\cos^{-1}\dfrac{1}{14}$　③ $\sin^{-1}\dfrac{1}{14}$　④ $\sin^{-1}\dfrac{1}{7}$

풀이

STEP A 법선벡터와 방향벡터 구하기

평면 $3x-y+2z=0$ 의 법선벡터는 $\vec{n}=(3,-1,2)$이고,

직선 $\dfrac{x-3}{2}=\dfrac{y+1}{3}=4-z$ 의 방향벡터 $\vec{d}=(2,3,-1)$이다.

STEP B 직선과 평면의 사잇각 구하기

평면과 직선이 이루는 각을 θ 라 할 때,

$\sin\theta=\dfrac{\vec{n}\cdot\vec{d}}{|\vec{n}||\vec{d}|}=\dfrac{6-3-2}{\sqrt{14}\sqrt{14}}=\dfrac{1}{14}$이다.

즉, 구하고자 하는 사잇각 $\theta=\sin^{-1}\left(\dfrac{1}{14}\right)$이다.

정답 ③

07 직선과 평면의 교점

개념 3. 직선과 평면의 사잇각

직선 $6(x-1)=y+1=3(z-1)$과 평면 $3x-y+2z-4=0$의 교점을 구하면?

① $(2,\ -1,\ -3)$ ② $(-1,\ -13,\ -3)$ ③ $(12,\ -1,\ 3)$ ④ $(12,\ 11,\ 4)$

풀이

STEP A 직선의 매개변수 방정식 구하기

직선 $6(x-1)=y+1=3(z-1)$의 매개변수 방정식을 구하면

$x=\frac{1}{6}t+1,\ \ y=t-1,\ \ z=\frac{1}{3}t+1$이다.

STEP B 직선의 매개변수 방정식을 평면의 방정식에 대입하기

앞서 구한 매개변수 방정식의 $x,\ y,\ z$를

평면의 방정식 $3x-y+2z-4=0$에 대입하면

$$3\left(\frac{1}{6}t+1\right)-(t-1)+2\left(\frac{1}{3}t+1\right)-4=0$$

$\Leftrightarrow\ \frac{1}{6}t+2=0$에서 $t=-12$이다.

이를 매개변수 방정식에 대입하면

$x=-1,\ y=-13,\ z=-3$이다.

즉, 구하고자 하는 직선과 평면의 교점은 $(-1,\ -13,\ -3)$이다.

정답 ②

08 직선과 직선 사이의 거리

🔍 개념 3. 직선과 평면의 사잇각

두 직선 $x=y=z$와 $x+3=\dfrac{y}{2}=\dfrac{z}{3}$ 사이의 거리를 구하면?

① $\sqrt{\dfrac{3}{2}}$ ② $\sqrt{2}$ ③ $\dfrac{3}{2}$ ④ $\dfrac{1}{\sqrt{6}}$

풀이

STEP A 한 직선의 방향벡터 구하기

직선 $x=y=z$를 포함하고 $x+3=\dfrac{y}{2}=\dfrac{z}{3}$에 평행인 평면은

법선벡터가 $\vec{n}=\begin{vmatrix} \vec{i} & \vec{j} & \vec{k} \\ 1 & 1 & 1 \\ 1 & 2 & 3 \end{vmatrix}=(1,\ -2,\ 1)$이므로

평면의 방정식은 $1(x-0)-2(y-0)+1(z-0)=0$

즉, $x-2y+z=0$이다.

STEP B 점과 평면 사이의 거리 공식을 이용하여 두 직선 사이의 거리 구하기

이 평면과 직선 $x+3=\dfrac{y}{2}=\dfrac{z}{3}$ 위의 점 $(-3,\ 0,\ 0)$ 사이의 거리를 구하면

$$d=\frac{|-3|}{\sqrt{1^2+(-2)^2+1^2}}=\frac{3}{\sqrt{6}}=\frac{\sqrt{9}}{\sqrt{6}}=\sqrt{\frac{3}{2}}$$ 이다.

정답 ①

09 두 평면의 위치 관계

개념 3. 직선과 평면의 사잇각

평면 $ax+by+z=3$이 점 $P(1,0,1)$로부터의 거리가 1이면서 평면 $x-y+2z=1$과 직교하도록 하는 a, b의 값을 정할 때, $(a+4)^2+(b+2)^2$의 값을 구하면?

① 15 ② 30 ③ 45 ④ 60

풀이

STEP A 점과 평면 사이의 거리 공식 이용하기

점 $P(1,0,1)$로부터 평면 $ax+by+z-3=0$ 사이의 거리가 1이면

$\dfrac{|a+1-3|}{\sqrt{a^2+b^2+1}}=1$이다. ……(i)

STEP B 두 평면이 서로 직교(수직)임을 이용하기

평면 $ax+by+z=3$과 평면 $x-y+2z=1$이 직교하려면

법선벡터들이 수직이어야 하므로

$(a,b,1)\cdot(1,-1,2)=0$이어야 한다.

즉, $a-b+2=0$에서 $b=a+2$이다. ……(ii)

STEP C 두 개의 방정식을 연립하여 구하고자 하는 값 구하기

(ii)를 (i)에 대입하면

$|a-2|=\sqrt{a^2+(a+2)^2+1}$

$\Leftrightarrow (a-2)^2=a^2+(a+2)^2+1$

$\Leftrightarrow a^2+8a=-1$이다. ……(iii)

또한, 구하고자 하는 식에도 (ii)를 대입하면 다음과 같다.

$$\begin{aligned}(a+4)^2+(b+2)^2 &= (a+4)^2+(a+4)^2\\ &= 2(a^2+8a+16)\\ &= 2\cdot 15\ (\because\ (\text{iii}))\\ &= 30\end{aligned}$$

정답 ②

10 구와 평면 사이의 거리

개념 3. 직선과 평면의 사잇각

평면 $x-2y+2z=9$와 이 평면과 평행하고 구면 $x^2+y^2+z^2=1$에 접하는 평면 사이의 거리는?

① $\frac{1}{3}$　　② $\frac{1}{\sqrt{3}}$　　③ 1　　④ 2

풀이

STEP A 구의 중심과 반지름 파악하기

$x^2+y^2+z^2=1$은 중심이 $(0,0,0)$이고 반지름이 1인 구이다.

STEP B 구의 중심에서 평면 사이의 거리 구하기

구의 중심점 $(0,0,0)$에서 평면 $x-2y+2z-9=0$ 사이의 거리는

$\frac{|-9|}{\sqrt{1+4+4}}=\frac{9}{3}=3$이므로

주어진 평면과 평행하고 구면에 접하는 평면 사이의 거리는

최소 $3-1=2$이거나 최대 $3+1=4$이다.

정답 ④

5 직선과 평면의 방정식

정답 및 풀이 p.360

01 평면 $x-3y+2z=-1$에 수직이고 두 점 $P(1, -1, 2)$, $Q(2, 1, 1)$를 포함하는 평면의 방정식이 $x+ay+bz+c=0$이다. 상수 $a+b+c$의 값은?

① -2　② -1　③ 1　④ 2

02 두 평면 $x+y+z=1$, $x+2y+2z=1$의 교선이 l일 때, 다음 중 점 $P(2, 1, 3)$와 직선 l을 포함하는 평면에 수직인 벡터는?

① $(2, 3, -1)$　② $(2, -1, 0)$　③ $(4, -1, -1)$　④ $(4, 3, 0)$

03 평면 $x+y+z=5$ 위의 네 점 $A(2, 2, 1)$, $B(1, -1, 5)$, $C(-3, -3, 11)$, $D(-2, 3, 4)$가 꼭짓점인 사각형의 넓이는?

① $16\sqrt{3}$　② $\frac{35\sqrt{3}}{2}$　③ $18\sqrt{3}$　④ $\frac{39\sqrt{3}}{2}$

04 3차원 공간에서 네 점 $P(-3,1,0)$, $Q(-2,2,1)$, $R(2,3,-2)$, $S(2,5,-1)$를 꼭짓점으로 하는 사면체의 부피는?

① 11 ② $\frac{11}{6}$ ③ $\frac{11}{4}$ ④ $\frac{11}{3}$

05 3차원 공간에서 네 점 $P(-2,1,0)$, $Q(-2,3,2)$, $R(2,4,-2)$, $S(3,6,1)$를 꼭짓점으로 하는 사면체 PQRS의 겉넓이는?

① $\sqrt{56}+\sqrt{67}+\sqrt{104}+\frac{1}{2}\sqrt{394}$ ② $\sqrt{56}+\sqrt{66}+\frac{1}{2}\sqrt{426}+\frac{1}{2}\sqrt{390}$

③ $\sqrt{57}+\sqrt{67}+\sqrt{104}+\frac{1}{2}\sqrt{394}$ ④ $\sqrt{57}+\sqrt{66}+\frac{1}{2}\sqrt{426}+\frac{1}{2}\sqrt{390}$

06 직선 l_1 : $x=1+t,\ y=1+6t,\ z=2t$과 직선 l_2 : $\frac{x-1}{2}=\frac{y-5}{15}=\frac{z+2}{6}$ 사이의 거리는?

① 1 ② 2 ③ 3 ④ 4

07 그림과 같이 $\overline{AB}=1$, $\overline{AD}=1$, $\overline{AE}=2$인 직육면체 ABCDEFGH가 있다.

점 B, D, G를 지나는 평면을 α라 하고, 점 C와 E에서 평면 α에 내린 수선의 발을 각각 X와 Y라 하자.

선분 XY의 길이는?

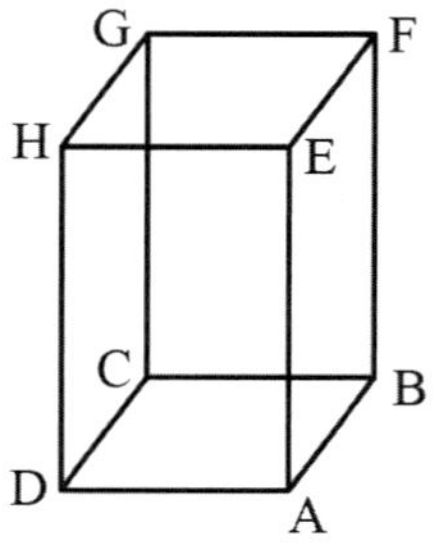

① $\dfrac{\sqrt{2}}{2}$　　② $\dfrac{\sqrt{3}}{2}$　　③ 1　　④ $\sqrt{2}$

08 좌표공간의 네 점 $P(-2,1,0)$, $Q(2,3,2)$, $R(1,4,-1)$, $S(3,6,1)$에 대하여 점 S에서

평면 PQR에 이르는 거리는?

① $\dfrac{\sqrt{2}}{5}$　　② $\dfrac{2\sqrt{2}}{5}$　　③ $\dfrac{3\sqrt{2}}{5}$　　④ $\dfrac{4\sqrt{2}}{5}$

09 세 점 $(1,2,5)$, $(2,-1,-3)$, $(3,0,-3)$을 지나는 평면을 P라고 하자. 점 $(3,4,-2)$에서

평면 P까지의 거리가 $\dfrac{a}{b}$(a, b는 서로소인 자연수)일 때, $a+b$의 값은?

① 7　　② 10　　③ 13　　④ 15

10 다음은 3차원 공간에서 점 $\mathrm{P}(x_0, y_0, z_0)$와 평면 α : $ax+by+cz+d=0$ 사이의 거리를 계산하는 과정에 대한 설명이다. 이때, 실수 t를 구하는 과정에서 필요한 식은?

> 점 P에서 평면 α에 내린 수선의 발을 $\mathrm{H}(x_1, y_1, z_1)$이라 하자. 점 H는 평면 α 위의 점이므로 다음 식이 성립한다.
>
> $$ax_1+by_1+cz_1+d=0$$
>
> 평면 α의 법선벡터 $\vec{n}=(a, b, c)$는 벡터 $\overrightarrow{\mathrm{HP}}$와 평행하므로 $\overrightarrow{\mathrm{HP}}=t\vec{n}$을 만족하는 실수 t가 존재한다.
> 실수 t를 구한 후 $\overrightarrow{\mathrm{HP}}$의 길이를 구하여 점 P와 평면 α 사이의 거리를 구할 수 있다.

① $y_0+y_1+tb=0$　② $y_0+y_1-tb=0$　③ $y_0-y_1+tb=0$　④ $y_0-y_1-tb=0$

11 꼬인 위치의 아래 두 직선 l_1, l_2 사이의 거리를 구하시오.

$$l_1 : x-1=\frac{y-2}{2}=-\frac{z}{3},\quad l_2 : x=-z,\ y=0$$

① $\sqrt{3}$　② $\frac{1}{\sqrt{3}}$　③ $\sqrt{5}$　④ $\frac{1}{\sqrt{5}}$

12 좌표공간의 세 점 $(2, 0, 1)$, $(4, 2, 3)$, $(0, 2, 1)$을 지나는 원의 중심 좌표가 (p, q, r)일 때, $p+q+r$의 값은?

① 0　② 2　③ 4　④ 6

13 좌표공간의 네 점 $(1,\ -1,\ 2)$, $(2,\ 0,\ 1)$, $(3,\ 2,\ 0)$, $(a,\ 4,\ -2)$가 한 평면 위에 있을 때, a의 값은?

① 1 ② 2 ③ 4 ④ 5

14 직선 $L_1 : x = 1 - y = \dfrac{z-2}{3}$을 품고, 직선 $L_2 : \dfrac{x-2}{2} = \dfrac{y-3}{-2} = \dfrac{z}{7}$와 만나지 않는 평면의 방정식이 $ax + by + cz = 1$이면, $a + b + c$는?

① 1 ② 2 ③ 3 ④ 4

15 두 점 $(2,\ 4,\ -3)$, $(3,\ -7,\ -17)$을 지나는 직선이 xy 평면과 만나는 점을 $(a,\ b,\ 0)$이라 할 때, $4a - b$의 값은? (단, $a,\ b$는 상수이다.)

① $-\dfrac{25}{14}$ ② $-\dfrac{11}{14}$ ③ $\dfrac{11}{14}$ ④ $\dfrac{25}{14}$

16 원점에서 두 평면 $2x-z=0$, $x+y-z=6$의 교선까지의 거리는?

① $2\sqrt{6}$　② $3\sqrt{3}$　③ $\sqrt{30}$　④ $\sqrt{33}$

17 방정식 $\frac{x-1}{2}=\frac{y-2}{2}=z-3$으로 주어진 직선을 L_1이라고 하고 두 점 $(1,0,2)$와 $(2,2,2)$를 지나는 직선을 L_2라고 할 때, 두 직선 L_1과 L_2 사이의 거리는?

① $\frac{1}{3}$　② $\frac{2}{3}$　③ 1　④ $\frac{4}{3}$

18 두 평면 $x+2y-3z=1$과 $3x+4y-5z=3$의 교선을 l_1이라 하고, 두 평면 $x+2y-3z=1$과 $2x-y-z=2$의 교선을 l_2라 하자. 두 교선 l_1과 l_2가 이루는 각의 크기를 θ라 할 때, $\sin\theta$의 값은?

① $\frac{\sqrt{2}}{3}$　② $\frac{\sqrt{3}}{3}$　③ $\frac{\sqrt{5}}{3}$　④ $\frac{\sqrt{7}}{3}$

19 원점을 지나는 두 벡터 $\vec{u} = (-3, -5, 1)$, $\vec{v} = (-3, 2, 1)$을 포함하는 평면을 W라 한다.
3차원 공간상의 한 점 $\mathrm{P}(5, -9, 5)$와 최소거리가 되게 하는 평면 W 위의 좌표 $\mathrm{Q}(x, y, z)$를 구하시오.

① $(3, -9, -1)$　② $(4, -9, 4)$　③ $(-6, -3, 2)$　④ $(9, 1, -3)$

20 두 평면 $2x - 3y + z = 7$과 $3x + 2y - 5z = 3$에 수직이면서 점 $(1, 5, 7)$을 지나는 평면 위에 있지 <u>않은</u> 점은?

① $(1, 3, 9)$　② $(3, 5, 7)$　③ $(5, 3, 5)$　④ $(7, 3, 3)$

06

벡터공간

출제 비중 & 빈출 키워드 리포트

단원	출제 비중 (합계 13%)	빈출 키워드
1. 벡터공간과 일차독립	4%	· 일차독립과 일차종속
2. 생성, 기저, 차원	4%	· 벡터공간과 부분공간
3. 행공간, 열공간, 영공간과 계수	5%	· 행렬 계수

1 벡터공간과 일차독립

1. 벡터공간

(1) 벡터공간(vector-spaces)

$\mathbb{R}^n$의 경우를 확장하여 일반적으로 어떤 집합 V에 기본연산인 합과 스칼라곱을 정의하고, 다음과 같은 공리를 만족하면 V를 벡터공간이라고 한다. 임의의 벡터 $\boldsymbol{u}$, $\boldsymbol{v}$, $\boldsymbol{w} \in V$와 α, $\beta \in \mathbb{R}$일 때, 기본연산에 대한 닫힘성이 성립한다.

① $\boldsymbol{u} + \boldsymbol{v} \in V$ (덧셈의 닫힘성)

② $\alpha \cdot \boldsymbol{u} \in V$ (스칼라곱의 닫힘성)

(2) 가법 성질

① $\boldsymbol{u} + \boldsymbol{v} = \boldsymbol{v} + \boldsymbol{u}$ (교환법칙)

② $\boldsymbol{u} + (\boldsymbol{v} + \boldsymbol{w}) = (\boldsymbol{u} + \boldsymbol{v}) + \boldsymbol{w}$ (결합법칙)

③ $\boldsymbol{u} + \vec{0} = \vec{0} = \vec{0} + \boldsymbol{u}$인 $\vec{0} \in V$가 존재한다. (항등원)

④ $\boldsymbol{u} + (-\boldsymbol{u}) = \vec{0}$를 만족하는 $-\boldsymbol{u}$가 존재한다. (역원)

(3) 스칼라곱 성질

① $\alpha(\beta\boldsymbol{u}) = (\alpha\beta)\boldsymbol{u} = \beta(\alpha\boldsymbol{u})$

② $1\boldsymbol{u} = \boldsymbol{u}$

③ $\alpha(\boldsymbol{u} + \boldsymbol{v}) = \alpha\boldsymbol{u} + \alpha\boldsymbol{v}$ (분배법칙)

④ $(\alpha + \beta)\boldsymbol{u} = \alpha\boldsymbol{u} + \beta\boldsymbol{u}$ (분배법칙)

(4) 참고사항

① 스칼라가 실수일 때는 실벡터공간(real vector space)이라 한다.

② 스칼라가 복소수일 때는 복소벡터공간(complex vector space)이라 한다.

③ 벡터공간$(V, +, \cdot)$을 줄여서 V로 나타낸다.

④ 벡터공간의 원소를 벡터라고 한다.

⑤ $(-1)\boldsymbol{u} = -\boldsymbol{u}$, $\boldsymbol{u} + (-1)\boldsymbol{v} = \boldsymbol{u} - \boldsymbol{v}$로 쓴다.

⑥ $\vec{0}$은 영벡터라 하고, 덧셈에 대한 항등원이다.

(5) 기본적인 벡터공간 예시

① 유클리드 벡터공간: $\mathbb{R}^n = \{(x_1, x_2, \cdots, x_n) \mid x_i \in \mathbb{R},\ i = 1, 2, \cdots, n\}$

- 합: $(x_1, x_2, \cdots, x_n)+(y_1, y_2, \cdots, y_n)=(x_1+y_1, x_2+y_2, \cdots, x_n+y_n)$
- 스칼라 곱: $\alpha \cdot (x_1, x_2, \cdots, x_n)=(\alpha x_1, \alpha x_2, \cdots, \alpha x_n)$

② $m \times n$ 행렬들의 집합: $M_{m\times n}=\{A=[a_{ij}] \mid a_{ij}\in\mathbb{R},\ 1\le i\le m,\ 1\le j\le n\}$

- 합: $A+B=[a_{ij}]+[b_{ij}]=[a_{ij}+b_{ij}]$
- 스칼라 곱: $\alpha \cdot A=\alpha \cdot [a_{ij}]=[\alpha a_{ij}]$

③ n차 이하의 다항식들의 집합: $P_n=\left\{p(x)=\sum_{k=0}^{n} a_k x^k \,\middle|\, a_k\in\mathbb{R},\ k=1,2,\cdots,n\right\}$

- 합: $p(x)+q(x)=\sum_{k=0}^{n} a_k x^k+\sum_{k=0}^{n} b_k x^k=\sum_{k=0}^{n}(a_k+b_k)x^k$
- 스칼라 곱: $\alpha \cdot p(x)=\alpha \cdot \sum_{k=0}^{n} a_k x^k=\sum_{k=0}^{n}\alpha a_k x^k$

2. 부분공간

(1) 부분공간(subspaces)

① 정의

벡터공간 V의 부분집합 W가 다시 벡터공간이 될 때의 W를 벡터공간 V의 부분공간이라 한다.

② 표기

$W\le V$

③ 정리

벡터공간 V의 부분집합 W의 임의의 벡터 u, v와 $\alpha\in\mathbb{R}$에 대하여 다음을 만족할 때, 집합 W를 벡터공간 V의 부분공간이라 한다.

- $u+v\in W$
- $\alpha u\in W$
- $\vec{0}$의 존재

(2) 기본적인 부분공간 예시

① V가 벡터공간일 때 $\{\vec{0}\}$와 V는 언제나 V의 부분공간이 된다. 즉, 영벡터공간이 아닌 모든 벡터공간은 적어도 서로 다른 두 개의 부분공간을 갖는다.

② 영벡터공간의 부분공간은 자기 자신 뿐이다.

③ $\mathbb{R}^2$의 부분공간

- $\{(0,0)\}$: 영공간
- 원점을 지나는 모든 직선
- $\mathbb{R}^2$

④ $\mathbb{R}^3$의 부분공간

- $\{(0,0,0)\}$: 영공간
- 원점을 지나는 모든 직선
- 원점을 지나는 모든 평면
- $\mathbb{R}^3$

⑤ $M_{m\times n}=\{A=[a_{ij}]\mid a_{ij}\in\mathbb{R},\ 1\le i\le m,\ 1\le j\le n\}$의 부분공간

- $\{A=[a_{ij}]\in M_{m\times n}\mid A^t=A\}$
- $\{A=[a_{ij}]\in M_{m\times n}\mid A^t=-A\}$

3. 일차결합

(1) 벡터공간 V의 원소 $v_1, v_2, \cdots, v_n$과 스칼라 $a_1, a_2, \cdots, a_n$에 대하여 $a_1v_1+a_2v_2+\cdots+a_nv_n$의 형태로 표현될 때, 이를 $v_1, v_2, \cdots, v_n$의 일차결합(linear combination) 또는 선형결합이라 한다.

(2) $\mathbb{R}^2$의 벡터 $(3, 4)$를 벡터 $i=(1, 0)$, $j=(0, 1)$의 일차결합으로 표현하면 다음과 같다.

$3i+4j=3(1, 0)+4(0, 1)$

(3) 정리

V를 $\mathbb{R}$ 위의 벡터공간이라 하고 $v_1, v_2, \cdots, v_r\in V$라 할 때,

① $W=\{a_1v_1+\cdots+a_rv_r \mid a_i\in R\}$: V의 부분공간

② W는 $v_1, v_2, \cdots, v_r$를 품는 V의 가장 작은 부분공간

4. 일차독립과 일차종속

(1) 벡터공간 V에 속하는 벡터 $v_1, v_2, \cdots, v_n$에 대하여

① 일차종속

적어도 하나는 0이 아닌 실수 $k_1, k_2, \cdots, k_n$이 존재하여 $k_1v_1+k_2v_2+\cdots+k_nv_n=\vec{0}$이 될 때, $\{v_1, v_2, \cdots, v_n\}$은 일차종속(linearly dependent)이라고 한다.

② 일차독립

그렇지 않은 경우, 즉, $k_1v_1+k_2v_2+\cdots+k_nv_n=\vec{0}$인 경우 반드시 $k_1=k_2=\cdots=k_n=0$이면 $\{v_1, v_2, \cdots, v_n\}$은 일차독립(linearly independent)이라고 한다.

(2) 예시

① $a(1, 2)+b(2, 4)=(0, 0)$에서 $a=-2$, $b=1$이면 $(-2)(1, 2)+(1)(2, 4)=(0, 0)$이다.
따라서 $\{(1, 2), (2, 4)\}$는 일차종속이다.

② $a(1, 1)+b(0, 1)=(a, a+b)=(0, 0)$에서 $a=0$, $a+b=0$이므로 $a=b=0$이다.
따라서 $\{(1, 1), (0, 1)\}$은 일차독립이다.

(3) $n(S) \geq 2$: 집합 S의 원소가 2개 이상이다.

① S: 일차종속인 벡터들의 집합

⇔ 적어도 하나의 벡터 $v \in S$가 S에 속하는 다른 벡터들의 일차결합으로 표현된다.

② S: 일차독립인 벡터들의 집합

⇔ 모든 벡터 $v \in S$가 S에 속하는 다른 벡터들의 일차결합으로 표현이 불가능하다.

(4) 정리

① 영벡터를 포함하는 모든 집합은 일차종속이다.

② $\{v_1, v_2, \cdots, v_p\} \subset \mathbb{R}^n$이라 할 때, $p > n$이면 $\{v_1, v_2, \cdots, v_p\}$는 항상 일차종속이다.

③ 하나의 벡터 $\boldsymbol{v}$로 이루어진 집합이 일차독립이기 위한 필요충분조건은 $\boldsymbol{v} \neq \boldsymbol{0}$이다.

④ 두 벡터로 이루어진 집합이 일차종속이기 위한 필요충분조건은 한 벡터가 다른 벡터의 스칼라배일 때 (두 벡터가 평행일 때)이다.

⑤ n차 정방행렬 A에 대하여 A의 행(열)벡터들이 일차독립이다.
⇔ $rank(A) = n$ ⇔ $\det(A) \neq 0$

(5) 계수($rank$) 판정법

① 일차독립과 일차종속 판단
n개의 성분을 갖는 m개의 벡터들에 대하여 이 벡터들을 행벡터로 취해 구성된 행렬의 계수가 m이면 일차독립이고, 계수가 m보다 작으면 일차종속이다.

② 정리

$v_1, v_2, \cdots, v_m \in \mathbb{R}^n$일 때, 각 벡터를 행벡터로 나열한 $m \times n$ 행렬 $A = \begin{pmatrix} v_1 \\ v_2 \\ \vdots \\ v_m \end{pmatrix}$에 대하여

- $\{v_1, v_2, \cdots, v_m\}$이 일차독립: $rank(A) = m$
- $\{v_1, v_2, \cdots, v_m\}$이 일차종속: $rank(A) < m$
  이때, $rank(A)$의 값은 일차독립인 벡터의 최대 개수를 의미한다.

(6) 행렬식 판정법

$f_1, f_2, \cdots, f_n$: R에서 $(n-1)$계 연속인 도함수를 가질 때, $\mathbb{R}$에서

- $\{f_1, f_2, \cdots, f_n\}$이 일차독립: $W(f_1, f_2, \cdots, f_n) = \begin{vmatrix} f_1 & f_2 & \cdots & f_n \\ f_1' & f_2' & \cdots & f_n' \\ \vdots & \vdots & \ddots & \vdots \\ f_1^{(n-1)} & f_2^{(n-1)} & \cdots & f_n^{(n-1)} \end{vmatrix} \neq 0$ (항등적으로 0이 아니다.)

- $\{f_1, f_2, \cdots, f_n\}$이 일차종속: $W(f_1, f_2, \cdots, f_n) = \begin{vmatrix} f_1 & f_2 & \cdots & f_n \\ f_1' & f_2' & \cdots & f_n' \\ \vdots & \vdots & \ddots & \vdots \\ f_1^{(n-1)} & f_2^{(n-1)} & \cdots & f_n^{(n-1)} \end{vmatrix} = 0$ (항등적으로 0이다.)

개념적용

01

$W=\{(x,y,z) \mid ax+by+cz=0\}$는 $\mathbb{R}^3$의 부분공간임을 보이시오.

공략 포인트

벡터공간 V의 부분집합 W의 임의의 벡터 u, v와 $\alpha \in \mathbb{R}$에 대하여 다음을 만족할 때, 집합 W를 벡터공간 V의 부분공간이라 한다.

- $u+v \in W$
- $\alpha u \in W$

풀이

임의의 $u,v \in W$, $u=(x,y,z)$, $v=(x',y',z')$

$\Rightarrow u+v=(x+x',y+y',z+z')$

임의의 $k \in R$, $ku=(kx,ky,kz)$

$\Rightarrow a(x+x')+b(y+y')+c(z+z')=(ax+by+cz)+(ax'+by'+cz')=0+0=0$이고,

$a(kx)+b(ky)+c(kz)=k(ax+by+cz)=k \cdot 0=0$

$\therefore$ $u+v \in W$, $ku \in W$

$\therefore$ W는 $\mathbb{R}^3$의 부분공간이다.

정답 풀이 참조

02

$M_{n\times n}(\mathbb{R})=\{A \mid A$는 $n\times n$ 행렬$\}$이라 할 때, $T=\{A\in M \mid A$: 대칭행렬$\}$는 $M_{n\times n}(\mathbb{R})$의 부분공간임을 보이시오.

공략 포인트

벡터공간 V의 부분집합 W의 임의의 벡터 u, v와 $\alpha \in \mathbb{R}$에 대하여 다음을 만족할 때, 집합 W를 벡터공간 V의 부분공간이라 한다.

- $u+v \in W$
- $\alpha u \in W$

풀이

임의의 $A,B \in T$, $A^T=A$, $B^T=B$

$(A+B)^T=A^T+B^T=A+B \Rightarrow A+B \in T$

$(kA)^T=k(A^T)=kA \Rightarrow kA \in T$

$\therefore$ T는 M의 부분공간이다.

정답 풀이 참조

03

$f_1 = x,\ f_2 = \sin x$ 라고 할 때, $\{x, \sin x\}$가 일차독립임을 보이시오.

공략 포인트

일차독립 판단
$f_1, f_2, \cdots, f_n$: $\mathbb{R}$에서 $(n-1)$계 연속인 도함수를 가질 때, $\mathbb{R}$에서 $W(f_1, f_2, \cdots, f_n)$
$= \begin{vmatrix} f_1 & f_2 & \cdots & f_n \\ f_1' & f_2' & \cdots & f_n' \\ \vdots & \vdots & \ddots & \vdots \\ f_1^{(n-1)} & f_2^{(n-1)} & \cdots & f_n^{(n-1)} \end{vmatrix} \neq 0$
이면 $\{f_1, f_2, \cdots, f_n\}$는 일차독립이다.

풀이

$W(f_1, f_2) = \begin{vmatrix} x & \sin x \\ 1 & \cos x \end{vmatrix} = x\cos x - \sin x \neq 0$

$\therefore\ \{x, \sin x\}$는 일차독립이다.

정답 풀이 참조

04

$f_1 = 1,\ f_2 = e^x,\ f_3 = e^{2x}$ 라고 할 때, $\{1, e^x, e^{2x}\}$가 일차독립임을 보이시오.

공략 포인트

일차독립 판단
$f_1, f_2, \cdots, f_n$: $\mathbb{R}$에서 $(n-1)$계 연속인 도함수를 가질 때, $\mathbb{R}$에서 $W(f_1, f_2, \cdots, f_n)$
$= \begin{vmatrix} f_1 & f_2 & \cdots & f_n \\ f_1' & f_2' & \cdots & f_n' \\ \vdots & \vdots & \ddots & \vdots \\ f_1^{(n-1)} & f_2^{(n-1)} & \cdots & f_n^{(n-1)} \end{vmatrix} \neq 0$
이면 $\{f_1, f_2, \cdots, f_n\}$는 일차독립이다.

풀이

$W(f_1, f_2, f_3) = \begin{vmatrix} 1 & e^x & e^{2x} \\ 0 & e^x & 2e^{2x} \\ 0 & e^x & 4e^{2x} \end{vmatrix} = 4e^{3x} - 2e^{3x} = 2e^{3x} \neq 0$

$\therefore\ \{1, e^x, e^{2x}\}$는 일차독립이다.

정답 풀이 참조

05

집합 $\{(v_1, v_2, v_3) \in \mathbb{R}^3\}$ 이 다음 조건을 만족할 때, 벡터공간이 아닌 것은?

① $v_1 + v_2 = 0$ ② $v_1 + v_2 + v_3 = 1$

③ $2v_2 = v_3$, $v_1 + v_3 = 0$ ④ $v_1 = 2v_2 = 3v_3$

공략 포인트

벡터공간

$\mathbb{R}^n$ 의 경우를 확장하여 일반적으로 어떤 집합 V 에 기본연산인 합과 스칼라곱을 정의하고, 다음과 같은 공리를 만족하면 V 를 벡터공간이라 한다.

임의의 벡터 $\boldsymbol{u} \in V$ 와 $\alpha \in \mathbb{R}$ 일 때, 기본연산에 대한 닫힘성이 성립한다.

- $\boldsymbol{u} + \boldsymbol{v} \in V$ (덧셈의 닫힘성)
- $\alpha \cdot \boldsymbol{u} \in V$ (스칼라곱의 닫힘성)

풀이

① $v_1 + v_2 = 0$ ⇒ 원점을 지나는 평면

② $v_1 + v_2 + v_3 = 1$ ⇒ 원점을 지나지 않는 평면

③ $2v_2 = v_3$, $v_1 + v_3 = 0$

$\Rightarrow v_1 = -t,\ v_2 = \frac{1}{2}t,\ v_3 = t$ ⇒ 원점을 지나는 직선

④ $v_1 = 2v_2 = 3v_3$ ⇒ 원점을 지나는 직선

즉, 벡터공간이 아닌 것은 ②이다.

정답 ②

06

$\{(0,1,0), (1,1,1), (0,1,-1), (-1,-1,1)\}$에서 선형독립인 벡터들의 최대 개수는?

① 1 ② 2 ③ 3 ④ 4

공략 포인트

계수 판정법

$m \times n$ 행렬 A에 대하여 $rank(A) = m$이면 일차독립인 벡터의 최대 개수는 m 개이다.

풀이

$$\begin{pmatrix} 1 & 1 & 1 \\ 0 & 1 & 0 \\ 0 & 1 & -1 \\ -1 & -1 & 1 \end{pmatrix} \sim \begin{pmatrix} 1 & 1 & 1 \\ 0 & 1 & 0 \\ 0 & 1 & -1 \\ 0 & 0 & 2 \end{pmatrix} \sim \begin{pmatrix} 1 & 1 & 1 \\ 0 & 1 & 0 \\ 0 & 0 & -1 \\ 0 & 0 & 2 \end{pmatrix} \sim \begin{pmatrix} 1 & 1 & 1 \\ 0 & 1 & 0 \\ 0 & 0 & -1 \\ 0 & 0 & 0 \end{pmatrix}$$

즉, $rank$는 3이므로 선형독립인 벡터들의 최대 개수는 3이다.

정답 ③

07

세 벡터 $(-1,3,-1)$, $(2,-1,4)$, $(1,7,a)$가 일차종속이 되도록 하는 a의 값을 구하시오.

① 5　② 3　③ -1　④ -3

공략 포인트

일차종속 판단
$f_1, f_2, \cdots, f_n$: $\mathbb{R}$에서 $(n-1)$계 연속인 도함수를 가질 때, $\mathbb{R}$에서 $W(f_1, f_2, \cdots, f_n)$
$$= \begin{vmatrix} f_1 & f_2 & \cdots & f_n \\ f_1' & f_2' & \cdots & f_n' \\ \vdots & \vdots & \ddots & \vdots \\ f_1^{(n-1)} & f_2^{(n-1)} & \cdots & f_n^{(n-1)} \end{vmatrix} = 0$$
이면 $\{f_1, f_2, \cdots, f_n\}$는 일차종속이다.

풀이

$$\begin{pmatrix} -1 & 3 & -1 \\ 2 & -1 & 4 \\ 1 & 7 & a \end{pmatrix} \sim \begin{pmatrix} -1 & 3 & -1 \\ 0 & 5 & 2 \\ 0 & 10 & a-1 \end{pmatrix} \sim \begin{pmatrix} -1 & 3 & -1 \\ 0 & 5 & 2 \\ 0 & 0 & a-5 \end{pmatrix}$$

따라서 세 벡터 $(-1,3,-1)$, $(2,-1,4)$, $(1,7,a)$가 일차종속이 되도록 하는 a의 값은 5이다.

다른 풀이

세 벡터 $(-1,3,-1)$, $(2,-1,4)$, $(1,7,a)$ 가 일차종속이면

$\begin{vmatrix} -1 & 3 & -1 \\ 2 & -1 & 4 \\ 1 & 7 & a \end{vmatrix} = 0$이므로 $a=5$이다.

정답 ①

08

어떤 상수 c 에 대해 세 개의 벡터 $\boldsymbol{u}=(2,-1,c)$, $\boldsymbol{v}=(2,2,0)$, $\boldsymbol{w}=(-1,1,2)$가 모두 같은 평면 위에 있을 때, 상수 c 의 값을 구하시오.

① -3　② -1　③ 1　④ 3

공략 포인트

계수 판정법
$m \times n$ 행렬 A에 대하여 $rank(A) < m$이면 일차종속이다.

풀이

$\{\boldsymbol{u}, \boldsymbol{v}, \boldsymbol{w}\}$가 일차종속일 때, 세 개의 벡터 $\{\boldsymbol{u}, \boldsymbol{v}, \boldsymbol{w}\}$가 모두 같은 평면 위에 있다.

$rank\begin{bmatrix} -1 & 1 & 2 \\ 2 & 2 & 0 \\ 2 & -1 & c \end{bmatrix} < 3$ 또는 $\begin{vmatrix} -1 & 1 & 2 \\ 2 & 2 & 0 \\ 2 & -1 & c \end{vmatrix} = 0 \Rightarrow c = -3$

정답 ①

2 생성, 기저, 차원

1. 생성

(1) 벡터공간 V의 모든 벡터들을 V상의 벡터 $v_1, v_2, \cdots, v_n$의 선형결합으로 나타낼 수 있을 경우, 벡터 $v_1, v_2, \cdots, v_n$이 벡터공간 V를 생성(span)한다고 한다. 즉, 모든 $v \in V$에 대하여 $v = a_1v_1 + a_2v_2 + \cdots + a_nv_n$이 되는 스칼라 $a_1, a_2, \cdots, a_n$이 존재하는 경우를 말한다.

(2) 예시

임의의 벡터 (x, y)는 $a(1, 1) + b(1, 0) = (a+b, a) = (x, y)$이면 $a+b = x$, $a = y$이다. 따라서 $b = x - y$이다. 이를 대입하면 $(x,y) = y(1, 1) + (x-y)(1, 0)$이므로 $\{(1, 1), (1, 0)\}$은 $\mathbb{R}^2$를 생성한다.

2. 기저

(1) V를 $\mathbb{R}$ 위의 벡터공간이라 하고, $S = \{v_1, v_2, \cdots, v_n\} \subset V$가 다음 두 조건을 만족하면 S를 V의 기저(basis)라 한다.

① S는 일차독립이다.

② S는 V를 생성한다.

(2) 참고사항

① 기저는 생성집합 중 제일 작은 집합이자, 일차독립인 집합 중 가장 큰 집합이다.

② 벡터공간의 기저는 여러 개가 있을 수 있지만, 기저의 원소의 개수는 모두 같다. 예를 들어 $\{(1,0), (0,1)\}$과 $\{(1,0), (1,1)\}$은 모두 $\mathbb{R}^2$의 기저이다. 이때, 기저의 원소 개수는 모두 같다.

(3) 표준기저(standard basis)

① $\mathbb{R}^n$의 표준기저

$e_1 = (1, 0, \cdots, 0)$, $e_2 = (0, 1, 0, \cdots, 0)$, $\cdots$, $e_n = (0, 0, \cdots, 0, 1)$이라 하면

$\{e_1, e_2, \cdots, e_n\} \Rightarrow \dim(\mathbb{R}^n) = n$

② $M_{2\times2}$의 표준기저

$$\left\{\begin{bmatrix}1 & 0\\0 & 0\end{bmatrix}, \begin{bmatrix}0 & 1\\0 & 0\end{bmatrix}, \begin{bmatrix}0 & 0\\1 & 0\end{bmatrix}, \begin{bmatrix}0 & 0\\0 & 1\end{bmatrix}\right\} \Rightarrow \dim(M_{2\times2}) = 4$$

③ P_n의 표준기저

$\{1, x, x^2, \cdots, x^n\} \Rightarrow \dim(P_n) = n+1$

3. 차원

(1) 벡터공간 V의 한 기저 S의 원소의 수를 V의 차원(dimension)이라고 하고, $\dim(V)$로 나타낸다.

(2) V가 유한집합으로 생성되지 않으면, V를 무한차원 벡터공간이라 정의한다.

(3) 예시

① $\dim(\mathbb{R}^n) = n$

② $\dim(M_{m\times n}) = mn$

③ $\dim(P_n) = n+1$

(4) 정리

n차원 벡터공간 V에 대해서 $\{\boldsymbol{v}_1, \boldsymbol{v}_2, \cdots, \boldsymbol{v}_n\}$을 V의 기저라고 하면 V의 모든 원소는 V의 일차결합으로 유일하게 표현된다. 즉, $\boldsymbol{v}$가 V의 원소라면 $\boldsymbol{v} = c_1\boldsymbol{v}_1 + c_2\boldsymbol{v}_2 + \cdots + c_n\boldsymbol{v}_n$을 만족하는 스칼라 $c_1, c_2, \cdots, c_n$이 유일하게 존재한다.

4. 기저 및 차원 관련 성질

V를 $\dim(V) = k$인 벡터공간이라고 하면, V에 대해 다음이 성립한다.

① V에 있는 $k+1$개 이상의 벡터는 일차종속이다.

② V에 있는 k개 미만의 벡터는 V를 생성하지 않는다.

③ V에 있는 k개의 일차독립인 벡터는 V의 기저를 이룬다.

④ V를 생성하는 k개의 벡터는 V의 기저이다.

5. 좌표, 좌표벡터 및 좌표행렬

(1) 순서기저(ordered basis)

벡터공간 V의 한 기저 $S = \{\boldsymbol{v}_1, \boldsymbol{v}_2, \cdots, \boldsymbol{v}_n\}$에 대해서 S의 원소 순서를 고정한 것을 순서기저라 한다.

(2) 임의의 벡터공간 V의 순서기저 $S = \{v_1, v_2, \ldots, v_n\}$에 대하여 $\boldsymbol{v} \in V$가 $\boldsymbol{v} = c_1\boldsymbol{v}_1 + c_2\boldsymbol{v}_2 + \cdots + c_n\boldsymbol{v}_n$로 나타날 때,

① 순서기저 S에 대한 $\boldsymbol{v}$의 좌표벡터(coordinate vector): $(\boldsymbol{v})_S = (c_1, c_2, \cdots, c_n)$

② 순서기저 S에 대한 $\boldsymbol{v}$의 좌표행렬(coordinate matrix): $[\boldsymbol{v}]_S = \begin{bmatrix} c_1 \\ c_2 \\ \vdots \\ c_n \end{bmatrix}$

01

세 개의 벡터 $u=(1,-1,-2)$, $v=(5,-4,-7)$, $w=(-3,1,0)$ 에 대하여

벡터 $(-\alpha, 2, 0)$이 u, v, w 에 의해 생성된 $\mathbb{R}^3$의 부분공간에 속하도록 하는 실수 α 의 값은?

① 9　　② $-\dfrac{1}{3}$　　③ 6　　④ $-\dfrac{2}{3}$

공략 포인트

생성(span)
모든 $v \in V$ 에 대하여
$v = a_1v_1 + a_2v_2 + \cdots + a_nv_n$이
되는 스칼라 $a_1, a_2, \cdots, a_n$이
존재하는 경우

풀이

$(-\alpha, 2, 0) = a(1,-1,-2) + b(5,-4,-7) + c(-3,1,0)$을 만족하는 a, b, c 가 존재한다.

즉, 연립방정식 $\begin{cases} a+5b-3c = -\alpha \\ -a-4b+c = 2 \\ -2a-7b = 0 \end{cases}$ 의 실근이 존재한다.

$$\left(\begin{array}{ccc|c} 1 & 5 & -3 & -\alpha \\ -1 & -4 & 1 & 2 \\ -2 & -7 & 0 & 0 \end{array}\right) \sim \left(\begin{array}{ccc|c} 1 & 5 & -3 & -\alpha \\ 0 & 1 & -2 & 2-\alpha \\ 0 & 3 & -6 & -2\alpha \end{array}\right) \ (\because \text{1행} \times (1) + \text{2행} \to \text{2행})$$

$$\sim \left(\begin{array}{ccc|c} 1 & 5 & -3 & -\alpha \\ 0 & 1 & -2 & 2-\alpha \\ 0 & 0 & 0 & -6+\alpha \end{array}\right) \ (\because \text{2행} \times (-3) + \text{3행} \to \text{3행})$$

여기서 계수행렬 $rank$ 는 2 이므로 확대행렬의 $rank$ 도 2 이어야 한다.
즉, $-6+\alpha=0$ 이어야 하므로 이를 만족하는 $\alpha=6$ 이다.

정답 ③

02

다음 벡터공간의 기저와 차원을 구하시오.

(1) $A=\{(a,b,c)\in\mathbb{R}^3 | a=b\}$

(2) $B=\{A\in M_{2\times2} | A^t=A\}$

(3) $C=\{A\in M_{3\times3} | A^t=-A\}$

(4) $D=\{p(x)\in P_5(\mathbb{R}) \mid p(-x)=p(x)\}$

공략 포인트

벡터공간 V의 한 기저 S의 원소의 수를 V의 차원이라 한다.

풀이

(1) $(a, a, c)=a(1, 1, 0)+c(0, 0, 1)$이므로 기저는 $\{(1, 1, 0), (0, 0, 1)\}$이고, 2차원이다.

(2) $A^t=A$이므로 대칭행렬이다.

B의 원소는 $\begin{pmatrix} a & b \\ b & c \end{pmatrix}=a\begin{pmatrix} 1 & 0 \\ 0 & 0 \end{pmatrix}+b\begin{pmatrix} 0 & 1 \\ 1 & 0 \end{pmatrix}+c\begin{pmatrix} 0 & 0 \\ 0 & 1 \end{pmatrix}$이므로

기저는 $\left\{\begin{pmatrix} 1 & 0 \\ 0 & 0 \end{pmatrix}, \begin{pmatrix} 0 & 1 \\ 1 & 0 \end{pmatrix}, \begin{pmatrix} 0 & 0 \\ 0 & 1 \end{pmatrix}\right\}$이고, 3차원이다.

(3) $A^t=-A$이므로 반대칭행렬이다.

C의 원소는 $\begin{pmatrix} 0 & a & b \\ -a & 0 & c \\ -b & -c & 0 \end{pmatrix}=a\begin{pmatrix} 0 & 1 & 0 \\ -1 & 0 & 0 \\ 0 & 0 & 0 \end{pmatrix}+b\begin{pmatrix} 0 & 0 & 1 \\ 0 & 0 & 0 \\ -1 & 0 & 0 \end{pmatrix}+c\begin{pmatrix} 0 & 0 & 0 \\ 0 & 0 & 1 \\ 0 & -1 & 0 \end{pmatrix}$이므로

기저는 $\left\{\begin{pmatrix} 0 & 1 & 0 \\ -1 & 0 & 0 \\ 0 & 0 & 0 \end{pmatrix}, \begin{pmatrix} 0 & 0 & 1 \\ 0 & 0 & 0 \\ -1 & 0 & 0 \end{pmatrix}, \begin{pmatrix} 0 & 0 & 0 \\ 0 & 0 & 1 \\ 0 & -1 & 0 \end{pmatrix}\right\}$이고, 3차원이다.

(4) $p(-x)=p(x)$은 우함수이므로 짝수차이다.(홀수차가 없다)

$p(x)=ax^4+bx^2+c$이므로 기저는 $\{x^4, x^2, 1\}$이고, 3차원이다.

정답 풀이 참조

03

다음 중 벡터공간 $\mathbb{R}^3$ 의 기저인 것을 고르시오.

① $\{(2,-3,1),(4,1,1),(0,-7,1)\}$　② $\{(1,6,4),(2,4,-1),(-1,2,5)\}$
③ $\{(3,1,-4),(2,5,6),(1,4,8)\}$　④ $\{(1,0,0),(1,1,0),(0,1,0)\}$

공략 포인트

기저
V를 $\mathbb{R}$ 위의 벡터공간이라 하고, $S=\{v_1,v_2,\cdots,v_n\}\subset V$가 다음 두 조건을 만족하면 S를 V의 기저라 한다.
(i) S는 일차독립이다.
(ii) S는 V를 생성한다.

풀이

③ $\begin{pmatrix}1&4&8\\2&5&6\\3&1&-4\end{pmatrix}\sim\begin{pmatrix}1&4&8\\0&-3&-10\\0&-11&-28\end{pmatrix}\Rightarrow rank=3\Rightarrow$ 일차독립

$\Rightarrow$ 일차독립이므로 기저이다.

다른 풀이

$\begin{vmatrix}3&1&-4\\2&5&6\\1&4&8\end{vmatrix}\neq0\Rightarrow rank=3\Rightarrow$ 일차독립

$\Rightarrow$ 일차독립이므로 기저이다.

정답 ③

04

실공간 $\mathbb{R}^3$상의 세 벡터 $\overrightarrow{v_1}=(1,1,2)$, $\overrightarrow{v_2}=(1,0,1)$, $\overrightarrow{v_3}=(2,1,3)$에 대하여 다음 중 옳은 것을 모두 고르면?

ㄱ. 두 벡터 $\overrightarrow{v_1}$와 $\overrightarrow{v_2}$는 일차독립이다.
ㄴ. 두 벡터 $\overrightarrow{v_2}$와 $\overrightarrow{v_3}$은 일차독립이다.
ㄷ. 세 벡터 $\overrightarrow{v_1}$, $\overrightarrow{v_2}$, $\overrightarrow{v_3}$은 일차독립이다.
ㄹ. 세 벡터 $\overrightarrow{v_1}$, $\overrightarrow{v_2}$, $\overrightarrow{v_3}$은 $\mathbb{R}^3$을 생성한다.

① ㄱ, ㄴ　② ㄱ, ㄴ, ㄷ　③ ㄴ, ㄷ, ㄹ　④ ㄱ, ㄷ, ㄹ

공략 포인트

일차종속
두 벡터로 이루어진 집합이 일차종속이기 위한 필요충분조건은 두 벡터가 평행일 때이다.

계수 판정법
$m\times n$ 행렬 A에 대하여 $rank(A)<m$이면 일차종속이다.

풀이

ㄱ, ㄴ: 평행관계가 아니므로 일차독립 (참)

ㄷ: $\begin{pmatrix}1&1&2\\1&0&1\\2&1&3\end{pmatrix}\sim\begin{pmatrix}1&1&2\\0&-1&-1\\0&0&0\end{pmatrix}\Rightarrow rank=2<3\Rightarrow$ 일차종속 (거짓)

ㄹ: 세 벡터가 일차독립이 아니므로 $\mathbb{R}^3$ 을 생성할 수 없다. (거짓)

다른 풀이

ㄷ: $\begin{vmatrix}1&1&2\\1&0&1\\2&1&3\end{vmatrix}=0\Rightarrow$ 일차종속

정답 ①

05

다음 중 $\mathbb{R}^3$의 부분공간 $W = \{(x, y, z) \in \mathbb{R}^3 \mid x + 2y + 3z = 0\}$의 기저가 될 수 없는 것은?

① $\{(-5, 1, 1), (-7, 2, 1)\}$ ② $\{(-5, 1, 1), (2, -1, 0)\}$
③ $\{(3, 0, 1), (2, -1, 0)\}$ ④ $\{(1, 1, -1), (-7, 2, 1)\}$

공략 포인트

기저
V를 $\mathbb{R}$ 위의 벡터공간이라 하고, $S = \{v_1, v_2, \cdots, v_n\} \subset V$가 다음 두 조건을 만족하면 S를 V의 기저라 한다.
(i) S는 일차독립이다.
(ii) S는 V를 생성한다.

풀이

③ a, b가 임의의 실수일 때
$a(3, 0, 1) + b(2, -1, 0) = (3a + 2b, -b, a)$이고 $x + 2y + 3z = 0$에 대입하면
$3a + 2b - 2b + 3a = 6a$이므로
$a = 0$일 때를 제외하면 주어진 부분공간을 생성하지 않는다.

정답 ③

06

V를 2×2 행렬들의 벡터공간, W를 2×2 반대칭행렬들의 집합이라 하면 W는 벡터공간 V의 부분공간이 된다. W의 차원(dimension)은?

① 1 ② 2 ③ 3 ④ 4

공략 포인트

차원
기저를 이루는 벡터의 개수

풀이

$W = \left\{ \begin{bmatrix} 0 & a \\ -a & 0 \end{bmatrix} \middle| \, a \in \mathbb{R} \right\} = \left\{ a \begin{bmatrix} 0 & 1 \\ -1 & 0 \end{bmatrix} \middle| \, a \in \mathbb{R} \right\}$이므로

W의 기저는 벡터 $\begin{bmatrix} 0 & 1 \\ -1 & 0 \end{bmatrix}$이다.

따라서 W의 차원은 1이다.

정답 ①

07

실공간 $\mathbb{R}^3$ 의 부분공간 V는 벡터 $(1,2,3)$, $(2,1,1)$에 의해 생성되고,

부분공간 W는 벡터 $(1,0,1)$, $(3,0,-1)$에 의해 생성될 때, 부분공간 $V\cap W$의 기저는?

① $(1,2,3)$ ② $(2,1,1)$ ③ $(1,0,1)$ ④ $(3,0,-1)$

공략 포인트

교집합 기호
$V\cap W$

원점을 지나는 두 평면의
교집합은 교선을 의미한다.

풀이

$\mathbb{R}^3$ 의 부분공간 V는 벡터 $(1,2,3)$, $(2,1,1)$에 의해 생성되는 원점을 지나는 평면이다.
이 평면의 법선벡터는 $n_1=(1,2,3)\times(2,1,1)=(-1,5,-3)$이다.
그리고 $\mathbb{R}^3$ 의 부분공간 W는 벡터 $(1,0,1)$, $(3,0,-1)$에 의해 생성되는 원점을 지나는 평면이다.
이 평면의 법선벡터는 $n_2=(1,0,1)\times(3,0,-1)=(0,4,0)$이다.
따라서 부분공간 $V\cap W$는 원점을 지나는 두 평면의 교선을 의미하므로
$V\cap W$의 기저는 교선의 방향벡터로서, 두 평면의 법선벡터를 외적하면 된다.
즉, $n_1\times n_2=(12,0,-4)\,//\,(3,0,-1)$이다.

정답 ④

08

$\mathbb{R}^4$ 의 부분공간 $W=\{(a+c,\ a-b,\ b+c,\ -a+b)\mid a,b,c\in\mathbb{R}\}$의 차원은?

① 1 ② 2 ③ 3 ④ 4

공략 포인트

차원
기저를 이루는 벡터의 개수

풀이

$(a+c, a-b, b+c, -a+b)$에서 $a+c=s$, $a-b=t$ 라 하면
$(a+c,\ a-b,\ b+c,\ -a+b)=(s,\ t,\ s-t,\ -t)$이므로
W의 기저는 $\{(1,0,1,0),\ (0,1,-1,-1)\}$이다.
즉, W는 2차원이다.

다른 풀이

$a+c=x$, $a-b=y$, $b+c=z$, $-a+b=w$라 하면
$x-y-z=0$, $y+w=0$을 얻어낼 수 있다.
따라서 $W=\{(x,y,z,w)\mid x-y-z=0,\ y+w=0\}$의 공간차원과 같다.
즉, W는 2차원이다.

정답 ②

09

$\mathbb{R}^2$ 에서 벡터 $\vec{v} = (3,2)$를 기본기저 $\vec{e_1} = (1,0)$, $\vec{e_2} = (0,1)$로 표현하면 $3\vec{e_1} + 2\vec{e_2}$ 이다. 새로운 기저 $\vec{b_1} = (2,1)$, $\vec{b_2} = (1,-1)$를 이용하여 $\vec{v} = c_1\vec{b_1} + c_2\vec{b_2}$ 로 표현할 때, (c_1, c_2) 를 구하시오.

① $(-5,1)$ ② $\left(\frac{5}{3}, -\frac{1}{3}\right)$ ③ $(5,-1)$ ④ $\left(\frac{5}{3}, \frac{1}{3}\right)$

공략 포인트

좌표벡터
$\mathbb{R}^2$의 기저 $S = \{\vec{b_1}, \vec{b_2}\}$에 대하여 $\vec{v} = c_1\vec{b_1} + c_2\vec{b_2}$
일 때, 좌표벡터
$(\vec{v})_S = (c_1, c_2)$

풀이

$(3,2) = c_1(2,1) + c_2(1,-1)$

$2c_1 + c_2 = 3$, $c_1 - c_2 = 2$

두 식을 연립하면 $c_1 = \frac{5}{3}$, $c_2 = -\frac{1}{3}$이다.

즉, $(c_1, c_2) = \left(\frac{5}{3}, -\frac{1}{3}\right)$이다.

정답 ②

3 행공간, 열공간, 영공간과 계수

1. 행공간, 열공간, 영공간

(1) $m \times n$ 행렬 $A = \begin{pmatrix} a_{11} & a_{12} & \cdots & a_{1n} \\ a_{21} & a_{22} & \cdots & a_{2n} \\ \vdots & \vdots & \ddots & \vdots \\ a_{m1} & a_{m2} & \cdots & a_{mn} \end{pmatrix}$에 대하여 다음을 정의한다.

① 행공간 R_A

행렬 A의 행벡터들 $r_1 = (a_{11}\, a_{12} \cdots a_{1n}), \cdots, r_m = (a_{m1}\, a_{m2} \cdots a_{mn}) \in \mathbb{R}^n$ 의 모든 일차결합의 집합

$R_A = row(A) = span(\boldsymbol{r_1}, \boldsymbol{r_2}, \cdots, \boldsymbol{r_m})$ 은 $\mathbb{R}^n$ 의 부분공간이다.

② 열공간 C_A

$m \times n$ 행렬 $A = \begin{pmatrix} a_{11} & a_{12} & \cdots & a_{1n} \\ a_{21} & a_{22} & \cdots & a_{2n} \\ \vdots & \vdots & \ddots & \vdots \\ a_{m1} & a_{m2} & \cdots & a_{mn} \end{pmatrix}$의 열벡터들 $c_1 = \begin{pmatrix} a_{11} \\ a_{21} \\ \vdots \\ a_{m1} \end{pmatrix}, \cdots, c_n = \begin{pmatrix} a_{1n} \\ a_{2n} \\ \vdots \\ a_{mn} \end{pmatrix} \in \mathbb{R}^m$의 모든 일차결합의 집합인

$C_A = column(A) = span(\boldsymbol{c_1}, \boldsymbol{c_2}, \cdots, \boldsymbol{c_m})$ 은 $\mathbb{R}^m$ 의 부분공간이다.

③ 영공간(해공간) N_A

동차 선형연립방정식 $A\boldsymbol{x} = \boldsymbol{0}$ 의 모든 해의 집합 $N_A = \nu ll(A) = \{ \boldsymbol{x} \in \mathbb{R}^n \mid A\boldsymbol{x} = \boldsymbol{0} \}$은 $\mathbb{R}^n$ 의 부분공간이다.

(2) 정리

① $A \xrightarrow{\text{행연산}} R$: 행사다리꼴 행렬

- 선두성분을 가지는 R의 행벡터들은 A의 행공간의 기저이다.
- 선두성분을 가지는 R의 열벡터들에 대응되는 A의 열벡터들은 A의 열공간의 기저이다.

② 선형연립방정식 $A\boldsymbol{x} = \boldsymbol{b}$ 의 해가 존재할 필요충분조건은 $\boldsymbol{b}$가 A 의 열공간에 있는 것이다.

- 예시

행렬 $A = \begin{pmatrix} a_{11} & a_{12} & \cdots & a_{1n} \\ a_{21} & a_{22} & \cdots & a_{2n} \\ \vdots & \vdots & \cdots & \vdots \\ a_{m1} & a_{m2} & \cdots & a_{mn} \end{pmatrix}$와 벡터 $\boldsymbol{x} = \begin{pmatrix} x_1 \\ \vdots \\ x_n \end{pmatrix}$에 대하여 $\boldsymbol{c}_1, \boldsymbol{c}_2, \cdots, \boldsymbol{c}_n$를

행렬 A 의 열벡터들이라 하면 $A\boldsymbol{x} = x_1\boldsymbol{c_1} + x_2\boldsymbol{c_2} + \cdots + x_n\boldsymbol{c_n}$ 으로 나타낼 수 있다.

따라서 선형연립방정식 $A\boldsymbol{x} = \boldsymbol{b}$를 다음과 같이 나타낼 수 있다.

$x_1\boldsymbol{c_1} + x_2\boldsymbol{c_2} + \cdots + x_n\boldsymbol{c_n} = \boldsymbol{b}$

③ x_0를 $Ax = b$ 의 특수해라 하고 $\{v_1, v_2, \cdots, v_k\}$가 A 의 해공간의 기저라 할 때,

$Ax = b$ 의 모든 해의 형태는 $x = x_0 + c_1v_1 + c_2v_2 + \cdots + c_kv_k$ 이다.

($c_1v_1 + c_2v_2 + \cdots c_kv_k$는 $Ax = 0$의 일반해, 역으로 $x_0 + c_1v_1 + c_2v_2 + \cdots + c_kv_k$는 $Ax = b$ 의 해이다.)

(3) 주의사항

기본 행 연산은 행렬의 영공간과 행공간을 바꾸지 않지만, 열공간은 바꿀 수 있다.

예를 들어 $A = \begin{pmatrix} 1 & 3 \\ 2 & 6 \end{pmatrix}$와 $B = \begin{pmatrix} 1 & 3 \\ 0 & 0 \end{pmatrix}$는 행 동치이지만 열공간이 다르다.

2. 행렬의 계수와 퇴화차수

(1) $A = [a_{ij}] \in M_{m \times n}$ 에 대하여 다음을 정의한다.

① 행계수(row rank): 행렬 A의 행공간의 차원

② 열계수(column rank): 행렬 A의 열공간의 차원

③ 퇴화차수(nullity): 행렬 A의 영공간의 차원

(2) 표기

① 행계수와 열계수는 같다. 따라서 행계수와 열계수 구분 없이 행렬 A의 계수(rank)라 하고, $rank(A)$ 로 나타낸다.

② 행렬 A의 퇴화차수는 영계수라고도 하고 $nullity(A)$ 로 나타낸다.

(3) 차원정리(계수정리)

$m \times n$ 행렬 A에 대하여 다음이 성립한다.

$$rank(A) + nullity(A) = n$$

3. 계수관련 성질

(1) $m \times n$ 행렬 A와 $n \times k$ 행렬 B에 대하여 다음이 성립한다.

① $rank(A) = 0 \;\; \Leftrightarrow \;\; A = O$ (영행렬)

② $rank(A) \le \min\{m, n\}$

③ $rank(A^T A) = rank(AA^T) = rank(A) = rank(A^T)$

④ $rank(AB) \le \min\{rank(A), rank(B)\}$

⑤ 실베스터의 계수 부등식

$$rank(A) + rank(B) - n \le rank(AB)$$

(2) A, B가 $n \times n$ 정방행렬일 때 다음이 성립한다.

① $rank(A+B) \le rank(A) + rank(B)$

② $AB = O \;\; \Rightarrow \;\; rank(A) + rank(B) \le n$

4. 직교여공간

(1) 직교여공간(직교보공간, orthogonal complement)

① 배경: 어떤 벡터 v가 V의 부분공간 W의 모든 벡터와 직교하면, 벡터 v는 W에 직교한다고 한다.

② W의 직교여공간(또는 직교보공간): W에 직교하는 모든 벡터들의 집합

③ 기호: $W^{\perp} = \{v \in V \mid v \cdot w = 0,\ \text{임의의 } w \in W\}$

④ 참고사항

- $W^{\perp}$는 "W perpendicular" 또는 "W perp"라고 읽는다.
- $W^{\perp}$는 V의 부분공간이다.
- $W \cap W^{\perp} = \{\vec{0}\}$

(2) $m \times n$행렬 A의 직교여공간

① 행렬 A의 행공간의 직교여공간 $\Leftrightarrow$ A의 해공간

행렬 A의 해공간의 직교여공간 $\Leftrightarrow$ A의 행공간

$$rank(A) + nullity A = n$$

② 행렬 A의 열공간의 직교여공간 $\Leftrightarrow$ A^t의 해공간

행렬 A^t의 해공간의 직교여공간$\Leftrightarrow$ A의 열공간

$$rank(A) + nullity A^t = m$$

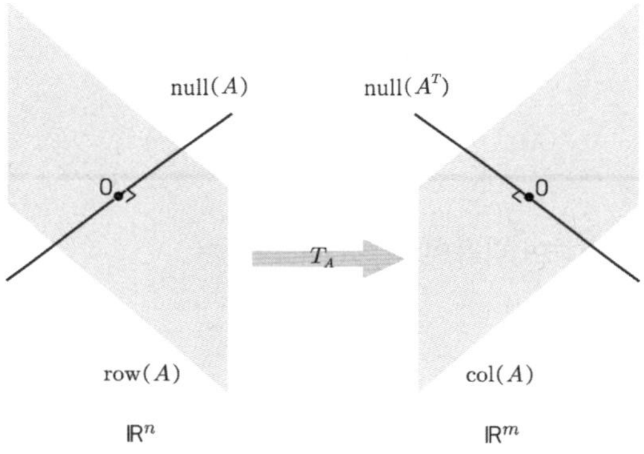

(3) 정리 1

A: $m \times n$ 행렬일 때, $Ax = b$가 해를 가지고 $rank(A) = r$이면 $Ax = b$의 일반해는 $n - r$개의 자유변수를 갖는다.
(단, $r < n$이며, 자유변수란 첨가행렬의 기약 행 사다리꼴 행렬에서 선행성분 1을 포함하지 않는 열에 대응하는 변수이다.)

(4) 정리 2

$A : m \times n$ 행렬이면 다음은 동치이다.

① $Ax = 0$은 오직 자명한 해를 갖는다.

② A의 열벡터들은 일차독립이다.

③ 모든 $b \in \mathbb{R}^m$에 대하여 $Ax = b$는 하나의 해를 갖는다.

(5) 정리 3

A: $n\times n$ 행렬이면 다음은 동치이다.

① A: 가역행렬

② $Ax=0$: 오직 자명한 해를 가진다.

③ A의 기약 행 사다리꼴 행렬은 I이다.

④ A는 기본행렬들의 곱의 형태로 표현이 가능하다.

⑤ 모든 $n\times 1$ 행렬 b에 대하여 $Ax=b$는 정확히 하나의 해를 가진다.

⑥ $\det(A)\neq 0$

⑦ A의 열벡터, 행벡터들은 일차독립이다.

⑧ A의 열벡터, 행벡터들은 $\mathbb{R}^n$을 생성한다.

⑨ A의 열벡터, 행벡터는 $\mathbb{R}^n$의 기저이다.

⑩ $rank(A)=n$

⑪ A의 해공간의 차원은 0이다.

개념적용

01

행렬 $A=\begin{pmatrix}0&1&0\\0&0&0\\0&0&1\end{pmatrix}$에 대하여, 다음 중 A의 영공간과 열공간을 바르게 나열한 것은?

(이때, A의 영공간과 열공간은 $\mathbb{R}^3$의 부분공간이다.)

① z축, xy평면 ② y축, zx평면 ③ x축, zx평면 ④ y축, yz평면

공략 포인트

A의 영공간
$Ax=0$을 만족하는 x의 집합

A의 열공간
열벡터들에 의해 생성되는 공간

풀이

(i) A의 영공간
$A\boldsymbol{x}=0$의 해공간이므로 $y=z=0$인 x축이 된다.

(ii) A의 열공간
열벡터들에 의해 생성되는 공간이므로 임의의 스칼라 a, b, c에 대하여
$a\begin{pmatrix}0\\0\\0\end{pmatrix}+b\begin{pmatrix}1\\0\\0\end{pmatrix}+c\begin{pmatrix}0\\0\\1\end{pmatrix}=\begin{pmatrix}b\\0\\c\end{pmatrix}$인 zx평면이 된다.

정답 ③

02

다음 중 행렬의 열공간에 있지 <u>않은</u> 것은?

$$\begin{pmatrix}1&-3&-4\\-4&6&-2\\-3&7&6\end{pmatrix}$$

① $(0, 0, 0)$ ② $(1, -2, 1)$ ③ $(2, 1, -3)$ ④ $(3, 3, -4)$

공략 포인트

열공간
열벡터들에 의해 생성되는 공간

풀이

(1열)×5 + (2열)×3 = (3열)이므로
열공간은 두 벡터 $(1, -4, -3)^T$, $(-3, 6, 7)^T$에 의해 결정되는 평면이다.
이 평면의 법선벡터는
$\begin{vmatrix}i&j&k\\1&-4&-3\\-3&6&7\end{vmatrix}=i(-28+18)-j(7-9)+k(6-12)=(-10, 2, -6)\,//\,(5, -1, 3)$이다.
그리고 점 $(1, -4, -3)$을 지나므로 평면의 방정식은
$5(x-1)-(y+4)+3(z+3)=0 \Rightarrow 5x-y+3z=0$
보기 중 이 평면 위에 있지 않은 점은 ②이다.

정답 ②

03

네 벡터

$$v_1=(1,0,0,0,2),\ v_2=(-2,1,-3,-2,-4)$$
$$v_3=(0,5,-14,-9,0),\ v_4=(2,10,-28,-18,4)$$

에 생성된 $\mathbb{R}^5$의 부분공간 W에 대하여 다음 중 W의 기저가 아닌 것은?

① $(0,1,-3,-2,0)$ ② $(0,0,1,1,0)$
③ $(1,0,0,0,2)$ ④ $(1,0,1,0,0)$

공략 포인트

가우스 소거법
행 사다리꼴인 첨가행렬을 얻을 때까지 행 연산을 수행하여 역대입법을 사용한다.

풀이

$\begin{pmatrix} 1 & 0 & 0 & 0 & 2 \\ -2 & 1 & -3 & -2 & -4 \\ 0 & 5 & -14 & -9 & 0 \\ 2 & 10 & -28 & -18 & 4 \end{pmatrix}$에서 가우스 소거법을 사용하면

$\begin{pmatrix} 1 & 0 & 0 & 0 & 2 \\ 0 & 1 & -3 & -2 & 0 \\ 0 & 0 & 1 & 1 & 0 \\ 0 & 0 & 0 & 0 & 0 \end{pmatrix}$이다.

그러므로 W의 행공간의 차원은 3이고
기저는 $(1,0,0,0,2)$, $(0,1,-3,-2,0)$, $(0,0,1,1,0)$이다.
즉, W의 기저가 아닌 것은 ④이다.

정답 ④

04

연립방정식 $\begin{cases} x_1+2x_2-3x_3+x_4=0 \\ x_1-x_2+x_3-x_4=0 \\ 2x_1-5x_2+6x_3-4x_4=0 \end{cases}$ 을 동시에 만족시키는 해(x_1, x_2, x_3, x_4)들로

이루어진 집합의 차원(dimension)은?

① 1 ② 2 ③ 3 ④ 4

공략 포인트

A의 영공간
$Ax=0$을 만족하는 x의 집합

차원정리
$nullity(A)+rank(A)=n$

풀이

$\begin{cases} x_1+2x_2-3x_3+x_4=0 \\ x_1-x_2+x_3-x_4=0 \\ 2x_1-5x_2+6x_3-4x_4=0 \end{cases}$ 을 만족하는 해집합들의 차원은

계수들을 행으로 갖는 행렬 A의 $nullity$를 구하면 된다.

$$A=\begin{pmatrix} 1 & 2 & -3 & 1 \\ 1 & -1 & 1 & -1 \\ 2 & -5 & 6 & -4 \end{pmatrix} \sim \begin{pmatrix} 1 & 2 & -3 & 1 \\ 0 & -3 & 4 & -2 \\ 0 & -9 & 12 & -6 \end{pmatrix} \left(\because \begin{array}{l} 1\text{행}\times(-1)+2\text{행}\to 2\text{행} \\ 1\text{행}\times(-2)+3\text{행}\to 3\text{행} \end{array}\right)$$

$$\sim \begin{pmatrix} 1 & 2 & -3 & 1 \\ 0 & -3 & 4 & -2 \\ 0 & 0 & 0 & 0 \end{pmatrix} (\because 2\text{행}\times(-3)+3\text{행}\to 3\text{행})$$

이므로 $rank(A)=2$이다.
차원정리에 의해 $nullity(A)=4-rank(A)=4-2=2$이다.

정답 ②

05

행렬 $A = \begin{bmatrix} 3 & 0 & 2 & 2 \\ -6 & 42 & 24 & 54 \\ 21 & -21 & 0 & -15 \end{bmatrix}$ 의 계수($rank$)와 열공간의 차원은?

① 1, 3　② 2, 2　③ 3, 3　④ 4, 3

공략 포인트

열계수
행렬 A의 열공간의 차원으로, $rank(A)$로 나타낸다.

풀이

$$A = \begin{bmatrix} 3 & 0 & 2 & 2 \\ -6 & 42 & 24 & 54 \\ 21 & -21 & 0 & -15 \end{bmatrix} \sim \begin{bmatrix} 3 & 0 & 2 & 2 \\ 0 & 42 & 28 & 58 \\ 0 & -21 & -14 & -29 \end{bmatrix}$$

$$\sim \begin{bmatrix} 3 & 0 & 2 & 2 \\ 0 & 42 & 28 & 58 \\ 0 & -21 & -14 & -29 \end{bmatrix}$$

$$\sim \begin{bmatrix} 3 & 0 & 2 & 2 \\ 0 & 21 & 14 & 29 \\ 0 & 0 & 0 & 0 \end{bmatrix}$$

$\therefore$ $rank(A)$ = (열공간의 차원) = 2

정답 ②

06

7×9 행렬 A의 영공간의 차원(nullity)을 k라 할 때, 다음 설명 중 옳지 않은 것은?

① k가 가질 수 있는 최솟값은 2이다.
② A의 기약 행 사다리꼴은 k개의 영행(zero row)을 갖는다.
③ A의 계수(rank)의 최댓값은 7이다.
④ A의 열공간에 있는 벡터 b에 대해 $Ax = b$는 무한히 많은 해를 갖는다.

공략 포인트

계수관련 성질 ($m \times n$ 행렬 A)
$rank(A) \le \min\{m, n\}$

차원정리
$nullity(A) + rank(A) = n$

풀이

① $nullity(A) = k$라 하면 차원정리에 의해 $rank(A) = 9 - k$이다.
따라서 k가 가질 수 있는 최솟값은 2이다.
② A의 기약 행 사다리꼴은 $7 - k$개의 영행을 갖는다.
③ 7×9 행렬 A에 대하여 $rank(A) \le \min\{7, 9\} = 7$이다.

정답 ②

07

다음 행렬의 계수($rank$)를 s, 퇴화차수(영공간의 차원, $nullity$)를 t라 할 때, $s-t$의 값은?

$$\begin{bmatrix} 2 & 2 & -1 & 0 & 1 \\ -1 & -1 & 2 & -4 & 1 \\ 1 & 1 & -2 & 0 & -1 \\ 0 & 0 & 3 & 1 & 3 \end{bmatrix}$$

① -3　　② -1　　③ 1　　④ 3

공략 포인트

차원정리
$nullity(A)+rank(A)=n$

풀이

$$\begin{bmatrix} 2 & 2 & -1 & 0 & 1 \\ -1 & -1 & 2 & -4 & 1 \\ 1 & 1 & -2 & 0 & -1 \\ 0 & 0 & 3 & 1 & 3 \end{bmatrix}$$

$$\sim \begin{bmatrix} 0 & 0 & 3 & 0 & 3 \\ 0 & 0 & 0 & -4 & 0 \\ 1 & 1 & -2 & 0 & -1 \\ 0 & 0 & 3 & 1 & 3 \end{bmatrix} \left[\because \begin{array}{l} (3\text{행})\times(-2)+(1\text{행})\to(1\text{행}) \\ (3\text{행})\times(+1)+(2\text{행})\to(2\text{행}) \end{array}\right]$$

$$\sim \begin{bmatrix} 1 & 1 & -2 & 0 & -1 \\ 0 & 0 & 3 & 0 & 3 \\ 0 & 0 & 0 & -4 & 0 \\ 0 & 0 & 3 & 1 & 3 \end{bmatrix}$$

$$\sim \begin{bmatrix} 1 & 1 & -2 & 0 & -1 \\ 0 & 0 & 3 & 0 & 3 \\ 0 & 0 & 0 & -4 & 0 \\ 0 & 0 & 0 & 0 & 0 \end{bmatrix} \left[\because (2\text{행})\times(-1)+(3\text{행})\times\frac{1}{4}+(4\text{행})\to(4\text{행})\right]\text{이므로}$$

$rank=s=3$이고, 차원정리에 의하여 $t=5-s=5-3=2$이다.

$\therefore\ s-t=3-2=1$

정답 ③

08

A는 2×4 행렬이다. 다음 중 A의 영공간(null space)의 차원이 될 수 <u>없는</u> 것은?

① 1　　② 2　　③ 3　　④ 4

공략 포인트

퇴화차수($nullity$)
영공간의 차원

계수관련 성질 ($m\times n$ 행렬 A)
$rank(A)\le\min\{m, n\}$

차원정리
$nullity(A)+rank(A)=n$

풀이

2×4 행렬 A에 대하여 $rank(A)\le2$이다. 즉, $rank(A)$는 0, 1, 2 중 하나이다.
따라서 차원정리에 의해
$nullity(A)=n-rank(A)=4-rank(A)$이므로
$nullity(A)$는 4, 3, 2 중 하나이다.
즉, 보기 중 A의 영공간의 차원이 될 수 없는 것은 ①이다.

정답 ①

09

행렬 $A \in \mathbb{R}^{4\times5}$ 에 대해 $rank(A) = 3$ 일 때, $rank(A^T) + \dim(null(A)) + rank(AA^T)$ 의 값은 얼마인가? (여기서 A^T는 A의 전치행렬을 의미하고, $\dim(null(A))$은 영공간의 차원을 의미한다. 또한, 행렬의 모든 성분은 실수이다.)

① 6 ② 7 ③ 8 ④ 9

공략 포인트

계수관련 성질

$rank(A^TA) = rank(AA^T)$
$= rank(A)$
$= rank(A^T)$

차원정리

$nullity(A) + rank(A) = n$

풀이

행렬 $A_{4\times5}$에 대해 $rank(A) = 3$이므로 $rank(A^T) = 3$, $rank(AA^T) = 3$이다.
차원정리로부터 $nullity(A) = 5 - 3 = 2$이다.
$\therefore rank(A^T) + \dim(null(A)) + rank(AA^T) = 3 + 2 + 3 = 8$

정답 ③

4 벡터공간

출제경향 분석

벡터공간과 부분공간, 일차독립과 일차종속을 판단하는 문제가 출제되니 판정에 필요한 개념을 적절히 적용하는 것이 중요합니다.

기저와 차원을 구하는 문제가 출제되며, 특히 행렬의 차원정리를 이용한 문제가 자주 출제되니 차원정리 공식을 암기해야 합니다.

01 벡터공간 판정

개념 1. 벡터공간과 일차독립

다음에 주어진 집합 중 벡터공간이 아닌 것은?

① $5v_1 - 3v_2 - 2v_3 = 0$을 만족하는 $\mathbb{R}^3$ 내의 모든 벡터
② 처음 3개 성분들이 모두 0인 $\mathbb{R}^5$ 내의 모든 벡터
③ $v_1 + v_2 = 0$과 $v_3 - v_4 = 1$을 만족하는 $\mathbb{R}^4$ 내의 모든 벡터
④ 3×3 크기의 모든 대칭행렬

풀이

STEP A 벡터공간에 대한 결정 조건 고려하기
벡터공간을 판정할 때 다음을 고려한다.
- $u+v \in W$
- $ku \in W$
- $\vec{0}$의 존재

STEP B 주어진 집합에 대해서 벡터공간이 아닌 보기를 찾기
③ $\vec{0} \notin \{(v_1, v_2, v_3, v_4) \mid v_1 + v_2 = 0, v_3 - v_4 = 1\}$
즉, $v_1 + v_2 = 0$과 $v_3 - v_4 = 1$을 만족하는 $\mathbb{R}^4$ 내의 모든 벡터는 벡터공간이 아니다.

정답 ③

02 일차독립

개념 1. 벡터공간과 일차독립

삼차원공간 $\mathbb{R}^3$의 세 벡터 $\vec{u}=(1,\ 2,\ 3)$, $\vec{v}=(1,\ 1,\ 1)$, $\vec{w}=(1,\ a,\ b)$가 일차독립이기 위한 a와 b의 값이 될 수 있는 것을 고르면?

① $a=1,\ b=1$ ② $a=0,\ b=1$ ③ $a=0,\ b=-1$ ④ $a=-1,\ b=-3$

풀이

STEP A 행렬식 판정법을 활용한 일차독립 판단하기

세 벡터가 일차독립이려면 세 벡터로 이루어진 행렬의 행렬식이 0이 아니어야 한다.

STEP B 행렬식 구하기

$$\begin{vmatrix} 1 & 1 & 1 \\ 2 & 1 & a \\ 3 & 1 & b \end{vmatrix} = 2a-b-1 \neq 0$$이어야 한다.

STEP C 보기의 값을 대입하여 만족하는 a와 b 구하기

보기 중 이 조건을 만족하는 것은 ②이다.

정답 ②

03 일차종속

개념 1. 벡터공간과 일차독립

세 벡터 $(1, 2, 0)$, $(1, x, -1)$, $(-y, 2, 2)$ 가 일차종속이 되기 위한 $x+y$ 의 값은?

① -3 ② 0 ③ 1 ④ 3

풀이

STEP A 행렬식 판정법을 활용하여 일차종속 판단하기

세 벡터가 일차종속이려면 세 벡터로 이루어진 행렬의 행렬식이 0이면 된다.

STEP B 행렬식 구하기

$$\begin{vmatrix} 1 & 2 & 0 \\ 1 & x & -1 \\ -y & 2 & 2 \end{vmatrix} = 2x+2y-(-2+4)=2x+2y-2=0$$

이어야 하므로 구하고자 하는 값 $x+y=1$이다.

정답 ③

04 기저의 성질

🔍 개념 2. 생성, 기저, 차원

세 벡터 $\vec{u} = \begin{bmatrix} 2 \\ 6 \\ 4 \end{bmatrix}$, $\vec{v} = \begin{bmatrix} 1 \\ 0 \\ 1 \end{bmatrix}$, $\vec{w} = \begin{bmatrix} a \\ b \\ 5 \end{bmatrix}$ 가 3차원 공간 $\mathbb{R}^3$의 기저벡터(basis vector)가 되기 위한 a, b의 값이 될 수 <u>없는</u> 것은?

① $a=4,\ b=0$ ② $a=4,\ b=2$ ③ $a=3,\ b=3$ ④ $a=4,\ b=3$

풀이

STEP A 기저의 성질 확인하기

세 벡터 $\vec{u}$, $\vec{v}$, $\vec{w}$가 3차원 공간의 기저벡터가 되기 위해서는 일차독립이어야 한다.

STEP B 행렬식 판정법을 활용한 일차독립 파악하기

행렬식이 0이면 일차종속이므로 기저벡터가 될 수 없다.

$\therefore\ A = \begin{pmatrix} 2 & 6 & 4 \\ 1 & 0 & 1 \\ a & b & 5 \end{pmatrix} \Rightarrow |A| = 6a + 2b - 30$에서

$|A| = 0$이 되는 보기는 ④이다.

정답 ④

05
생성, 기저, 차원 관련 성질

개념 2. 생성, 기저, 차원

다음 보기에서 항상 옳은 것만을 있는 대로 고른 것은?

| 보 기 |

ㄱ. 벡터공간 $\mathbb{R}^3$의 두 벡터 $\vec{v}$, $\vec{w}$가 1차독립이면 $\vec{v}$, $\vec{w}$, $\vec{v}\times\vec{w}$는 1차독립이다.
(단, ×는 벡터의 벡터적(외적)이다.)

ㄴ. 벡터공간 $\mathbb{R}^3$의 두 벡터 $\vec{v}$, $\vec{w}$가 1차종속이면 $\vec{v}\times\vec{w}$는 영벡터이다.

ㄷ. 벡터공간 $\mathbb{R}^3$의 세 벡터 $\vec{v_1}$, $\vec{v_2}$, $\vec{v_3}$가 $\mathbb{R}^3$의 기저면 $\vec{v_1}-\vec{v_2}$, $\vec{v_1}+\vec{v_2}$, $\vec{v_2}+\vec{v_3}$는 $\mathbb{R}^3$의 기저(basis)다.

① ㄱ, ㄴ　② ㄴ, ㄷ　③ ㄱ, ㄷ　④ ㄱ, ㄴ, ㄷ

풀이

STEP A 일차독립과 일차종속의 정의에 따라 참/거짓 판별하기

ㄱ. (참)
두 벡터 $\vec{v_1}$, $\vec{v_2}$가 1차독립이므로 두 벡터는 평행이 아니다.
따라서 두 벡터의 외적 $\vec{v_1}\times\vec{v_2}$는 $\vec{v_1}$, $\vec{v_2}$에 각각 수직이다.
즉, 세 벡터 $\vec{v_1}$, $\vec{v_2}$, $\vec{v_1}\times\vec{v_2}$는 서로 평행하지 않으므로 1차독립이다.

ㄴ. (참)
두 벡터 $\vec{v_1}$, $\vec{v_2}$가 1차종속이므로 $\vec{v_2}=k\vec{v_1}$ (단, k는 임의의 상수)이다.
따라서 $\vec{v_1}\times\vec{v_2}=\vec{v_1}\times k\vec{v_1}=0$이다.

ㄷ. (참)
$a(\vec{v_1}-\vec{v_2})+b(\vec{v_1}+\vec{v_2})+c(\vec{v_2}+\vec{v_3})=0$이라 하면
$(a+b)\vec{v_1}+(-a+b+c)\vec{v_2}+c\vec{v_3}=0$이고, 세 벡터 $\vec{v_1}$, $\vec{v_2}$, $\vec{v_3}$가 벡터공간 $\mathbb{R}^3$의 기저이므로 위의 식을 만족시키는 상수는
$a+b=0$, $-a+b+c=0$, $c=0$으로 즉, $a=b=c=0$ 뿐이다.
따라서 $\vec{v_1}-\vec{v_2}$, $\vec{v_1}+\vec{v_2}$, $\vec{v_2}+\vec{v_3}$는 일차독립이고, 벡터공간 $\mathbb{R}^3$의 기저가 된다.

따라서 보기에서 항상 옳은 것은 ㄱ, ㄴ, ㄷ이다.

정답 ④

06 생성, 기저, 차원 관련 성질

개념 2. 생성, 기저, 차원

V가 3차원 벡터공간일 때, 다음 중 옳은 것을 모두 고르면?

ㄱ. S가 V를 생성(span)하면 S는 V의 적당한 기저를 포함한다.
ㄴ. S가 영벡터를 포함하는 V의 유한 부분집합이면 S는 일차종속이다.
ㄷ. 두 벡터 $\vec{v}$, $\vec{w} \in V$가 일차독립이면 적당한 스칼라 k에 대하여 $\vec{w} = k\vec{v}$이다.
ㄹ. S가 V의 일차독립인 부분집합이면 S는 V의 적당한 기저에 포함된다.

① ㄱ, ㄷ　② ㄴ, ㄷ　③ ㄱ, ㄴ, ㄹ　④ ㄱ, ㄷ, ㄹ

풀이

STEP A 기저의 정의 활용하기

ㄱ, ㄹ. (참)

S는 일차독립이고, 벡터공간 V를 생성하면 S는 V의 기저다.

STEP B 일차종속의 성질 활용하기

ㄴ. (참)

영벡터를 포함하는 모든 집합은 일차종속이다.

ㄷ. (거짓)

두 벡터 $\vec{v}$, $\vec{w} \in V$가 일차종속이면 한 벡터가 다른 벡터의 스칼라배(평행)이다.

즉, $\vec{w} = k\vec{v}$이다.

다음 중 옳은 것은 ㄱ, ㄴ, ㄹ이다.

정답 ③

07 좌표, 좌표벡터 및 좌표행렬

개념 2. 생성, 기저, 차원

$\mathbb{R}^3$의 순서기저(ordered basis) $S=\{(1,0,2),(-1,3,1),(1,1,1)\}$에 대한 벡터 $v=(0,1,2)$의 좌표행렬 $[v]_S$를 구하면?

① $\begin{bmatrix}1\\1\\0\end{bmatrix}$ ② $\begin{bmatrix}1\\\frac{1}{2}\\-\frac{1}{2}\end{bmatrix}$ ③ $\begin{bmatrix}0\\\frac{1}{2}\\\frac{1}{2}\end{bmatrix}$ ④ $\begin{bmatrix}0\\1\\2\end{bmatrix}$

풀이

STEP A 벡터 v와 실수와의 관계식 찾기

$(0,1,2)=a(1,0,2)+b(-1,3,1)+c(1,1,1)$에서

$a-b+c=0$, $3b+c=1$, $2a+b+c=2$를 구하면 된다.

풀이하면 $a=1$, $b=\frac{1}{2}$, $c=-\frac{1}{2}$이므로

$(0,1,2)=(1,0,2)+\left(\frac{1}{2}\right)(-1,3,1)+\left(-\frac{1}{2}\right)(1,1,1)$이다.

STEP B 벡터 v의 좌표행렬 구하기

즉, 좌표행렬 $[v]_S=\begin{pmatrix}1\\\frac{1}{2}\\-\frac{1}{2}\end{pmatrix}$이다.

정답 ②

08 행렬의 계수와 퇴화차수

🔍 개념 3. 행공간, 열공간, 영공간과 계수

행렬 $\begin{bmatrix} 0 & -1 & 4 & 1 \\ 0 & 1 & 2 & -1 \\ -3 & 0 & -1 & 0 \\ 1 & -1 & 0 & 1 \end{bmatrix}$의 영공간의 차원은?

① 1개 ② 2개 ③ 3개 ④ 4개

풀이

STEP A 행 연산 수행하기

$$\begin{bmatrix} 0 & -1 & 4 & 1 \\ 0 & 1 & 2 & -1 \\ -3 & 0 & -1 & 0 \\ 1 & -1 & 0 & 1 \end{bmatrix} \sim \begin{bmatrix} 1 & -1 & 0 & 1 \\ 0 & 1 & 2 & -1 \\ -3 & 0 & -1 & 0 \\ 0 & -1 & 4 & 1 \end{bmatrix}$$

$$\sim \begin{bmatrix} 1 & -1 & 0 & 1 \\ 0 & 1 & 2 & -1 \\ 0 & -3 & -1 & 3 \\ 0 & -1 & 4 & 1 \end{bmatrix}$$

$$\sim \begin{bmatrix} 1 & -1 & 0 & 1 \\ 0 & 1 & 2 & -1 \\ 0 & 0 & 5 & 0 \\ 0 & 0 & 6 & 0 \end{bmatrix}$$

$$\sim \begin{bmatrix} 1 & -1 & 0 & 1 \\ 0 & 1 & 2 & -1 \\ 0 & 0 & 5 & 0 \\ 0 & 0 & 0 & 0 \end{bmatrix}$$

STEP B 행렬의 계수($rank$) 파악하기

행 연산 수행 결과, 행렬의 계수는 $rank=3$이다.

STEP C 차원정리를 이용하여 영공간의 차원($nullity$) 구하기

차원정리 $nullity+rank=n$에서

$nullity=n-rank=4-3=1$이다.

정답 ①

5 벡터공간

정답 및 풀이 p.364

01 다음 보기에서 벡터공간의 부분공간에 관한 기술 중 옳지 않은 것의 개수는?

| 보 기 |

ㄱ. 모든 벡터공간은 적어도 두 개의 서로 다른 부분공간을 갖는다.
ㄴ. 실공간 $\mathbb{R}^3$의 부분공간 W에 벡터 $u+v$가 속하면, 벡터 u와 v도 W에 속한다.
ㄷ. 벡터공간 V의 두 개의 부분공간의 교집합은 공집합이 될 수도 있다.
ㄹ. 평면상의 모든 직선은 하나의 벡터에 의해 생성되는 실공간 $\mathbb{R}^2$의 부분공간이다.

① 1개 ② 2개 ③ 3개 ④ 4개

02 다음 보기에서 옳은 것을 모두 고른 것은?

| 보 기 |

ㄱ. 벡터공간 V의 두 개의 부분공간의 교집합은 항상 V의 부분공간이다.
ㄴ. 정사각행렬 A의 열벡터가 일차독립이면, A의 역행렬이 항상 존재한다.
ㄷ. W를 벡터공간 V의 공집합이 아닌 부분집합이라 하자. 모든 $\vec{u}, \vec{v} \in W$와 모든 스칼라 k에 대하여 $k\vec{u}+\vec{v} \in W$를 만족시키면 W는 V의 부분공간이다.

① ㄱ, ㄴ ② ㄱ, ㄷ ③ ㄴ, ㄷ ④ ㄱ, ㄴ, ㄷ

03 $\mathbb{R}^3$에서 영벡터가 아닌 임의의 벡터 a, b, c가 주어질 때, 다음 집합 중 항상 $\mathbb{R}^3$의 부분공간이 되는 것은?

① a, b를 지나는 직선
② a, b, c를 지나는 평면
③ a, b, c에 모두 직교하는 벡터들의 집합
④ $\{x \in \mathbb{R}^3 \mid (a \cdot x, b \cdot x, c \cdot x) = (0, 0, -1)\}$

04 다음 중 함수의 벡터 공간 $F(\mathbb{R})=\{f \mid f:\mathbb{R}\to\mathbb{R}\}$이 부분공간이 되는 것의 개수는?

ㄱ. $\{f\in F(\mathbb{R}) \mid f(x)=k\}$ (단, k는 상수이다.)
ㄴ. $\{f\in F(\mathbb{R}) \mid |f(x)| \le 1\}$
ㄷ. $\{f\in F(\mathbb{R}) \mid [f(x)]=0\}$ (단, $[x]$는 x를 넘지 않는 최대 정수이다.)

① 0개　② 1개　③ 2개　④ 3개

05 벡터 $(x,1,1,1)$, $(1,x,1,1)$, $(1,1,x,1)$, $(1,1,1,x)$가 일차종속이 되는 x 중 서로 다른 값을 모두 더하면?

① -2　② -1　③ 1　④ 2

06 다음 중 선형독립(linearly independent)이 아닌 것끼리 묶여 있는 것은?

① $e^x,\ xe^x,\ x^2e^x$
② $\cos x, \sec x, \sin x, \tan x$
③ $(1,2,3), (6,5,4), (1,2,5)$
④ $\sqrt{x}+5,\ \sqrt{x}-5x,\ x-1, x$

07 유클리드 공간 $\mathbb{R}^3$에서 다음 보기 중 일차독립인 벡터의 집합의 개수는?

| 보 기 |

ㄱ. $\{(1,3,2),(2,1,3),(3,2,1)\}$
ㄴ. $\{(1,-3,2),(2,1,-3),(-3,2,1)\}$
ㄷ. $\{(4,0,6),(-1,1,-1),(2,-4,2)\}$
ㄹ. $\{(-1,1,0),(-1,-1,2),(1,1,1)\}$

① 1개 ② 2개 ③ 3개 ④ 4개

08 보기에 주어진 집합이 행렬의 덧셈과 스칼라 곱에 대하여 벡터공간인 것을 모두 고르면?
(단, $M_{n\times n}$은 n차 실 정사각행렬의 집합이다.)

| 보 기 |

ㄱ. $\{A\in M_{n\times n}\,|\,A=A^T\}$
ㄴ. $\{A\in M_{n\times n}\,|\,A$는 가역행렬$\}$
ㄷ. $\{A\in M_{n\times n}\,|\,A$는 대칭행렬$\}$

① ㄱ, ㄴ ② ㄱ, ㄷ ③ ㄴ, ㄷ ④ ㄱ, ㄴ, ㄷ

09 벡터 $\vec{v}=(1,-1,2),\vec{u_1}=(3,0,-4),\vec{u_2}=(4,0,3),\vec{u_3}=(0,1,0)$가 주어졌다.
$\vec{v}=c_1\vec{u_1}+c_2\vec{u_2}+c_3\vec{u_3}$를 만족하는 실수 c_1,c_2,c_3에 대하여, $5(c_1+c_2+c_3)$의 값을 구하시오.

① -16 ② -10 ③ -4 ④ -5

10 서로 다른 n차원 열벡터 $u_1, u_2, \cdots, u_m$에 대한 설명 중 옳지 않은 것을 모두 고른 것은?

ㄱ. $u_1^T u_2$는 행렬 $u_2 u_1^T$의 주대각원소의 합(trace)과 항상 같다.
ㄴ. 행렬 $u_1 u_2^T$의 임의의 열벡터는 항상 다른 열벡터들의 선형결합으로 표현할 수 있다.
ㄷ. $m \geq n$이면, 행렬 $A = \sum_{i=1}^{m} u_i u_i^T$의 역행렬이 항상 존재한다.

① ㄱ, ㄴ ② ㄴ, ㄷ ③ ㄱ, ㄷ ④ ㄱ, ㄴ, ㄷ

11 실수성분을 갖는 $n \times n$ 행렬의 벡터공간을 $\mathbb{R}^{n \times n}$이라 하고, $W = \{A = [a_{ij}] \in \mathbb{R}^{n \times n} \mid A^t = -A\}$이라 할 때, 부분공간 W의 차원은? (단, $n \geq 3$이고, A^t는 A의 전치행렬(transpose matrix)을 나타낸다.)

① $n-1$ ② $\frac{n(n-1)}{2}$ ③ $\frac{n(n+1)}{2}$ ④ $n+1$

12 벡터공간 V의 부분집합 $A = \{v_1, v_2, v_3, \cdots, v_n\}$에 대한 설명 중 옳지 않은 것은?

① A가 일차종속이면 v_1은 $v_2, v_3, \cdots, v_n$의 일차결합이다.
② $n > \dim(V)$이면 A는 일차종속이다.
③ A의 원소의 모든 일차결합의 집합은 V의 부분공간이다.
④ A가 일차독립이면 $\dim(V) \geq n$이다.

13 집합 $S=\left\{\begin{bmatrix}1\\2\\1\end{bmatrix}, \begin{bmatrix}2\\9\\0\end{bmatrix}, \begin{bmatrix}3\\3\\4\end{bmatrix}\right\}$가 $\mathbb{R}^3$의 기저일 때, 벡터 $\begin{bmatrix}5\\-1\\9\end{bmatrix}$의 S에 관한 좌표벡터의 성분의 합은?

① 2 ② 3 ③ 4 ④ 5

14 행렬 $A=\begin{bmatrix}1&1&2\\1&2&3\\1&3&4\end{bmatrix}$의 행들로 생성되는 $\mathbb{R}^3$의 부분공간에 속하는 벡터를 구하시오.

① $\begin{bmatrix}1\\1\\3\end{bmatrix}$ ② $\begin{bmatrix}0\\2\\1\end{bmatrix}$ ③ $\begin{bmatrix}1\\2\\3\end{bmatrix}$ ④ $\begin{bmatrix}2\\2\\3\end{bmatrix}$

15 행렬 $\begin{pmatrix}1&2&1&0\\2&-1&0&1\\1&-3&-1&1\\2&9&4&-1\end{pmatrix}$의 영공간(null space)의 기저가 $\{(a,b,5,0),(c,d,0,1)\}$이면, $\dfrac{b}{a}+\dfrac{d}{c}$의 값은?

① $-\dfrac{3}{2}$ ② $-\dfrac{2}{3}$ ③ $\dfrac{2}{3}$ ④ $\dfrac{3}{2}$

16 행렬 $\begin{pmatrix} 1 & 0 & 1 & 0 \\ 0 & 2 & 0 & 2 \\ 6 & 7 & 6 & 7 \\ 6 & 7 & 8 & 9 \end{pmatrix}$의 열공간의 차원은?

① 1 ② 2 ③ 3 ④ 4

17 연립일차방정식

$$\begin{cases} x_1+3x_2-2x_3+2x_5=0 \\ 2x_1+6x_2-5x_3-2x_4+4x_5-3x_6=0 \\ x_3+2x_4+3x_6=0 \\ x_1+3x_2+4x_4+2x_5+9x_6=0 \end{cases}$$ 의 해공간의 차원(dimension)은?

① 2 ② 3 ③ 4 ④ 5

18 A는 3×4 행렬이고 $\boldsymbol{x}$는 4개의 성분을 갖는 열벡터이다. 선형방정식 $A\boldsymbol{x}=\boldsymbol{b}$의 해가

$$\boldsymbol{x}=\begin{bmatrix} 2 \\ 1 \\ 1 \\ 2 \end{bmatrix}+c_1\begin{bmatrix} -3 \\ -1 \\ 1 \\ 0 \end{bmatrix}+c_2\begin{bmatrix} -8 \\ -3 \\ 0 \\ 1 \end{bmatrix}$$

일 때, 행렬 A의 계수는? (여기서 c_1과 c_2는 임의의 상수이다.)

① 0 ② 1 ③ 2 ④ 3

19 행렬 $A=\begin{pmatrix} 1 & 1 & 4 & 1 & 2 \\ 0 & 1 & 2 & 1 & 1 \\ 0 & 0 & 0 & 1 & 2 \\ 1 & -1 & 0 & 0 & 2 \\ 2 & 1 & 6 & 1 & 2 \end{pmatrix}$의 영공간(null space)의 차원은?

① 1　　② 2　　③ 3　　④ 4

20 모든 성분이 실수인 $m\times n$행렬 A에 대하여 A의 영공간(null space)과 A^T의 영공간은 그 차원이 각각 7, 2이고 A^TA는 차원이 k인 영공간을 갖는다고 하자. $m-n+k$의 값은? (여기서, A^T는 A의 전치행렬이다.)

① -5　　② -2　　③ 2　　④ 5

07

고윳값과 고유벡터

출제 비중 & 빈출 키워드 리포트

단원	출제 비중 (합계 22%)	빈출 키워드
1. 고윳값과 고유벡터	13%	·고윳값과 고유벡터의 성질
2. 행렬의 닮음과 대각화	5%	·케일리-해밀턴 정리
3. 직교·멱등·멱영행렬	2%	·직교집합과 직교기저
4. 직교 대각화	2%	

1 고윳값과 고유벡터

1. 정의

(1) n차 정방행렬 A에 대하여

$$Ax = \lambda x$$

를 만족하는 $\mathbf{0}$이 아닌 벡터 $x \in \mathbb{R}^n$가 존재할 때,

① λ : A의 고윳값(또는 고유치)

② x : λ에 대응하는 A의 고유벡터

(2) 고윳값(eigenvalue)

행렬변환 후에 고유벡터의 크기가 변하는 비율을 의미한다.

(3) 고유벡터(eigenvector)

어떤 행렬변환이 일어난 후에 크기가 고윳값만큼 변하고, 나머지는 전혀 변하지 않은 벡터를 말한다.

이때의 벡터는 영벡터가 아니다.

(4) 예시

$A = \begin{pmatrix} 3 & 0 \\ 8 & -1 \end{pmatrix}$이면 $A\begin{pmatrix} 1 \\ 2 \end{pmatrix} = \begin{pmatrix} 3 & 0 \\ 8 & -1 \end{pmatrix}\begin{pmatrix} 1 \\ 2 \end{pmatrix} = \begin{pmatrix} 3 \\ 6 \end{pmatrix} = 3\begin{pmatrix} 1 \\ 2 \end{pmatrix}$

① 고윳값: 3

② A의 고유벡터: $\begin{pmatrix} 1 \\ 2 \end{pmatrix}$

2. 고윳값을 찾는 방법

(1) 특성다항식(고유다항식)

n개의 미지수에 관한 n개의 동차 선형연립방정식이 자명하지 않은 해를 갖기 위한 필요충분조건은 계수행렬의 행렬식이 0인 것이다.

$$Ax = \lambda x \ \Leftrightarrow (A - \lambda I)x = \mathbf{0}\text{에서 } \det(A - \lambda I) = 0$$

즉, 고윳값 λ를 구하기 위한 필요충분조건은 $\det(A - \lambda I_n) = 0$을 만족하는 λ에 대한 n차 방정식을 푸는 것과 같다.

① λ에 관한 n차 다항식 $\det(A - \lambda I)$

$$p(\lambda) = \det(A - \lambda I_n) = \begin{vmatrix} a_{11} - \lambda & a_{12} & \cdots & a_{1n} \\ a_{21} & a_{22} - \lambda & \cdots & a_{2n} \\ \vdots & \vdots & \ddots & \vdots \\ a_{n1} & a_{n2} & \cdots & a_{nn} - \lambda \end{vmatrix} = 0$$

(2) A가 삼각행렬 또는 대각행렬일 때의 고윳값은 A의 주대각원소들이다.

(3) $n\times n$ 행렬의 특성방정식 근의 개수

λ에 대한 n차 방정식이므로, 대수학의 기본정리에 의해 이 방정식에는 중근과 복소근을 포함하여 정확히 n개의 근이 존재한다.

(4) 고유방정식

① A가 2×2 행렬: $\lambda^2-(trA)\lambda+(\det A)=0$

② A가 3×3 행렬: $\lambda^3-(trA)\lambda^2+(C_{11}+C_{22}+C_{33})\lambda-\det A=0$
(여기서 C_{kk}: k행 k열의 여인수)

3. 고유벡터를 찾는 방법

(1) 고윳값 λ에 대응하는 고유벡터를 구하려면 가우스 소거법을 첨가행렬 $(A-\lambda I\,|\,\vec{0})$에 적용하여 연립방정식 $(A-\lambda I)\boldsymbol{x}=\vec{0}$을 풀어야 한다.

① 행렬 $(A-\lambda I)$의 영공간 $E_\lambda=\{\boldsymbol{x}\in\mathbb{R}^n\,|\,(A-\lambda I)\boldsymbol{x}=\vec{0}\}$을 고윳값 λ에 대응하는 행렬 A의 고유공간(eigenspace)이라고 부른다.

② 고유공간은 영벡터와 고윳값 λ에 대응하는 모든 고유벡터를 포함한다.

(2) 예시

$A=\begin{pmatrix}3&2\\-1&0\end{pmatrix}$의 고유치와 고유벡터를 구해보면 다음과 같다.

$A-\lambda I=\begin{pmatrix}3&2\\-1&0\end{pmatrix}-\lambda\begin{pmatrix}1&0\\0&1\end{pmatrix}=\begin{pmatrix}3-\lambda&2\\-1&0-\lambda\end{pmatrix}$

$|A-\lambda I|=\begin{vmatrix}3-\lambda&2\\-1&-\lambda\end{vmatrix}=0\Leftrightarrow\lambda^2-3\lambda+2=0\Leftrightarrow(\lambda-1)(\lambda-2)=0$

$\therefore\ \lambda=1,\ 2$

① 고윳값 $\lambda=1$일 때,

$(A-I)v=\begin{pmatrix}2&2\\-1&-1\end{pmatrix}\begin{pmatrix}x\\y\end{pmatrix}=\begin{pmatrix}0\\0\end{pmatrix}$ 에서

$x+y=0\Leftrightarrow x=-y$이므로 고유벡터 $v=\begin{pmatrix}-t\\t\end{pmatrix}(t\neq0\in\mathbb{R})$이다.

② 고윳값 $\lambda=2$일 때,

$(A-2I)v=\begin{pmatrix}1&2\\-1&-2\end{pmatrix}\begin{pmatrix}x\\y\end{pmatrix}=\begin{pmatrix}0\\0\end{pmatrix}$에서

$x+2y=0\Leftrightarrow x=-2y$이므로 고유벡터 $v=\begin{pmatrix}-2s\\s\end{pmatrix}(s\neq0\in\mathbb{R})$이다.

4. 고윳값과 고유벡터의 성질에 관한 정리

(1) 정리 1

n차 정방행렬 A에 대하여 A가 가역일 필요충분조건은 A의 고유치 중 0이 포함되지 않는 것이다.

(2) 정리 2

n차 정방행렬 A에 대하여 λ가 행렬 A의 고유치이며 $\boldsymbol{x}$가 λ에 대응하는 고유벡터일 때,

① k가 자연수이면 행렬 A^k의 고유치는 λ^k이고 고유벡터는 $\boldsymbol{x}$이다.

② k가 스칼라이면 행렬 kA의 고유치는 $k\lambda$이고 고유벡터는 $\boldsymbol{x}$이다.

③ A가 가역행렬이면 A^{-1}의 고유치는 $\frac{1}{\lambda}$이고 고유벡터는 $\boldsymbol{x}$이다.

④ A와 A^T의 고유치는 같지만, 고유공간이 같은 것은 아니다.

⑤ A의 모든 고유치들의 합은 $tr(A)$와 같다.

⑥ A의 모든 고유치들의 곱은 $\det(A)$와 같다.

⑦ 참고

- n차 정방행렬 A의 특성다항식이 $p(\lambda)=\lambda^n+c_{n-1}\lambda^{n-1}+\cdots+c_1\lambda+c_0$일 때, $tr(A)=-c_{n-1}$, $\det(A)=(-1)^n c_0$
- n차 정방행렬 A, B의 고유치가 각각 λ, μ이고, 이에 대응되는 고유벡터가 v로 같다면 $A+B$의 고유치 $\lambda+\mu$, AB의 고유치 $\lambda\mu$가 성립한다.
- n차 정방행렬 A, B에 대하여 $A+B$의 모든 고유치의 합은 A와 B의 각각의 모든 고유치의 합과 같고, AB의 모든 고유치의 곱은 A와 B의 각각의 모든 고유치의 곱과 같다.

(3) 정리 3

n차 정방행렬 A에 대하여 A가 가역행렬이면 다음이 성립한다.

① $\det(A)\neq 0$

② $rank(A)=n$

③ A의 행(열)벡터들이 일차독립이다.

④ $nullity(A)=0$

⑤ 고유치 $\lambda\neq 0$

⑥ 비동차 선형시스템 $AX=B$는 유일해 $X=A^{-1}B$를 갖는다.

⑦ 동차 선형시스템 $AX=O$는 자명해 $X=\vec{0}$만을 갖는다.

(4) 정리 4

n차 정방행렬 A에 대하여 다음이 성립한다.

① A의 고유치 λ가 중복해가 아닌 경우, λ에 대응하는 선형독립인 고유벡터는 유일하다.

② A의 서로 다른 고유치에 대응하는 고유벡터들은 일차독립이다.

③ A가 n개의 서로 다른 고유치를 가지면, A는 일차독립인 n개의 고유벡터를 가진다.

(5) 케일리-해밀턴 정리

n차 정방행렬 $A \in M_n(\mathbb{C})$ 의 특성다항식 $p(\lambda) = |A - \lambda I_n| = 0$ 이면 $p(A) = O$ 이다.

즉, n차 정방행렬 A 의 특성방정식에 대하여 다음이 성립한다.

$$\lambda^n + c_{n-1}\lambda^{n-1} + \cdots + c_1\lambda + c_0 = 0 \text{이면,}$$

$$A^n + c_{n-1}A^{n-1} + \cdots + c_1 A + c_0 I_n = O$$

TIP▸ 케일리-해밀턴 정리는 행렬 A의 고유방정식에 행렬 A를 대입해도 성립한다는 것을 말한다.

(6) 최소 다항식의 정의

$p(A) = O$이면서 $p(\lambda)$의 최고차항의 계수가 1인 차수가 가장 낮은 다항식 $p(\lambda)$를 A의 최소 다항식이라고 한다.

5. 대수적 중복도와 기하적 중복도

(1) 대수적 중복도(algebraic multiplicity)

A가 n차 정방행렬이고 $(\lambda - \lambda_i)^{\alpha_i}$가 특성다항식 $\det(A - \lambda I)$의 인수일 때,

특성방정식 $\det(A - \lambda I) = 0$의 근 중에서 α_i개의 λ_i가 근일 때, α_i를 λ_i의 대수적 중복도라고 한다.

(2) 기하적 중복도(geometric multiplicity)

고윳값 λ_i에 관한 일차독립인 고유벡터의 수를 λ_i의 기하적 중복도라고 한다.

① 고유공간의 차원은 $\dim E_\lambda = n - rank(A - \lambda I)$이다.

② 기하적 중복도는 대수적 중복도를 초과할 수 없다.

개념적용

01

다음 행렬 A의 모든 고윳값의 합은?

$$A=\begin{pmatrix} 6 & -1 & 5 \\ -8 & 4 & -10 \\ -5 & 1 & -4 \end{pmatrix}$$

① -10　　② -5　　③ 4　　④ 6

공략 포인트

고윳값의 성질
행렬 A의 모든 고윳값들의 합은 $tr(A)$와 같다

풀이

행렬 A의 모든 고윳값의 합은
$tr(A)=6+4+(-4)=6$이다.

정답 ④

02

주어진 행렬 $C=\begin{bmatrix} 0 & 0 & 4 \\ 1 & 0 & 0 \\ 0 & 1 & -3 \end{bmatrix}$에 대하여 C^t의 특성다항식(characteristic polynomial)을 구하시오.

(단, C^t는 C의 전치행렬(transpose matrix)이다.)

① $-\lambda^3-3\lambda^2+4$　　② $-\lambda^3-3\lambda^2-4$
③ $-\lambda^3-3\lambda+4$　　④ $-\lambda^3-3\lambda-4$

공략 포인트

특성다항식
$p(\lambda)=\det(C-\lambda I)$

풀이

$$\begin{aligned} p(\lambda)=|C^t-\lambda I| &= \begin{vmatrix} -\lambda & 1 & 0 \\ 0 & -\lambda & 0 \\ 4 & 0 & -3-\lambda \end{vmatrix} \\ &= -\lambda^2(\lambda+3)+4 \\ &= -\lambda^3-3\lambda^2+4 \end{aligned}$$

정답 ①

03

행렬 $\begin{pmatrix} 3 & 1 \\ 1 & 3 \end{pmatrix}$ 의 고유치, 고유벡터가 알맞게 된 것은?

① 3, (1, 1)　② 2, (1,−1)　③ 4, (2, −1)　④ 1, (1, 2)

공략 포인트

고윳값 λ를 구하기 위한 필요충분조건은 $\det(A-\lambda I_n)=0$을 만족하는 λ에 대한 n차 방정식을 푸는 것과 같다.

고유벡터

연립방정식 $(A-\lambda I)v=O$ 의 해가 고윳값 λ에 대응하는 고유벡터이다.

풀이

고윳값(고유치)을 λ, 고유벡터를 $v=\begin{pmatrix} x \\ y \end{pmatrix}$ 라 하면

$\begin{pmatrix} 3 & 1 \\ 1 & 3 \end{pmatrix}\begin{pmatrix} x \\ y \end{pmatrix}=\lambda\begin{pmatrix} x \\ y \end{pmatrix} \Leftrightarrow \begin{pmatrix} 3-\lambda & 1 \\ 1 & 3-\lambda \end{pmatrix}\begin{pmatrix} x \\ y \end{pmatrix}=\begin{pmatrix} 0 \\ 0 \end{pmatrix}$ ⋯⋯ (∗)

$\therefore \begin{vmatrix} 3-\lambda & 1 \\ 1 & 3-\lambda \end{vmatrix}=0 \Leftrightarrow (3-\lambda)^2-1=0 \Leftrightarrow \lambda^2-6\lambda+8=0 \Leftrightarrow \lambda=2, 4$

(i) $\lambda=2$ 를 (∗)에 대입하면

$\begin{pmatrix} 1 & 1 \\ 1 & 1 \end{pmatrix}\begin{pmatrix} x \\ y \end{pmatrix}=\begin{pmatrix} 0 \\ 0 \end{pmatrix}$ 즉, $y=-x$ 를 얻는다.

따라서 $v=t\begin{pmatrix} 1 \\ -1 \end{pmatrix}$ (t 는 0이 아닌 실수)이다.

(ii) $\lambda=4$ 를 (∗)에 대입하면

$\begin{pmatrix} -1 & 1 \\ 1 & -1 \end{pmatrix}\begin{pmatrix} x \\ y \end{pmatrix}=\begin{pmatrix} 0 \\ 0 \end{pmatrix}$ 즉, $y=x$ 를 얻는다.

따라서 $v=s\begin{pmatrix} 1 \\ 1 \end{pmatrix}$ (s 는 0이 아닌 실수)이다.

정답 ②

04

행렬 $A=\begin{bmatrix} 2 & 1 \\ 4 & -1 \end{bmatrix}$ 의 고유공간의 기저에 해당하는 것을 고르시오.

① $\begin{bmatrix} 1 \\ -1 \end{bmatrix}$　② $\begin{bmatrix} 2 \\ 1 \end{bmatrix}$　③ $\begin{bmatrix} -3 \\ 1 \end{bmatrix}$　④ $\begin{bmatrix} 1 \\ -4 \end{bmatrix}$

공략 포인트

고유공간

영벡터와 λ에 대응하는 모든 고유벡터를 포함한다.

풀이

$$\begin{aligned} \det(A-\lambda I) &= \begin{vmatrix} 2-\lambda & 1 \\ 4 & -1-\lambda \end{vmatrix} \\ &= (2-\lambda)(-1-\lambda)-4 \\ &= \lambda^2-\lambda-6 \\ &= (\lambda-3)(\lambda+2)=0 \end{aligned}$$

$\therefore \lambda=-2, 3$이다.

(i) $\lambda=-2$일 때, $\begin{bmatrix} 4 & 1 \\ 4 & 1 \end{bmatrix}\begin{bmatrix} x \\ y \end{bmatrix}=\begin{bmatrix} 0 \\ 0 \end{bmatrix}$에서 $\begin{bmatrix} x \\ y \end{bmatrix}=\begin{bmatrix} 1 \\ -4 \end{bmatrix}$이다.

(ii) $\lambda=3$일 때, $\begin{bmatrix} -1 & 1 \\ 4 & -4 \end{bmatrix}\begin{bmatrix} x \\ y \end{bmatrix}=\begin{bmatrix} x \\ y \end{bmatrix}$에서 $\begin{bmatrix} x \\ y \end{bmatrix}=\begin{bmatrix} 1 \\ 1 \end{bmatrix}$이다.

고유공간의 기저에 해당하는 것은 보기 중 ④이다.

정답 ④

05

행렬 $A=\begin{pmatrix}2&0&1\\0&2&1\\1&1&1\end{pmatrix}$에서 A의 고유공간(eigenspace) W와 고유벡터(eigenvector) v를 차례대로 구한 것 중 옳은 것은?

① $W=\{x\in\mathbb{R}^3|Ax=-3x\}$, $v=\begin{pmatrix}1\\0\\1\end{pmatrix}$

② $W=\{x\in\mathbb{R}^3|Ax=-3x\}$, $v=\begin{pmatrix}-1\\0\\1\end{pmatrix}$

③ $W=\{x\in\mathbb{R}^3|Ax=3x\}$, $v=\begin{pmatrix}1\\1\\-1\end{pmatrix}$

④ $W=\{x\in\mathbb{R}^3|Ax=3x\}$, $v=\begin{pmatrix}1\\1\\1\end{pmatrix}$

공략 포인트

고유공간
영벡터와 λ에 대응하는 모든 고유벡터를 포함한다.

고유벡터
연립방정식 $(A-\lambda I)v=O$의 해가 고윳값 λ에 대응하는 고유벡터이다.

풀이

① $\begin{pmatrix}2&0&1\\0&2&1\\1&1&1\end{pmatrix}\begin{pmatrix}1\\0\\1\end{pmatrix}=\begin{pmatrix}3\\1\\2\end{pmatrix}=\lambda\begin{pmatrix}1\\0\\1\end{pmatrix}$인 상수 λ는 존재하지 않는다.
즉, 고유벡터가 아니다.

② $\begin{pmatrix}2&0&1\\0&2&1\\1&1&1\end{pmatrix}\begin{pmatrix}-1\\0\\1\end{pmatrix}=\begin{pmatrix}-1\\1\\0\end{pmatrix}=\lambda\begin{pmatrix}-1\\0\\1\end{pmatrix}$인 상수 λ는 존재하지 않는다.
즉, 고유벡터가 아니다.

③ $\begin{pmatrix}2&0&1\\0&2&1\\1&1&1\end{pmatrix}\begin{pmatrix}1\\1\\-1\end{pmatrix}=\begin{pmatrix}1\\1\\1\end{pmatrix}=\lambda\begin{pmatrix}1\\1\\-1\end{pmatrix}$인 상수 λ는 존재하지 않는다.
즉, 고유벡터가 아니다.

④ $\begin{pmatrix}2&0&1\\0&2&1\\1&1&1\end{pmatrix}\begin{pmatrix}1\\1\\1\end{pmatrix}=\begin{pmatrix}3\\3\\3\end{pmatrix}=\lambda\begin{pmatrix}1\\1\\1\end{pmatrix}$인 상수 $\lambda=3$이 존재한다.

즉, 고유값 3 에 대한 고유벡터는 $v=\begin{pmatrix}1\\1\\1\end{pmatrix}$이고, 이때의 고유공간은 $W=\{x\in\mathbb{R}^3\mid Ax=3x\}$ 이다.

정답 ④

06

3×3 행렬 A의 고윳값이 -2, -1, 2일 때, 다음 중 행렬식의 값이 가장 큰 행렬을 고르시오.

① $A(A^{-1})^T$　② $3A$　③ $2A^{-1}A^T$　④ A^2

공략 포인트

고윳값의 성질
행렬 A의 모든 고윳값들의 곱은 $\det(A)$와 같다.

풀이

$|A| = -2 \times (-1) \times 2 = 4$이므로

① $|AA^{-T}| = 4 \times \frac{1}{4} = 1$

② $|3A| = 3^3 \times 4 = 108$

③ $|2A^{-1}A^T| = 2^3 \cdot \frac{1}{4} \cdot 4 = 8$

④ $|A^2| = 4^2 = 16$

다음 중 행렬식의 값이 가장 큰 행렬은 ②이다.

정답 ②

07

행렬 $A = \begin{pmatrix} -7 & 5 \\ -4 & 3 \end{pmatrix}$에 대하여 $AB = I$를 만족하는 행렬 B의 두 고윳값의 곱은?

① -3　② -1　③ 1　④ 3

공략 포인트

고윳값의 성질
행렬 A의 모든 고윳값들의 곱은 $\det(A)$와 같다.

풀이

$|A| = -21 + 20 = -1$

$AB = I$일 때, 행렬식의 성질에 의하여

$|AB| = |I| \Leftrightarrow |A||B| = |I| \Leftrightarrow -|B| = 1 \Leftrightarrow |B| = -1$이다.

B의 두 고윳값의 곱은 행렬식과 같으므로 B의 두 고윳값의 곱은 -1이다.

정답 ②

08

행렬 $A=\begin{bmatrix} 1 & 0 & 1 \\ 2 & 2 & 0 \\ 35 & 0 & 3 \end{bmatrix}$, $B=\begin{bmatrix} 7 & -14 & 8 \\ 1 & 0 & 0 \\ 0 & 1 & 0 \end{bmatrix}$에 대하여 A^{-1}의 고윳값을 $\lambda_1,\ \lambda_2,\ \lambda_3$ 라고 하고

B^2의 고윳값을 $\lambda_4,\ \lambda_5,\ \lambda_6$ 라고 할 때, 모든 고윳값들의 곱 $\lambda_1\lambda_2\lambda_3\lambda_4\lambda_5\lambda_6$ 의 값은?

① -512 ② -1 ③ 1 ④ 512

공략 포인트

고윳값의 성질
행렬 A의 모든 고윳값들의 곱은 $\det(A)$와 같다.

풀이

$|A|=\begin{vmatrix} 1 & 0 & 1 \\ 2 & 2 & 0 \\ 35 & 0 & 3 \end{vmatrix}=2(3-35)=2\times-32=-64$이므로

A^{-1}의 고윳값들 $\lambda_1,\ \lambda_2,\ \lambda_3$의 곱 $\lambda_1\lambda_2\lambda_3=|A^{-1}|=\dfrac{1}{|A|}=-\dfrac{1}{64}$이다.

$|B|=\begin{vmatrix} 7 & -14 & 8 \\ 1 & 0 & 0 \\ 0 & 1 & 0 \end{vmatrix}=-(-8)=8$이므로

B^2의 고윳값들 $\lambda_4,\ \lambda_5,\ \lambda_6$의 곱 $\lambda_4\lambda_5\lambda_6=|B^2|=|B|^2=64$이다.

$\therefore\ \lambda_1\lambda_2\lambda_3\lambda_4\lambda_5\lambda_6=-\dfrac{1}{64}\times 64=-1$

정답 ②

09

$A=\begin{pmatrix} a & 1 & 0 \\ -1 & b & 0 \\ c & 2 & d \end{pmatrix}$의 고윳값이 $\lambda=-1,1,2$일 때, 행렬 A^2-2I의 행렬식의 값은?

(단, I는 단위행렬이고 a,b,c,d는 실수이다.)

① 1 ② 2 ③ 3 ④ 4

공략 포인트

고윳값의 성질
행렬 A의 고윳값이 λ일 때,
행렬 A^k의 고윳값은 λ^k이다.
(여기서 k는 자연수)

풀이

고윳값의 성질에 따라 A의 고윳값이 $\lambda=-1,1,2$일 때,
A^2의 고윳값은 $\lambda=1,1,4$이다.
A^2-2I의 고윳값은 $\lambda=-1,-1,2$이므로
A^2-2I의 행렬식의 값은 $(-1)\times(-1)\times 2=2$이다.

정답 ②

10

행렬 $\begin{pmatrix} a & b \\ c & d \end{pmatrix} \in M_{2\times 2}(\mathbb{R})$가 서로 다른 2개의 고윳값을 가지는 필요충분조건은?

① $ad-bc>0$ ② $(a-d)^2+4bc>0$ ③ $a+d>0$ ④ $bc>0$

공략 포인트

A가 2×2 행렬인 고유방정식
$\lambda^2-(trA)\lambda+(\det A)=0$

이차방정식 근의 판별식
서로 다른 두 실근: $D>0$
중근: $D=0$
서로 다른 두 허근: $D<0$

풀이

주어진 행렬의 특성방정식은 $\lambda^2-(a+d)\lambda+ad-bc=0$이며,
서로 다른 2개의 고윳값을 가지면 서로 다른 두 실근을 가지므로
$D=(a+d)^2-4(ad-bc)=(a+d)^2-4ad+4bc=(a-d)^2+4bc>0$이다.

정답 ②

11

행렬 $A=\begin{pmatrix} 3 & 2 \\ -1 & 0 \end{pmatrix}$에 대하여 A^3의 고윳값의 합을 구하면?

① 0 ② 1 ③ 3 ④ 9

공략 포인트

고윳값의 성질
행렬 A의 고윳값이 λ일 때,
행렬 A^k의 고윳값은 λ^k이다.
(여기서 k는 자연수)

풀이

$A=\begin{pmatrix} 3 & 2 \\ -1 & 0 \end{pmatrix}$의 고윳값 λ를 먼저 구하면 다음과 같다.

$|A-\lambda I|=0 \Leftrightarrow \begin{vmatrix} 3-\lambda & 2 \\ -1 & -\lambda \end{vmatrix}=0 \Leftrightarrow \lambda^2-3\lambda+2=0$

$\therefore \lambda=1, 2$

고윳값의 성질에 따라 A^3의 고유치는 $1^3, 2^3$ 이므로
구하고자 하는 고윳값의 합은 9이다.

정답 ④

12

행렬 $A=\begin{pmatrix} 2 & 7 \\ -1 & -3 \end{pmatrix}$에 대하여 $A^{2023}=\begin{pmatrix} a & b \\ c & d \end{pmatrix}$일 때, $a+b+c+d$의 값은?

① 2　　② 3　　③ 4　　④ 5

공략 포인트

A가 2×2 행렬인 고유방정식
$\lambda^2-(trA)\lambda+(\det A)=0$

케일리-해밀턴 정리
행렬 A의 고유방정식에 행렬 A를 대입해도 성립한다는 것

풀이

$A=\begin{pmatrix} 2 & 7 \\ -1 & -3 \end{pmatrix}$일 때, 고유방정식은 $\lambda^2+\lambda+1=0$이다.

케일리-해밀턴 정리에 의해

$A^2+A+I=O$

$A^2=-A-I$

$A^3=-A^2-A=A+I-A=I$

그러므로 $A^{2023}=(A^3)^{674}A=(I)^{674}A=A=\begin{pmatrix} 2 & 7 \\ -1 & -3 \end{pmatrix}$이다.

따라서 $a+b+c+d=2+7-1-3=5$이다.

정답 ④

13

3×3 행렬 A의 특성방정식이 $f(\lambda)=\det(\lambda I-A)=\lambda^3+4\lambda+1$로 주어진다고 할 때,

$A^5+A^2-6A-4I$의 행렬식과 고윳값의 합을 각각 구하면? (단, I는 3×3 단위행렬이다.)

① $-1{,}000,\ 0$　　② $-10,\ 0$　　③ $1{,}000,\ 10$　　④ $10,\ 10$

공략 포인트

케일리-해밀턴 정리
행렬 A의 고유방정식에 행렬 A를 대입해도 성립한다는 것

행렬식의 성질
$\det(kA)=k^n\det(A)$

대각합(trace)의 성질
$tr(kA)=ktr(A)$

풀이

A의 특성방정식이 $f(\lambda)=\det(\lambda I-A)=\lambda^3+4\lambda+1=0$이므로

$\det(A)=-1$, $tr(A)=0$이다.

케일리-해밀턴 정리에 의해

$A^3+4A+I=O$이고

$A^5+A^2-6A-4I=(A^2-4I)(A^3+4A+I)+10A=10A$이다.

$\det(10A)=10^3|A|=-1{,}000$, $tr(10A)=0$

정답 ①

2 행렬의 닮음과 대각화

1. 행렬의 닮음

(1) 정의

n차 정방행렬 A, B에 대하여

$$P^{-1}AP = B \text{ 또는 } PBP^{-1} = A$$

를 만족하는 가역행렬 P가 존재하면 행렬 A는 B와 닮은 행렬이라고 한다.

(2) 닮은 행렬의 성질

n차 정방행렬 A와 B가 닮은 행렬이면 다음이 성립한다.

① 특성다항식(방정식)이 같다.

② 고윳값이 같다.

③ $tr(A) = tr(B)$, $\det(A) = \det(B)$, $rank(A) = rank(B)$

④ 닮은 행렬

- A^k와 B^k은 닮은 행렬이다.
- A^{-1}과 B^{-1}는 닮은 행렬이다.
- $A-kI$와 $B-kI$는 닮은 행렬이다.
- kA와 kB는 닮은 행렬이다.

⑤ A와 B가 닮은 행렬이고 B와 C가 닮은 행렬이면 A와 C도 닮은 행렬이다.

⑥ A와 B의 각 고윳값에 대응하는 고유공간의 차원은 같다.

⑦ A와 B의 최소다항식은 같다.

⑧ 행렬 A, B가 닮은 행렬이라고 해서 동일한 고유공간을 갖는 것은 아니다.

2. 행렬의 대각화

(1) 정의

n차 정방행렬 A가 대각행렬과 닮은 행렬일 때, 행렬 A를 대각화가능 행렬이라고 한다.
즉, 어떤 가역행렬 P와 대각행렬 D가 있어서 $A = PDP^{-1}$이면 행렬 A를 대각화가능 행렬이라고 한다.
이때, P는 A를 대각화한다고 한다.

(2) 대각화 정리

n차 정방행렬 A의 대각화가능할 필요충분조건은 행렬 A가 n개의 일차독립인 고유벡터를 가지는 것이다.
D가 대각행렬일 때, $A = PDP^{-1}$일 필요충분조건은 행렬 P의 열들이 행렬 A의 일차독립인 n개의 고유벡터일 때이다.
이 경우 행렬 D의 대각선상의 성분은 행렬 P의 고유벡터에 대응하는 행렬 A의 고윳값들이다.

(3) 대각화가능한 행렬

① 대칭행렬

② n개의 서로 다른 고윳값을 가진 n차 정방행렬

TIP ▸ 대각화 알고리즘

A가 n차 정방행렬일 때,

1단계: A의 n개의 일차독립인 고유벡터를 구한다.

(여기서 일차독립인 벡터가 n개보다 작으면 대각화가 불가능하다.)

2단계: $v_1, v_2, \cdots, v_n$을 열벡터로 갖는 행렬 P를 만든다.

3단계: 이 P가 A를 대각화하는 행렬이고, $P^{-1}AP$는 A의 고윳값 $\lambda_1, \lambda_2, \cdots, \lambda_n$을 주대각성분으로 하는 대각행렬 D이다.

(단, 대각성분의 숫자는 행렬 P를 구성할 때 고유벡터의 순서에 따라 바뀌므로 P와 D의 모양의 유일한 것은 아니다.)

(4) 예시

$A=\begin{pmatrix}2&3\\2&1\end{pmatrix}$를 대각화하는 행렬 P를 구하려면 다음과 같다.

$\begin{pmatrix}2&3\\2&1\end{pmatrix}\begin{pmatrix}x\\y\end{pmatrix}=\lambda\begin{pmatrix}x\\y\end{pmatrix}$ (여기서 λ는 고유치, $v=\begin{pmatrix}x\\y\end{pmatrix}$는 고유벡터이다.)

$\Leftrightarrow \begin{pmatrix}2-\lambda&3\\2&1-\lambda\end{pmatrix}\begin{pmatrix}x\\y\end{pmatrix}=\begin{pmatrix}0\\0\end{pmatrix}$ ...... $(*)$

$\therefore \begin{vmatrix}2-\lambda&3\\2&1-\lambda\end{vmatrix}=0 \Leftrightarrow (2-\lambda)(1-\lambda)-6=0$

$\therefore \lambda=-1,\ 4$

(i) $\lambda=-1$을 $(*)$에 대입하면

$\begin{pmatrix}3&3\\2&2\end{pmatrix}\begin{pmatrix}x\\y\end{pmatrix}=\begin{pmatrix}0\\0\end{pmatrix} \Leftrightarrow \begin{cases}3x+3y=0\\2x+2y=0\end{cases}$

$\therefore y=-x$

$\therefore v=\begin{pmatrix}t\\-t\end{pmatrix}=t\begin{pmatrix}1\\-1\end{pmatrix}$ $(t\neq 0\in\mathbb{R})$

(ii) $\lambda=4$을 $(*)$에 대입하면

$\begin{pmatrix}-2&3\\2&-3\end{pmatrix}\begin{pmatrix}x\\y\end{pmatrix}=\begin{pmatrix}0\\0\end{pmatrix} \Leftrightarrow \begin{cases}-2x+3y=0\\2x-3y=0\end{cases}$

$\therefore y=\dfrac{2}{3}x$

$\therefore v=\begin{pmatrix}3s\\2s\end{pmatrix}=s\begin{pmatrix}3\\2\end{pmatrix}$ $(s\neq 0\in\mathbb{R})$

(i), (ii)에서 얻어진 고유벡터들은 일차독립이므로 A는 대각화가능하다.

위에서 구한 고유벡터들을 열벡터로 하는 행렬을 $P=\begin{pmatrix}1&3\\-1&2\end{pmatrix}$라 하면, $P^{-1}=\dfrac{1}{5}\begin{pmatrix}2&-3\\1&1\end{pmatrix}$이다.

$P^{-1}AP=\dfrac{1}{5}\begin{pmatrix}2&-3\\1&1\end{pmatrix}\begin{pmatrix}2&3\\2&1\end{pmatrix}\begin{pmatrix}1&3\\-1&2\end{pmatrix}=\dfrac{1}{5}\begin{pmatrix}-2&3\\4&4\end{pmatrix}\begin{pmatrix}1&3\\-1&2\end{pmatrix}=\dfrac{1}{5}\begin{pmatrix}-5&0\\0&20\end{pmatrix}=\begin{pmatrix}-1&0\\0&4\end{pmatrix}$이다.

3. 중복도와 대각화가능 행렬

(1) 중복도

n차 정방행렬 A에 대하여 다음이 성립한다.

① (고윳값 λ의 대수적 중복도) = (특성방정식의 근으로서의 중복도)

② (고윳값 λ의 기하적 중복도) = $\dim(E_\lambda) = nullity(A-\lambda I) = n - rank(A-\lambda I)$

(2) 정리

n차 정방행렬 A의 서로 다른 고유치를 $\lambda_1, \cdots, \lambda_p$라고 하면, A가 대각화가능할 필요충분조건은

각 λ_k에 대응하는 고유공간의 차원(기하적 중복도)이 λ_k의 대수적 중복도와 같아야 한다. (단, $1 \le k \le p$)

4. 행렬의 거듭제곱 계산

(1) 케일리-해밀턴 정리를 이용

$A = \begin{pmatrix} a & b \\ c & d \end{pmatrix}$의 특성방정식은 $\lambda^2 - (a+d)\lambda + (ad-bc) = 0$이고

케일리-해밀턴 정리에 의해 $A^2 - (a+d)A + (ad-bc)I = O$이 성립한다.

$A^2 = (a+d)A - (ad-bc)I$임을 이용하여 행렬의 거듭제곱을 계산할 수 있다.

(2) 행렬의 대각화를 이용

n차 정방행렬 A가 대각화가능 $\Rightarrow A = PDP^{-1} \Rightarrow A^n = PD^nP^{-1}$

여기서 행렬의 거듭제곱인 D^n은 쉽게 계산할 수 있다.

개념적용

01

두 정방행렬 A, B 가 어떤 가역행렬 P에 대하여 $B=PAP^{-1}$을 만족할 때,

다음 중 옳은 것을 모두 고르면?

ㄱ. 행렬 A, B의 행렬식의 값은 서로 같다.
ㄴ. 행렬 A, B의 계수($rank$)가 서로 같다.
ㄷ. 행렬 A, B의 대각합(trace)이 서로 같다.
ㄹ. 행렬 A, B의 고윳값이 서로 같다.

① ㄱ ② ㄱ, ㄴ ③ ㄴ, ㄷ ④ ㄱ, ㄴ, ㄷ, ㄹ

공략 포인트

닮은 행렬의 성질
n차 정방행렬 A, B가 닮은 행렬이면
- $\det(A)=\det(B)$
- $rank(A)=rank(B)$
- $tr(A)=tr(B)$
- 고윳값이 같다.

풀이

두 정방행렬 A, B 가 어떤 가역행렬 P에 대하여 $B=PAP^{-1}$을 만족하면
A, B는 닮은 행렬이다.
따라서 $\det(A)=\det(B)$, $rank(A)=rank(B)$, $tr(A)=tr(B)$이며, 고윳값도 같다.
그러므로 옳은 것은 ㄱ, ㄴ, ㄷ, ㄹ이다.

정답 ④

02

행렬 $A=\begin{bmatrix}2&1\\1&2\end{bmatrix}$는 대각화가능한 행렬(적당한 정칙행렬 P가 존재하여 $P^{-1}AP$는 대각행렬)이다.

이를 만족시키는 정칙행렬 P를 구하면?

① $\begin{bmatrix}0&1\\-1&0\end{bmatrix}$ ② $\begin{bmatrix}1&1\\-1&0\end{bmatrix}$ ③ $\begin{bmatrix}1&0\\-1&1\end{bmatrix}$ ④ $\begin{bmatrix}1&1\\-1&1\end{bmatrix}$

공략 포인트

A가 2×2 행렬인 고유방정식
$\lambda^2-(trA)\lambda+(\det A)=0$

풀이

P의 열벡터들은 행렬 $A=\begin{bmatrix}2&1\\1&2\end{bmatrix}$의 고유벡터들이므로
행렬 A의 고유벡터를 구하면 다음과 같다.
특성방정식 $\lambda^2-4\lambda+3=0$에서 고윳값 $\lambda=1, 3$이다.

(i) $\lambda=1$

$$\begin{bmatrix}1&1\\1&1\end{bmatrix}\begin{bmatrix}x\\y\end{bmatrix}=\begin{bmatrix}0\\0\end{bmatrix}\Leftrightarrow x+y=0\Leftrightarrow\begin{bmatrix}1\\-1\end{bmatrix}$$

(ii) $\lambda=3$

$$\begin{bmatrix}-1&1\\1&-1\end{bmatrix}\begin{bmatrix}x\\y\end{bmatrix}=\begin{bmatrix}0\\0\end{bmatrix}\Leftrightarrow y=x\Leftrightarrow\begin{pmatrix}1\\1\end{pmatrix}$$

$\therefore P=\begin{bmatrix}1&1\\-1&1\end{bmatrix}$

TIP ▸ 보기에 주어진 행렬의 열벡터들이 고유벡터가 되는 것을 찾아도 된다.

정답 ④

03

행렬 $A=\begin{bmatrix} 7 & -2 \\ 4 & 1 \end{bmatrix}$에 대하여 $A=PDP^{-1}$을 만족시키는 행렬 P가 존재할 때, A와 닮은 대각행렬(Diagonal matrix) D를 곱한 행렬 PD는? (단, P의 첫 행의 원소는 모두 1이다.)

① $\begin{bmatrix} 3 & 0 \\ 0 & 5 \end{bmatrix}$ ② $\begin{bmatrix} 3 & 5 \\ 3 & 5 \end{bmatrix}$ ③ $\begin{bmatrix} 3 & 5 \\ 6 & 5 \end{bmatrix}$ ④ $\begin{bmatrix} 7 & 5 \\ 4 & 5 \end{bmatrix}$

공략 포인트

행렬의 대각화 알고리즘
(i) A의 n개의 고유벡터를 구한다.
(ii) 고유벡터들을 열벡터로 갖는 행렬 P를 만든다.
(iii) A의 고윳값들을 주대각 성분으로 하는 대각행렬 D이다.

풀이

행렬 A의 고윳값을 λ_1, λ_2라 하고,
각 고윳값에 대응하는 고유벡터를 v_1, v_2라고 하면
$A=PDP^{-1}$, 즉 $AP=PD$를 만족시키는 행렬들은 $P=[v_1 \ \ v_2]$와 $D=\begin{bmatrix} \lambda_1 & 0 \\ 0 & \lambda_2 \end{bmatrix}$이다.
행렬 A의 고윳값을 구하면 $\det(A-\lambda I)=\begin{vmatrix} 7-\lambda & -2 \\ 4 & 1-\lambda \end{vmatrix}=(\lambda-3)(\lambda-5)=0$이므로
$\therefore \lambda_1=3,\ \lambda_2=5$이다.
$\lambda_1=3$에 대응하는 고유벡터 v_1과 $\lambda_2=5$에 대응하는 고유벡터 v_2는
$(A-3I)v_1=0 \Rightarrow 2x_1=x_2 \Rightarrow v_1=\begin{bmatrix} 1 \\ 2 \end{bmatrix}$이고,
$(A-5I)v_2=0 \Rightarrow x_1=x_2 \Rightarrow v_2=\begin{bmatrix} 1 \\ 1 \end{bmatrix}$이다.
따라서 $P=\begin{bmatrix} 1 & 1 \\ 2 & 1 \end{bmatrix}$, $D=\begin{bmatrix} 3 & 0 \\ 0 & 5 \end{bmatrix}$이고, 두 행렬의 곱 $PD=\begin{bmatrix} 3 & 5 \\ 6 & 5 \end{bmatrix}$이다.

정답 ③

04

$A=\begin{pmatrix} 3 & -2 & 0 \\ -2 & 3 & 0 \\ 0 & 0 & 5 \end{pmatrix}$가 어떤 행렬 B에 대하여 다음 식을 만족할 때, $\alpha+\beta+\gamma$의 값을 구하시오.

$$BAB^{-1}=\begin{pmatrix} \alpha & 0 & 0 \\ 0 & \beta & 0 \\ 0 & 0 & \gamma \end{pmatrix}$$

① 11 ② 12 ③ 13 ④ 14

공략 포인트

닮은 행렬의 성질
- 특성다항식(방정식)이 같다.
- 고윳값이 같다.
- 대각합이 같다.
- 행렬식이 같다.
- 행렬계수가 같다.
- 최소다항식이 같다.

풀이

행렬 A가 행렬 B에 대하여 $BAB^{-1}=\begin{pmatrix} \alpha & 0 & 0 \\ 0 & \beta & 0 \\ 0 & 0 & \gamma \end{pmatrix}$을 만족하면
A와 $\begin{pmatrix} \alpha & 0 & 0 \\ 0 & \beta & 0 \\ 0 & 0 & \gamma \end{pmatrix}$는 닮은 행렬이다.
닮은 행렬의 성질은 대각합이 같으므로
$tr(A)=tr\begin{pmatrix} \alpha & 0 & 0 \\ 0 & \beta & 0 \\ 0 & 0 & \gamma \end{pmatrix}$이다.
따라서 $\alpha+\beta+\gamma=3+3+5=11$이다.

정답 ①

05

행렬 $A = \begin{bmatrix} 0 & 0 & -2 \\ 1 & 2 & 1 \\ 1 & 0 & 3 \end{bmatrix}$ 와 닮은(similar) 대각행렬 D의 대각성분들의 곱은 얼마인가?

① 1　　② 2　　③ 4　　④ 6

공략 포인트

행렬 A와 닮은 대각행렬 D는 A의 고윳값들을 주대각성분으로 갖는다. 즉, D의 대각성분들의 곱은 행렬 A의 고윳값들의 곱과 같다.

이때, n차 정방행렬 A에 대하여 A의 모든 고윳값들의 곱은 $\det(A)$와 같다.

풀이

대각행렬 D의 대각성분들의 곱은 닮은 행렬 A의 고윳값들의 곱과 같다.

즉, $\det(A) = \begin{vmatrix} 0 & 0 & -2 \\ 1 & 2 & 1 \\ 1 & 0 & 3 \end{vmatrix}$

$= (-2) \cdot (-2) = 4$

정답 ③

06

실수에서 정의된 다음 행렬 중 대각화되지 않는 것을 고르시오.

① $\begin{bmatrix} 1 & -1 \\ 2 & 4 \end{bmatrix}$　　② $\begin{bmatrix} 0 & 2 \\ -1 & 3 \end{bmatrix}$　　③ $\begin{bmatrix} 2 & 1 \\ -1 & 4 \end{bmatrix}$　　④ $\begin{bmatrix} 1 & 2 \\ 0 & -4 \end{bmatrix}$

공략 포인트

행렬의 대각화가능 필요충분조건
각 고윳값들에 대응하는 고유공간의 차원(기하적 중복도)이 고윳값들의 대수적 중복도와 같아야 한다.

대수적 중복도
특성방정식의 근으로서의 중복도

기하적 중복도
$nullity(A-\lambda I)$
$= n - rank(A-\lambda I)$

풀이

특성방정식

① $\lambda^2 - 5\lambda + 6 = 0 \Rightarrow \lambda = 2,\ 3$

② $\lambda^2 - 3\lambda + 2 = 0 \Rightarrow \lambda = 1,\ 2$

④ $\lambda^2 + 3\lambda - 4 = 0 \Rightarrow \lambda = -4,\ 1$

행렬 A가 서로 다른 고윳값에 대응하는 고유벡터들은 일차독립이므로
①, ②, ④는 대각화가 가능하다.

③ $\lambda^2 - 6\lambda + 9 = 0 \Rightarrow \lambda = 3,\ 3$이므로 대수적 중복도는 2이다.

$rank(A-3I) = rank\begin{bmatrix} -1 & 1 \\ -1 & 1 \end{bmatrix} = 1$이므로,

$\lambda = 3$에 대한 기하적 중복도는 다음과 같다.

$nullity(A-3I) = n - rank(A-3I) = 2-1 = 1$

대수적 중복도와 기하적 중복도가 같지 않으므로
이 행렬은 대각화가 불가능하다.

정답 ③

07

다음 행렬 중 대각화가 가능하지 않은 것을 고르면?

① $\begin{bmatrix} 1 & 1 & 0 \\ 0 & 2 & 0 \\ 0 & 0 & 3 \end{bmatrix}$ ② $\begin{bmatrix} 1 & 2 & 0 \\ 0 & 1 & 1 \\ 0 & 0 & 3 \end{bmatrix}$ ③ $\begin{bmatrix} 3 & 1 & 0 \\ 0 & 1 & 0 \\ 0 & 0 & 2 \end{bmatrix}$ ④ $\begin{bmatrix} 1 & 1 & 0 \\ 1 & 1 & 1 \\ 0 & 0 & 3 \end{bmatrix}$

공략 포인트

행렬의 대각화가능 필요충분조건
각 고윳값들에 대응하는 고유공간의 차원(기하적 중복도)이 고윳값들의 대수적 중복도와 같아야 한다.

대수적 중복도
특성방정식의 근으로서의 중복도

기하적 중복도
$nullity(A-\lambda I)$
$= n - rank(A-\lambda I)$

풀이

① 삼각행렬의 고유치는 대각원소들이므로 $\lambda = 1, 2, 3$이다.
서로 다른 고유치에 대응하는 고유벡터들은 일차독립이므로 대각화가능하다.

② 삼각행렬의 고유치는 대각원소들이므로 $\lambda = 1, 1, 3$이다.

$rank(A-I) = rank\begin{bmatrix} 0 & 2 & 0 \\ 0 & 0 & 1 \\ 0 & 0 & 2 \end{bmatrix} = 2$이므로

$\lambda = 1$ 에 대한 기하적 중복도는 다음과 같다.

$nullity(A-I) = n - rank(A-I) = 3-2 = 1$

대수적 중복도와 기하적 중복도가 같지 않으므로
이 행렬은 대각화가 불가능하다.

③ 삼각행렬의 고유치는 대각원소들이므로 $\lambda = 1, 2, 3$이다.
서로 다른 고유치에 대응하는 고유벡터들은 일차독립이므로 대각화가능하다.

④ 특정방정식이 $\lambda(\lambda-2)(\lambda-3) = 0$이므로 고유치는 $\lambda = 0, 2, 3$이다.
서로 다른 고유치에 대응하는 고유벡터들은 일차독립이므로 대각화가능하다.

정답 ②

08

$A = \begin{pmatrix} -2 & 1 \\ -5 & 2 \end{pmatrix}$일 때, A^n의 형태로 표시되지 않는 행렬을 고르시오.

① $\begin{pmatrix} -5 & 1 \\ -2 & 2 \end{pmatrix}$ ② $\begin{pmatrix} 1 & 0 \\ 0 & 1 \end{pmatrix}$ ③ $\begin{pmatrix} -1 & 0 \\ 0 & -1 \end{pmatrix}$ ④ $\begin{pmatrix} 2 & -1 \\ 5 & -2 \end{pmatrix}$

공략 포인트

행렬의 거듭제곱 계산
$A = \begin{pmatrix} a & b \\ c & d \end{pmatrix}$의 특성방정식은 $\lambda^2 - (a+d)\lambda + (ad-bc) = 0$이고, 케일리–해밀턴 정리에 의해 $A^2 - (a+d)A + (ad-bc)I = O$이 성립한다.
$A^2 = (a+d)A - (ad-bc)I$임을 이용하여 행렬의 거듭제곱을 계산한다.

풀이

행렬 $A = \begin{pmatrix} -2 & 1 \\ -5 & 2 \end{pmatrix}$의 특성방정식은 $\lambda^2 + 1 = 0$이다.

케일리–해밀턴 정리에 의해 $A^2 + I = O$이 성립하므로

$A^2 = -I$이다.

따라서 A^n 의 형태로 표시되는 행렬은

A, $A^2 = -I$, $A^3 = A^2A = -A$, $A^4 = I$뿐이다.

②은 I, ③은 $-I$, ④은 $-A$이므로 A^n의 형태로 표시된다.

그러므로 A^n의 형태로 표시되지 않는 행렬은 ①이다.

정답 ①

09

$A=\begin{pmatrix} 1 & -4 \\ -2 & 3 \end{pmatrix}$일 때, A^{10}은?

① $\frac{1}{3}\begin{pmatrix} 5^{10}+2 & 2-2\cdot5^{10} \\ 1-5^{10} & 2\cdot5^{10}+2 \end{pmatrix}$

② $\frac{1}{3}\begin{pmatrix} 5^{10}+2 & 2-2\cdot5^{10} \\ 2-5^{10} & 2\cdot5^{10}+1 \end{pmatrix}$

③ $\frac{1}{3}\begin{pmatrix} 5^{10}+2 & 2-2\cdot5^{10} \\ 1+5^{10} & 2\cdot5^{10}+1 \end{pmatrix}$

④ $\frac{1}{3}\begin{pmatrix} 5^{10}+2 & 2-2\cdot5^{10} \\ 1-5^{10} & 2\cdot5^{10}+1 \end{pmatrix}$

공략 포인트

행렬의 거듭제곱 계산
행렬의 대각화를 이용하여
n차 정방행렬 A가 대각화가능하면
$A=PDP^{-1}$에서
$A^n=PD^nP^{-1}$

풀이

A의 고유방정식 $|A-\lambda I| = \begin{vmatrix} 1-\lambda & -4 \\ -2 & 3-\lambda \end{vmatrix} = (\lambda+1)(\lambda-5)=0$에서

A의 고유치는 5, -1이다.

(i) 고유치가 5인 경우

$\begin{pmatrix} -4 & -4 \\ -2 & -2 \end{pmatrix}\begin{pmatrix} a \\ b \end{pmatrix}=\begin{pmatrix} 0 \\ 0 \end{pmatrix}$에서 $a=-b$

$\therefore$ 고유벡터는 $a\begin{pmatrix} 1 \\ -1 \end{pmatrix}$이다. (단, $a\neq0$)

(ii) 고유치가 -1인 경우

$\begin{pmatrix} 2 & -4 \\ -2 & 4 \end{pmatrix}\begin{pmatrix} a \\ b \end{pmatrix}=\begin{pmatrix} 0 \\ 0 \end{pmatrix}$에서 $a=2b$

$\therefore$ 고유벡터는 $b\begin{pmatrix} 2 \\ 1 \end{pmatrix}$이다. (단, $b\neq0$)

고유벡터들의 열벡터로 이루어진 $P=\begin{pmatrix} 1 & 2 \\ -1 & 1 \end{pmatrix}$라 하면

$P^{-1}AP=\begin{pmatrix} 5 & 0 \\ 0 & -1 \end{pmatrix} \Rightarrow A=P\begin{pmatrix} 5 & 0 \\ 0 & -1 \end{pmatrix}P^{-1}$

$\Rightarrow A^{10}=P\begin{pmatrix} 5 & 0 \\ 0 & -1 \end{pmatrix}^{10}P^{-1} = P\begin{pmatrix} 5^{10} & 0 \\ 0 & 1 \end{pmatrix}P^{-1}$

$=\begin{pmatrix} 1 & 2 \\ -1 & 1 \end{pmatrix}\begin{pmatrix} 5^{10} & 0 \\ 0 & 1 \end{pmatrix}\frac{1}{3}\begin{pmatrix} 1 & -2 \\ 1 & 1 \end{pmatrix}$

$=\frac{1}{3}\begin{pmatrix} 5^{10} & 2 \\ -5^{10} & 1 \end{pmatrix}\begin{pmatrix} 1 & -2 \\ 1 & 1 \end{pmatrix}$

$=\frac{1}{3}\begin{pmatrix} 5^{10}+2 & 2-2\cdot5^{10} \\ 1-5^{10} & 2\cdot5^{10}+1 \end{pmatrix}$

정답 ④

10

행렬 $A=\begin{pmatrix} a & b & c \\ d & e & f \\ g & h & i \end{pmatrix}$의 고윳값 $1, 2, 3$에 대응하는 고유벡터를 각각

$v_1=\begin{pmatrix} 1 \\ 0 \\ 0 \end{pmatrix}$, $v_2=\begin{pmatrix} 1 \\ 1 \\ 0 \end{pmatrix}$, $v_3=\begin{pmatrix} 1 \\ 1 \\ 1 \end{pmatrix}$이라 할 때, $c+f+i$의 값을 구하시오.

① 3　② 5　③ 7　④ 9

공략 포인트

행렬의 대각화에서
(i) 행렬 P
행렬 A의 고유벡터들을 열벡터로 갖는다.
(ii) 대각행렬 D
A의 고윳값들을 주대각성분으로 갖는다.

풀이

$D=\begin{pmatrix} 1 & 0 & 0 \\ 0 & 2 & 0 \\ 0 & 0 & 3 \end{pmatrix}$, $P=\begin{pmatrix} 1 & 1 & 1 \\ 0 & 1 & 1 \\ 0 & 0 & 1 \end{pmatrix}$라 하여 대각화 하면

$$A = PDP^{-1} = \begin{pmatrix} 1 & 1 & 1 \\ 0 & 1 & 1 \\ 0 & 0 & 1 \end{pmatrix}\begin{pmatrix} 1 & 0 & 0 \\ 0 & 2 & 0 \\ 0 & 0 & 3 \end{pmatrix}\begin{pmatrix} 1 & -1 & 0 \\ 0 & 1 & -1 \\ 0 & 0 & 1 \end{pmatrix} = \begin{pmatrix} 1 & 1 & 1 \\ 0 & 2 & 1 \\ 0 & 0 & 3 \end{pmatrix}$$

이므로 $c+f+i=1+1+3=5$ 이다.

정답 ②

11

3×3 행렬 A의 특성다항식이 $\lambda^3-\lambda^2+\lambda-1$일 때, A^{101}을 구하면?

① A　② $-A$　③ A^2　④ $-A^2$

공략 포인트

행렬의 거듭제곱 계산
$A=\begin{pmatrix} a & b \\ c & d \end{pmatrix}$의 특성방정식은
$\lambda^2-(a+d)\lambda+(ad-bc)=0$
이고, 케일리-해밀턴 정리에 의해
$A^2-(a+d)A+(ad-bc)I=O$이 성립한다.
$A^2=(a+d)A-(ad-bc)I$
임을 이용하여 행렬의 거듭제곱을 계산한다.

풀이

케일리-해밀턴 정리에 의해

$A^3-A^2+A-I=O$

$A^3=A^2-A+I$이다.

$$\begin{aligned} A^4 = A^3A &= A^3-A^2+A \\ &= (A^2-A+I)-A^2+A \\ &= I \end{aligned}$$

$$\begin{aligned} \therefore\ A^{101} &= (A^4)^{25}\times A \\ &= I^{25}\times A \\ &= A \end{aligned}$$

정답 ①

12

실수 성분을 갖는 $n \times n$ 행렬 A 에 대하여 다음 중 옳지 <u>않은</u> 것은? (단, $n \geq 2$ 이다.)

① A가 대칭행렬일 때, A의 고윳값은 항상 실수이다.

② $A = \begin{bmatrix} 1 & 2 & 3 \\ 0 & 0 & 0 \\ 0 & 0 & 0 \end{bmatrix}$ 의 영공간(null space)은 1차원이다.

③ A가 대칭행렬일 때, A는 항상 대각화가능(diagonalizable)하다.

④ 방정식 $Ax = b$가 해를 가진다고 할 때 b는 A의 열공간(column space)에 속하는 벡터이다.

공략 포인트

차원정리

$nullity(A) = n - rank(A)$

대각화가능한 행렬

- 대칭행렬
- n개의 서로 다른 고윳값을 가진 n차 정방행렬

풀이

① 고윳값의 성질에 의하여 대칭행렬의 고유치는 실수이다.

② $rank(A) = 1$ 이므로 차원 정리에 의해 영공간은 $nullity(A) = 3 - rank(A) = 2$ 이다.

③ 대칭행렬은 항상 대각화가능하다.

④ $Ax = b$ 가 해를 가지면 b는 A의 열벡터들의 일차결합으로 표현된다. 따라서 b는 A의 열공간에 속하는 벡터이다.

다음 중 옳지 않은 것은 ②이다.

정답 ②

3 직교·멱등·멱영행렬

1. 직교집합과 직교기저

(1) 직교집합(orthogonal set)

$v_1, v_2, \cdots, v_k \in \mathbb{R}^n$에 대하여 $S = \{v_1, v_2, \cdots, v_k\}$이라고 할 때,

① S의 서로 다른 임의의 두 벡터가 서로 수직이면 S를 직교집합이라 한다.

② S가 직교집합이고 S에 속하는 벡터의 크기가 모두 1이면 S를 정규직교집합이라 한다.

(2) 직교기저(orthogonal basis)

$\mathbb{R}^n$의 기저를 $S = \{\boldsymbol{v}_1,\ \boldsymbol{v}_2,\ \cdots,\ \boldsymbol{v}_n\}$ 이라고 할 때,

① S가 직교집합이면 S를 직교기저라 한다.

② S가 정규직교집합이면 S를 정규직교기저라 한다.

2. 직교행렬

(1) 정의

정방행렬 A에 대해 다음을 만족하는 행렬 A를 직교행렬(orthogonal matrix)이라 한다.

$$A^{-1} = A^T$$
$$(AA^T = A^TA = I)$$

(2) 정리

$n \times n$ 행렬 A에 대해 다음이 성립한다.

① A가 직교행렬이다.

② A의 행벡터, 열벡터들이 유클리드 내적에 관하여 정규직교집합을 이룬다.

③ 길이 보존: $\|A\boldsymbol{x}\| = \|\boldsymbol{x}\|$ ($\mathbb{R}^n$의 임의의 벡터 $\boldsymbol{x}$)

④ 각 보존: $A\boldsymbol{x} \cdot A\boldsymbol{y} = \boldsymbol{x} \cdot \boldsymbol{y}$ ($\mathbb{R}^n$의 임의의 벡터 $\boldsymbol{x}$, $\boldsymbol{y}$)

(3) 직교행렬의 성질

① 행렬식의 값은 $+1$ 또는 -1이다.

② 고윳값의 절댓값 $|\lambda| = 1$이다. (단, $\lambda = a + bi$일 때 $|\lambda| = \sqrt{a^2 + b^2}$)

③ 두 직교행렬의 곱은 직교행렬이다.

④ 직교행렬의 역행렬은 직교행렬이다.

3. 멱등행렬

(1) 멱등행렬의 정의

정방행렬 A에 대해 다음을 만족하는 행렬 A를 멱등행렬(idempotent matrix)이라 한다.

$$A^2 = A$$

(2) 예시

단위행렬은 멱등행렬이다. ($\because\ I^2 = I$)

(3) 성질

① 멱등행렬의 행렬식은 0 또는 1이다.

② 멱등행렬의 고유치는 0 또는 1이다.

③ 가역행렬인 멱등행렬은 단위행렬뿐이다.
즉, $A^2 = A$이고 A의 행렬식 $|A| \neq 0$ 이면, $A = I$이다.

④ 단위행렬이 아닌 멱등행렬은 특이행렬이다.

4. 멱영행렬

(1) 정의

정방행렬 A 와 자연수 n에 대해 다음을 만족하는 행렬 A 를 멱영행렬(nilpotent matrix)이라 한다.

$$A^n = O$$

이때, $A^n = O$을 만족하는 최소자연수 n을 지수라 한다.

(2) 성질

A가 정방행렬이고 $A^n = O$이 되는 양의 정수 n이 존재하면 $I - A$는 가역행렬이다.

정방행렬 A가 지수 n인 멱영행렬일 때, $I - A$는 가역이고 다음이 성립한다.

$$(I - A)^{-1} = \sum_{k=0}^{n-1} A^k = I + A + A^2 + \cdots + A^{n-1}$$

개념적용

01

다음 중 직교행렬이 아닌 것은?

① $\begin{bmatrix} \frac{3}{\sqrt{10}} & \frac{1}{\sqrt{10}} \\ -\frac{1}{\sqrt{10}} & \frac{3}{\sqrt{10}} \end{bmatrix}$　　② $\begin{bmatrix} 1 & 0 \\ 0 & 1 \end{bmatrix}$

③ $\begin{bmatrix} -\frac{1}{\sqrt{2}} & \frac{1}{2} & \frac{1}{2} \\ 0 & -\frac{1}{\sqrt{2}} & \frac{1}{\sqrt{2}} \\ \frac{1}{\sqrt{2}} & \frac{1}{2} & \frac{1}{2} \end{bmatrix}$　　④ $\begin{bmatrix} \frac{1}{3} & -\frac{2}{3} & -\frac{2}{3} \\ -\frac{2}{3} & \frac{1}{3} & \frac{2}{3} \\ \frac{2}{3} & \frac{2}{3} & -\frac{1}{3} \end{bmatrix}$

공략 포인트

직교행렬

정방행렬 A에 대해 $A^{-1}=A^T$를 만족하는 행렬로 행(열) 벡터들이 내적에 대하여 정규 직교집합을 이룬다.

풀이

직교행렬은 $A^{-1}=A^T$이고

열벡터, 행벡터들이 내적에 관하여 정규 직교집합을 이룬다.

④ $\frac{1}{3}\begin{bmatrix} 1 & -2 & -2 \\ -2 & 1 & 2 \\ 2 & 2 & -1 \end{bmatrix}$에서 제 1행과 2행의 내적이 0이 아니므로 직교행렬이 아니다.

정답 ④

02

행렬 $D=\frac{1}{\sqrt{6}}\begin{bmatrix} \sqrt{2} & \sqrt{2} & \sqrt{2} \\ \sqrt{3} & -\sqrt{3} & 0 \\ 1 & 1 & -2 \end{bmatrix}$의 전치행렬을 D^T라 하자.

이때, 두 행렬 D와 D^T의 곱 DD^T의 대각원소를 바르게 나열한 것은?

① 1, 0, 1　　② −1, 0, 1　　③ 1, 1, 1　　④ 1, 0, 0

공략 포인트

직교행렬

정방행렬 A에 대해 $A^{-1}=A^T$를 만족하는 행렬로 $AA^T=I$

풀이

$$DD^T=\frac{1}{\sqrt{6}}\begin{pmatrix} \sqrt{2} & \sqrt{2} & \sqrt{2} \\ \sqrt{3} & -\sqrt{3} & 0 \\ 1 & 1 & -2 \end{pmatrix}\frac{1}{\sqrt{6}}\begin{pmatrix} \sqrt{2} & \sqrt{3} & 1 \\ \sqrt{2} & -\sqrt{3} & 1 \\ \sqrt{2} & 0 & -2 \end{pmatrix}$$

$$=\frac{1}{6}\begin{pmatrix} 6 & 0 & 0 \\ 0 & 6 & 0 \\ 0 & 0 & 6 \end{pmatrix}$$

$$=\begin{pmatrix} 1 & 0 & 0 \\ 0 & 1 & 0 \\ 0 & 0 & 1 \end{pmatrix}$$

다른 풀이

행렬 D의 열벡터들(또는 행벡터들)이 정규직교기저이므로 D는 직교행렬이다.

따라서 $DD^T=I$

정답 ③

03

행렬 $A=\frac{1}{2}\begin{bmatrix} 1 & -1 & 1 & 1 \\ -1 & 1 & 1 & 1 \\ 1 & 1 & -1 & 1 \\ 1 & 1 & 1 & -1 \end{bmatrix}$ 이고 $\overrightarrow{u}$ 는 단위벡터일 때, 벡터 $\overrightarrow{Au}$ 의 크기(norm) $\|\overrightarrow{Au}\|$ 는?

① 0　　② 1　　③ 2　　④ 4

공략 포인트

직교행렬의 성질
- 두 직교행렬의 곱은 직교행렬이다.
- 행렬식의 값은 $+1$ 또는 -1이다.

풀이

행렬 A의 열벡터들(또는 행벡터들)이 정규직교기저이므로 A는 직교행렬이다.

$\therefore \|Au\| = \|u\| = 1$

정답 ②

04

정칙행렬 $A \in M_{n\times n}(\mathbb{R})$ 가 $A^{-1}=A^T$를 만족시킬 때, A^2 의 행렬식은?

① $-\frac{1}{n^2}$　　② $-\frac{1}{n}$　　③ 1　　④ n

공략 포인트

직교행렬

정방행렬 A에 대해 $A^{-1}=A^T$를 만족하는 행렬

직교행렬의 성질

행렬식의 값은 $+1$ 또는 -1이다.

풀이

$A^{-1}=A^T$이므로 행렬 A는 직교행렬이다.

직교행렬의 행렬식은 1 또는 -1이므로

$|A^2| = |A|^2 = (\pm 1)^2 = 1$

다른 풀이

$|A^{-1}| = |A^T| \Rightarrow \frac{1}{|A|} = |A| \Rightarrow |A|^2 = 1 \Rightarrow |A^2| = 1$

정답 ③

05

지수가 8인 멱영행렬(nilpotent matrix) $A \in M_{8\times 8}(\mathbb{R})$에 대한 다음 설명 중 옳은 것을 모두 고른 것은? (단, $\mathbb{R}$은 실수 전체의 집합이다.)

ㄱ. A의 모든 고윳값들의 합은 0이다.
ㄴ. A는 8개의 서로 다른 고윳값을 갖는다.
ㄷ. $n \le 7$인 자연수에 대하여 A^n은 영행렬이 아니다.

① ㄱ ② ㄴ ③ ㄷ ④ ㄱ, ㄷ

공략 포인트

멱영행렬

정방행렬 A에 대해 $A^n = O$을 만족하는 행렬
(이를 만족하는 최소자연수 n을 지수라고 한다.)

풀이

지수가 8인 멱영행렬 A는 $A^n = O$을 만족하는 최소의 자연수가 8임을 의미한다.
즉, $A^8 = O$을 만족하는 행렬을 나타낸다.
ㄱ. (참)
$A^8 = O$을 만족하는 행렬 A의 고윳값은 0뿐이므로
모든 고윳값들의 합은 0이다.
ㄴ. (거짓)
$A^8 = O$을 만족하는 행렬 A의 고유값은 0뿐이다.
ㄷ. (참)
지수는 멱영행렬을 만족하는 최소자연수를 의미하므로
8보다 작은 자연수에서 $A^n = O$을 만족할 수 없다.
설명 중 옳은 것은 ㄱ, ㄷ이다.

정답 ④

4 직교 대각화

1. 직교 대각화

(1) 정의 및 조건

① 정의

행렬 A에 대해 직교행렬 P와 대각행렬 D가 존재하여 다음이 성립할 때, A는 직교 대각화가능이라고 한다.

$$A = PDP^T = PDP^{-1}$$

② 조건

$n \times n$ 행렬 A가 직교 대각화되기 위한 필요충분조건은 A가 대칭행렬인 것이다.

(2) 대칭행렬에 관한 성질

$n \times n$ 대칭행렬 A는 다음의 성질을 갖는다.

① A는 중복된 것까지 포함해서 n개의 실수 고윳값을 갖는다.

② 서로 다른 고윳값에 대응하는 고유벡터들은 서로 수직이다.

③ 각 고윳값 λ에 대해 대수적 중복도와 기하적 중복도가 같다.

④ A는 직교대각화 가능하다.

(3) 대칭행렬의 스펙트럼 분해

행렬 A는 직교행렬 P로 직교 대각화되는 대칭행렬로, $A = PDP^T$ 이다.

이때 행렬 P의 열은 A의 정규 직교 고유벡터 $\boldsymbol{u}_1, \boldsymbol{u}_2, \cdots, \boldsymbol{u}_n$ 이며,

이에 대응되는 고윳값 $\lambda_1, \lambda_2, \cdots, \lambda_n$ 은 대각행렬 D의 성분이다.

$$A = PDP^T = \lambda_1 \boldsymbol{u}_1 \boldsymbol{u}_1^T + \lambda_2 \boldsymbol{u}_2 \boldsymbol{u}_2^T + \cdots + \lambda_n \boldsymbol{u}_n \boldsymbol{u}_n^T$$

개념적용

01

행렬 $\begin{bmatrix} 0 & 1 & 1 & 1 \\ 1 & 1 & 0 & 1 \\ 1 & 0 & 1 & 1 \\ 1 & 1 & 1 & 0 \end{bmatrix}$ 에서 서로 다른 임의의 두 개의 고윳값(eigenvalue)을 λ, μ라 하자.

λ의 고유벡터(eigenvector)를 v, μ의 고유벡터를 w라 할 때, $v^T w$의 값으로 가능한 것은?

① 0　　② 1　　③ $\frac{3}{4}$　　④ $\frac{9}{16}$

공략 포인트

대칭행렬
$A^T = A$를 만족하는 정방행렬

풀이

행렬 $\begin{bmatrix} 0 & 1 & 1 & 1 \\ 1 & 1 & 0 & 1 \\ 1 & 0 & 1 & 1 \\ 1 & 1 & 1 & 0 \end{bmatrix}$ 은 대칭행렬이므로

서로 다른 고윳값에 대응하는 고유벡터들은 서로 수직이다.

즉, $v^T w = 0$이다.

정답 ①

02

행렬 A는 실대칭행렬이고 $\vec{v_1}$, $\vec{v_2}$는 각각 고윳값 1과 2에 대응하는 A의 단위 고유벡터일 때, $4\vec{v_1} - 3\vec{v_2}$의 크기는?

① 3　　② 4　　③ 5　　④ 6

공략 포인트

수직인 두 벡터의 내적은 0이다.

단위벡터의 크기는 1이다.

풀이

실대칭행렬 A는 직교 대각화가능하다.

즉, $\vec{v_1} \cdot \vec{v_2} = 0$이다.

$$\begin{aligned} \left|4\vec{v_1} - 3\vec{v_2}\right|^2 &= \left(4\vec{v_1} - 3\vec{v_2}\right) \cdot \left(4\vec{v_1} - 3\vec{v_2}\right) \\ &= 16\left|\vec{v_1}\right|^2 - 24\vec{v_1} \cdot \vec{v_2} + 9\left|\vec{v_2}\right|^2 \\ &= 16 + 9 - 24\vec{v_1} \cdot \vec{v_2} \\ &= 25 \text{이다.} \end{aligned}$$

$\therefore \left|4\vec{v_1} - 3\vec{v_2}\right| = 5$이다.

정답 ③

03

다음 행렬 중에서 대각화가 가능하지 않은 행렬은?

① $\begin{bmatrix} 0 & 3 \\ 3 & 0 \end{bmatrix}$　② $\begin{bmatrix} 0 & 3 \\ 3 & 3 \end{bmatrix}$　③ $\begin{bmatrix} 3 & 3 \\ 0 & 3 \end{bmatrix}$　④ $\begin{bmatrix} 3 & 3 \\ 3 & 3 \end{bmatrix}$

공략 포인트

직교 대각화가 되기 위한 필요충분조건

$n \times n$ 행렬 A가 대칭행렬

풀이

대칭행렬은 직교 대각화가능하다. 그러므로 다음 행렬 중에서 대각화가 가능하지 않은 행렬은 대칭행렬이 아닌 것을 찾으면 된다.

$A^T = A$를 만족하지 않는 행렬은 ③이다.

정답 ③

04

행렬 $A = \begin{bmatrix} 0 & 2 & -1 \\ 2 & 3 & -2 \\ -1 & -2 & 0 \end{bmatrix}$는 적당한 직교행렬 P에 대하여 $P^{-1}AP = \begin{bmatrix} -1 & 0 & 0 \\ 0 & -1 & 0 \\ 0 & 0 & 5 \end{bmatrix}$를 만족한다.

P의 열을 순서대로 u_1, u_2, u_3라 할 때, $u_1 u_1{}^T + u_2 u_2{}^T$을 구하면?

① $\frac{1}{6}\begin{bmatrix} 5 & -2 & 1 \\ -2 & 2 & 2 \\ 1 & 2 & 5 \end{bmatrix}$　② $\frac{1}{10}\begin{bmatrix} 13 & -4 & 5 \\ -4 & 2 & 0 \\ 5 & 0 & 5 \end{bmatrix}$　③ $\begin{bmatrix} 5 & -2 & 1 \\ -2 & 1 & 0 \\ 1 & 0 & 1 \end{bmatrix}$　④ $\begin{bmatrix} 2 & -1 & 0 \\ -1 & 1 & 1 \\ 0 & 1 & 2 \end{bmatrix}$

공략 포인트

고윳값

행렬 A가 삼각행렬 또는 대각행렬일 때의 고윳값은 A의 주대각원소들이다.

대칭행렬의 스펙트럼 분해

$A = PDP^T$

$= \lambda_1 \boldsymbol{u}_1 \boldsymbol{u}_1^T + \cdots + \lambda_n \boldsymbol{u}_n \boldsymbol{u}_n^T$

풀이

$P^{-1}AP = \begin{bmatrix} -1 & 0 & 0 \\ 0 & -1 & 0 \\ 0 & 0 & 5 \end{bmatrix} \Rightarrow$ 행렬 A의 고유치는 $\lambda = -1, -1, 5$이다.

$(A-5I)\begin{bmatrix} x \\ y \\ z \end{bmatrix} = \begin{bmatrix} 0 \\ 0 \\ 0 \end{bmatrix} \Leftrightarrow \begin{bmatrix} -5 & 2 & -1 \\ 2 & -2 & -2 \\ -1 & -2 & -5 \end{bmatrix}\begin{bmatrix} x \\ y \\ z \end{bmatrix} = \begin{bmatrix} 0 \\ 0 \\ 0 \end{bmatrix} \Leftrightarrow \begin{bmatrix} 1 & 2 & 5 \\ 0 & 1 & 2 \\ 0 & 0 & 0 \end{bmatrix}\begin{bmatrix} x \\ y \\ z \end{bmatrix} = \begin{bmatrix} 0 \\ 0 \\ 0 \end{bmatrix}$에서

고유치 $\lambda = 5$에 대응하는 고유벡터는 $\begin{bmatrix} x \\ y \\ z \end{bmatrix} = t\begin{bmatrix} -1 \\ -2 \\ 1 \end{bmatrix}$이고,

단위 고유벡터 $u_3 = \begin{bmatrix} -\frac{1}{\sqrt{6}} \\ -\frac{2}{\sqrt{6}} \\ \frac{1}{\sqrt{6}} \end{bmatrix}$이다.

대칭행렬의 스펙트럼 분해를 이용하면

$A = -u_1 u_1^T - u_2 u_2^T + 5u_3 u_3^T$

$\Rightarrow u_1 u_1^T + u_2 u_2^T = 5u_3 u_3^T - A = \frac{1}{6}\begin{bmatrix} 5 & -2 & 1 \\ -2 & 2 & 2 \\ 1 & 2 & 5 \end{bmatrix}$이다.

정답 ①

5 고윳값과 고유벡터

출제경향 분석

다음의 개념을 묻는 문제가 자주 출제되므로, 대표문제를 통해 유형별 접근법을 익혀야 합니다.

- 고윳값, 고유벡터의 성질
- 닮은행렬의 성질
- 대각화 가능성 판정
- 행렬의 거듭제곱 계산
- 대칭행렬과 직교대각화의 관계

01 고윳값과 그 성질

개념 1. 고윳값과 고유벡터

행렬 $A=\begin{pmatrix} 1 & 2 & 4 \\ 0 & 3 & 5 \\ 0 & 0 & 6 \end{pmatrix}$이 주어졌을 때, 다음 중 가장 큰 값은?

① $\det(2A)$ ② $tr(2A)$ ③ $\det(A^2)$ ④ $tr(A^2)$

풀이

STEP A 보기의 주어진 값을 계산하기 위해 먼저 행렬 A의 고윳값 구하기

삼각행렬에서의 고윳값은 행렬의 주대각원소들인 1, 3, 6이다.

STEP B 고윳값의 성질에 따라 $\det(A)$, $tr(A)$ 구하기

모든 고윳값의 곱이 $\det(A)$와 같으므로

$\det(A)=|A|=1\times3\times6=18$이다.

모든 고윳값의 합이 $tr(A)$와 같으므로

$tr(A)=1+3+6=10$

STEP C 보기의 주어진 값을 계산하기 크기 비교하기

① $2A$의 고유값은 2, 6, 12이므로 $\det(2A)=2\times6\times12=144$

② $tr(2A)=2+6+12=20$

③ A^2의 고유값은 1, 9, 36이므로 $\det(A^2)=1\times9\times36=324$

④ $tr(A^2)=1+9+36=46$

보기 중 가장 큰 값은 ③이다.

정답 ③

02
고윳값과 그 성질

개념 1. 고윳값과 고유벡터

3×3 행렬 $A=\begin{bmatrix}4&-5&3\\0&2&-2\\1&0&-1\end{bmatrix}$의 고윳값(eigenvalue)들을 모두 더한 값과 곱한 값을 각각 a, b라 하자.

이때, ab의 값을 구하시오.

① -40 ② -20 ③ 0 ④ 20

풀이

STEP A 고윳값들을 모두 더한 값 a 구하기

고윳값의 성질에 의하여 모든 고윳값의 합은 $tr(A)$와 같다.

$$tr(A)=tr\begin{bmatrix}4&-5&3\\0&2&-2\\1&0&-1\end{bmatrix}=5=a$$

STEP B 고윳값들을 모두 곱한 값 b 구하기

모든 고윳값의 곱은 $\det(A)$와 같다.

$$\det(A)=\begin{vmatrix}4&-5&3\\0&2&-2\\1&0&-1\end{vmatrix}=\begin{vmatrix}4&-5&7\\0&2&-2\\1&0&0\end{vmatrix}=-4=b$$

$\therefore\ ab=-20$ 이다.

정답 ②

03 고윳값과 그 성질

개념 1. 고윳값과 고유벡터

다음 중 고윳값의 합이 가장 큰 행렬은?

① $\begin{pmatrix} 1 & 0 \\ 3 & 2 \end{pmatrix}$ ② $\begin{pmatrix} 5 & 0 \\ 10 & -5 \end{pmatrix}$ ③ $\begin{pmatrix} 0.2 & 0.2 \\ -0.1 & 0.5 \end{pmatrix}^{10}$ ④ $\left(\begin{pmatrix} 1 & 2 \\ 0 & 2 \end{pmatrix}^{-1}\right)^{10}$

풀이

STEP A 삼각행렬에서 고윳값의 합 구하기

① 고윳값의 합은 대각성분의 합이므로 $1+2=3$

② $5-5=0$

STEP B 고윳값을 직접 구하기

③ $\begin{pmatrix} 0.2 & 0.2 \\ -0.1 & 0.5 \end{pmatrix}^{10}=\left(\dfrac{1}{10}\right)^{10}\begin{pmatrix} 2 & 2 \\ -1 & 5 \end{pmatrix}^{10}$ 이고 $\begin{pmatrix} 2 & 2 \\ -1 & 5 \end{pmatrix}$의 고윳값은 다음과 같다.

$\begin{vmatrix} \lambda-2 & 2 \\ -1 & \lambda-5 \end{vmatrix}=(\lambda-2)(\lambda-5)+2=(\lambda-3)(\lambda-4)=0$에서

$\lambda=3,\ 4$이므로 $\begin{pmatrix} 0.2 & 0.2 \\ -0.1 & 0.5 \end{pmatrix}^{10}$ 의 고윳값의 합은

$\dfrac{3^{10}+4^{10}}{10^{10}}$ 이고 이때, $\dfrac{3^{10}+4^{10}}{10^{10}}=0.3^{10}+0.4^{10}<1$이다.

④ $\begin{vmatrix} \lambda-1 & 2 \\ 0 & \lambda-2 \end{vmatrix}=(\lambda-1)(\lambda-2)=0$에서

$\begin{pmatrix} 1 & 2 \\ 0 & 2 \end{pmatrix}$의 고윳값은 1, 2이다.

따라서 $\left(\begin{pmatrix} 1 & 2 \\ 0 & 2 \end{pmatrix}^{-1}\right)^{10}$ 의 고윳값은 $\dfrac{1}{1^{10}}$, $\dfrac{1}{2^{10}}$ 이고 그 합은 1보다 작다.

그러므로 고윳값의 합이 가장 큰 행렬은 ①이다.

정답 ①

04
고윳값과
고유벡터

개념 1. 고윳값과 고유벡터

2×2 행렬 A가 다음을 만족할 때, $A^3\begin{bmatrix}3\\5\end{bmatrix}$의 모든 원소의 합은?

$$A\begin{bmatrix}2\\1\end{bmatrix}=4\begin{bmatrix}2\\1\end{bmatrix},\ A\begin{bmatrix}1\\-3\end{bmatrix}=-3\begin{bmatrix}1\\-3\end{bmatrix}$$

① 180 ② 230 ③ 280 ④ 330

풀이

STEP A 정의에 따라 고윳값과 고유벡터 구하기

$A\begin{bmatrix}2\\1\end{bmatrix}=4\begin{bmatrix}2\\1\end{bmatrix}$이므로 행렬 A의 고유치는 4, 고유벡터는 $\begin{pmatrix}2\\1\end{pmatrix}$이다.

$A\begin{bmatrix}1\\-3\end{bmatrix}=-3\begin{bmatrix}1\\-3\end{bmatrix}$이므로 행렬 A의 고유치는 -3, 고유벡터는 $\begin{pmatrix}1\\-3\end{pmatrix}$이다.

STEP B 고윳값과 고유벡터의 성질에 관한 정리로 구하고자 하는 값 구하기

$$\begin{aligned}A^3\begin{bmatrix}3\\5\end{bmatrix}&=A^3\left\{2\begin{pmatrix}2\\1\end{pmatrix}-\begin{pmatrix}1\\-3\end{pmatrix}\right\}\\&=2A^3\begin{pmatrix}2\\1\end{pmatrix}-A^3\begin{pmatrix}1\\-3\end{pmatrix}\\&=2\times4^3\begin{pmatrix}2\\1\end{pmatrix}-(-3)^3\begin{pmatrix}1\\-3\end{pmatrix}\\&=128\begin{pmatrix}2\\1\end{pmatrix}+27\begin{pmatrix}1\\-3\end{pmatrix}\\&=\begin{pmatrix}283\\47\end{pmatrix}\text{이므로}\end{aligned}$$

$A^3\begin{bmatrix}3\\5\end{bmatrix}=\begin{pmatrix}283\\47\end{pmatrix}$의 모든 성분의 합은 330이다.

정답 ④

05
닮은 행렬의 성질

$A=PBP^{-1}$이고 행렬 P와 B는 다음과 같이 주어졌다. 행렬 A의 행렬식은?

$$P=\begin{pmatrix} \frac{1}{\sqrt{2}} & -\frac{1}{\sqrt{18}} & \frac{2}{3} \\ 0 & \frac{4}{\sqrt{18}} & \frac{1}{3} \\ \frac{1}{\sqrt{2}} & \frac{1}{\sqrt{18}} & -\frac{2}{3} \end{pmatrix},\ B=\begin{pmatrix} 1 & 0 & 1 \\ 0 & 2 & 0 \\ 2 & 0 & 1 \end{pmatrix}$$

① -2　　② -1　　③ 1　　④ 2

풀이

STEP A 주어진 조건 파악하기

$A=PBP^{-1}$이고 행렬 P가 존재하므로 A와 B는 닮은 행렬이다.

STEP B 닮은 행렬의 성질 이용하기

A와 B는 닮은 행렬이므로 두 행렬의 행렬식 값은 같다.
즉, $\det(A)=\det(B)$이므로
$\det(B)=1\times(2-0)-0+(0-4)=-2$

정답 ①

06

행렬의 거듭제곱 계산

개념 2. 행렬의 닮음과 대각화

$A=\begin{bmatrix} 0 & 1 \\ -2 & 3 \end{bmatrix}$일 때, A^{20}는?

① $A^{20}=\begin{pmatrix} -2^{20}+2 & 2^{20}-1 \\ -2^{21}+2 & 2^{21}-1 \end{pmatrix}$

② $A^{20}=\begin{pmatrix} -2^{21}+2 & 2^{20}-1 \\ -2^{21}+2 & 2^{21}-1 \end{pmatrix}$

③ $A^{20}=\begin{pmatrix} -2^{20}-2 & 2^{20}-1 \\ -2^{21}-2 & 2^{21}-1 \end{pmatrix}$

④ $A^{20}=\begin{pmatrix} -2^{20}+1 & 2^{20}-1 \\ -2^{21}+2 & 2^{21}-1 \end{pmatrix}$

풀이

STEP A 행렬의 대각화를 이용하고자 고윳값과 고유벡터 구하기

행렬 $A=\begin{bmatrix} 0 & 1 \\ -2 & 3 \end{bmatrix}$의 특성방정식은 $\lambda^2-3\lambda+2=0$에서

고윳값은 $\lambda=1,2$이다.

(i) $(A-I)\begin{pmatrix} x \\ y \end{pmatrix}=\begin{pmatrix} 0 \\ 0 \end{pmatrix} \Leftrightarrow \begin{pmatrix} -1 & 1 \\ -2 & 2 \end{pmatrix}\begin{pmatrix} x \\ y \end{pmatrix}=\begin{pmatrix} 0 \\ 0 \end{pmatrix}$

$-x+y=0$이므로 $\lambda=1$에 대응하는 고유벡터는 $\begin{pmatrix} 1 \\ 1 \end{pmatrix}$이다.

(ii) $(A-2I)\begin{pmatrix} x \\ y \end{pmatrix}=\begin{pmatrix} 0 \\ 0 \end{pmatrix} \Leftrightarrow \begin{pmatrix} -2 & 1 \\ -2 & 1 \end{pmatrix}\begin{pmatrix} x \\ y \end{pmatrix}=\begin{pmatrix} 0 \\ 0 \end{pmatrix}$

$-2x+y=0$이므로 $\lambda=2$에 대응하는 고유벡터는 $\begin{pmatrix} 1 \\ 2 \end{pmatrix}$이다.

즉, $A=\begin{pmatrix} 1 & 1 \\ 1 & 2 \end{pmatrix}\begin{pmatrix} 1 & 0 \\ 0 & 2 \end{pmatrix}\begin{pmatrix} 2 & -1 \\ -1 & 1 \end{pmatrix}$이다.

STEP B 행렬의 대각화를 이용한 거듭제곱의 계산값 구하기

$$\begin{aligned} A^{20} &= \begin{pmatrix} 1 & 1 \\ 1 & 2 \end{pmatrix}\begin{pmatrix} 1 & 0 \\ 0 & 2 \end{pmatrix}^{20}\begin{pmatrix} 2 & -1 \\ -1 & 1 \end{pmatrix} \\ &= \begin{pmatrix} 1 & 1 \\ 1 & 2 \end{pmatrix}\begin{pmatrix} 1^{20} & 0 \\ 0 & 2^{20} \end{pmatrix}\begin{pmatrix} 2 & -1 \\ -1 & 1 \end{pmatrix} \\ &= \begin{pmatrix} -2^{20}+2 & 2^{20}-1 \\ -2^{21}+2 & 2^{21}-1 \end{pmatrix} \end{aligned}$$

정답 ①

4×4 행렬 A에 대하여 A의 고유치(eigenvalue)가 $0,\ 1,\ 2,\ 3$일 때, 다음 중 틀린 것은?

① A^2의 $trace$는 14이다.
② A는 대각화가능하다.
③ A^2은 대각화가능하다.
④ A의 역행렬이 존재한다.

풀이

STEP A 고유치, 행렬의 대각화에 관한 성질을 이용하여 참, 거짓 판별하기

① (참)
고유치들의 합은 $tr(A)$와 같으므로
$tr(A^2) = 0^2 + 1^2 + 2^2 + 3^2 = 14$

② (참)
행렬 A가 서로 다른 고유치를 가지므로 A는 대각화가능하다.

③ (참)
A^2 의 고유치는 0, 1, 4, 9이다.
A의 고유치에 대응하는 고유벡터가 일차독립이므로
A^2 의 고유치에 대응하는 고유벡터도 일차독립이다. 따라서 A^2은 대각화가능하다.

④ (거짓)
고유치 0을 가지므로 A의 역행렬이 존재하지 않는다.

정답 ④

08 행렬의 대각화

개념 2. 행렬의 닮음과 대각화

영행렬이 아닌 $n\times n$ 행렬 A, B에 대하여 보기 중 참인 명제는 모두 몇 개인지 고르시오.

| 보 기 |

ㄱ. A의 계수(rank)가 n일 때, A의 모든 행벡터들이 일차독립이다.
ㄴ. $\lambda=0$이 A의 고윳값일 때, $\det(A)=0$이다.
ㄷ. 행렬 B가 $B=A+A^T$일 때, B는 직교대각화가 가능하다.
ㄹ. 행렬 A와 B가 모두 직교행렬일 때, AB도 직교행렬이다.

① 1　② 2　③ 3　④ 4

풀이

STEP A 고윳값, 행렬의 대각화에 관한 성질을 이용하여 참, 거짓 판별하기

ㄱ. (참)
$n\times n$행렬 A의 계수가 n이므로 A의 행벡터들은 행공간의 기저가 된다.
즉, 일차독립이다.

ㄴ. (참)
고윳값을 $\lambda_1, \lambda_2, \cdots, \lambda_n$이라 할 때, $\det(A)=\lambda_1\lambda_2\cdots\lambda_n$이므로
n개의 고윳값 중 0이 포함되어 있다면 $\det(A)=0$이다.

ㄷ. (참)
B가 직교 대각화가능할 필요충분조건은 B가 대칭행렬인 것이다.
이때, $B_{ij}=A_{ij}+{A^T}_{ij}=A_{ij}+A_{ji}$이고 $B_{ji}=A_{ji}+{A^T}_{ji}=A_{ji}+A_{ij}$이므로
정의에 의해 B는 대칭행렬이다.

ㄹ. (참)
A, B가 직교행렬이면 $AA^T=A^TA=I$, $BB^T=B^TB=I$이므로
$AB(AB)^T=ABB^TA^T=AA^T=I$이다.

보기 중 참인 명제는 모두 4개다.

정답 ④

6 고윳값과 고유벡터

정답 및 풀이 p.368

01 행렬 $\begin{pmatrix} 1 & 0 & 0 \\ 2 & a^2 & 4 \\ 3 & 0 & 2a \end{pmatrix}$의 특성방정식이 $\lambda^3 - 9\lambda^2 + 24\lambda - 8a = 0$일 때, 실수 a의 값은?

① 1　② 2　③ 3　④ 4

02 다음 보기의 모든 행렬들의 고윳값(eigenvalue) 중에서 가장 큰 값을 α, 가장 작은 값을 β라 할 때, $\alpha - \beta$의 값은?

| 보 기 |

ㄱ. $\begin{pmatrix} 5 & 3 \\ 3 & 5 \end{pmatrix}$

ㄴ. $\begin{pmatrix} -2 & 2 & -3 \\ 2 & 1 & -6 \\ -1 & -2 & 0 \end{pmatrix}$

ㄷ. $\begin{pmatrix} 2 & 0 & 0 & 0 \\ 0 & -3 & 0 & 0 \\ 0 & 0 & 1 & 0 \\ 0 & 0 & 0 & 7 \end{pmatrix}$

ㄹ. $\begin{pmatrix} -2 & 2 & -3 & 11 \\ 0 & 3 & -6 & 9 \\ 0 & 0 & 4 & 7 \\ 0 & 0 & 0 & 1 \end{pmatrix}$

① 11　② 10　③ 9　④ 8

03 행렬 $A = \begin{pmatrix} 1 & 0 & 1 \\ -1 & 1 & 0 \end{pmatrix}$에 대해, 다음 중 $A^T A$의 고윳값(eigenvalue)이 <u>아닌</u> 것은? (단, A^T은 A의 전치행렬이다.)

① 0　② 1　③ 2　④ 3

04 $A=\begin{pmatrix} 6 & -5 \\ 3 & -2 \end{pmatrix}$의 고윳값($\lambda$)과 고유벡터($\vec{v}$)가 올바르게 대응된 것을 모두 고르면?

ㄱ. $\lambda=1,\ \vec{v}=(1,1)$	ㄴ. $\lambda=-1,\ \vec{v}=(1,-1)$
ㄷ. $\lambda=3,\ \vec{v}=(5,3)$	ㄹ. $\lambda=-5,\ \vec{v}=(-5,3)$

① ㄱ, ㄷ　② ㄴ, ㄷ　③ ㄱ, ㄹ　④ ㄴ, ㄹ

05 두 행렬 A와 B는 다음과 같다.

$$A=\begin{bmatrix} a & a+1 & a+2 \\ a+1 & a+2 & a+3 \\ a+2 & a+3 & a+4 \end{bmatrix}, \qquad B=\begin{bmatrix} b & 1 & 3 \\ 0 & c-b & b \\ 0 & 0 & 3-c \end{bmatrix}$$

행렬 A의 행렬식을 α라 하고, 행렬 B의 모든 고윳값들의 합을 β라 할 때, $\alpha+\beta$는?
(단, 행렬 B의 고윳값들은 모두 서로 다르다고 가정한다.)

① 2　② 3　③ 4　④ 5

06 다음 행렬의 모든 고윳값의 제곱의 합을 $f(a)$라 하자. 다항식 $f(a)$의 모든 계수의 합을 구하면?

$$\begin{bmatrix} 2 & 4 & a \\ 4 & a & 2 \\ a & 2 & 4 \end{bmatrix}$$

① 30　② 41　③ 52　④ 63

07 행렬 $\begin{pmatrix} 0.1 & 0.2 & -0.1 \\ 0.1 & 0 & 0.2 \\ 0.4 & 0.4 & 0.5 \end{pmatrix}$의 고윳값 α, β, γ 에 대하여 $\frac{3}{\alpha}+\frac{3}{\beta}+\frac{3}{\gamma}$의 값은?

① 3 ② 4 ③ 5 ④ 6

08 $B=\begin{pmatrix} 2 & 0 & 0 & 0 \\ 0 & -1 & 0 & 0 \\ 0 & 0 & 1 & 0 \\ 0 & 0 & 0 & 3 \end{pmatrix}$, $P=\begin{pmatrix} 1 & 0 & 0 & 0 \\ 1 & 1 & 0 & 0 \\ 0 & 1 & 1 & 0 \\ 0 & 0 & 1 & 1 \end{pmatrix}$, 4×4 행렬 A가 $B=P^{-1}AP$를 만족한다.

$f(x)$를 행렬 $A+2I$의 특성다항식(characteristic polynomial)이라 할 때, $f(2)$의 절댓값을 구하시오.

① 3 ② 4 ③ 5 ④ 6

09 행렬 $A=\begin{bmatrix} 3 & -2 & 1 \\ 1 & -1 & 0 \\ -2 & 0 & -1 \end{bmatrix}$에 대하여 A^{99}의 대각합(trace)을 구하시오.

① 1 ② 2 ③ -1 ④ 0

10 행렬 $A=\begin{pmatrix} 2 & 1 \\ -1 & 4 \end{pmatrix}$와 행렬 $B=\begin{pmatrix} 1 & -1 \\ 2 & 4 \end{pmatrix}$에 대하여 $\lim_{n\to\infty}\frac{tr(A^n)}{tr(B^n)}$의 값은?

① 1　② 2　③ 3　④ 4

11 행렬 $A=\begin{bmatrix} -2 & 2 & -3 \\ 2 & 1 & -6 \\ -1 & -2 & 0 \end{bmatrix}$에 대하여 고윳값 $\lambda=-3$에 대응되는 고유공간을 $span\left\{\begin{pmatrix} -a \\ 1 \\ 0 \end{pmatrix}, \begin{pmatrix} b \\ 0 \\ 1 \end{pmatrix}\right\}$이라 할 때, $a+b$의 값은?

① 1　② 2　③ 3　④ 5

12 행렬 $A=\begin{pmatrix} 0 & 0 & -2 \\ 1 & a & 1 \\ 1 & 0 & 3 \end{pmatrix}$와 가역행렬(invertible matrix) P에 대하여 $P^{-1}AP=\begin{pmatrix} 2 & 0 & 0 \\ 0 & b & 0 \\ 0 & 0 & 2 \end{pmatrix}$일 때, $a-b$의 값은? (단, a,b는 실수이다.)

① 1　② 2　③ 3　④ 4

13 실행렬 A와 행렬 $\begin{pmatrix} 2 & -2 & 2 \\ 0 & 2 & -2 \\ 0 & 0 & 2 \end{pmatrix}$가 닮음일 때, 행렬 $A-I_3$의 모든 고윳값의 곱은? (단, I_3는 3차 단위행렬이다.)

① 1　　② 2　　③ 3　　④ 8

14 행렬 $A_{3\times3}$이고 $\lambda=1$, $\lambda=2$, $\lambda=2$이라 할 때, 다음 중 항상 참이 되는 것의 개수는?

ㄱ. $rank(A)=3$
ㄴ. $rank(A-I)=2$
ㄷ. $rank(A-I)=1$
ㄹ. $rank(A-2I)=2$
ㅁ. $rank(A-2I)=1$

① 1개　　② 2개　　③ 3개　　④ 4개

15 크기가 2×2인 행렬 A에 대하여 벡터 $v_1=\begin{pmatrix} 1 \\ 1 \end{pmatrix}$이 행렬 $(A-3I)$의 해공간(null space)의 기저벡터이고 벡터 $v_2=\begin{pmatrix} 1 \\ -1 \end{pmatrix}$이 행렬 $(A-I)$의 해공간(null space)의 기저벡터일 때, $A^4\begin{pmatrix} 0 \\ 2 \end{pmatrix}$의 모든 성분의 합은?

① 2×3^4　　② 3^5　　③ 2　　④ 1

16 $A=\begin{bmatrix} 4 & -3 \\ -1 & 2 \end{bmatrix}$, $\boldsymbol{x}=\begin{bmatrix} 5 \\ 1 \end{bmatrix}$에 대해 $A^{100}\boldsymbol{x}=\begin{bmatrix} a+b\cdot c^{100} \\ a-c^{100} \end{bmatrix}$라 할 때, abc의 값은?

① 10 ② 20 ③ 30 ④ 40

17 다음 행렬에 대한 설명 중 <u>틀린</u> 것은?

$$A=\begin{pmatrix} 4 & 2 & 2 \\ 2 & 4 & 2 \\ 2 & 2 & 4 \end{pmatrix}$$

① 행렬 A의 고유벡터들은 일차독립이다.
② 행렬 A는 대각화가능(diagonalizable)하다.
③ 행렬 A는 가역행렬이 아니다.
④ 행렬 A의 고유치(eigenvalue)들은 모두 실수이다.

18 n차 정사각행렬 A에 대하여 다음 보기에서 옳은 것의 개수는?

| 보 기 |

ㄱ. A가 대각화가능하면 A는 가역이다.
ㄴ. A의 역행렬이 존재하지 않으면 A는 0을 고윳값으로 갖는다.
ㄷ. A의 서로 다른 고윳값들에 대응되는 고유벡터들은 모두 일차독립이다.

① 0개 ② 1개 ③ 2개 ④ 3개

19 3×3 행렬 A와 0이 아닌 벡터 v_1, v_2, v_3에 대하여 $Av_1 = v_2, Av_2 = v_1, Av_3 = 2v_3$일 때, 다음 보기에서 옳은 것을 있는대로 고른 것은? (단, v_1과 v_2는 일차독립이다.)

| 보 기 |

ㄱ. A의 역행렬이 존재한다.
ㄴ. A^2은 대각화가능하다.
ㄷ. A^2의 대각합(trace)은 6이다.

① ㄱ ② ㄷ ③ ㄱ, ㄷ ④ ㄱ, ㄴ, ㄷ

20 λ를 $n \times n$ 행렬 A의 고윳값이라 하고 x가 λ에 대응하는 고유벡터일 때, 다음 중 옳지 않은 것은?

① λ는 A^T의 고윳값이다.
② x는 λ^5에 대응하는 A^5의 고유벡터이다.
③ A가 가역행렬이면 $1/\lambda$은 A^{-1}의 고윳값이다.
④ $\{x, Ax\}$에 의해서 생성된 $\mathbb{R}^n$의 부분공간의 차원은 2이다.

21 λ가 실수이고 A가 $n \times n$ 실 행렬일 때, 다음 중 나머지 셋과 동치가 아닌 것은?

① λ는 A의 고윳값이다.
② $\det(\lambda I_n - A) = 0$이다. 단, I_n은 n차 단위행렬이다.
③ 집합 $\{\boldsymbol{x} \in \mathbb{R}^n \mid A\boldsymbol{x} = \lambda\boldsymbol{x}\}$는 $\mathbb{R}^n$의 부분공간이다.
④ 선형연립방정식 $(\lambda I_n - A)\boldsymbol{x} = \boldsymbol{0}$은 비 자명해(nontrivial solution)를 갖는다.

22 A가 $n\times n$ 실 행렬이고 $\boldsymbol{x}, \boldsymbol{b} \in \mathbb{R}^n$ 가 열벡터라 하자. $A\boldsymbol{x}=\boldsymbol{b}$일 때, 다음 중 항상 참인 것은?

① $\boldsymbol{x}$와 $\boldsymbol{b}$가 일차종속이면 $\boldsymbol{x}$를 고유벡터로 갖는 A의 고윳값이 존재한다.
② $\boldsymbol{x}$는 A의 영공간에 속한다.
③ $\boldsymbol{b}^T$는 A의 행공간에 속한다.
④ $\boldsymbol{b}$는 A의 열공간에 속한다.

23 행렬 $A=\begin{pmatrix} 1 & 1 & 1 \\ 1 & 1 & 1 \\ 1 & 1 & 1 \end{pmatrix}$에 관한 다음 보기 중 옳은 것을 모두 고르면?

| 보 기 |

ㄱ. A의 모든 고윳값(eigenvalue)의 합은 3이다.
ㄴ. A의 모든 고유벡터(eigenvector)에 의해 생성되는 벡터공간은 $\mathbb{R}^3$이다.
ㄷ. A는 대각화가능(diagonalizable)하다.

① ㄱ　② ㄱ, ㄴ　③ ㄱ, ㄷ　④ ㄱ, ㄴ, ㄷ

[24~25] 다음 제시문을 읽고 물음에 답하시오.

> 직교행렬(orthogonal matrix) $U=\begin{pmatrix} a & 0 & b \\ c & 0 & d \\ 0 & 1 & 0 \end{pmatrix}$를 이용하여 행렬 $A=\begin{pmatrix} 2 & 1 & 0 \\ 1 & 2 & 0 \\ 0 & 0 & 2 \end{pmatrix}$를 대각화 할 수 있다. (단, $a, b > 0$)
>
> 행렬 A의 스펙트럼 분해(spectral decomposition)는 $A = \lambda_1 P_1 + \lambda_2 P_2 + \lambda_3 P_3$이고,
>
> 행렬 A^{2023}의 스펙트럼 분해는 $A^{2023} = \mu_1 Q_1 + \mu_2 Q_2 + \mu_3 Q_3$이다. (단, $\lambda_1 < \lambda_2 < \lambda_3$ 이고 $\mu_1 < \mu_2 < \mu_3$)

24 $a+b+c+d$의 값은?

① $\sqrt{2}$ ② $-2+\sqrt{2}$ ③ 0 ④ $2-\sqrt{2}$

25 $\det Q_1 - \lambda_2 + \mu_3$의 값은? (단, $\det Q_1$은 Q_1의 행렬식이다.)

① $3^{2023}-5$ ② $3^{2023}-4$ ③ $3^{2023}-3$ ④ $3^{2023}-2$

08

선형사상

출제 비중 & 빈출 키워드 리포트

단원	출제 비중 (합계 9%)
1. 선형사상과 행렬표현	4%
2. 선형사상의 종류 및 고윳값, 고유벡터	2%
3. 직교변환, 회전변환, 반사변환, 사영변환	2%
4. 면적 및 부피와 선형사상과의 관계	1%
5. 기저변환과 선형사상	

빈출 키워드

· 선형사상의 종류

· 표준행렬

1 선형사상과 행렬표현

1. 행렬변환

(1) 변환

벡터를 벡터에 대응시키는 함수를 말한다.

(2) 행렬변환(matrix transformation)

$m \times n$ 행렬 A와 n차원 열벡터 $\boldsymbol{x} \in \mathbb{R}^n$에 대해 $T_A(\boldsymbol{x}) = A\boldsymbol{x}$로 정의된 변환 $T_A : \mathbb{R}^n \to \mathbb{R}^m$를 말한다.

2. 선형사상(선형변환)

(1) 사상 $T : V \to W$는 T를 벡터공간 V에서 벡터공간 W로의 함수이다.

① 선형사상(linear transformation)

T가 다음을 만족할 때 T를 V에서 W로의 선형사상이라고 한다.

- $T(\boldsymbol{u}+\boldsymbol{v}) = T(\boldsymbol{u}) + T(\boldsymbol{v})$
- $T(\alpha\boldsymbol{u}) = \alpha T(\boldsymbol{u})$

(여기서 임의의 $u, v \in V$와 스칼라 $\alpha \in \mathbb{R}$)

② 선형사상(linear mapping) 또는 선형변환은 두 벡터공간 $(V, +, \cdot)$에서 $(W, +, \cdot)$로의 벡터공간의 구조를 보존하는 사상이다.

③ V 위의 선형 연산자(linear operator)
$V = W$일 때, 선형변환 $T : V \to V$

④ $T : V \to W$로의 선형변환($\Leftrightarrow T(\alpha\boldsymbol{u}+\beta\boldsymbol{v}) = \alpha T(\boldsymbol{u}) + \beta T(\boldsymbol{v})$, 임의의 $\boldsymbol{u}, \boldsymbol{v} \in V$ & 임의의 $\alpha, \beta \in \mathbb{R}$)

(2) 선형사상의 기본성질

선형사상 $T : V \to W$에 대해 다음 사실이 성립한다.

① $T(\vec{0}) = \vec{0}$

② $T\left(\sum_{k=1}^{n} \alpha_k \boldsymbol{v}_k\right) = \sum_{k=1}^{n} \alpha_k T(\boldsymbol{v}_k), \boldsymbol{v}_k \in V$

③ $T(v) = Av$일 때, $T^{-1}(w) = A^{-1}w$

3. 표준행렬

(1) 배경

$T:\mathbb{R}^n \to \mathbb{R}^m$을 선형사상이라 할 때, $\boldsymbol{x}\in\mathbb{R}^n$는 표준기저 $\{\boldsymbol{e}_j \mid j=1,\ 2,\ \cdots,\ n\}$의 일차결합

$$\boldsymbol{x}=\begin{bmatrix} x_1 \\ x_2 \\ \vdots \\ x_n \end{bmatrix}=x_1\boldsymbol{e}_1+x_2\boldsymbol{e}_2+\cdots+x_n\boldsymbol{e}_n$$ 으로 나타낼 수 있다.

T가 선형사상이므로 다음과 같이 나타난다.

$$\begin{aligned} T(\boldsymbol{x}) &= T(x_1\boldsymbol{e}_1+x_2\boldsymbol{e}_2+\cdots+x_n\boldsymbol{e}_n) \\ &= x_1T(\boldsymbol{e}_1)+x_2T(\boldsymbol{e}_2)+\cdots+x_nT(\boldsymbol{e}_n) \\ &= [\,T(\boldsymbol{e}_1)\ \vdots\ T(\boldsymbol{e}_2)\ \vdots\ \cdots\ \vdots\ T(\boldsymbol{e}_n)]\begin{bmatrix} x_1 \\ x_2 \\ \vdots \\ x_n \end{bmatrix} \end{aligned}$$

(2) 표준행렬(standard matrix)

$m\times n$ 행렬 A를 선형사상 T의 표준행렬이라 하며, 다음과 같이 나타낸다.

$$A=[\,T(\boldsymbol{e}_1)\ \vdots\ T(\boldsymbol{e}_2)\ \vdots\ \cdots\ \vdots\ T(\boldsymbol{e}_n)]$$

즉, $A^{(j)}=T(\boldsymbol{e}_j),\ j=1,2,\cdots,n$로 선택하면 $T(\boldsymbol{x})=A\boldsymbol{x}=T_A(\boldsymbol{x})$가 된다.

(3) 참고사항

① $T:\mathbb{R}^n \to \mathbb{R}^m$을 선형사상이라 할 때, $\boldsymbol{x}\in\mathbb{R}^n$에 대해서 $T(\boldsymbol{x})=A\boldsymbol{x}=T_A(\boldsymbol{x})$를 만족하는 행렬 $A\in M_{m\times n}$가 유일하게 존재하므로 $\mathbb{R}^n$에서 $\mathbb{R}^m$으로의 모든 선형사상은 행렬변환으로 나타낼 수 있다. 이렇게 얻어진 행렬 A를 선형사상 T의 표준행렬이라 한다.

② $T:\mathbb{R}^n \to \mathbb{R}^m$과 $S:\mathbb{R}^m \to \mathbb{R}^k$가 선형사상이라 하고 $A\in M_{m\times n}$과 $B\in M_{k\times m}$을 각각 T와 S에 대한 표준행렬이라 하면, $(S\circ T)(\boldsymbol{x})=S(T(\boldsymbol{x}))=B(A\boldsymbol{x})=BA\boldsymbol{x}$이다. 그러므로 $BA\in M_{k\times n}$은 선형사상의 합성 $S\circ T$의 표준행렬이다.

(4) 정리

선형사상 $T:\mathbb{R}^n \to \mathbb{R}^m$에 대한 표준행렬

$$A=\begin{bmatrix} a_{11} & a_{12} & \cdots & a_{1n} \\ a_{21} & a_{22} & \cdots & a_{2n} \\ \vdots & \vdots & \ddots & \vdots \\ a_{m1} & a_{m2} & \cdots & a_{mn} \end{bmatrix}$$ 와 벡터 $\boldsymbol{x}=\begin{bmatrix} x_1 \\ \vdots \\ x_n \end{bmatrix}$에 대하여 $\boldsymbol{c}_1,\ \boldsymbol{c}_2,\ \cdots,\ \boldsymbol{c}_n$을 행렬 A의 열벡터라 하면

$T(\boldsymbol{x})=A\boldsymbol{x}=x_1\boldsymbol{c}_1+x_2\boldsymbol{c}_2+\cdots+x_n\boldsymbol{c}_n$이므로 T의 치역은 행렬 A의 열공간과 같다.

4. 벡터공간에서 선형사상의 행렬표현

(1) 배경

선형사상 $T: V \to W$에서 벡터공간 V, W의 순서기저를 각각

$\alpha = \{v_1, \cdots, v_n\}$, $\beta = \{w_1, \cdots, w_m\}$라 할 때, $T(v_1), \cdots, T(v_n)$은 다음과 같이

$w_1, \cdots, w_m$의 일차결합으로 표현된다.

$$\begin{aligned} T(v_1) &= a_{11}w_1 + a_{21}w_2 + \cdots + a_{m1}w_m \\ T(v_2) &= a_{12}w_1 + a_{22}w_2 + \cdots + a_{m2}w_m \\ &\vdots \\ T(v_n) &= a_{1n}w_1 + a_{2n}w_2 + \cdots + a_{mn}w_m \end{aligned}$$

(2) 행렬표현(표현행렬)

선형사상 T에 대하여 유일하게 결정되는 행렬을 순서기저 α, β에 관한 T의 행렬표현이라 하고, 다음과 같이 나타낸다.

$$[T]_\alpha^\beta = \begin{bmatrix} a_{11} & a_{12} & \cdots & a_{1n} \\ a_{21} & a_{22} & \cdots & a_{2n} \\ \vdots & \vdots & \ddots & \vdots \\ a_{m1} & a_{m2} & \cdots & a_{mn} \end{bmatrix}$$

5. 용어 및 표현

두 벡터공간 V에서 W로의 (선형)사상 $T: V \to W$에 대해서 다음과 같은 표현 및 용어를 정의한다.

① $T(v)$
$v \in V$에 대한 상(image)

② $range(T) = Im(T) = T(V) = \{T(v) \mid v \in V\}$
T의 치역 또는 상공간(range space)이라 하고 W의 부분공간임

③ $\dim(range(T)) = rank(T)$
상공간의 차원

④ $\ker(T) = N(T) = \{v \in V \mid T(v) = \vec{0}\}$
핵(kernel) 또는 T의 영공간이라 하고 V의 부분공간임

⑤ $\dim(\ker(T)) = nullity(T)$
영공간의 차원

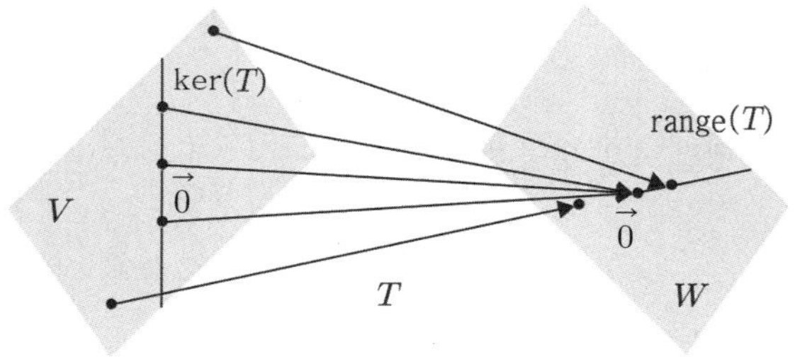

⑥ $O : V \to W$

영사상, 모든 원소에 $\vec{0}$을 대응시키는 사상

⑦ $I : V \to V$

항등사상: 모든 원소에 자기 자신을 대응시키는 사상

⑧ 계수정리

$\dim(\ker(T)) + \dim(range(T)) = \dim(V)$

개념적용

01

사상 $T: \mathbb{R}^2 \to \mathbb{R}^2$, $T(x, y) = (3x+4y, 2x+3y)$는 선형사상임을 보이시오.

공략 포인트

선형변환(선형사상) 성립 조건
- $T(\boldsymbol{u}+\boldsymbol{v}) = T(\boldsymbol{u}) + T(\boldsymbol{v})$
- $T(\alpha\boldsymbol{u}) = \alpha T(\boldsymbol{u})$

풀이

$u=(x_1, x_2)$, $v=(y_1, y_2)$, $c \in \mathbb{R}$에 대해 다음이 성립하면 선형사상이다.

(i) $T(u+v) = T((x_1, x_2)+(y_1, y_2))$

$= T(x_1+y_1, x_2+y_2)$

$= (3x_1+4x_2+3y_1+4y_2,\ 2x_1+3x_2+2y_1+3y_2)$

$= (3(x_1+y_1)+4(x_2+y_2),\ 2(x_1+y_1)+3(x_2+y_2))$

$= (3x_1+4x_2, 2x_1+3x_2)+(3y_1+4y_2, 2y_1+3y_2)$

$= T(x_1, x_2)+T(y_1, y_2)$

$= T(u)+T(v)$

(ii) $T(cu) = T(cx_1, cx_2) = (3cx_1+4cx_2, 2cx_1+3cx_2)$

$= c(3x_1+4x_2, 2x_1+3x_2)$

$= cT(u)$

두 성질을 만족하므로, 주어진 사상 T는 선형사상이다.

정답 풀이 참조

02

벡터공간 V의 각 원소 $v \in V$에 대하여 사상 $f: V \to V$를 아래와 같이 정의할 때, 선형사상이 아닌 것은?

① $f(v)=0$ (단, 0은 V의 영벡터이다.)
② $f(v)=2v$
③ $f(v)=v+w$ (단, $w \in V$는 주어진 영이 아닌 벡터이다.)
④ $f(v)=-v$

공략 포인트

선형변환(선형사상) 성립 조건
- $T(\boldsymbol{u}+\boldsymbol{v}) = T(\boldsymbol{u}) + T(\boldsymbol{v})$
- $T(\alpha\boldsymbol{u}) = \alpha T(\boldsymbol{u})$

풀이

$u, v \in V$이고 $k \in \mathbb{R}$이라 할 때,

③ $f(u+v) = (u+v)+w$

$= (u+w)+(v+w)-w$

$= f(u)+f(v)-w$이므로

$f(u+v) \neq f(u)+f(v)$이다.

즉, $f(v)=v+w$는 선형사상이 아니다.

정답 ③

03

행렬 A에 대해 $A\begin{bmatrix}3\\2\end{bmatrix} = \begin{bmatrix}1\\-1\end{bmatrix}$, $A\begin{bmatrix}1\\1\end{bmatrix} = \begin{bmatrix}3\\7\end{bmatrix}$이라면, $A\begin{bmatrix}5\\3\end{bmatrix}$은?

① $\begin{bmatrix}-6\\1\end{bmatrix}$　② $\begin{bmatrix}2\\-5\end{bmatrix}$　③ $\begin{bmatrix}4\\6\end{bmatrix}$　④ $\begin{bmatrix}-1\\-9\end{bmatrix}$

공략 포인트

선형변환(선형사상) 성립 조건

- $T(\boldsymbol{u}+\boldsymbol{v}) = T(\boldsymbol{u}) + T(\boldsymbol{v})$
- $T(\alpha\boldsymbol{u}) = \alpha T(\boldsymbol{u})$

풀이

$$\begin{pmatrix}5\\3\end{pmatrix} = (2)\begin{pmatrix}3\\2\end{pmatrix} + (-1)\begin{pmatrix}1\\1\end{pmatrix}$$

$$A\begin{pmatrix}5\\3\end{pmatrix} = A\left\{(2)\begin{pmatrix}3\\2\end{pmatrix} + (-1)\begin{pmatrix}1\\1\end{pmatrix}\right\}$$

$$= 2A\begin{pmatrix}3\\2\end{pmatrix} - A\begin{pmatrix}1\\1\end{pmatrix}$$

$$= 2\begin{pmatrix}1\\-1\end{pmatrix} - \begin{pmatrix}3\\7\end{pmatrix} = \begin{pmatrix}-1\\-9\end{pmatrix}$$

다른 풀이

$$A\begin{pmatrix}3\\2\end{pmatrix} = \begin{pmatrix}1\\-1\end{pmatrix},\ A\begin{pmatrix}1\\1\end{pmatrix} = \begin{pmatrix}3\\7\end{pmatrix} \Leftrightarrow A\begin{pmatrix}3 & 1\\2 & 1\end{pmatrix} = \begin{pmatrix}1 & 3\\-1 & 7\end{pmatrix}$$

$$A = \begin{pmatrix}1 & 3\\-1 & 7\end{pmatrix}\begin{pmatrix}3 & 1\\2 & 1\end{pmatrix}^{-1} = \begin{pmatrix}1 & 3\\-1 & 7\end{pmatrix}\begin{pmatrix}1 & -1\\-2 & 3\end{pmatrix} = \begin{pmatrix}-5 & 8\\-15 & 22\end{pmatrix}$$

$$A\begin{pmatrix}5\\3\end{pmatrix} = \begin{pmatrix}-5 & 8\\-15 & 22\end{pmatrix}\begin{pmatrix}5\\3\end{pmatrix} = \begin{pmatrix}-1\\-9\end{pmatrix}$$

정답 ④

04

선형변환 $F\begin{bmatrix}x_1\\x_2\\x_3\end{bmatrix} = \begin{bmatrix}x_1-4x_2+2x_3\\x_2+x_3\end{bmatrix}$ 일 때, $F(x) = Ax$가 되는 행렬 A는?

(단, $x = \begin{bmatrix}x_1\\x_2\\x_3\end{bmatrix}$ 이다.)

① $\begin{bmatrix}1 & -2\\0 & -1\\1 & -4\end{bmatrix}$　② $\begin{bmatrix}1 & 0 & 1\\-2 & -1 & -4\end{bmatrix}$　③ $\begin{bmatrix}1 & -4 & 2\\0 & 1 & 1\end{bmatrix}$　④ $\begin{bmatrix}0 & -2\\1 & 3\\1 & -4\end{bmatrix}$

공략 포인트

표준행렬

선형변환을 행렬변환으로 나타내어 얻어진 행렬

풀이

$$F\begin{pmatrix}x_1\\x_2\\x_3\end{pmatrix} = \begin{pmatrix}x_1-4x_2+2x_3\\x_2+x_3\end{pmatrix} = \begin{pmatrix}1 & -4 & 2\\0 & 1 & 1\end{pmatrix}\begin{pmatrix}x_1\\x_2\\x_3\end{pmatrix}$$

정답 ③

05

다음과 같이 정의된 선형사상 $T:\mathbb{R}^3\to\mathbb{R}^3$에 대하여, T의 치역을 구하면?

$$T(x,y,z) = (-4y+2z,\ -x-9y+4z,\ x+y)$$

① $\{(x,y,z) : x-2y-z=0\}$
② $\{(x,y,z) : 2x-y-z=0\}$
③ $\{(x,y,z) : 2x-y+z=0\}$
④ $\{(x,y,z) : x-2y+z=0\}$

공략 포인트

표준행렬 관련 정리
선형사상의 치역은 표준행렬의 열공간과 같다.

풀이

$$T(x,y,z)=(-4y+2z,\ -x-9y+4z,\ x+y) = \begin{bmatrix} 0 & -4 & 2 \\ -1 & -9 & 4 \\ 1 & 1 & 0 \end{bmatrix}\begin{bmatrix} x \\ y \\ z \end{bmatrix}$$

$$A^T = \begin{bmatrix} 0 & -1 & 1 \\ -4 & -9 & 1 \\ 2 & 4 & 0 \end{bmatrix} \sim \begin{bmatrix} 2 & 4 & 0 \\ -4 & -9 & 1 \\ 0 & -1 & 1 \end{bmatrix} \sim \begin{bmatrix} 1 & 2 & 0 \\ 0 & -1 & 1 \\ 0 & 0 & 0 \end{bmatrix}$$

따라서 두 벡터 $(1,2,0), (0,-1,1)$에 의해 생성되는 A의 열공간은 원점을 지나는 평면이다.

즉, 법선벡터 $\vec{n} = (1,2,0)\times(0,-1,1) = (2,-1,-1)$이므로

T의 치역은 $\{(x,y,z) : 2x-y-z=0\}$이다.

정답 ②

06

선형사상 $T: \mathbb{R}^3\to\mathbb{R}^2$가 $T(1,0,1)=(2,1)$, $T(1,1,2)=(-3,2)$를 만족시킬 때,

$T(1,-2,-1)$은?

① $(-12,-1)$ ② $(-12,1)$ ③ $(12,-1)$ ④ $(12,1)$

공략 포인트

선형변환(선형사상) 성립 조건
- $T(\boldsymbol{u}+\boldsymbol{v}) = T(\boldsymbol{u}) + T(\boldsymbol{v})$
- $T(\alpha\boldsymbol{u}) = \alpha T(\boldsymbol{u})$

풀이

$(1,-2,-1)=a(1,0,1)+b(1,1,2)$를 만족하는 a, b를 구하면

$a=3$, $b=-2$이다.

$$\begin{aligned} T(1,-2,-1) &= T(3(1,0,1)-2(1,1,2)) \\ &= 3T(1,0,1)-2T(1,1,2) \\ &= 3(2,1)-2(-3,2) \\ &= (12,-1) \end{aligned}$$

정답 ③

07

선형사상 $T:\mathbb{R}^3 \to \mathbb{R}^2$가 다음을 만족시킨다.

$$T(\langle 1,0,0\rangle)=\langle 1,3\rangle$$
$$T(\langle 1,1,0\rangle)=\langle 2,2\rangle$$
$$T(\langle 1,1,2\rangle)=\langle 6,10\rangle$$

$\mathbb{R}^3$의 기저 $\beta_1=\{\langle 1,0,0\rangle, \langle 1,1,0\rangle, \langle 1,1,2\rangle\}$와 $\mathbb{R}^2$의 기저 $\beta_2=\{\langle 1,3\rangle, \langle 2,2\rangle\}$에 대한 선형사상 T의 행렬표현(matrix for T relative to the bases β_1 and β_2)은?

① $\begin{pmatrix} 1 & 0 \\ 0 & 1 \\ 1 & 3 \end{pmatrix}$　② $\begin{pmatrix} 1 & 0 \\ 0 & 1 \\ 2 & 2 \end{pmatrix}$　③ $\begin{pmatrix} 1 & 0 & 1 \\ 0 & 1 & 3 \end{pmatrix}$　④ $\begin{pmatrix} 1 & 0 & 2 \\ 0 & 1 & 2 \end{pmatrix}$

공략 포인트

선형사상 $T:\mathbb{R}^n \to \mathbb{R}^m$의 표준행렬 A의 크기는 $m\times n$이다.

풀이

$T(\langle 1,0,0\rangle)=\langle 1,3\rangle=1\langle 1,3\rangle+0\langle 2,2\rangle$

$T(\langle 1,1,0\rangle)=\langle 2,2\rangle=0\langle 1,3\rangle+1\langle 2,2\rangle$

$T(\langle 1,1,2\rangle)=\langle 6,10\rangle=2\langle 1,3\rangle+2\langle 2,2\rangle$이므로

T의 행렬표현은 $\begin{pmatrix} 1 & 0 & 2 \\ 0 & 1 & 2 \end{pmatrix}$이다.

정답 ④

08

$L:\mathbb{R}^3\to\mathbb{R}^3$가 선형사상이고, 세 벡터 $u=\begin{bmatrix}1\\0\\0\end{bmatrix}$, $v=\begin{bmatrix}1\\1\\0\end{bmatrix}$, $w=\begin{bmatrix}1\\1\\1\end{bmatrix}$에 대해

$L(u)=-u$, $L(v)=2v$, $L(w)=w$가 성립한다.

벡터 $x=\begin{bmatrix}5\\3\\1\end{bmatrix}$에 대해 $L(x)=\begin{bmatrix}a\\b\\c\end{bmatrix}$일 때, $a+b+c$의 값은?

① 7　② 9　③ 11　④ 13

공략 포인트

벡터 $\boldsymbol{x}=a\boldsymbol{u}+b\boldsymbol{v}+c\boldsymbol{w}$로 구하면

$5=a+b+c$

$3=b+c$

$1=c$에서

$a=2,\ b=2,\ c=1$이다.

즉, $x=2u+2v+w$

풀이

$x=2u+2v+w$이므로 선형성에 의하여

$$\begin{aligned} L(x)=L(2u+2v+w)&=2L(u)+2L(v)+L(w)\\ &=-2u+2(2v)+w\\ &=-2u+4v+w\\ &=-2\begin{pmatrix}1\\0\\0\end{pmatrix}+4\begin{pmatrix}1\\1\\0\end{pmatrix}+\begin{pmatrix}1\\1\\1\end{pmatrix}=\begin{pmatrix}3\\5\\1\end{pmatrix}\end{aligned}$$
이 성립한다.

그러므로 $a+b+c=9$이다.

정답 ②

09

선형사상 $T : \mathbb{R}^3 \to \mathbb{R}^2$이 다음 조건을 만족시킨다.

$$T(1, 1, 0) = (1, 1)$$

$$T(1, 0, 1) = (3, -1)$$

$$T(0, 1, 1) = (2, 4)$$

선형사상 T의 표준행렬을 A라 할 때, A의 모든 성분의 합은?

① 2　　② 3　　③ 4　　④ 5

공략 포인트

선형사상 $T : \mathbb{R}^n \to \mathbb{R}^m$의 표준행렬 A의 크기는 $m \times n$이다.

풀이

$$\begin{aligned} T(1, 0, 0) &= T\left\{\frac{1}{2}(1, 1, 0) + \frac{1}{2}(1, 0, 1) - \frac{1}{2}(0, 1, 1)\right\} \\ &= \frac{1}{2}(1, 1) + \frac{1}{2}(3, -1) - \frac{1}{2}(2, 4) \\ &= (1, -2) \end{aligned}$$

$$\begin{aligned} T(0, 1, 0) &= T\left\{\frac{1}{2}(1, 1, 0) - \frac{1}{2}(1, 0, 1) + \frac{1}{2}(0, 1, 1)\right\} \\ &= \frac{1}{2}(1, 1) - \frac{1}{2}(3, -1) + \frac{1}{2}(2, 4) \\ &= (0, 3) \end{aligned}$$

$$\begin{aligned} T(0, 0, 1) &= T\left\{-\frac{1}{2}(1, 1, 0) + \frac{1}{2}(1, 0, 1) + \frac{1}{2}(0, 1, 1)\right\} \\ &= -\frac{1}{2}(1, 1) + \frac{1}{2}(3, -1) + \frac{1}{2}(2, 4) \\ &= (2, 1) \end{aligned}$$이므로

$A = \begin{pmatrix} 1 & -2 \\ 0 & 3 \\ 2 & 1 \end{pmatrix}^T = \begin{pmatrix} 1 & 0 & 2 \\ -2 & 3 & 1 \end{pmatrix}$이다.

즉, 행렬 A의 모든 성분의 합은 5이다.

정답 ④

10

$\alpha=\{(0,1,1),\ (1,0,1),\ (1,1,0)\}$, $\beta=\{w_1, w_2, w_3\}$를 $\mathbb{R}^3$의 순서기저라 하자.

선형사상 $T:\mathbb{R}^3\to\mathbb{R}^3$의 α, β에 관한 행렬표현이 $[T]_\alpha^\beta=\begin{bmatrix} 0 & 1 & 1 \\ 1 & 2 & 7 \\ -2 & 6 & 0 \end{bmatrix}$와 같을 때,

$T(2,3,1)$을 구하면?

① $4w_1+15w_2+14w_3$ ② $-4w_1+13w_2+w_3$
③ $2w_1+15w_2-2w_3$ ④ w_1+2w_3

공략 포인트

선형사상 $T:\mathbb{R}^n\to\mathbb{R}^m$의 표준행렬 A의 크기는 $m\times n$이다.

풀이

$T(0,1,1)=(0)w_1+(1)w_2+(-2)w_3$
$T(1,0,1)=(1)w_1+(2)w_2+(6)w_3$
$T(1,1,0)=(1)w_1+(7)w_2+(0)w_3$로 나타낼 수 있다.
여기서 $(2,3,1)=(1)(0,1,1)+(0)(1,0,1)+(2)(1,1,0)$이므로
$T(2,3,1)=(1)T(0,1,1)+(0)T(1,0,1)+(2)T(1,1,0)$
$=2w_1+15w_2-2w_3$

정답 ③

2 선형사상의 종류 및 고윳값, 고유벡터

1. 선형사상의 종류

(1) $T: V \to W$가 선형사상일 때, 다음과 같이 선형사상의 종류를 구분한다.

① T: 단사(일대일) 사상(one–to–one mapping)

$\Leftrightarrow T(\boldsymbol{u}) = T(\boldsymbol{v}) \Rightarrow \boldsymbol{u} = \boldsymbol{v}$

$\Leftrightarrow \ker(T) = \{\vec{0}\}$

$\Leftrightarrow \text{nullity}(T) = 0$

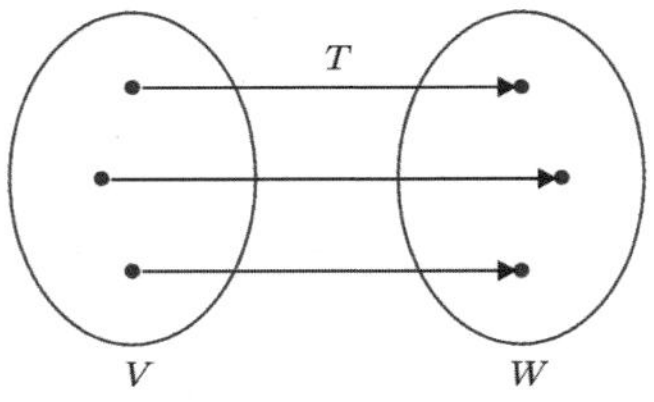

T는 일대일이다.

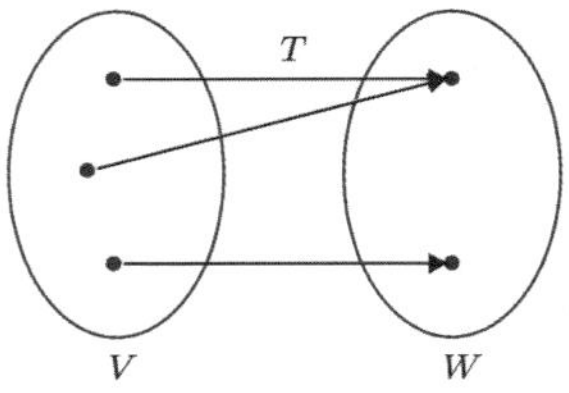

T는 일대일이 아니다.

② T: 전사 사상(onto mapping)

$\Leftrightarrow W = range(T) = Im(T)$

$\Leftrightarrow rank(T) = \dim(W)$

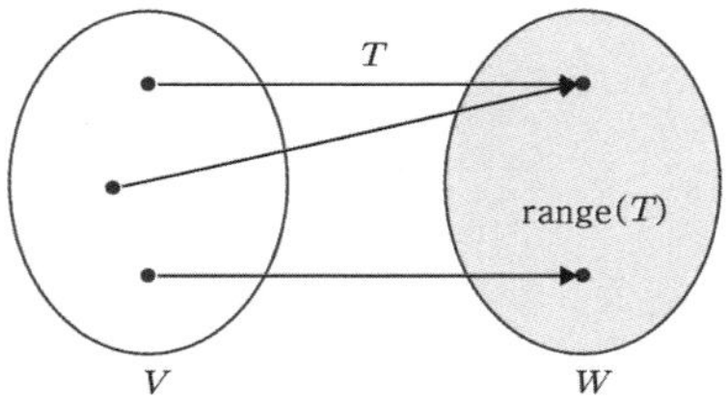

T는 전사이다.

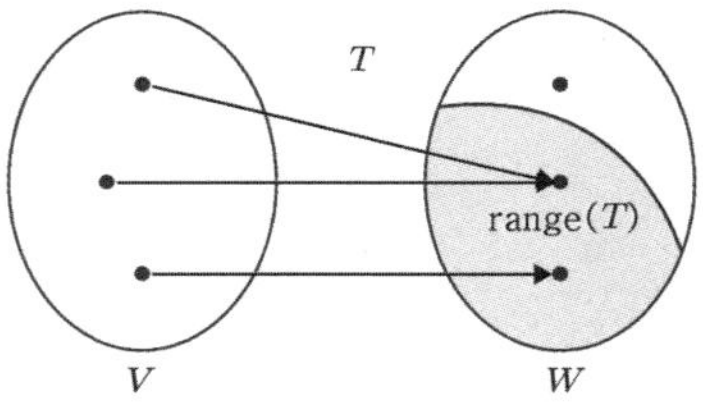

T는 전사가 아니다.

③ T: 전단사 사상(정칙선형 사상)

$\Leftrightarrow$ T가 전사이고 단사이다.

$\Leftrightarrow$ T의 역사상은 존재하며 $T^{-1}: W \to V$이다.

2. 선형사상의 고윳값, 고유벡터

(1) 고윳값과 고유벡터

① 정의

선형사상 $T: V \to W$에 대하여 $T(v) = \lambda v$를 만족하는 $v \neq \vec{0}$이 존재할 때,

λ를 고윳값, v를 λ에 대응하는 고유벡터라 한다.

② 표기

$T(v) = \lambda v \Leftrightarrow Av = \lambda v$

(여기서 A: T의 표현행렬)

(2) 정리

① 정리 1

V와 W가 벡터공간, $\dim(V) = n$, $\{\boldsymbol{v}_1, \boldsymbol{v}_2, \cdots, \boldsymbol{v}_n\}$이 V의 기저이고, $\boldsymbol{w}_1, \boldsymbol{w}_2, \cdots, \boldsymbol{w}_n$을 W의 임의의 원소라고 할 때, $T(\boldsymbol{v}_1) = \boldsymbol{w}_1$, $T(\boldsymbol{v}_2) = \boldsymbol{w}_2$, $\cdots$, $T(\boldsymbol{v}_n) = \boldsymbol{w}_n$인 선형사상 $T: V \to W$가 유일하게 존재한다.

② 정리 2

$T: V \to W$가 선형사상, $\dim(V) = n$, $\{\boldsymbol{v}_1, \boldsymbol{v}_2, \cdots, \boldsymbol{v}_n\}$을 V의 기저라 할 때, 다음이 성립한다.

- $\{T(v_1), T(v_2), \cdots, T(v_n)\}$은 T의 치역을 생성한다.
- 선형사상 T가 단사일 필요충분조건은 $\{T(\boldsymbol{v}_1), T(\boldsymbol{v}_2), \cdots, T(\boldsymbol{v}_n)\}$가 일차독립인 것이다.

③ 정리 3

$\dim V = n$, $\dim W = m$, $T: V \to W$가 선형사상이고 $m \times n$ 행렬 A가 T의 표준행렬이면 다음은 동치이다.

- T는 단사(일대일)이다. $\Leftrightarrow$ $rank(A) = n$
- T는 전사이다. $\Leftrightarrow$ $rank(A) = m$
- T가 정칙선형사상이다. $\Leftrightarrow$ $m = n$이고 A가 가역행렬이다.

개념적용

01

선형사상 $L : P_4(x) \to \mathbb{R}$, $L(f(x)) = \int_{-1}^{1} f(x)dx$에 대하여 $\ker(L)$에 속하는 것은?

(단, $P_4(x)$는 4차 이하의 차수를 갖는 다항식의 벡터공간을 의미한다.)

① $f(x) = 4x^4 + 3x^3 + 2x^2 + x + 15$　② $f(x) = x$

③ $f(x) = 9x^2 + 4$　④ $f(x) = 1$

공략 포인트

$\ker(L)$
핵 또는 L의 영공간

적분

$\int_{-1}^{1} x\,dx = \left[\frac{x^2}{2}\right]_{-1}^{1}$

$= \frac{1}{2} - \frac{1}{2} = 0$

풀이

$\ker(L)$은 선형사상 L의 영공간(핵)으로 $f(x)$의 적분값이 0을 만족해야 한다.

주어진 보기 중 적분 $\int_{-1}^{1} f(x)dx$가 0을 만족하는 함수는 ②이다.

정답 ②

02

다음 선형사상의 $\ker T$와 $\operatorname{Im} T$를 구하시오.

$$T : \mathbb{R}^2 \to \mathbb{R}^2,\ T(x,y) = (2x-y,\ 0)$$

공략 포인트

$\ker T$
T의 핵 또는 영공간

$\operatorname{Im} T$
T의 치역 또는 상공간

풀이

$$\begin{aligned}\ker T &= \{(x,y) \in \mathbb{R}^2 \mid 2x - y = 0\} \\ &= \{(x,y) \in \mathbb{R}^2 \mid 2x = y\} \\ &= \{(t,\ 2t) \mid t \in \mathbb{R}\} = <(1,\ 2)>\end{aligned}$$

$$\begin{aligned}\operatorname{Im} T &= \{T(x,y) \mid (x,y) \in \mathbb{R}^2\} \\ &= \{(2x-y,\ 0) \mid x,y \in \mathbb{R}\} \\ &= \{(k,\ 0) \mid k \in \mathbb{R}\} = <(1,\ 0)>\end{aligned}$$

정답 풀이 참조

03

선형변환 $L : \mathbb{R}^3 \to \mathbb{R}^2$가 $L(x, y, z) = (x+2y, y+z)$로 정의될 때, $\ker L$의 차원을 구하시오.

① 0 ② 1 ③ 2 ④ 3

공략 포인트

$\ker L$
L의 핵 또는 영공간

$\ker L$의 차원
$\dim(\ker L) = nullity(L)$

차원정리
$nullity(A) = n - rank(A)$

풀이

$\begin{cases} x+2y=0 \\ y+z=0 \end{cases}$에서 $\ker L = \left\{ k\begin{pmatrix} 2 \\ -1 \\ 1 \end{pmatrix} \middle| \, k \in \mathbb{R} \right\}$이므로

$\dim(\ker L) = 1 = nullity(L)$

다른 풀이

선형변환 L의 표현행렬은 $A = \begin{pmatrix} 1 & 2 & 0 \\ 0 & 1 & 1 \end{pmatrix}$이므로

$rank(A) = Im(L) = 2$

차원정리에 의해 $nullity(A) = 3-2 = 1$이다.

정답 ②

04

선형변환 $T : \mathbb{R}^4 \to \mathbb{R}^3$를

$$T(x_1, x_2, x_3, x_4) = (x_1+x_2, x_2-x_3, x_1+x_4)$$

로 정의할 때, T의 열공간의 차원과 해공간의 차원을 각각 순서대로 구하면?

① 3, 1 ② 1, 3 ③ 2, 2 ④ 4, 0

공략 포인트

계수정리
$\dim(\ker(T)) + \dim(range(T)) = \dim(V)$

풀이

표준행렬 $A = \begin{pmatrix} 1 & 1 & 0 & 0 \\ 0 & 1 & -1 & 0 \\ 1 & 0 & 0 & 1 \end{pmatrix} \sim \begin{pmatrix} 1 & 1 & 0 & 0 \\ 0 & 1 & -1 & 0 \\ 0 & -1 & 0 & 1 \end{pmatrix}$ ($\because$ 1행×(−1)+3행 → 3행)

$\sim \begin{pmatrix} 1 & 1 & 0 & 0 \\ 0 & 1 & -1 & 0 \\ 0 & 0 & -1 & 1 \end{pmatrix}$ ($\because$ 2행×(1) + 3행 → 3행)이므로

$rank(A) = 3$이고, 행렬의 차원정리에 의해 해공간의 차원은 1이다.

정답 ①

05

선형사상 $T : \mathbb{R}^2 \to \mathbb{R}^2$가 다음을 만족한다.

$$T(<1, 0>) = <1, 1>,\ T(<0, 1>) = <-1, 1>$$

이때, 역변환 T^{-1}의 행렬표현은?

① $\frac{1}{2}\begin{pmatrix} -1 & 1 \\ 1 & 1 \end{pmatrix}$ ② $\frac{1}{2}\begin{pmatrix} 1 & 1 \\ -1 & 1 \end{pmatrix}$ ③ $\frac{1}{2}\begin{pmatrix} 1 & -1 \\ 1 & 1 \end{pmatrix}$ ④ $\frac{1}{2}\begin{pmatrix} 1 & 1 \\ 1 & -1 \end{pmatrix}$

공략 포인트

선형사상 (정방행렬일 때)
$T: V \to W$에서 $T(v) = Av$ 일 때, $T^{-1}(w) = A^{-1}w$이다.

풀이

$T(<1, 0>) = <1, 1>,\ T(<0, 1>) = <-1, 1>$

$\Leftrightarrow A\begin{pmatrix} 1 & 0 \\ 0 & 1 \end{pmatrix} = \begin{pmatrix} 1 & -1 \\ 1 & 1 \end{pmatrix}$

따라서 표현행렬은 $\begin{pmatrix} 1 & -1 \\ 1 & 1 \end{pmatrix}$이다.

역변환 T^{-1}에 대한 표현행렬은 $\frac{1}{2}\begin{pmatrix} 1 & 1 \\ -1 & 1 \end{pmatrix}$이다.

다른 풀이

$T(1, 0) = (1, 1) = 1(1, 0) + 1(0, 1)$, $T(0, 1) = (-1, 1) = -1(1, 0) + 1(0, 1)$이므로

T에 대한 표현행렬은 $\begin{pmatrix} 1 & -1 \\ 1 & 1 \end{pmatrix}$이고

역변환 T^{-1}에 대한 표현행렬은 $\frac{1}{2}\begin{pmatrix} 1 & 1 \\ -1 & 1 \end{pmatrix}$이다.

정답 ②

06

다음 중 $\mathbb{R}^3$에서 $T_A\begin{bmatrix} x \\ y \\ z \end{bmatrix} = A\begin{bmatrix} x \\ y \\ z \end{bmatrix}$로 정의되는 선형사상이 일대일함수가 아닌 행렬 A는?

① $A = \begin{pmatrix} 1 & 1 & 1 \\ 1 & 2 & 3 \\ 1 & 4 & 9 \end{pmatrix}$ ② $A = \begin{pmatrix} 1 & 1 & 2 \\ 1 & 2 & 3 \\ 2 & 3 & 4 \end{pmatrix}$ ③ $A = \begin{pmatrix} 1 & 2 & 3 \\ 2 & 3 & 4 \\ 3 & 4 & 5 \end{pmatrix}$ ④ $A = \begin{pmatrix} 1 & 1 & 1 \\ 1 & -1 & 1 \\ 1 & -1 & -1 \end{pmatrix}$

공략 포인트

$T: R^3 \to R^3$에서의 일대일함수
$rank(A) = \dim(R^3)$

풀이

$T: \mathbb{R}^3 \to \mathbb{R}^3$에서의 일대일함수이기 위한 조건은
$rankA = \dim(\mathbb{R}^3) = 3$이다.

③ $A = \begin{pmatrix} 1 & 2 & 3 \\ 2 & 3 & 4 \\ 3 & 4 & 5 \end{pmatrix}$에서 $rankA = 2$이므로 일대일함수가 아니다.

정답 ③

07

선형변환 $T:\mathbb{R}^4\to\mathbb{R}^3$은

$$T(x,\, y,\, z,\, w)=(x+2y+4z+5w,\, 2x+z+3w,\, -x+2y+az+2w)$$

로 정의한다. 선형변환 T가 전사함수가 되기 위한 a의 값 중 틀린 것은?

① 1 ② 2 ③ 3 ④ 4

공략 포인트

전사 사상
$rank(T)=\dim(W)$

풀이

표현행렬 $T=\begin{bmatrix} 1 & 2 & 4 & 5 \\ 2 & 0 & 1 & 3 \\ -1 & 2 & a & 2 \end{bmatrix}$에서 T가 전사이면 $rank T=$ 공역의 차원 $=3$이어야 한다.

기본 행 연산을 하여 정리하면 $T=\begin{bmatrix} 1 & 2 & 4 & 5 \\ 2 & 0 & 1 & 3 \\ -1 & 2 & a & 2 \end{bmatrix}\sim\begin{bmatrix} 1 & 2 & 4 & 5 \\ 0 & -4 & -7 & -7 \\ 0 & 4 & a+4 & 7 \end{bmatrix}$

$\therefore\ a+4\neq 7$

즉, a가 3이면 선형변환 T가 전사함수가 되지 않는다.

정답 ③

08

행렬 M이 아래와 같이 주어졌을 때, $T(x)=Mx$로 정의되는 선형변환

$T:\ \mathbb{R}^4\to\mathbb{R}^4$에서 T의 치역인 $T(\mathbb{R}^4)$의 차원(dimension)은?

$$M=\begin{bmatrix} 1 & 1 & -5 & 3 \\ 1 & 0 & -2 & 1 \\ 2 & -1 & -1 & 0 \\ -2 & 4 & -8 & 6 \end{bmatrix}$$

① 1 ② 2 ③ 3 ④ 4

공략 포인트

T의 치역의 차원 $=rank(T)$

풀이

선형변환 T의 치역의 차원은 $rank(M)$과 같다.

$$\begin{aligned} rank(M) &= rank\begin{bmatrix} 1 & 1 & -5 & 3 \\ 1 & 0 & -2 & 1 \\ 2 & -1 & -1 & 0 \\ -2 & 4 & -8 & 6 \end{bmatrix} \\ &= rank\begin{bmatrix} 1 & 1 & -5 & 3 \\ 0 & -1 & 3 & -2 \\ 0 & -3 & 9 & -6 \\ 0 & 6 & -18 & 12 \end{bmatrix} \begin{pmatrix} (1\text{행})\times(-1)+(2\text{행})\to(2\text{행}) \\ (1\text{행})\times(-2)+(3\text{행})\to(3\text{행}) \\ (1\text{행})\times(2)+(4\text{행})\to(4\text{행}) \end{pmatrix} \\ &= rank\begin{bmatrix} 1 & 1 & -5 & 3 \\ 0 & 1 & -3 & 2 \\ 0 & 1 & -3 & 2 \\ 0 & 1 & -3 & 2 \end{bmatrix} \\ &= rank\begin{bmatrix} 1 & 1 & -5 & 3 \\ 0 & 1 & -3 & 2 \\ 0 & 0 & 0 & 0 \\ 0 & 0 & 0 & 0 \end{bmatrix}=2 \end{aligned}$$

정답 ②

09

선형변환(linear transformation)

$$L : \mathbb{R}^5 \to \mathbb{R}^3$$

에서 $\ker L$의 차수(dimension)가 될 수 <u>없는</u> 값은?

① 1　　② 2　　③ 3　　④ 4

공략 포인트

계수정리
$\dim(\ker(T)) + \dim(Im(T)) = \dim(V)$

풀이

$\dim(\ker L) + \dim(ImL) = 5$이고
$\dim(Im\ L)$의 최댓값이 3이므로
$\dim(\ker L) \geq 2$이어야 한다.
즉, $\ker\ L$의 차수가 될 수 없는 값은 ①이다.

정답 ①

3 직교변환, 회전변환, 반사변환, 사영변환

1. 직교변환

(1) 직교변환(orthogonal transformation)

크기를 보존하는 선형변환 $T:\mathbb{R}^n \to \mathbb{R}^n$을 직교변환이라고 한다.

$$T:\mathbb{R}^n \to \mathbb{R}^n:\text{ 직교변환} \iff \|T(v)\| = \|v\|,\quad v\in\mathbb{R}^n$$

(2) 참고사항

① $A\in M_{n\times n}$: 직교행렬 $\iff$ $AA^t = I_n = A^tA$

② 기하학적인 관점에서 $\mathbb{R}^2$ 및 $\mathbb{R}^3$의 특수한 선형변환은 강체운동을 기술하고자 할 때, 자연스럽게 벡터의 길이를 보존하는 선형변환을 생각할 수 있다.

2. 회전변환

(1) $\mathbb{R}^2$와 $\mathbb{R}^3$에서의 회전변환(rotation transformation)

$\mathbb{R}^2$에서의 회전변환	표준행렬	$\mathbb{R}^3$에서의 회전변환	표준행렬
평면에서 반시계 방향으로 θ만큼 회전	$\begin{bmatrix}\cos\theta & -\sin\theta\\ \sin\theta & \cos\theta\end{bmatrix}$	x축을 중심으로 θ만큼 회전	$\begin{bmatrix}1 & 0 & 0\\ 0 & \cos\theta & -\sin\theta\\ 0 & \sin\theta & \cos\theta\end{bmatrix}$
		y축을 중심으로 θ만큼 회전	$\begin{bmatrix}\cos\theta & 0 & \sin\theta\\ 0 & 1 & 0\\ -\sin\theta & 0 & \cos\theta\end{bmatrix}$
		z축을 중심으로 θ만큼 회전	$\begin{bmatrix}\cos\theta & -\sin\theta & 0\\ \sin\theta & \cos\theta & 0\\ 0 & 0 & 1\end{bmatrix}$

(2) 회전변환의 표준행렬에 대한 일반적인 성질

① 직교행렬이다.

② 행렬식은 1이다.

③ 회전변환의 표준행렬의 성질

- $A=\begin{bmatrix}\cos\theta & -\sin\theta\\ \sin\theta & \cos\theta\end{bmatrix} \Rightarrow A^n=\begin{bmatrix}\cos(n\theta) & -\sin(n\theta)\\ \sin(n\theta) & \cos(n\theta)\end{bmatrix}$
- $A=\begin{bmatrix}\cos\theta & -\sin\theta\\ \sin\theta & \cos\theta\end{bmatrix} \Rightarrow A^{-1}=\begin{bmatrix}\cos\theta & \sin\theta\\ -\sin\theta & \cos\theta\end{bmatrix}$

(3) 회전축과 회전각

회전변환을 나타내는 행렬이 A일 때, 회전축과 회전각을 다음과 같이 구한다.

① 회전축: $A\boldsymbol{x} = \boldsymbol{x}$를 만족하는 벡터 $\boldsymbol{x}$ (고유치 1에 대응하는 고유벡터)

② 회전각: $\cos\theta = \dfrac{tr(A) - 1}{2}$

3. 반사(대칭)변환

(1) $\mathbb{R}^2$와 $\mathbb{R}^3$에서의 반사변환(reflection transformation)

$\mathbb{R}^2$에서의 반사변환	표준행렬	$\mathbb{R}^3$에서의 반사변환	표준행렬
x축에 반사 $T(x, y) = (x, -y)$	$\begin{bmatrix} 1 & 0 \\ 0 & -1 \end{bmatrix}$	xy 평면에 반사 $T(x, y, z) = (x, y, -z)$	$\begin{bmatrix} 1 & 0 & 0 \\ 0 & 1 & 0 \\ 0 & 0 & -1 \end{bmatrix}$
y축에 반사 $T(x, y) = (-x, y)$	$\begin{bmatrix} -1 & 0 \\ 0 & 1 \end{bmatrix}$	yz 평면에 반사 $T(x, y, z) = (-x, y, z)$	$\begin{bmatrix} -1 & 0 & 0 \\ 0 & 1 & 0 \\ 0 & 0 & 1 \end{bmatrix}$
직선 $y = x$에 반사 $T(x, y) = (y, x)$	$\begin{bmatrix} 0 & 1 \\ 1 & 0 \end{bmatrix}$		
직선 $y = -x$에 반사 $T(x, y) = (-y, -x)$	$\begin{bmatrix} 0 & -1 \\ -1 & 0 \end{bmatrix}$	zx 평면에 반사 $T(x, y, z) = (x, -y, z)$	$\begin{bmatrix} 1 & 0 & 0 \\ 0 & -1 & 0 \\ 0 & 0 & 1 \end{bmatrix}$

(2) 반사변환의 표준행렬에 대한 일반적인 성질

① 직교행렬이다.

② 대칭행렬이다.

③ 행렬식은 -1이다.

④ 고윳값은 1과 -1이다. ($\mathbb{R}^3$에서)
- 고윳값 1에 대응하는 고유벡터: 평면 위의 벡터
- 고윳값 -1에 대응하는 고유벡터: 법선벡터와 평행인 벡터

(3) 참고사항

① $T:\mathbb{R}^2 \to \mathbb{R}^2$가 원점을 지나는 직선에 대한 대칭변환일 때, $T(v) = Av$라면 벡터$\begin{pmatrix} x \\ y \end{pmatrix}$를 x축의 양의 방향과 이루는 각이 θ인 직선에 대하여 대칭이동하는 변환

$$T\begin{pmatrix} x \\ y \end{pmatrix} = \begin{pmatrix} \cos2\theta & \sin2\theta \\ \sin2\theta & -\cos2\theta \end{pmatrix}\begin{pmatrix} x \\ y \end{pmatrix}$$

② 원점을 지나는 평면 $ax + by + cz = 0$에서의 반사변환의 표준행렬

$$A = I_3 - \frac{2}{\boldsymbol{n}^t\boldsymbol{n}}\boldsymbol{n}\boldsymbol{n}^t$$

(여기서 $\boldsymbol{n} = \begin{bmatrix} a \\ b \\ c \end{bmatrix}$: 평면의 법선벡터)

③ $\mathbb{R}^n$ 공간에서 법선벡터가 $n=(a_1\, a_2\, \cdots\, a_n)^T$인 초평면 $a_1x_1+a_2x_2+\cdots+a_nx_n=0$에 대하여 벡터를 대칭이동시키는 반사변환 행렬

$$A=I_n-\frac{2}{n^Tn}nn^T$$

4. 사영변환

(1) $\mathbb{R}^2$와 $\mathbb{R}^3$에서의 사영변환(projection transformation)

$\mathbb{R}^2$에서의 사영변환	표준행렬	$\mathbb{R}^3$에서의 사영변환	표준행렬
x축 위로의 사영 $T(x,y)=(x,0)$	$\begin{bmatrix}1&0\\0&0\end{bmatrix}$	xy평면 위로의 사영 $T(x,y,z)=(x,y,0)$	$\begin{bmatrix}1&0&0\\0&1&0\\0&0&0\end{bmatrix}$
		yz평면 위로의 사영 $T(x,y,z)=(0,y,z)$	$\begin{bmatrix}0&0&0\\0&1&0\\0&0&1\end{bmatrix}$
y축 위로의 사영 $T(x,y)=(0,y)$	$\begin{bmatrix}0&0\\0&1\end{bmatrix}$	zx평면 위로의 사영 $T(x,y,z)=(x,0,z)$	$\begin{bmatrix}1&0&0\\0&0&0\\0&0&1\end{bmatrix}$

(2) 사영변환의 표준행렬에 대한 일반적인 성질

① $A^2=A$이다. 따라서, 임의의 자연수 $n\ge 2$에 대하여 $A^n=A$이다.

② 대칭행렬이다.

③ 행렬식은 0이다.

④ 고윳값은 1과 0이다. ($\mathbb{R}^3$에서)

- 고윳값 1에 대응하는 고유벡터: 평면 위의 벡터
- 고윳값 0에 대응하는 고유벡터: 법선벡터와 평행인 벡터

(3) 참고사항

① $T:\mathbb{R}^2\to\mathbb{R}^2$가 원점을 지나는 직선에 대한 정사영변환일 때, $T(v)=Av$라면 벡터 $\begin{pmatrix}x\\y\end{pmatrix}$를 x축의 양의 방향과 이루는 각이 θ인 직선 위로의 정사영변환

$$T\begin{pmatrix}x\\y\end{pmatrix}=\begin{pmatrix}\cos^2\theta & \sin\theta\cos\theta\\ \sin\theta\cos\theta & \sin^2\theta\end{pmatrix}\begin{pmatrix}x\\y\end{pmatrix}$$

② 원점을 지나는 평면 $\pi: ax+by+cz=0$에서 사영변환의 표준행렬

$$A=I_3-\frac{1}{\boldsymbol{n}^T\boldsymbol{n}}\boldsymbol{n}\boldsymbol{n}^T$$

(여기서 $\boldsymbol{n}=\begin{bmatrix}a\\b\\c\end{bmatrix}$: 평면 π의 법선벡터)

③ $\mathbb{R}^n$ 공간에서 임의의 벡터의 법선벡터가 $n=(a_1\, a_2\, \cdots\, a_n)^T$인 초평면 $a_1x_1+a_2x_2+\cdots+a_nx_n=0$ 위로의 정사영행렬

$$A=I_n-\frac{1}{n^Tn}nn^T$$

개념적용

01

행렬 $A=\begin{bmatrix}\cos\theta & -\sin\theta\\ \sin\theta & \cos\theta\end{bmatrix}$의 역행렬을 $B=\begin{bmatrix}a & b\\ c & d\end{bmatrix}$ 라고 할 때, $b+c$의 값을 구하면?

① $-\sin\theta$ ② $\cos\theta$ ③ $\sin\theta+\cos\theta$ ④ 0

공략 포인트

회전변환의 표준행렬

$A=\begin{bmatrix}\cos\theta & -\sin\theta\\ \sin\theta & \cos\theta\end{bmatrix}$

$\Rightarrow A^{-1}=\begin{bmatrix}\cos\theta & \sin\theta\\ -\sin\theta & \cos\theta\end{bmatrix}$

풀이

행렬 $A=\begin{pmatrix}\cos\theta & -\sin\theta\\ \sin\theta & \cos\theta\end{pmatrix}$의 역행렬은

$A^{-1}=\begin{pmatrix}\cos\theta & \sin\theta\\ -\sin\theta & \cos\theta\end{pmatrix}=B$이다.

즉, $b+c=\sin\theta-\sin\theta=0$이다.

정답 ④

02

좌표평면 상의 점 $(1,2)$를 원점을 중심으로 60° 회전하였을 때, 대응하는 점의 좌표는?

① $\left(\dfrac{1-2\sqrt{3}}{2}, \dfrac{2+\sqrt{3}}{2}\right)$ ② $\left(\dfrac{1+2\sqrt{3}}{2}, \dfrac{2-\sqrt{3}}{2}\right)$

③ $\left(\dfrac{1-\sqrt{3}}{4}, \dfrac{1+\sqrt{3}}{4}\right)$ ④ $\left(\dfrac{1+\sqrt{3}}{4}, \dfrac{1-\sqrt{3}}{4}\right)$

공략 포인트

회전변환의 표준행렬

$A=\begin{bmatrix}\cos\theta & -\sin\theta\\ \sin\theta & \cos\theta\end{bmatrix}$

풀이

$$\begin{pmatrix}\cos\frac{\pi}{3} & -\sin\frac{\pi}{3}\\ \sin\frac{\pi}{3} & \cos\frac{\pi}{3}\end{pmatrix}=\begin{pmatrix}\frac{1}{2} & -\frac{\sqrt{3}}{2}\\ \frac{\sqrt{3}}{2} & \frac{1}{2}\end{pmatrix}$$

$$\begin{pmatrix}\frac{1}{2} & -\frac{\sqrt{3}}{2}\\ \frac{\sqrt{3}}{2} & \frac{1}{2}\end{pmatrix}\begin{pmatrix}1\\2\end{pmatrix}=\begin{pmatrix}\frac{1-2\sqrt{3}}{2}\\ \frac{2+\sqrt{3}}{2}\end{pmatrix}$$

정답 ①

03

행렬 $A=\begin{pmatrix} \frac{\sqrt{3}}{2} & -\frac{1}{2} \\ \frac{1}{2} & \frac{\sqrt{3}}{2} \end{pmatrix}$에 대해서 $A^{1000}=\begin{pmatrix} a & b \\ c & d \end{pmatrix}$일 때, $a+b+c+d$의 값은?

① -2 ② -1 ③ 0 ④ 1

공략 포인트

회전변환의 표준행렬

$A=\begin{bmatrix} \cos\theta & -\sin\theta \\ \sin\theta & \cos\theta \end{bmatrix}$

$\Rightarrow A^n=\begin{bmatrix} \cos(n\theta) & -\sin(n\theta) \\ \sin(n\theta) & \cos(n\theta) \end{bmatrix}$

풀이

회전변환 행렬 $A=\begin{pmatrix} \cos\frac{\pi}{6} & -\sin\frac{\pi}{6} \\ \sin\frac{\pi}{6} & \cos\frac{\pi}{6} \end{pmatrix}$이고

$A^6=\begin{pmatrix} \cos\pi & -\sin\pi \\ \sin\pi & \cos\pi \end{pmatrix}=\begin{pmatrix} -1 & 0 \\ 0 & -1 \end{pmatrix}=-I$이므로

$A^{1000}=(A^6)^{166}A^4=(-I)^{166}A^4=A^4$

$A^4=\begin{pmatrix} \cos\frac{2}{3}\pi & -\sin\frac{2}{3}\pi \\ \sin\frac{2}{3}\pi & \cos\frac{2}{3}\pi \end{pmatrix}$

$=\begin{pmatrix} -\frac{1}{2} & -\frac{\sqrt{3}}{2} \\ \frac{\sqrt{3}}{2} & -\frac{1}{2} \end{pmatrix}$이다.

$\therefore\ a+b+c+d=-1$

정답 ②

04

점 A(5, 6)을 원점을 중심으로 시계반대방향으로 45° 만큼 회전 후

직선 $y=-x$에 대하여 대칭이동한 점을 $B(b, c)$라 하자. 이때, $b+c$의 값은?

① $-5\sqrt{2}$ ② $5\sqrt{2}$ ③ $\frac{11\sqrt{2}}{2}$ ④ $-\frac{11\sqrt{2}}{2}$

공략 포인트

회전변환의 표준행렬

$A=\begin{bmatrix} \cos\theta & -\sin\theta \\ \sin\theta & \cos\theta \end{bmatrix}$

직선 $y=-x$에 대칭변환 표준행렬

$\begin{bmatrix} 0 & -1 \\ -1 & 0 \end{bmatrix}$

풀이

점 A를 원점을 중심으로 시계반대방향으로 45° 만큼 회전하면

$\begin{pmatrix} \cos\frac{\pi}{4} & -\sin\frac{\pi}{4} \\ \sin\frac{\pi}{4} & \cos\frac{\pi}{4} \end{pmatrix}\begin{pmatrix} 5 \\ 6 \end{pmatrix}=\frac{1}{\sqrt{2}}\begin{pmatrix} 1 & -1 \\ 1 & 1 \end{pmatrix}\begin{pmatrix} 5 \\ 6 \end{pmatrix}=\frac{1}{\sqrt{2}}\begin{pmatrix} -1 \\ 11 \end{pmatrix}$이고

$y=-x$에 대하여 대칭이동하면

$\begin{pmatrix} \cos\frac{3}{2}\pi & \sin\frac{3}{2}\pi \\ \sin\frac{3}{2}\pi & -\cos\frac{3}{2}\pi \end{pmatrix}\frac{1}{\sqrt{2}}\begin{pmatrix} -1 \\ 11 \end{pmatrix}=\frac{1}{\sqrt{2}}\begin{pmatrix} 0 & -1 \\ -1 & 0 \end{pmatrix}\begin{pmatrix} -1 \\ 11 \end{pmatrix}=\frac{1}{\sqrt{2}}\begin{pmatrix} -11 \\ 1 \end{pmatrix}$이다.

$\therefore\ b+c=\frac{-10}{\sqrt{2}}=-5\sqrt{2}$

정답 ①

05

행렬 $A=\begin{bmatrix}1&0&0\\0&0&-1\\0&1&0\end{bmatrix}$은 $\mathbb{R}^3$의 원점을 지나는 직선에 관한 회전을 나타낸다. 이때, 회전축은?

① $y=x,\ z=0$　② x축　③ y축　④ z축

공략 포인트

x축을 중심으로 θ만큼 회전하는 회전변환의 표준행렬

$\begin{bmatrix}1&0&0\\0&\cos\theta&-\sin\theta\\0&\sin\theta&\cos\theta\end{bmatrix}$

풀이

$\begin{pmatrix}1&0&0\\0&\cos\theta&-\sin\theta\\0&\sin\theta&\cos\theta\end{pmatrix}=\begin{pmatrix}1&0&0\\0&0&-1\\0&1&0\end{pmatrix}$

$\Rightarrow$ x축에 관한 $\theta=\frac{\pi}{2}$ 회전

정답 ②

06

행렬 $A=\begin{bmatrix}0&0&1\\1&0&0\\0&1&0\end{bmatrix}$은 $\mathbb{R}^3$의 원점을 지나는 직선에 대한 회전을 나타낸다. 이때의 회전각은?

① $\frac{\pi}{3}$　② $\frac{\pi}{2}$　③ $\frac{2}{3}\pi$　④ π

공략 포인트

회전변환을 나타내는 행렬이 A일 때의 회전각

$\cos\theta=\frac{tr(A)-1}{2}$

풀이

$\cos\theta=\frac{tr(A)-1}{2}=-\frac{1}{2}$이므로 회전각은 $\frac{2}{3}\pi$이다.

정답 ③

07

$T:\mathbb{R}^3 \to \mathbb{R}^3$ 가 임의의 벡터를 평면 $x+2y+3z=0$에 대하여 대칭인 벡터로 보내는 선형사상이라고 하자. 다음 중 $T(1,2,3)$ 의 값은?

① $(-1,-2,-3)$ ② $(2,2,-2)$ ③ $(0,3,-2)$ ④ $(1,5,1)$

공략 포인트

원점을 지나는 평면 $ax+by+cz=0$ 에서 반사 변환의 표준행렬

$A = I_3 - \dfrac{2}{n^T n} nn^T$

$\left(n = \begin{bmatrix} a \\ b \\ c \end{bmatrix}\right.$: 평면의 법선벡터)

풀이

$(1,2,3)$은 평면의 법선벡터이므로
평면에 대칭인 벡터는 방향이 반대인 $-(1,2,3)$이다.
즉, $T(1,2,3)$의 값은 $(-1,-2,-3)$이다.

다른 풀이

$T = I - \dfrac{2}{n^T n} nn^T$ (여기서 $n=(1,2,3)^T$)

$$= \begin{pmatrix} 1&0&0\\0&1&0\\0&0&1 \end{pmatrix} - \frac{2}{14}\begin{pmatrix}1\\2\\3\end{pmatrix}(1\,2\,3) = \begin{pmatrix} 1&0&0\\0&1&0\\0&0&1 \end{pmatrix} - \frac{2}{14}\begin{pmatrix} 1&2&3\\2&4&6\\3&6&9 \end{pmatrix}$$

$$T(1,2,3) = \begin{pmatrix} 1&0&0\\0&1&0\\0&0&1 \end{pmatrix}\begin{pmatrix}1\\2\\3\end{pmatrix} - \frac{2}{14}\begin{pmatrix} 1&2&3\\2&4&6\\3&6&9 \end{pmatrix}\begin{pmatrix}1\\2\\3\end{pmatrix} = \begin{pmatrix}1\\2\\3\end{pmatrix} - \frac{1}{7}\begin{pmatrix}14\\28\\42\end{pmatrix}$$

$$= \begin{pmatrix}1\\2\\3\end{pmatrix} - \begin{pmatrix}2\\4\\6\end{pmatrix} = \begin{pmatrix}-1\\-2\\-3\end{pmatrix}$$

정답 ①

08

$M = \dfrac{1}{\sqrt{5}}\begin{bmatrix} 1 & 2 \\ 2 & -1 \end{bmatrix}$ 이 좌표평면에서 원점을 지나는 직선 ℓ에 관한 대칭이동을 나타내는 행렬일 때, 직선 ℓ의 방정식을 구하면?

① $y=(\sqrt{5}-1)x$ ② $y=(2\sqrt{5}-1)x$
③ $y=(\sqrt{5}-2)x$ ④ $y=\left(\dfrac{\sqrt{5}-1}{2}\right)x$

공략 포인트

$T:\mathbb{R}^2 \to \mathbb{R}^2$가 원점을 지나는 직선에 대한 대칭변환일 때, $T(v)=Av$라면

벡터$\begin{pmatrix}x\\y\end{pmatrix}$를 x축의 양의 방향과 이루는 각이 θ인 직선에 대하여 대칭이동하는 변환

$T\begin{pmatrix}x\\y\end{pmatrix} = \begin{pmatrix}\cos2\theta & \sin2\theta \\ \sin2\theta & -\cos2\theta\end{pmatrix}\begin{pmatrix}x\\y\end{pmatrix}$

배각공식

$\tan2\theta = \dfrac{2\tan\theta}{1-\tan^2\theta}$

풀이

선형변환 $T:\mathbb{R}^2 \to \mathbb{R}^2$가 임의의 $(x,y)\in\mathbb{R}^2$를 원점을 지나는 직선 $y=(\tan\theta)x$에 대한 대칭이동시키는 변환의 표준행렬은 $\begin{pmatrix}\cos2\theta & \sin2\theta \\ \sin2\theta & -\cos2\theta\end{pmatrix}$이다.

$$M = \begin{pmatrix}\cos2\theta & \sin2\theta \\ \sin2\theta & -\cos2\theta\end{pmatrix} = \begin{pmatrix}\frac{1}{\sqrt5} & \frac{2}{\sqrt5} \\ \frac{2}{\sqrt5} & -\frac{1}{\sqrt5}\end{pmatrix} \text{이므로}$$

$\cos2\theta = \dfrac{1}{\sqrt5}$, $\sin2\theta = \dfrac{2}{\sqrt5}$, $\tan2\theta = \dfrac{\sin2\theta}{\cos2\theta} = 2$이고

$\tan2\theta = \dfrac{2\tan\theta}{1-\tan^2\theta}$ 이므로

$\dfrac{2\tan\theta}{1-\tan^2\theta} = 2 \Rightarrow \tan\theta = \dfrac{-1\pm\sqrt5}{2}$

정답 ④

09

임의의 벡터 $v \in \mathbb{R}^3$ 을 평면 $x+y-3z=0$에 사영시키는 사영행렬을 A라 할 때, A^2의 행렬식 값(determinant)은?

① 0 ② 1 ③ 2 ④ 3

공략 포인트

사영변환의 표준행렬 행렬식은 0이다.

행렬식의 성질

$\det(A^2) = \det(A)^2$

풀이

사영행렬의 행렬식은 0이므로

$\det(A^2) = [\det(A)]^2 = 0$이다.

정답 ①

10

다음 그림과 같이 벡터 v를 벡터 $p = \langle 2, 3 \rangle$에 대한 정사영 w로 대응시키는 변환을 나타내는 행렬은?

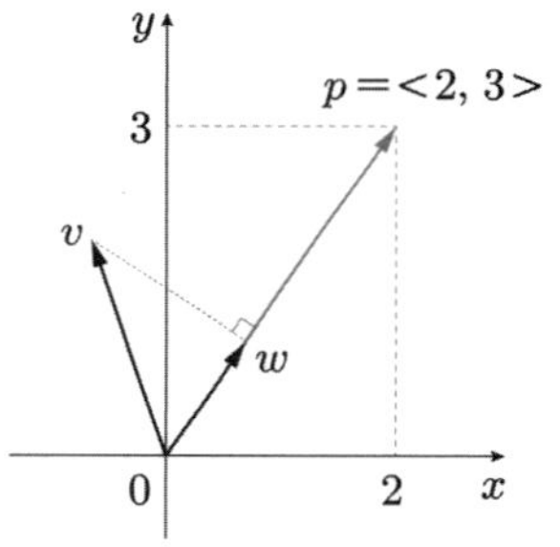

① $\frac{1}{5}\begin{pmatrix} -4 & 6 \\ -6 & 9 \end{pmatrix}$ ② $\frac{1}{5}\begin{pmatrix} -2 & 3 \\ -4 & 6 \end{pmatrix}$ ③ $\frac{1}{13}\begin{pmatrix} 2 & 3 \\ 6 & 9 \end{pmatrix}$ ④ $\frac{1}{13}\begin{pmatrix} 4 & 6 \\ 6 & 9 \end{pmatrix}$

공략 포인트

$T: \mathbb{R}^2 \to \mathbb{R}^2$가 원점을 지나는 직선에 대한 정사영변환일 때, $T(v) = Av$라면 벡터$\begin{pmatrix} x \\ y \end{pmatrix}$를 x축의 양의 방향과 이루는 각이 θ인 직선 위로의 정사영변환

$T\begin{pmatrix} x \\ y \end{pmatrix} = \begin{pmatrix} \cos^2\theta & \sin\theta\cos\theta \\ \sin\theta\cos\theta & \sin^2\theta \end{pmatrix}\begin{pmatrix} x \\ y \end{pmatrix}$

풀이

벡터 p와 x축이 이루는 각을 θ라 하면

$\sin\theta = \frac{3}{\sqrt{13}}$, $\cos\theta = \frac{2}{\sqrt{13}}$이므로

$\begin{pmatrix} \cos^2\theta & \sin\theta\cos\theta \\ \sin\theta\cos\theta & \sin^2\theta \end{pmatrix}$에 대입하면 $\frac{1}{13}\begin{pmatrix} 4 & 6 \\ 6 & 9 \end{pmatrix}$이다.

정답 ④

4 면적 및 부피와 선형사상과의 관계

1. n-box의 크기

(1) n-box

$\mathbb{R}^m$에 속하는 일차독립인 n개의 벡터를 $\boldsymbol{v}_1,\ \boldsymbol{v}_2,\ \cdots,\ \boldsymbol{v}_n$이라 할 때,

$$\boldsymbol{x} = \alpha_1\boldsymbol{v}_1 + \alpha_2\boldsymbol{v}_2 + \cdots + \alpha_n\boldsymbol{v}_n$$

을 만족하는 $\mathbb{R}^m$ 안의 모든 벡터 $\boldsymbol{x}$들의 집합
(여기서 $n \le m,\ 0 \le \alpha_i \le 1,\ i = 1,\ 2,\ \cdots,\ n$)

(2) n-box의 부피(Volume)

선형사상 $T : \mathbb{R}^n \to \mathbb{R}^m$에 대응하는 행렬을 $A \in M_{m\times n}$라 할 때

① 행렬 A의 j번째 열벡터 $A^{(j)} = \boldsymbol{v}_j$인 $m\times n$ 행렬인 경우
$\mathbb{R}^m$에 속하는 일차독립인 n개의 벡터 $\boldsymbol{v}_1,\ \boldsymbol{v}_2,\ \cdots,\ \boldsymbol{v}_n$에 의하여 결정되는 $\boldsymbol{n}$-box의 부피

$$\sqrt{\det(A^tA)}$$

② 행렬 A가 일차독립인 n개의 벡터 $\boldsymbol{v}_1,\ \boldsymbol{v}_2,\ \cdots,\ \boldsymbol{v}_n$를 열벡터로 갖는 n차 정방행렬인 경우
n개의 벡터에 의하여 결정되는 $\boldsymbol{n}$-box의 부피

$$|\det(A)|$$

2. 선형사상과 면적 및 부피

T가 선형사상이고 S가 T의 정의역의 부분집합이며, $T(S)$는 S의 T에 의한 상의 집합일 때

① $T : \mathbb{R}^2 \to \mathbb{R}^2$를 2×2 행렬 A에 의하여 결정된 선형사상이고,
S : 넓이가 유한인 $\mathbb{R}^2$상의 영역이면 다음이 성립한다.

$$\{T(S)\text{의 넓이}\} = |\det(A)| \cdot \{S\text{의 넓이}\}$$

② $T : \mathbb{R}^3 \to \mathbb{R}^3$를 3×3 행렬 A에 의하여 결정된 선형사상이고,
S : 부피가 유한인 $\mathbb{R}^3$상의 영역이면 다음이 성립한다.

$$\{T(S)\text{의 부피}\} = |\det(A)| \cdot \{S\text{의 부피}\}$$

③ $\mathbb{R}^n$상의 영역 S의 부피가 $V(S)$, $m \ge n$, 선형사상 $T : \mathbb{R}^n \to \mathbb{R}^m$의 표현행렬 A이고, $rank(A) = n$이면 다음이 성립한다.

$$\{T(S)\text{의 부피}\} = \sqrt{\det(A^tA)} \cdot V(S)$$

개념적용

01

좌표평면 상의 세 점 A$(0,0)$, B$(12,2)$, C$(1,4)$를 꼭짓점으로 하는 삼각형이

행렬 $\begin{bmatrix} -1 & 2 \\ 2 & 4 \end{bmatrix}$로 나타내어지는 일차변환에 의하여 옮겨지는 도형을 S라 할 때, S의 면적을 구하면?

① 132　② 157　③ 184　④ 375

공략 포인트

$T(S)$의 넓이
$|\det(A)| \cdot \{S$의 넓이$\}$

풀이

삼각형 ABC 의 넓이는 23 이고, 행렬의 행렬식 $\det\begin{pmatrix} -1 & 2 \\ 2 & 4 \end{pmatrix} = -8$ 이다.

따라서 S의 면적은 $|-8| \cdot 23 = 8 \cdot 23 = 184$ 이다.

정답 ③

02

선형사상 $T : \mathbb{R}^2 \to \mathbb{R}^2$ 가 $T(1,0) = (2,3)$, $T(0,1) = (1,-2)$ 로 정의된다고 하자.

T에 의해 세 점 $\mathrm{P}(2,3)$, $\mathrm{Q}(-1,0)$, $\mathrm{R}(1,-2)$ 가 옮겨지는 점을 각각 A, B, C라 할 때,

삼각형 ABC의 넓이는?

① 4　② 14　③ 24　④ 42

공략 포인트

$T(S)$의 넓이
$|\det(A)| \cdot \{S$의 넓이$\}$

풀이

선형사상 $T : \mathbb{R}^2 \to \mathbb{R}^2$가 $T(1,0) = (2,3)$, $T(0,1) = (1,-2)$로 정의된다고 하면

T의 표준행렬은 $\begin{pmatrix} 2 & 1 \\ 3 & -2 \end{pmatrix}$이다.

삼각형 PQR 의 넓이가 6 이고 $\det\begin{pmatrix} 2 & 1 \\ 3 & -2 \end{pmatrix} = -7$ 이므로

삼각형 ABC 의 넓이는 $|-7| \cdot 6 = 7 \cdot 6 = 42$ 이다.

정답 ④

03

xy-평면에서 주어진 영역 S의 면적이 1일 때, 변환 $u=2x+y+1$, $v=x+2y-2$에 의한 uv-평면에서 S의 상(image)의 면적을 구하시오.

① 1
② 2
③ 3
④ 경우에 따라 다르다.

공략 포인트

행렬 A가 일차독립인 n개의 벡터 $\boldsymbol{v}_1, \boldsymbol{v}_2, \cdots, \boldsymbol{v}_n$를 열벡터로 갖는 n차 정방행렬인 경우 n개의 벡터에 의하여 결정되는 $\boldsymbol{n}$-box의 부피 $|\det(A)|$

풀이

$u=2x+y+1,\ v=x+2y-2 \Rightarrow \begin{pmatrix} u \\ v \end{pmatrix} = \begin{pmatrix} 2 & 1 \\ 1 & 2 \end{pmatrix}\begin{pmatrix} x \\ y \end{pmatrix} + \begin{pmatrix} 1 \\ -2 \end{pmatrix}$

$\det\begin{pmatrix} 2 & 1 \\ 1 & 2 \end{pmatrix} = 3$이므로 uv-평면에서 S의 상의 면적은 3이다.

정답 ③

04

다음 영역 $D=\left\{(x_1, y_1, z_1) \,\middle|\, \begin{bmatrix} x_1 \\ y_1 \\ z_1 \end{bmatrix} = \begin{bmatrix} 1 & 2 & 3 \\ 0 & 4 & 5 \\ 0 & 0 & 1 \end{bmatrix}\begin{bmatrix} x \\ y \\ z \end{bmatrix},\ x^2+y^2+z^2 \le 1\right\}$의 부피는?

① $\frac{4\pi}{3}$
② $\frac{8\pi}{3}$
③ $\frac{12\pi}{3}$
④ $\frac{16\pi}{3}$

공략 포인트

구의 부피
$V=\frac{4}{3}\pi r^3$

$T : \mathbb{R}^3 \to \mathbb{R}^3$를 3×3 행렬 A에 의하여 결정된 선형변환이고, S : 부피가 유한인 $\mathbb{R}^3$ 상의 영역이면 다음이 성립한다.
$\{T(S)$의 부피$\}$
$=|\det(A)|\cdot\{S$의 부피$\}$

풀이

구 $x^2+y^2+z^2=1$의 부피는 $\frac{4\pi}{3}$이고, $\det\begin{pmatrix} 1 & 2 & 3 \\ 0 & 4 & 5 \\ 0 & 0 & 1 \end{pmatrix}=4$이므로

영역 D의 부피는 $4\cdot\frac{4\pi}{3}=\frac{16\pi}{3}$이다.

정답 ④

05

좌표공간에서 일차변환 $f:\mathbb{R}^3 \to \mathbb{R}^3$를 나타내는 행렬이 $\begin{bmatrix} 2 & 1 & 2 \\ -3 & 3 & 0 \\ 0 & 3 & 5 \end{bmatrix}$ 이다.

네 점 $\mathrm{O}(0,0,0)$, $\mathrm{P}(1,0,0)$, $\mathrm{Q}(0,2,0)$, $\mathrm{R}(0,0,1)$에 대하여

네 점 $f(\mathrm{O})$, $f(\mathrm{P})$, $f(\mathrm{Q})$, $f(\mathrm{R})$을 꼭짓점으로 하는 사면체의 부피는?

① 7　　② 8　　③ 9　　④ 10

공략 포인트

세 벡터 $\vec{a}$, $\vec{b}$, $\vec{c}$에 의해 결정되는 사면체의 부피

$\frac{1}{6}|\vec{a}\cdot(\vec{b}\times\vec{c})|$

$T:\mathbb{R}^3\to\mathbb{R}^3$를 3×3 행렬 A에 의하여 결정된 선형변환이고, S : 부피가 유한인 $\mathbb{R}^3$ 상의 영역이면 다음이 성립한다.

$\{T(S)$의 부피$\}$ $= |\det(A)|\cdot\{S$의 부피$\}$

풀이

$\overrightarrow{\mathrm{OP}}=(1,0,0)$, $\overrightarrow{\mathrm{OQ}}=(0,2,0)$, $\overrightarrow{\mathrm{OR}}=(0,0,1)$이므로

네 점 O, P, Q, R을 꼭짓점으로 하는 사면체의 부피 V는

$$V=\frac{1}{6}|\overrightarrow{\mathrm{OP}}\cdot(\overrightarrow{\mathrm{OQ}}\times\overrightarrow{\mathrm{OR}})|=\frac{1}{6}\begin{vmatrix} 1 & 0 & 0 \\ 0 & 2 & 0 \\ 0 & 0 & 1 \end{vmatrix}=\frac{1}{3}\text{이다.}$$

$\therefore$ 네 점 $f(\mathrm{O})$, $f(\mathrm{P})$, $f(\mathrm{Q})$, $f(\mathrm{R})$을 꼭짓점으로 하는 사면체의 부피 $f(V)$는

$$f(V)=\begin{vmatrix} 2 & 1 & 2 \\ -3 & 3 & 0 \\ 0 & 3 & 5 \end{vmatrix}\cdot V=(30-18+15)\cdot\frac{1}{3}=9\text{이다.}$$

정답 ③

06

선형사상 $T:\mathbb{R}^2 \to \mathbb{R}^3$ 은 $T(x,y)=(2x+3y,\ x-y,\ 2y)$로 정의된다.

정의역 위의 원판 $x^2+y^2 \le 4$ 의 T에 의한 상(image)의 크기를 구하시오.

① $12\pi\sqrt{5}$　　② $8\pi\sqrt{5}$　　③ $4\pi\sqrt{5}$　　④ $3\pi\sqrt{5}$

공략 포인트

$\mathbb{R}^n$ 상의 영역 S의 부피가 $V(S)$, $m \ge n$,

선형변환 $T:\mathbb{R}^n\to\mathbb{R}^m$의 표현행렬 A이고, $rank(A)=n$이면 다음이 성립한다.

$\{T(S)$의 부피$\}$ $=\sqrt{\det(A^tA)}\cdot V(S)$

풀이

T의 표현행렬 $A=\begin{pmatrix} 2 & 3 \\ 1 & -1 \\ 0 & 2 \end{pmatrix}$ 이고, $A^TA=\begin{pmatrix} 2 & 1 & 0 \\ 3 & -1 & 2 \end{pmatrix}\begin{pmatrix} 2 & 3 \\ 1 & -1 \\ 0 & 2 \end{pmatrix}=\begin{pmatrix} 5 & 5 \\ 5 & 14 \end{pmatrix}$ 이다.

즉, $\sqrt{\det(A^TA)}=\sqrt{70-25}=3\sqrt{5}$ 이다.

따라서 $x^2+y^2\le 4$의 내부면적은 4π 이므로

구하고자 하는 상의 크기는 $3\sqrt{5}\cdot 4\pi=12\pi\sqrt{5}$이다.

정답 ①

5 기저변환과 선형사상

1. 벡터공간에서 기저의 변환

(1) n차원 벡터공간 V의 두 순서기저를 각각 $B=\{v_1, v_2, \cdots, v_n\}$와 $C=\{w_1, w_2, \cdots, w_n\}$라 하자.
벡터공간 V의 기저 B를 기저 C로 변경할 때, V의 각 벡터 v에 대하여 좌표벡터 $[v]_B$와 좌표벡터 $[v]_C$에 대하여 다음의 관계가 성립한다.

$$[v]_C = P[v]_B$$

이때, 행렬 P의 열벡터는 기저 B의 각 벡터에 대한 기저 C의 좌표벡터이다.
즉, P의 열벡터는 $[v_1]_C$, $[v_2]_C$, $\cdots$, $[v_n]_C$이다.

(2) 참고사항

① 행렬 P를 벡터공간 V의 B에서 C로의 추이(전이)행렬이라 한다.

② $[v]_B = P^{-1}[v]_C$ 이고, P^{-1}는 벡터공간 V의 C에서 B로의 추이행렬이다.

TIP▸ 한 좌표계로부터 다른 좌표계로 전환하여 응용문제를 단순화할 수 있다. 벡터공간에서 좌표계를 바꾸는 것은 본질적으로 기저를 바꾸는 것과 동일하다.

2. 선형사상에 대한 기저변환 행렬

(1) 벡터공간 V의 서로 다른 두 개의 순서기저 B와 C의 변환을 통해서 얻어진 추이행렬을 이용하여 V상에서 정의된 선형사상에 대한 기저변환 행렬을 다음과 같이 구할 수 있다.

(2) $T: V \to V$를 n차원 벡터공간 V상에서의 선형사상이라 하고, V의 두 순서기저를 각각 $B=\{v_1, v_2, \cdots, v_n\}$와 $C=\{w_1, w_2, \cdots, w_n\}$라고 하면 B에서 C로의 추이행렬 P에 대해 다음의 관계식이 성립한다.

$$[T]_C = P[T]_B P^{-1}$$

(3) 참고사항

① $[T]_B$는 선형사상 $T: V \to V$에 대한 순서기저 B에 대한 표현행렬이다.

② $[T]_B$는 $[T]_C$와 닮음행렬이다.

개념적용

01

차수가 2보다 작거나 같은 다항식들의 벡터공간 P_2에서

기저 $C=\{2+x+x^2,\ x-x^2,\ 2x^2+2x+2\}$와 $B=\{v_1(x),\ v_2(x),\ v_3(x)\}$에 대하여

기저 C에서 기저 B로의 기저변환 행렬(change-of-basis matrix)을

$$P_{C\to B}=\begin{pmatrix}1&1&1\\0&0&1\\1&-1&1\end{pmatrix}$$

이라 할 때, B의 원소로서 적절하지 않은 것은?

① $1+x$　　② $1+x^2$　　③ $x+x^2$　　④ $1+x+x^2$

공략 포인트

벡터공간 V의 기저 B를 기저 C로 변경할 때, V의 각 벡터 v에 대하여 좌표벡터 $[v]_B$와 좌표벡터 $[v]_C$에 대하여 다음의 관계가 성립한다.

$[v]_C=P[v]_B$

이때, 행렬 P의 열벡터는 기저 B의 각 벡터에 대한 기저 C의 좌표벡터이다. 즉, P의 열벡터는 $[v_1]_C,\ [v_2]_C,\ \cdots,\ [v_n]_C$이다.

풀이

기저 C에서 기저 B로의 기저변환 행렬을 $P_{C\to B}=\begin{pmatrix}1&1&1\\0&0&1\\1&-1&1\end{pmatrix}$이라 할 때,

기저 B에서 기저 C로의 기저변환 행렬을

$P_{B\to C}=\begin{pmatrix}1&1&1\\0&0&1\\1&-1&1\end{pmatrix}^{-1}=\dfrac{1}{2}\begin{pmatrix}1&-2&1\\1&0&-1\\0&2&0\end{pmatrix}$이므로

$v_1(x)=\dfrac{1}{2}(2+x+x^2)+\dfrac{1}{2}(x-x^2)=1+x$

$v_2(x)=-(2+x+x^2)+(2x^2+2x+2)=x+x^2$

$v_3(x)=\dfrac{1}{2}(2+x+x^2)-\dfrac{1}{2}(x-x^2)=1+x^2$이다.

즉, B의 원소로서 적절하지 않은 것은 ④이다.

정답 ④

02

선형변환 $T:\mathbb{R}^2\to\mathbb{R}^2$일 때, 기저 $B_1=\{(1,1),(0,1)\}$과 $B_2=\{(1,-1),(0,1)\}$에 대하여 기저 B_1에서 기저 B_2로의 기저변환 행렬을 $[P]_{B_1}^{B_2}$라 하자. 이때, $[T]_{B_1}$을 구하면?

(단, $[T]_{B_2}=\begin{pmatrix}1&1\\2&0\end{pmatrix}$이다.)

① $\begin{pmatrix}1&0\\0&1\end{pmatrix}$ ② $\begin{pmatrix}1&0\\2&1\end{pmatrix}$ ③ $\begin{pmatrix}1&0\\-2&1\end{pmatrix}$ ④ $\begin{pmatrix}3&1\\-4&-2\end{pmatrix}$

공략 포인트

$T: V\to V$를 n차원 벡터공간 V 상에서의 선형사상이라 하고, V의 두 순서기저를 각각 $B=\{\boldsymbol{v}_1,\ \boldsymbol{v}_2,\ \cdots,\ \boldsymbol{v}_n\}$와 $C=\{\boldsymbol{w}_1,\ \boldsymbol{w}_2,\ \cdots,\ \boldsymbol{w}_n\}$라고 하면 B에서 C로의 추이행렬 P에 대해 다음의 관계식이 성립한다.

$[T]_C=P[T]_BP^{-1}$

풀이

$(1,1)=a(1,-1)+b(0,1)=1(1,-1)+2(0,1)$

$(0,1)=c(1,-1)+d(0,1)=0(1,-1)+1(0,1)$

$\therefore\ [P]_{B_1}^{B_2}=\begin{pmatrix}1&0\\2&1\end{pmatrix}$

이때 $[Q]_{B_2}^{B_1}=P^{-1}$이므로 $[Q]_{B_2}^{B_1}=\begin{pmatrix}1&0\\-2&1\end{pmatrix}$이다.

따라서 $[T]_{B_1}=[Q]_{B_2}^{B_1}[T]_{B_2}[P]_{B_1}^{B_2}=\begin{pmatrix}1&0\\-2&1\end{pmatrix}\begin{pmatrix}1&1\\2&0\end{pmatrix}\begin{pmatrix}1&0\\2&1\end{pmatrix}=\begin{pmatrix}3&1\\-4&-2\end{pmatrix}$

정답 ④

6 선형사상

출제경향 분석

\# 다음의 개념을 묻는 문제가 자주 출제되므로, 대표문제를 통해 유형별 접근법을 익혀야 합니다.

- 선형변환을 행렬표현으로 바꾸는 문제
- 행렬표현을 이용한 $rank$, $nullity$의 계산
- 회전, 대칭, 사영변환에 성질을 이용한 계산
- 선형변환에 의한 도형의 크기의 변화

01 행렬표현

개념 1. 선형사상과 행렬표현

$\alpha=\{(1,1,1),(1,1,0),(1,0,0)\}$, $\beta=\{(0,0,1),(0,1,1),(1,1,1)\}$를 $\mathbb{R}^3$의 순서기저라 하자.

선형변환 $T:\mathbb{R}^3\to\mathbb{R}^3$의 α, β에 관한 행렬표현이 $[T]_\alpha^\beta=\begin{pmatrix}0&1&-1\\-1&2&2\\3&0&2\end{pmatrix}$이고 $T(2,3,4)=(a,b,c)$

일 때, $a+b+c$의 값은?

① 12 ② 14 ③ 16 ④ 18

풀이

STEP A 주어진 행렬표현을 이용하기

행렬표현이 $[T]_\alpha^\beta=\begin{pmatrix}0&1&-1\\-1&2&2\\3&0&2\end{pmatrix}$이므로

$T(1,1,1)=0\cdot(0,0,1)+(-1)\cdot(0,1,1)+3\cdot(1,1,1)=(3,2,2)$

$T(1,1,0)=1\cdot(0,0,1)+2\cdot(0,1,1)+0\cdot(1,1,1)=(0,2,3)$

$T(1,0,0)=(-1)\cdot(0,0,1)+2\cdot(0,1,1)+2\cdot(1,1,1)=(2,4,3)$

STEP B 구하고자 하는 값 구하기

$$\begin{aligned}T(2,3,4)&=T[4(1,1,1)-(1,1,0)-(1,0,0)]\\&=4T(1,1,1)-T(1,1,0)-T(1,0,0)\\&=4(3,2,2)-(0,2,3)-(2,4,3)\\&=(10,2,2)=(a,b,c)\end{aligned}$$

$\therefore\ a+b+c=10+2+2=14$

정답 ②

02 벡터공간에서 행렬표현

개념 1. 선형사상과 행렬표현

모든 2×2행렬들로 이루어진 벡터공간 $M_2(\mathbb{R})$와 행렬 $A=\begin{pmatrix}1 & 3\\ 2 & -1\end{pmatrix}$에 대하여

선형사상 $T: M_2(\mathbb{R})\to M_2(\mathbb{R})$는 $T(B)=AB$로 정의된다. 벡터공간 $M_2(\mathbb{R})$의

표준기저 $\left\{\begin{pmatrix}1 & 0\\ 0 & 0\end{pmatrix}, \begin{pmatrix}0 & 1\\ 0 & 0\end{pmatrix}, \begin{pmatrix}0 & 0\\ 1 & 0\end{pmatrix}, \begin{pmatrix}0 & 0\\ 0 & 1\end{pmatrix}\right\}$에 대한 T의 행렬표현을 $P=(p_{ij})_{4\times 4}$라 할 때,

$p_{13}+p_{24}$의 값은?

① 5 ② 6 ③ 7 ④ 8

풀이

STEP A 좌표벡터 찾기

$$T\begin{pmatrix}1 & 0\\ 0 & 0\end{pmatrix}=\begin{pmatrix}1 & 3\\ 2 & -1\end{pmatrix}\begin{pmatrix}1 & 0\\ 0 & 0\end{pmatrix}=\begin{pmatrix}1 & 0\\ 2 & 0\end{pmatrix}$$
$$=1\begin{pmatrix}1 & 0\\ 0 & 0\end{pmatrix}+0\begin{pmatrix}0 & 1\\ 0 & 0\end{pmatrix}+2\begin{pmatrix}0 & 0\\ 1 & 0\end{pmatrix}+0\begin{pmatrix}0 & 0\\ 0 & 1\end{pmatrix}$$
$$T\begin{pmatrix}0 & 1\\ 0 & 0\end{pmatrix}=\begin{pmatrix}1 & 3\\ 2 & -1\end{pmatrix}\begin{pmatrix}0 & 1\\ 0 & 0\end{pmatrix}=\begin{pmatrix}0 & 1\\ 0 & 2\end{pmatrix}$$
$$=0\begin{pmatrix}1 & 0\\ 0 & 0\end{pmatrix}+1\begin{pmatrix}0 & 1\\ 0 & 0\end{pmatrix}+0\begin{pmatrix}0 & 0\\ 1 & 0\end{pmatrix}+2\begin{pmatrix}0 & 0\\ 0 & 1\end{pmatrix}$$
$$T\begin{pmatrix}0 & 0\\ 1 & 0\end{pmatrix}=\begin{pmatrix}1 & 3\\ 2 & -1\end{pmatrix}\begin{pmatrix}0 & 0\\ 1 & 0\end{pmatrix}=\begin{pmatrix}3 & 0\\ -1 & 0\end{pmatrix}$$
$$=3\begin{pmatrix}1 & 0\\ 0 & 0\end{pmatrix}+0\begin{pmatrix}0 & 1\\ 0 & 0\end{pmatrix}-1\begin{pmatrix}0 & 0\\ 1 & 0\end{pmatrix}+0\begin{pmatrix}0 & 0\\ 0 & 1\end{pmatrix}$$
$$T\begin{pmatrix}0 & 0\\ 0 & 1\end{pmatrix}=\begin{pmatrix}1 & 3\\ 2 & -1\end{pmatrix}\begin{pmatrix}0 & 0\\ 0 & 1\end{pmatrix}=\begin{pmatrix}0 & 3\\ 0 & -1\end{pmatrix}$$
$$=0\begin{pmatrix}1 & 0\\ 0 & 0\end{pmatrix}+3\begin{pmatrix}0 & 1\\ 0 & 0\end{pmatrix}+0\begin{pmatrix}0 & 0\\ 1 & 0\end{pmatrix}-\begin{pmatrix}0 & 0\\ 0 & 1\end{pmatrix}$$

STEP B 행렬표현으로 나타내기

$$P=\begin{pmatrix}1 & 0 & 2 & 0\\ 0 & 1 & 0 & 2\\ 3 & 0 & -1 & 0\\ 0 & 3 & 0 & -1\end{pmatrix}^T=\begin{pmatrix}1 & 0 & 3 & 0\\ 0 & 1 & 0 & 3\\ 2 & 0 & -1 & 0\\ 0 & 2 & 0 & -1\end{pmatrix}$$

그러므로 구하고자 하는 값 $p_{13}+p_{24}=3+3=6$이다.

정답 ②

03
기저에 대한 행렬표현

개념 1. 선형사상과 행렬표현

실수체 $\mathbb{R}$ 에서의 선형사상 $T: P_2(\mathbb{R}) \to P_3(\mathbb{R})$ 을 다음과 같이 정의한다.

$$T(a_0+a_1x+a_2x^2)=(2a_0+2a_2)+(a_0+a_1+3a_2)x+(a_1+2a_2)x^2+(a_0+a_2)x^3 \ (a_i \in \mathbb{R})$$

이때, $P_2(\mathbb{R})$의 기저 $A=\{1, 1-x, x^2\}$, $P_3(\mathbb{R})$의 기저 $B=\{1, x, 1-x^2, 1+x^3\}$에 대한 표현행렬 $[T]_A^B$를 구하면?

① $\begin{pmatrix} 1 & 0 & 3 \\ -1 & 0 & 1 \\ 0 & 1 & -2 \\ 1 & 1 & 1 \end{pmatrix}$ ② $\begin{pmatrix} 1 & 0 & -3 \\ -1 & 0 & 1 \\ 0 & 1 & 2 \\ 1 & 1 & 1 \end{pmatrix}$ ③ $\begin{pmatrix} 1 & 0 & 3 \\ 1 & 0 & 3 \\ 0 & 1 & -2 \\ 1 & 1 & 1 \end{pmatrix}$ ④ $\begin{pmatrix} 1 & 0 & 3 \\ 1 & 0 & -3 \\ 0 & 1 & -2 \\ 1 & 1 & 1 \end{pmatrix}$

풀이

STEP A 좌표벡터 찾기

$$\begin{aligned} T(1) &= 2+x+x^3 \\ &= 1\cdot 1+1\cdot x+0\cdot(1-x^2)+1\cdot(1+x^3) \\ T(1-x) &= 2-x^2+x^3 \\ &= 0\cdot 1+0\cdot x+1\cdot(1-x^2)+1\cdot(1+x^3) \\ T(x^2) &= 2+3x+2x^2+x^3 \\ &= 3\cdot 1+3\cdot x+(-2)\cdot(1-x^2)+1\cdot(1+x^3) \end{aligned}$$

STEP B 행렬표현으로 나타내기

$$\text{표현행렬 } [T]_A^B = \begin{pmatrix} 1 & 0 & 3 \\ 1 & 0 & 3 \\ 0 & 1 & -2 \\ 1 & 1 & 1 \end{pmatrix}$$

정답 ③

04 벡터공간에서 행렬표현

개념 1. 선형사상과 행렬표현

2차 이하의 차수를 갖는 다항식의 벡터공간 $P_2(\mathbb{R})$의 순서기저(ordered basis) $\alpha = \{1,\ x,\ 1-x^2\}$와 벡터공간 $\mathbb{R}^3$의 순서기저 $\beta = \{(1,0,0),\ (0,1,0),\ (0,1,1)\}$가 주어져 있다. 선형사상 $T:\ P_2(\mathbb{R}) \to \mathbb{R}^3$ 의 α, β에 대응하는 행렬이

$[T]_\alpha^\beta = \begin{pmatrix} -1 & 0 & 0 \\ 1 & -3 & 0 \\ 0 & -2 & 1 \end{pmatrix}$일 때, $T(2-x+3x^2)$을 구하면?

① $(-5, 7, -1)$　② $(-5, 0, 1)$　③ $(2, 2, -3)$　④ $(2, 2, 6)$

풀이

STEP A 좌표벡터 찾기

$T(1) = A_1(1,0,0) + B_1(0,1,0) + C_1(0,1,1)$

$T(x) = A_2(1,0,0) + B_2(0,1,0) + C_2(0,1,1)$

$T(1-x^2) = A_3(1,0,0) + B_3(0,1,0) + C_3(0,1,1)$

STEP B 행렬표현으로 나타내기

$[T]_\alpha^\beta = \begin{pmatrix} A_1 & A_2 & A_3 \\ B_1 & B_2 & B_3 \\ C_1 & C_2 & C_3 \end{pmatrix} = \begin{pmatrix} -1 & 0 & 0 \\ 1 & -3 & 0 \\ 0 & -2 & 1 \end{pmatrix}$이다.

$T(1) = -1(1,0,0) + 1(0,1,0) + 0(0,1,1) = (-1,1,0)$

$T(x) = 0(1,0,0) - 3(0,1,0) - 2(0,1,1) = (0,-5,-2)$

$T(1-x^2) = 0(1,0,0) + 0(0,1,0) + 1(0,1,1) = (0,1,1)$

STEP C 구하고자 하는 값 구하기

$2 - x + 3x^2 = a\cdot 1 + b\cdot x + c\cdot(1-x^2)$

최고차항의 계수를 비교하여 c부터 구하면 다음과 같다.

$\therefore\ a=5,\quad b=-1,\quad c=-3$

즉, $T(2-x+3x^2) = T(5\cdot 1 + (-1)\cdot x + (-3)\cdot(1-x^2))$

$= 5T(1) - T(x) - 3T(1-x^2)$

$= 5(-1,1,0) - 1(0,-5,-2) - 3(0,1,1)$

$= (-5, 7, -1)$

정답 ①

05 선형사상의 고유벡터

개념 2. 선형사상의 종류 및 고윳값, 고유벡터

벡터공간 $\mathbb{R}^3$의 순서기저 $\{v_1=(1,0,1),\ v_2=(0,1,1),\ v_3=(0,0,1)\}$에 대하여 선형변환 $T:\mathbb{R}^3\to\mathbb{R}^3$가 $T(v_1)=v_2,\ T(v_2)=v_3,\ T(v_3)=v_1$을 만족할 때, T의 한 고유벡터가 $w=(1,a,b)$이다. $a+b$의 값은?

① 1 ② 2 ③ 3 ④ 4

풀이

STEP A 선형사상의 표현행렬 나타내기

$T(v_1)=v_2=0v_1+1v_2+0v_3$

$T(v_2)=v_3=0v_1+0v_2+1v_3$

$T(v_3)=v_1=1v_1+0v_2+0v_3$이므로

선형사상 T의 표현행렬을 A라고 할 때, $A=\begin{pmatrix}0&0&1\\1&0&0\\0&1&0\end{pmatrix}$이다.

STEP B 선형사상의 고유벡터 구하기

$|A-\lambda I|=\begin{vmatrix}-\lambda&0&1\\1&-\lambda&0\\0&1&-\lambda\end{vmatrix}=-\lambda^3+1$이므로 $\lambda=1$이다.

$\lambda=1$일 때, $\begin{pmatrix}-1&0&1\\1&-1&0\\0&1&-1\end{pmatrix}\begin{pmatrix}x\\y\\z\end{pmatrix}=\begin{pmatrix}0\\0\\0\end{pmatrix}$

$\Leftrightarrow -x+z=0,\ x-y=0,\ y-z=0$이므로

$x=1$일 때, $y=1=a,\ z=1=b$이다.

따라서 구하고자 하는 값 $a+b=2$이다.

정답 ②

06
영공간의 차원

개념 2. 선형사상의 종류 및 고윳값, 고유벡터

다음과 같이 정의된 선형변환 $T:\mathbb{R}^3\to\mathbb{R}^3$에 대하여 $\dim(\ker T)$와 $v\in\ker T$로 옳게 짝지어진 것은?

$$T(x,y,z) = (-4y+2z,\ -x-9y+4z,\ x+y)$$

① $\dim(\ker T)=1,\ v=(-1,1,2)$
② $\dim(\ker T)=1,\ v=(1,1,1)$
③ $\dim(\ker T)=2,\ v=(-1,1,2)$
④ $\dim(\ker T)=2,\ v=(1,1,1)$

풀이

STEP A 선형변환을 표현행렬로 나타내기

선형변환 T의 표현행렬 $A=\begin{pmatrix}0&-4&2\\-1&-9&4\\1&1&0\end{pmatrix}$이다.

STEP B 차원정리를 이용하여 영공간의 차원 구하기

$rankA=2$이므로 차원정리에 의해 $nullityA=1$이다.
따라서 $\dim(\ker T)=nullity T=1$이다.

STEP C $\ker(T)$의 원소 찾기

$T(-1,1,2)=(0,0,0)$을 만족하므로 보기 중에 가능한 것은 $v=(-1,1,2)$이다.

정답 ①

07 회전변환

개념 3. 직교변환, 회전변환, 반사변환, 사영변환

선형변환 $T:\mathbb{R}^3\to\mathbb{R}^3$가 각 점을 양의 y축을 중심으로 $\frac{\pi}{3}$만큼 시계반대방향으로 회전시키고, 그 점을 양의 z축을 중심으로 $\frac{\pi}{6}$만큼 시계반대방향으로 회전시키는 변환일 때, 변환 T에 대한 표준행렬은?

① $\begin{pmatrix} \frac{\sqrt{3}}{4} & \frac{1}{4} & -\frac{\sqrt{3}}{2} \\ -\frac{1}{2} & \frac{\sqrt{3}}{2} & 0 \\ \frac{3}{4} & \frac{\sqrt{3}}{4} & \frac{1}{2} \end{pmatrix}$

② $\begin{pmatrix} \frac{\sqrt{3}}{4} & \frac{1}{2} & -\frac{3}{4} \\ -\frac{1}{4} & \frac{\sqrt{3}}{2} & \frac{\sqrt{3}}{4} \\ \frac{\sqrt{3}}{2} & 0 & \frac{1}{2} \end{pmatrix}$

③ $\begin{pmatrix} \frac{\sqrt{3}}{4} & -\frac{1}{4} & \frac{\sqrt{3}}{2} \\ \frac{1}{2} & \frac{\sqrt{3}}{2} & 0 \\ -\frac{3}{4} & \frac{\sqrt{3}}{4} & \frac{1}{2} \end{pmatrix}$

④ $\begin{pmatrix} \frac{\sqrt{3}}{4} & -\frac{1}{2} & \frac{3}{4} \\ \frac{1}{4} & \frac{\sqrt{3}}{2} & \frac{\sqrt{3}}{4} \\ -\frac{\sqrt{3}}{2} & 0 & \frac{1}{2} \end{pmatrix}$

풀이

STEP A 회전변환 행렬 나타내기

y축의 양의방향으로 $\frac{\pi}{3}$만큼 시계반대방향으로 회전시키는 행렬을 A,

z축의 양의방향으로 $\frac{\pi}{6}$만큼 시계반대방향으로 회전시키는 행렬을 B

라고 하면 두 행렬은 다음과 같다.

$$A=\begin{pmatrix} \cos\frac{\pi}{3} & 0 & \sin\frac{\pi}{3} \\ 0 & 1 & 0 \\ -\sin\frac{\pi}{3} & 0 & \cos\frac{\pi}{3} \end{pmatrix}=\frac{1}{2}\begin{pmatrix} 1 & 0 & \sqrt{3} \\ 0 & 2 & 0 \\ -\sqrt{3} & 0 & 1 \end{pmatrix}$$

$$B=\begin{pmatrix} \cos\frac{\pi}{6} & -\sin\frac{\pi}{6} & 0 \\ \sin\frac{\pi}{6} & \cos\frac{\pi}{6} & 0 \\ 0 & 0 & 1 \end{pmatrix}=\frac{1}{2}\begin{pmatrix} \sqrt{3} & -1 & 0 \\ 1 & \sqrt{3} & 0 \\ 0 & 0 & 2 \end{pmatrix}$$

STEP B 변환에 대한 표준행렬 나타내기

사상의 표준행렬을 P라고 할 때,

$$P=BA=\frac{1}{4}\begin{pmatrix} \sqrt{3} & -1 & 0 \\ 1 & \sqrt{3} & 0 \\ 0 & 0 & 2 \end{pmatrix}\begin{pmatrix} 1 & 0 & \sqrt{3} \\ 0 & 2 & 0 \\ -\sqrt{3} & 0 & 1 \end{pmatrix}=\frac{1}{4}\begin{pmatrix} \sqrt{3} & -2 & 3 \\ 1 & 2\sqrt{3} & \sqrt{3} \\ -2\sqrt{3} & 0 & 2 \end{pmatrix}$$ 이다.

정답 ④

08 선형사상에 의한 면적

개념 4. 면적 및 부피와 선형사상과의 관계

행렬 $A = \begin{pmatrix} -1 & 2 \\ 2 & -1 \end{pmatrix}$로 정의되는 선형사상 $T : \mathbb{R}^2 \to \mathbb{R}^2$가 있다.

점 P(0, 0), Q(2, 0), R(0, 2), S(2, 2)를 네 꼭짓점으로 하는 정사각형의 이 선형사상 T에 의한 상(image)의 면적을 구하면?

① 3　② 6　③ 9　④ 12

풀이

STEP A 정사각형의 면적 구하기

네 점 P(0, 0), Q(2, 0), R(0, 2), S(2, 2)를 꼭짓점으로 하는 정사각형의 면적은 $2 \times 2 = 4$이다.

STEP B 행렬 A의 행렬식 구하기

$|A| = \begin{vmatrix} -1 & 2 \\ 2 & -1 \end{vmatrix} = -3$ 이다.

STEP C 선형사상에 의한 상의 면적 구하기

선형사상 T에 의한 상의 면적은

$|A| \times$(정사각형 PQRS의 면적)$= 3 \times 4 = 12$

정답 ④

7 선형사상

정답 및 풀이 p.372

01 $\mathbb{R}^3$에서 $\mathbb{R}^2$로 가는 다음 사상들 중에서 선형사상인 것은?

① $f\left(\begin{bmatrix} x_1 \\ x_2 \\ x_3 \end{bmatrix}\right) = \begin{bmatrix} x_2 \\ x_1 - x_2 \end{bmatrix}$

② $f\left(\begin{bmatrix} x_1 \\ x_2 \\ x_3 \end{bmatrix}\right) = \begin{bmatrix} x_1 + x_2 \\ {x_3}^2 \end{bmatrix}$

③ $f\left(\begin{bmatrix} x_1 \\ x_2 \\ x_3 \end{bmatrix}\right) = \begin{bmatrix} x_1 \\ x_2 x_3 \end{bmatrix}$

④ $f\left(\begin{bmatrix} x_1 \\ x_2 \\ x_3 \end{bmatrix}\right) = \begin{bmatrix} 2x_1 + x_3 \\ x_2 + 3 \end{bmatrix}$

02 $P_2(\mathbb{R}) = \{a + bx + cx^2 \mid a, b, c \in \mathbb{R}\}$이고 $\mathbb{R}^3 = \{(x, y, z) \mid x, y, z \in \mathbb{R}\}$이라 할 때,

선형사상 $T : P_2(\mathbb{R}) \to \mathbb{R}^3$가 $T(p(x)) = \left(p(0),\ p'(0),\ \int_{-1}^{1} p(x)dx \right)$로 정의된다.

기저 $\{1, x, x^2\}$, $\{(1, 0, 0), (0, 1, 0), (0, 0, 1)\}$에 관한 T의 3×3 표현행렬을 A라고 할 때, $\dfrac{tr(A)}{\det(A)}$의 값은?

(단, $tr(A)$는 행렬 A의 대각성분의 합이고 $\det(A)$는 행렬 A의 행렬식이다.)

① 0 ② 2 ③ 4 ④ 8

03 벡터공간 $\mathbb{R}^3$상의 기저(basis) $\{v_1, v_2, v_3\}$와 선형변환 $T : \mathbb{R}^3 \to \mathbb{R}^3$가

$T(v_1 + v_2) = v_1 - v_3$, $T(v_2 - v_3) = v_1 + v_2$, $T(v_1 - v_3) = v_2 + v_3$를 만족할 때, $T(4v_1 + 3v_2 - 5v_3)$의 값은?

① $3v_1 - 5v_2 - 2v_3$ ② $-3v_1 + 5v_2 - 2v_3$ ③ $3v_1 - 5v_2 + 2v_3$ ④ $3v_1 + 5v_2 + 2v_3$

04 $L(<2, 4, 2>) = <1, 0, 0>$

$L(<1, 2, -4>) = <0, 2, 0>$

$L(<3, 2, 2>) = <0, 0, -2>$

를 만족하는 선형변환 $L: \mathbb{R}^3 \to \mathbb{R}^3$의 역변환 L^{-1}에 대하여 $L^{-1}(<1, 1, 1>) = <a, b, c>$라 할 때, $a+b+c$의 값을 구하시오.

① 0 ② 2 ③ 4 ④ 6

05 차수가 2 이하인 다항식으로 이루어진 벡터공간 P_2에 정의된 선형사상 $T: P_2 \to P_2$가 주어져 있다. 순서기저(ordered basis) $B = \{1+t^2, t+t^2, 1+2t+t^2\}$에 대한 T의 행렬표현이 다음과 같다.

$$[T]_B = \begin{pmatrix} 3 & 4 & 0 \\ 0 & 5 & -1 \\ 1 & -2 & 7 \end{pmatrix}$$

$p(t) = T(1+t+t^2)$이라 할 때, $p(-1)$의 값은?

① 0 ② 1 ③ 2 ④ 3

06 차수가 3 이하인 다항식들의 벡터공간 P_3에 대하여 P_3에서 P_3로 선형사상 T를

$T(a_3x^3 + a_2x^2 + a_1x + a_0) = (a_0 + a_1)x^3 + 2a_2x^2 + (a_3 - a_0)x + 3a_1 - a_2$라 하자.

P_3의 기저 $\{x^3 + x^2, x^2, x+1, 1\}$에 대한 T의 행렬표현을 A라 할 때, A의 두 번째 행의 모든 성분들의 합은?

① 0 ② 1 ③ 2 ④ 3

07 벡터공간 V의 기저 $\{\overrightarrow{e_1}, \overrightarrow{e_2}, \overrightarrow{e_3}\}$에 대하여 선형변환 $T: V \to V$가 다음 조건을 만족한다.

(a) T의 핵(kernel)은 2차원이다.
(b) $T(\overrightarrow{e_1}) = 2\overrightarrow{e_2}$
(c) $\overrightarrow{e_2} \cdot T(\overrightarrow{e_1}) = \overrightarrow{e_2} \cdot T(\overrightarrow{e_i})$, $i = 2, 3$

$T(\overrightarrow{e_1} + 2\overrightarrow{e_2} - \overrightarrow{e_3}) = a\overrightarrow{e_1} + b\overrightarrow{e_2} + c\overrightarrow{e_3}$일 때, $a+b-c$의 값은? (단, a,b,c는 실수이고, $\vec{u} \cdot \vec{v}$는 $\vec{u}$와 $\vec{v}$의 내적이다.)

① 1　② 2　③ 3　④ 4

08 $\mathbb{R}^3$의 순서기저 $\alpha = \{(0, 1, 1), (1, 0, 1), (1, 1, 0)\}$에 관한 선형변환 $T : \mathbb{R}^3 \to \mathbb{R}^3$의 행렬표현이 $[T]_\alpha = \begin{bmatrix} 1 & 2 & 1 \\ 1 & 1 & 2 \\ 2 & 1 & 5 \end{bmatrix}$ 와 같을 때, 다음 중 T의 치역(range)에 속하는 벡터는?

① $(1, 1, 2)$　② $(3, 3, 2)$　③ $(1, 3, 3)$　④ $(0, 1, 1)$

09 선형사상 $T : \mathbb{R}^3 \to \mathbb{R}^3$를 다음과 같이 정의하자.

$$Tv = Av,\ A = \begin{pmatrix} 3 & 2 & 1 \\ 1 & 1 & 1 \\ 1 & 2 & 3 \end{pmatrix},\ v \in \mathbb{R}^3$$

T의 치역은 $\mathbb{R}^3$에서 평면을 이룬다. 이 평면에 대하여 점 $(1, 1, 1)$과 대칭인 점을 (a, b, c)라 할 때, $a+b+c$의 값은?

① $\frac{23}{12}$　② $\frac{23}{9}$　③ $\frac{25}{6}$　④ $\frac{25}{3}$

10 선형변환 $T:\mathbb{R}^3\to\mathbb{R}^3$가 $T\begin{pmatrix}1\\0\\0\end{pmatrix}=\begin{pmatrix}1\\2\\2\end{pmatrix}$, $T\begin{pmatrix}1\\1\\0\end{pmatrix}=\begin{pmatrix}-4\\5\\1\end{pmatrix}$, $T\begin{pmatrix}1\\1\\1\end{pmatrix}=\begin{pmatrix}5\\-3\\1\end{pmatrix}$을 만족할 때,

T의 핵(kernel)에 속하는 점과 점 $\begin{pmatrix}1\\-2\\3\end{pmatrix}$ 사이의 최소 거리는?

① $\sqrt{8}$ ② $\sqrt{10}$ ③ $\sqrt{12}$ ④ $\sqrt{14}$

11 선형사상 $T(x,\ y,\ z)=\begin{pmatrix}1&2&2\\0&3&6\\1&1&0\end{pmatrix}\begin{pmatrix}x\\y\\z\end{pmatrix}$에 대하여 $\mathrm{Im}\,T=\left\{\begin{pmatrix}x\\y\\z\end{pmatrix}\middle|\ ax+by+3z=0\right\}$일 때, a^2+b^2의 값은?

(단, a, b는 상수이고 $\mathrm{Im}\,T$는 T의 치역이다.)

① 5 ② 8 ③ 10 ④ 13

12 세 벡터 $\mathrm{u}_1=\begin{bmatrix}1\\0\\1\end{bmatrix}$, $\mathrm{u}_2=\begin{bmatrix}1\\1\\0\end{bmatrix}$, $\mathrm{u}_3=\begin{bmatrix}0\\1\\1\end{bmatrix}$에 대해 $\mathbb{R}^3$에서 $\mathbb{R}^2$로의 선형변환 T가

$T(\mathrm{u}_1)=\begin{bmatrix}2\\3\end{bmatrix}$, $T(\mathrm{u}_2)=\begin{bmatrix}4\\-2\end{bmatrix}$, $T(\mathrm{u}_3)=\begin{bmatrix}-6\\1\end{bmatrix}$일 때, T의 표준행렬의 모든 성분의 합은?

① 1 ② -1 ③ 2 ④ -2

[13~14]

13 실수성분을 갖는 2×2 행렬의 벡터공간을 $M_{2\times 2}(\mathbb{R})$ 로 나타내고,

선형변환 $\Phi : M_{2\times 2}(\mathbb{R}) \to M_{2\times 2}(\mathbb{R})$ 를 $\Phi\left(\begin{bmatrix} a & b \\ c & d \end{bmatrix}\right) = \begin{bmatrix} a+b+d & a+b+c \\ b+c+d & a+c+d \end{bmatrix}$ 라 정의할 때, Φ 의 고유치가 <u>아닌</u> 것은?

① -3 ② -1 ③ 1 ④ 3

14 13에서 W를 $W = \{ A \in M_{2\times 2}(\mathbb{R}) : A^T = -A \}$, 즉, 반대칭(skew-symmetric)행렬의 공간이라 할 때,

선형변환 Φ 에 의한 상(image) $\Phi(W)$ 의 차원(dimension)을 구하면?

① 1 ② 2 ③ 3 ④ 4

15 벡터공간 $V = \{ a_0 + a_1 x + a_2 x^2 \mid a_0, a_1, a_2 \in \mathbb{R} \}$에 대하여 사상 $T: V \to V$가 $T(f(x)) = xf'(x)$를 만족시키는

선형변환일 때, $T^3(-1+2x^2)$을 구하면? (이때, $T^1 = T$이고 $T^{m+1} = T \circ T^m \ (m \geq 1)$이다.)

① $1+x^2+x^3$ ② $-2+x-x^2$ ③ $16x^2$ ④ $7+8x+9x^2$

16 선형변환 $T:\mathbb{R}^3 \to \mathbb{R}^3$를 $T(x,\, y,\, z) = (3x+y+z,\ 2x+4y+2z,\ -x-y+z)$로 정의한다.

T를 $\mathbb{R}^3$의 표준기저(standard basis)로 표현한 행렬을 A라 하고

$A^{15} = \begin{bmatrix} a_{11} & a_{12} & a_{13} \\ a_{21} & a_{22} & a_{23} \\ a_{31} & a_{32} & a_{33} \end{bmatrix}$ 이라 할 때, a_{33}의 값은?

① $2^{14} - 2^{29}$　② $3 \cdot 2^{14} - 2^{29}$　③ $-2^{14} + 2^{29}$　④ $2^{14} + 2^{29}$

17 $T(X) = AX,\ X \in \mathbb{R}^4$로 정의되는 선형변환 $T:\mathbb{R}^4 \to \mathbb{R}^4$에서 행렬 A가 다음과 같이 주어져 있다. 다음 중 옳은 것의 개수는?

$$A = \begin{bmatrix} 1 & 1 & -5 & 3 \\ 1 & 0 & -2 & 1 \\ 2 & -1 & -1 & 0 \\ -2 & 4 & -8 & 6 \end{bmatrix}$$

ㄱ. $\dim(Im\,T) = 2$이다.
ㄴ. $\dim(\ker T) = 2$이다.
ㄷ. 벡터 $(1,1,1,1)$은 핵공간($\ker T$)의 원소이다.
ㄹ. 벡터 $(2,1,1,2)$는 상공간($Im\,T$)의 원소이다.

① 1개　② 2개　③ 3개　④ 4개

18 선형변환 $T(x,y,z) = (x+2y+z,\ y+z,\ -x+3y+4z)$에 대한 다음 설명 중 옳지 <u>않은</u> 것은?

① $\text{rank}\, T = 2$
② $\text{nullity}\, T = 1$
③ T의 kernel N_T는 직선 $\{(x,y,z) \in \mathbb{R}^3 \ : \ x = -y = z\}$이다.
④ 임의의 벡터 $(a,b,c) \in \mathbb{R}^3$에 대해서 연립방정식 $T(x,y,z) = (a,b,c)$의 해는 무수히 많다.

19 $n \times n$ 행렬 A에 대하여 A가 정칙행렬이 될 필요충분조건이 아닌 것은? (단, x ,v, B는 n차원 열벡터이다.)

① 선형연립방정식 $Ax = B$는 유일해만을 갖는다.
② A의 열벡터들은 일차독립이다.
③ A가 선형사상 T의 표준행렬이면 역사상 T^{-1}이 존재한다.
④ A가 선형사상 T의 표준행렬이면 임의의 벡터 $v \in R^n$에 대하여 $\|T(v)\| = \|v\|$이다.

20 선형변환 $T : \mathbb{R}^n \to \mathbb{R}^m$에 대하여 다음 보기에서 옳은 것을 모두 고른 것은? (단, m, $n \geq 1$이다.)

| 보 기 |

ㄱ. $\{\boldsymbol{u}_1, \cdots, \boldsymbol{u}_p\} \subset \mathbb{R}^n$가 일차종속이면 $\{T(\boldsymbol{u}_1), \cdots, T(\boldsymbol{u}_p)\}$도 일차종속이다.
ㄴ. $n \leq m$이고 $\{\boldsymbol{u}_1, \cdots, \boldsymbol{u}_n\}$이 $\mathbb{R}^n$의 기저(basis)이면, $\{T(\boldsymbol{u}_1), \cdots, T(\boldsymbol{u}_n)\}$은 일차독립이다.
ㄷ. T가 단사일 때, $\{\boldsymbol{u}_1, \cdots, \boldsymbol{u}_p\} \subset \mathbb{R}^n$가 일차독립이기 위한 필요충분조건은 $\{T(\boldsymbol{u}_1), \cdots, T(\boldsymbol{u}_p)\}$가 일차독립이다.

① ㄱ, ㄴ ② ㄱ, ㄷ ③ ㄴ, ㄷ ④ ㄱ, ㄴ, ㄷ

21 다음 보기 중 옳은 명제는 몇 개인가?

| 보 기 |

ㄱ. 임의의 벡터 $\boldsymbol{v}_1, \boldsymbol{v}_2 \in \mathbb{R}^2$와 $\boldsymbol{w}_1, \boldsymbol{w}_2 \in \mathbb{R}^3$에 대하여 $T(\boldsymbol{v}_1) = \boldsymbol{w}_1$, $T(\boldsymbol{v}_2) = \boldsymbol{w}_2$를 만족하는 선형변환 $T : \mathbb{R}^2 \to \mathbb{R}^3$가 항상 존재한다.
ㄴ. 두 행렬의 곱의 차수(rank)는 두 행렬의 차수 중에서 작은 것이다.
ㄷ. 정방행렬 A, B에 대하여 등식 $AB = BA$는 항상 성립하지 않는다.
ㄹ. 대각화가능한(diagonalizable) 모든 행렬은 적어도 하나의 고유치를 갖는다.

① 0개 ② 1개 ③ 2개 ④ 3개

22 $R : \mathbb{R}^2 \to \mathbb{R}^2$은 원점을 중심으로 하는 회전변환이다.

$T : \mathbb{R}^2 \to \mathbb{R}^2$는 모든 $x, y \in \mathbb{R}^2$에 대하여 $T(x) \cdot y = x \cdot T(y)$를 만족시키는 선형변환이다.

정규직교기저에 대한 $S = R^{-1} \circ T \circ R$의 행렬 $[S]$에 대하여 항상 옳은 것을 고르면?

① $[S]$는 대칭행렬이다.
② $[S]$는 반대칭행렬이다.
③ $[S]$는 대각행렬이다.
④ $[S]$는 직교행렬이다.

23 $0 < \theta < \frac{\pi}{2}$ 인 실수 θ에 대하여 $T : \mathbb{R}^2 \to \mathbb{R}^2$ 가 직선 $y = (\tan\theta)x$에 대한 대칭변환일 때,

모든 $\begin{pmatrix} x_1 \\ x_2 \end{pmatrix} \in \mathbb{R}^2$에 대하여 $T\begin{pmatrix} x_1 \\ x_2 \end{pmatrix} = A\begin{pmatrix} x_1 \\ x_2 \end{pmatrix}$를 만족하는 2차 정사각행렬 A는?

① $\begin{pmatrix} \cos\theta & -\sin\theta \\ \sin\theta & \cos\theta \end{pmatrix}$
② $\begin{pmatrix} \cos\theta & \sin\theta \\ \sin\theta & -\cos\theta \end{pmatrix}$
③ $\begin{pmatrix} \cos 2\theta & -\sin 2\theta \\ \sin 2\theta & \cos 2\theta \end{pmatrix}$
④ $\begin{pmatrix} \cos 2\theta & \sin 2\theta \\ \sin 2\theta & -\cos 2\theta \end{pmatrix}$

24 주어진 행렬에 대하여 $A^n = I_4$를 만족하는 최소의 자연수 n을 구하시오. (단, I_4는 4×4 항등행렬(identity matrix)이다.)

$$A = \begin{bmatrix} -1 & 0 & 0 & 0 \\ 0 & 1 & 0 & 0 \\ 0 & 0 & -\frac{1}{2} & -\frac{\sqrt{3}}{2} \\ 0 & 0 & \frac{\sqrt{3}}{2} & -\frac{1}{2} \end{bmatrix}$$

① 6
② 5
③ 4
④ 3

25 행렬 $A=\begin{pmatrix} -\frac{\sqrt{3}}{2} & 0 & -\frac{1}{2} \\ 0 & 1 & 0 \\ \frac{1}{2} & 0 & -\frac{\sqrt{3}}{2} \end{pmatrix}$에 대하여 A^{2021}을 구하시오.

① $\begin{pmatrix} \frac{\sqrt{3}}{2} & 0 & -\frac{1}{2} \\ 0 & 1 & 0 \\ \frac{1}{2} & 0 & \frac{\sqrt{3}}{2} \end{pmatrix}$

② $\begin{pmatrix} -\frac{1}{2} & 0 & \frac{\sqrt{3}}{2} \\ 0 & 1 & 0 \\ -\frac{\sqrt{3}}{2} & 0 & -\frac{1}{2} \end{pmatrix}$

③ $\begin{pmatrix} -1 & 0 & 0 \\ 0 & 1 & 0 \\ 0 & 0 & -1 \end{pmatrix}$

④ $\begin{pmatrix} 1 & 0 & 0 \\ 0 & 1 & 0 \\ 0 & 0 & 1 \end{pmatrix}$

26 다음 행렬 A는 $\mathbb{R}^3$에서 원점을 지나 단위벡터 $(v_1,\ v_2,\ v_3)$와 평행한 직선을 축으로 하는 회전변환을 나타낸다. $|v_1+v_2+v_3|$의 값은? (단, α는 실수이다.)

$$A=\alpha\begin{bmatrix} 2 & -1 & 2 \\ 2 & 2 & -1 \\ -1 & 2 & 2 \end{bmatrix}$$

① 0　② $\sqrt{3}$　③ 2　④ $\frac{2}{\sqrt{14}}$

27 다음 중 $\mathbb{R}^3$에서 평면 $x-y=0$으로의 정사영을 나타내는 변환의 고유벡터가 아닌 것은?

① $\begin{bmatrix} 1 \\ -1 \\ 0 \end{bmatrix}$　② $\begin{bmatrix} 1 \\ 1 \\ 0 \end{bmatrix}$　③ $\begin{bmatrix} 0 \\ 0 \\ 1 \end{bmatrix}$　④ $\begin{bmatrix} 0 \\ 1 \\ 1 \end{bmatrix}$

28 $\mathbb{R}^3$의 벡터를 평면 $x+y+z=0$ 위로의 정사영으로 보내는 선형변환을 T라 하자.
모든 $v \in \mathbb{R}^3$에 대하여 $T(v) = Av$가 되는 행렬을 A라 할 때, 다음 중 옳은 것을 모두 고르면?

ㄱ. A의 역행렬이 존재한다.
ㄴ. $(1, 1, 1)$은 A의 고유벡터(eigenvector)이다.
ㄷ. A의 트레이스(trace)는 2이다.
ㄹ. A는 대각화가능하다.

① ㄱ, ㄹ ② ㄴ, ㄷ ③ ㄴ, ㄹ ④ ㄴ, ㄷ, ㄹ

29 2차원 공간상의 선형변환 T가 다음과 같이 주어져 있다.

$$T(x,y) = (2x-y,\ x+2y)$$

꼭짓점 $A(0,0), B(1,-5), C(2,-1)$를 가지는 삼각형을 $\triangle ABC$라 할 때,
선형변환 T의 상(image)으로 주어지는 새로운 삼각형 $\triangle A'B'C'$의 넓이를 구하시오.

① $\frac{9}{2}$ ② $\frac{15}{2}$ ③ 15 ④ $\frac{45}{2}$

30 $\mathbb{R}^3$의 순서기저(ordered basis) $\beta=\{v_1, v_2, v_3\}$에 관한 선형변환 $T:\mathbb{R}^3 \to \mathbb{R}^3$의 행렬표현이 $\begin{pmatrix} 1 & 1 & -1 \\ 2 & 0 & 1 \\ 1 & 1 & 0 \end{pmatrix}$으로 주어진다.
$w_1 = v_1+2v_2+4v_3$, $w_2 = v_2+2v_3$, $w_3 = v_3$에 대하여 $T(w_1+w_2+w_3) = aw_1+bw_2+cw_3$라 할 때, $a+b+c$의 값은?

① -2 ② -1 ③ 0 ④ 3

09

내적공간과 이차형식

출제 비중 & 빈출 키워드 리포트

단원	출제 비중 (합계 5%)	빈출 키워드
1. 내적공간, 직교사영	2%	·내적공간
2. 최소제곱 문제	2%	·최소제곱해
3. 이차형식과 응용	1%	

1 내적공간, 직교사영

1. 내적공간

(1) V가 벡터공간이라 할 때, 함수 $\langle \cdot, \cdot \rangle : V \times V \to \mathbb{R}$가 임의의 $u, v, w \in V$와 $\alpha \in \mathbb{R}$에 대하여 다음 ①~④를 만족할 때, V 위에서의 내적이라 하고 $(V, \langle \cdot, \cdot \rangle)$를 내적공간이라 한다.

① $\langle v, v \rangle \geq 0$, $\langle v, v \rangle = 0 \Leftrightarrow v = \vec{0}$

② $\langle u, v \rangle = \langle v, u \rangle$

③ $\langle \alpha u, v \rangle = \alpha \langle u, v \rangle = \langle u, \alpha v \rangle$

④ $\langle u, v + w \rangle = \langle u, v \rangle + \langle u, w \rangle$

(2) 참고사항

① 내적공간(inner product space): 내적이 정의된 벡터공간

② 내적은 유일하지 않다.

③ 내적의 성질

	내적 $< u, v >$	$\mathbb{R}^n$상의 표준내적
교환법칙	$< u, v > = < v, u >$	$a \cdot b = b \cdot a$
분배법칙	$< u, v+w > = < u, v > + < u, w >$	$a \cdot (b+c) = a \cdot b + a \cdot c$
스칼라곱에 대한 교환법칙	$< \alpha u, v > = \alpha < u, v >$	$(\alpha a) \cdot b = \alpha(a \cdot b)$
벡터의 크기	$< u, u > \geq 0$이고, $< u, u > = 0$ $\Leftrightarrow u = 0$	$a \cdot a = \lvert a \rvert^2 \geq 0$이고, $a \cdot a = \lvert a \rvert^2 = 0$이면 $a = 0$뿐이다.

2. 내적공간에서 벡터의 크기와 거리

(1) V가 내적공간일 때 벡터의 크기와 두 벡터 사이의 거리를 정의할 수 있다.

① 노름공간(normed space): 크기가 부여된 공간

② 거리공간(metric space): 거리가 부여된 공간

(2) 벡터의 크기(또는 길이, size 또는 length)

임의의 벡터 $v \in V$에 대해서 v의 노름(norm)은 다음과 같이 나타낸다.

$$\| v \| = \sqrt{\langle v, v \rangle}$$

(3) 벡터의 거리(distance)

임의의 두 벡터 $\boldsymbol{u},\ \boldsymbol{v} \in V$에 대해서 $\boldsymbol{u}$ 와 $\boldsymbol{v}$ 의 거리는 다음과 같이 나타낸다.

$$d(\boldsymbol{u}, \boldsymbol{v}) = \| \boldsymbol{u} - \boldsymbol{v} \|$$

(4) 참고사항

① 단위벡터(unit vector): 크기가 1인 벡터

$$\boldsymbol{u} \Leftrightarrow \| \boldsymbol{u} \| = 1$$

② $\| \boldsymbol{u} \| = 1 \Leftrightarrow \| \boldsymbol{u} \|^2 = 1 \Leftrightarrow \langle \boldsymbol{u}, \boldsymbol{u} \rangle = 1$

③ $\boldsymbol{u} \neq \vec{0} \Rightarrow \pm \dfrac{1}{\| \boldsymbol{u} \|}\boldsymbol{u}$는 단위벡터이다.

④ 내적공간의 성질

	내적공간 (두 벡터 u, v에 대하여)	표준 내적공간 (두 벡터 a, b에 대하여)
벡터의 크기(길이, norm)	벡터 v의 크기 $\|v\| = \sqrt{< v, v >}$	$\|a\| = \sqrt{a \bullet a}$ $(\because \|a\|^2 = a \bullet a)$
두 벡터가 이루는 각	$\cos\theta = \dfrac{< u, v >}{\|u\| \bullet \|v\|}$	$\cos\theta = \dfrac{a \bullet b}{\|a\|\,\|b\|}$
두 벡터 사이의 거리	$\|u-v\| = \sqrt{< u-v, u-v >}$	$\|a-b\| = \sqrt{(a-b) \bullet (a-b)}$ $(\because \|a-b\|^2 = (a-b) \bullet (a-b))$

3. 내적공간 관련 정리

(1) V가 내적공간이고, $\| \boldsymbol{v} \| = \sqrt{\langle \boldsymbol{v},\ \boldsymbol{v} \rangle}$ 로 정의된 양의 실수에 대해 다음 부등식이 성립한다.

① 코시-슈바르츠 부등식

$|\langle \boldsymbol{u},\ \boldsymbol{v} \rangle| \le \|\boldsymbol{u}\|\|\boldsymbol{v}\|,\ \forall \boldsymbol{u},\ \boldsymbol{v} \in V$

② 삼각부등식

$\|\boldsymbol{u} + \boldsymbol{v}\| \le \|\boldsymbol{u}\| + \|\boldsymbol{v}\|,\ \forall \boldsymbol{u},\ \boldsymbol{v} \in V$

(2) 피타고라스 정리

$(V, \langle \cdot\ ,\ \cdot \rangle)$ 가 내적공간이면서, 영이 아닌 두 벡터 $\boldsymbol{u},\ \boldsymbol{v} \in V$에 대해 다음이 성립한다.

$$\boldsymbol{u} \perp \boldsymbol{v} \Leftrightarrow \langle \boldsymbol{u},\ \boldsymbol{v} \rangle = 0 \Leftrightarrow \| \boldsymbol{u} + \boldsymbol{v} \|^2 = \| \boldsymbol{u} \|^2 + \| \boldsymbol{v} \|^2$$

(3) 참고사항

① 코시-슈바르츠 부등식에 의하면 영이 아닌 두 벡터 $\boldsymbol{u}$와 $\boldsymbol{v}$에 대하여

$-1 \le \dfrac{\langle \boldsymbol{u},\ \boldsymbol{v} \rangle}{\| \boldsymbol{u} \|\ \| \boldsymbol{v} \|} \le 1$이므로 다음 조건을 만족하는 실수 θ가 유일하게 존재한다.

$$\cos\theta = \frac{\langle \boldsymbol{u},\ \boldsymbol{v} \rangle}{\| \boldsymbol{u} \|\ \| \boldsymbol{v} \|},\quad 0 \le \theta \le \pi \text{ (여기서 } \theta\text{: 두 벡터 } \boldsymbol{u} \text{ 와 } \boldsymbol{v} \text{ 의 사잇각)}$$

② 내적공간의 주요한 특징 중의 하나는 직교성을 부여할 수 있다는 데 있다.

내적공간의 두 벡터 $\boldsymbol{u}$ 와 $\boldsymbol{v}$ 의 수직 또는 직교를 $\boldsymbol{u}\perp\boldsymbol{v}$로 표현하고 다음과 같이 정의한다.

$$\boldsymbol{u}\perp\boldsymbol{v} \iff \langle\boldsymbol{u},\ \boldsymbol{v}\rangle = 0$$

4. 내적공간에서의 직교여공간

(1) 직교여공간(orthogonal complement)

V가 내적공간이고 $W\subset V$일 때, W의 직교여공간을 다음과 같이 정의하고 $W^{\perp}$로 표기한다.

$$W^{\perp} = \{\boldsymbol{v}\in V\mid \langle\boldsymbol{v},\ \boldsymbol{w}\rangle = 0,\ \ \forall\boldsymbol{w}\in W\}$$

(2) 정리

A 가 $m\times n$ 행렬일 때, A 의 행공간에 관한 직교여공간은 A 의 해공간이며

A 의 열공간에 관한 직교여공간은 A^T 에 관한 해공간이다.

(3) 참고사항

① $W^{\perp}$는 "W perpendicular" 또는 "W perp"라고도 한다.

② $W^{\perp}$는 V의 부분공간이다.

③ $W\cap W^{\perp} = \{\vec{0}\}$

5. 직교집합 및 정규직교집합

(1) 직교집합(orthogonal set)

S가 내적공간 V의 부분집합이고 다음을 만족할 때 S를 직교집합이라고 한다.

$$S: \text{직교집합} \iff \langle\boldsymbol{u},\ \boldsymbol{v}\rangle = 0,\ \ \forall\boldsymbol{u}\neq\boldsymbol{v}\in S$$

(2) 정규직교집합(orthonormal set)

S가 내적공간 V의 부분집합이고 다음을 만족할 때 S를 정규직교집합이라고 한다.

$$S: \text{정규직교집합} \iff S: \text{직교집합} \ \&\ \|\boldsymbol{v}\| = 1,\ \ \forall\boldsymbol{v}\in S$$

(3) 직교기저(orthogonal basis)

$S=\{\boldsymbol{v}_1,\ \boldsymbol{v}_2,\ \cdots,\ \boldsymbol{v}_n\}$ 이 내적공간 V의 기저이고 다음을 만족할 때 S를 직교기저라고 한다.

$$S: \text{직교기저} \iff \langle\boldsymbol{v}_i,\ \boldsymbol{v}_j\rangle = 0,\ \ \forall i\neq j$$

(4) 정규직교기저(orthonormal basis)

$S=\{\boldsymbol{v}_1,\ \boldsymbol{v}_2,\ \cdots,\ \boldsymbol{v}_n\}$ 이 내적공간 V의 기저이고 다음을 만족할 때 S를 정규직교기저라고 한다.

$$S: \text{정규직교기저} \iff \langle\boldsymbol{v}_i,\ \boldsymbol{v}_j\rangle = \delta_{ij} = \begin{cases}1, & (i=j)\\ 0, & (i\neq j)\end{cases}$$

(5) 참고사항

① 유클리드 내적공간 $\mathbb{R}^n$ 의 표준기저 $\{e_1, e_2, \cdots, e_n\}$는 정규직교기저의 예이다.

② 직교집합 및 직교기저는 벡터의 크기를 1로 조정함으로써 정규직교집합 및 정규직교기저로 쉽게 전환할 수 있다.

TIP ▸ 일반적으로 임의의 기저에 의해 결정되는 좌표축은 서로 수직을 이루지 않는다. 벡터의 합이나 스칼라 곱과 같은 단순한 문제에서는 좌표축이 서로 수직을 이루는 문제가 그리 중요하지 않을 수 있다. 그러나 내적이 관련된 문제에서는 좌표축이 서로 수직을 이루도록 설정하면 계산이 간결하고 수월해지는 효과를 누릴 수 있다.

6. 직교사영의 성분

(1) W를 내적공간 V의 부분공간이라 하고 $\{u_1, u_2, \cdots, u_k\}$를 W의 직교기저라 할 때, V상의 임의의 벡터 v에 대하여 다음이 성립한다.

① W 위로의 v의 직교사영

$$\begin{aligned} proj_W(v) &= \left(\frac{u_1 \cdot v}{u_1 \cdot u_1}\right)u_1 + \cdots + \left(\frac{u_k \cdot v}{u_k \cdot u_k}\right)u_k \\ &= \sum_{i=1}^{k} \frac{<u_i, v>}{<u_i, u_i>} u_i \\ &= proj_{u_1}(v) + \cdots + proj_{u_k}(v) \end{aligned}$$

② W에 대한 v의 직교사영의 성분

$perp_W(v) = v - proj_W(v)$

(2) 참고사항

① $\{u_1, u_2, \cdots, u_k\}$가 $\mathbb{R}^n$의 부분공간 W의 정규직교기저이고, $v \in \mathbb{R}^n$이면 $proj_W v = (v \cdot u_1)u_1 + (v \cdot u_2)u_2 + \cdots + (v \cdot u_k)u_k$로 표현된다.

② W가 벡터공간 $\mathbb{R}^n$의 부분공간이라 하면 임의의 벡터 $v \in \mathbb{R}^n$에 대하여 $v = proj_W v + proj_{W^\perp} v = proj_W v + perp_W v$로 유일하게 표현된다. 이를 직교분해라 한다.

(3) 정리

① 유한차원 내적공간은 정규직교기저를 갖는다.

② W를 유클리드 내적공간 $\mathbb{R}^n$의 부분공간이라 하자. 행렬 A의 열벡터들이 W의 기저를 이룰 때 모든 $v \in \mathbb{R}^n$에 대하여 $proj_W v = A(A^TA)^{-1}A^Tv$이다. 이때 행렬 $P = A(A^TA)^{-1}A^T$는 v를 W 위로 사영시키는 행렬이다. 이 행렬을 정사영의 표준행렬이라 한다.

③ 행렬 P가 $\mathbb{R}^n$에서 $k-$차원 부분공간 W 위로의 정사영의 표준행렬이기 위한 필요충분조건은 행렬 P가 대칭인 멱등행렬이고 $rank(P) = k$이다.

7. 그램-슈미트의 정규직교화 과정

그램–슈미트(Gram–Schmidt)의 정규직교화 과정

① 목적: 임의의 기저로부터 정규직교기저를 만드는 것

② 과정

n차원 내적공간 V의 기저 $\{w_1, w_2, \cdots, w_n\}$에 대하여

$$v_1 = w_1$$

$$v_2 = w_2 - \frac{< w_2, v_1 >}{\| v_1 \|^2} v_1$$

$$v_3 = w_3 - \frac{< w_3, v_2 >}{\| v_2 \|^2} v_2 - \frac{< w_3, v_1 >}{\| v_1 \|^2} v_1$$

$$\vdots$$

$v_n = w_n - \frac{< w_n, v_{n-1} >}{\| v_{n-1} \|^2} v_{n-1} - \cdots - \frac{< w_n, v_1 >}{\| v_1 \|^2} v_1$이 되는 벡터집합 $\{v_1, \cdots, v_n\}$은 직교기저이다.

또한, $\left\{ \frac{\boldsymbol{v_1}}{\|\boldsymbol{v_1}\|}, \frac{\boldsymbol{v_2}}{\|\boldsymbol{v_2}\|}, \cdots, \frac{\boldsymbol{v_n}}{\|\boldsymbol{v_n}\|} \right\}$은 V의 정규직교기저이다.

8. 평면상으로 사영된 영역의 넓이

공간상의 두 벡터 u와 v에 의해서 결정되는 평행사변형을 단위 수직벡터가 p인 평면상으로 직교사영시킨 영역의 넓이는 다음과 같다.

$$\text{영역의 넓이} = |(u \times v) \cdot p|$$

개념적용

01

닫힌구간 $[0,1]$에서 연속인 모든 함수들로 구성된 내적공간 $C[0,1]$에서

내적을 $< f, g > = \int_0^1 f(x)g(x)dx$로 정의할 때, $C[0,1]$의 두 벡터 1, $2x-1$이

이루는 각의 크기는?

① $\frac{\pi}{6}$　② $\frac{\pi}{4}$　③ $\frac{\pi}{3}$　④ $\frac{\pi}{2}$

공략 포인트

두 벡터의 사잇각

$\cos\theta = \frac{\langle \boldsymbol{u}, \boldsymbol{v} \rangle}{\| \boldsymbol{u} \| \| \boldsymbol{v} \|}$

$(0 \le \theta \le \pi)$

풀이

$$\cos\theta = \frac{< 1, 2x-1 >}{\| 1 \| \| 2x-1 \|} = \frac{< 1, 2x-1 >}{\sqrt{< 1, 1 >}\sqrt{< 2x-1, 2x-1 >}}$$

$$= \frac{\int_0^1 (1)(2x-1)\,dx}{\sqrt{\int_0^1 (1)(1)\,dx}\sqrt{\int_0^1 (2x-1)(2x-1)\,dx}} = 0$$

$\therefore \ \theta = \cos^{-1}(0) = \frac{\pi}{2}$

정답 ④

02

세 벡터 $V_1 = (1, -1, 0)$, $V_2 = (1, 3, 2)$, $V_3 = (1, 1, 1)$로 생성되는 $\mathbb{R}^3$의 부분공간

W의 직교여공간 $W^\perp$의 차원은?

① 0　② 1　③ 2　④ 3

공략 포인트

차원정리($A_{m \times n}$일 때)

$nullity(A) = n - rank(A)$

풀이

직교여공간의 차원은 해공간의 차원과 같다.
그리고 해공간의 차원은 차원 정리에 의하여 다음과 같이 구할 수 있다.
$nullity(A) =$ 열의 수 $- rank(A)$

세 벡터를 행렬로 나타내면 $A = \begin{pmatrix} 1 & -1 & 0 \\ 1 & 3 & 2 \\ 1 & 1 & 1 \end{pmatrix}$이고,

$$rankA \Rightarrow \begin{pmatrix} 1 & -1 & 0 \\ 1 & 3 & 2 \\ 1 & 1 & 1 \end{pmatrix} \sim \begin{pmatrix} 1 & -1 & 0 \\ 0 & 4 & 2 \\ 0 & 2 & 1 \end{pmatrix} \begin{pmatrix} 1\text{행} \times (-1) + 2\text{행} \\ 1\text{행} \times (-1) + 3\text{행} \end{pmatrix}$$

$$\sim \begin{pmatrix} 1 & -1 & 0 \\ 0 & 4 & 2 \\ 0 & 0 & 0 \end{pmatrix} \left(2\text{행} \times \left(-\frac{1}{2}\right) + 3\text{행}\right)$$

이므로 $rankA = 2$이다.
따라서 직교여공간 $W^\perp$의 차원은 $3 - 2 = 1$이 된다.

정답 ②

03

행렬 $A=\begin{pmatrix}1&0&0&-1\\0&1&0&-1\\0&0&1&-1\\1&1&1&-3\end{pmatrix}$의 행공간을 W라 하자. $u\in W$, $v\in W^{\perp}$에 대하여

$x=u+v=(1,0,0,1)$이라 할 때, 벡터 $u=(a,b,c,d)$에서 a를 구하면?

① $\frac{1}{2}$　② $-\frac{1}{2}$　③ 1　④ -1

공략 포인트

직교사영의 성분

$x=proj_W v+proj_{W^{\perp}}v$

풀이

벡터 u는 벡터 x의 W 위로의 정사영벡터이다.

W가 A의 행공간이므로 $W^{\perp}$는 A의 영공간이다.

영공간의 기저가 $n=\begin{pmatrix}1\\1\\1\\1\end{pmatrix}$이므로

$$\begin{aligned}proj_W x&=x-proj_n x\\&=(1,0,0,1)-\frac{1}{2}(1,1,1,1)\\&=\left(\frac{1}{2},-\frac{1}{2},-\frac{1}{2},\frac{1}{2}\right)\text{이다.}\end{aligned}$$

그러므로 $a=\frac{1}{2}$이다.

정답 ①

04

벡터공간 $\mathbb{R}^4$에서 벡터 $\vec{v}=(1,2,0,-1)$와 가장 가까운 $x-y+2z-2w=0$의 해공간상의 벡터를 (a,b,c,d)라 하자. 이때 $a+b+c+d$를 구하면?

① -2　② 2　③ 0　④ 4

공략 포인트

평면 $x-y+2z-2w=0$의 법선벡터

$\vec{n}=(1,-1,2,-2)$

풀이

해공간이 초평면을 이룬다고 할 때 법선벡터는 $\vec{n}=(1,-1,2,-2)$이므로

해공간상의 벡터 $(a,b,c,d)=\vec{v}-proj_{\vec{n}}\vec{v}$

$$\begin{aligned}&=(1,2,0,-1)-\frac{1}{10}(1,-1,2,-2)\\&=\left(\frac{9}{10},\frac{21}{10},-\frac{1}{5},-\frac{4}{5}\right)\text{이다.}\end{aligned}$$

$\therefore\ a+b+c+d=2$

정답 ②

05

두 벡터 $\begin{pmatrix}1\\1\\1\\1\end{pmatrix}$, $\begin{pmatrix}1\\-1\\-1\\1\end{pmatrix}$이 생성하는 $\mathbb{R}^4$의 부분공간을 W라 하고,

$\mathbb{R}^4$에서 W로 가는 정사영(orthogonal projection)을 P라 하자.

$\mathbb{R}^4$의 표준기저에 대한 P의 행렬표현을 M이라 할 때, M의 모든 성분들의 합은?

① 4　　② 5　　③ 6　　④ 7

공략 포인트

W를 유클리드 내적공간 $\mathbb{R}^n$의 부분공간이라 하고, 행렬 A의 열벡터들이 W의 기저를 이룰 때 모든 $v \in \mathbb{R}^n$에 대하여

$proj_W v = A(A^TA)^{-1}A^Tv$

이다.

이때, 행렬 $P = A(A^TA)^{-1}A^T$는 v를 W 위로 사영시키는 행렬이다. 이 행렬을 정사영의 표준행렬이라 한다.

풀이

두 벡터를 열벡터로 하는 행렬을 $A = \begin{pmatrix}1 & 1\\1 & -1\\1 & -1\\1 & 1\end{pmatrix}$이라고 하면

정사영의 표준행렬은 다음과 같다.

$M = A(A^TA)^{-1}A^T$

$= \begin{pmatrix}1 & 1\\1 & -1\\1 & -1\\1 & 1\end{pmatrix}\left\{\begin{pmatrix}1 & 1 & 1 & 1\\1 & -1 & -1 & 1\end{pmatrix}\begin{pmatrix}1 & 1\\1 & -1\\1 & -1\\1 & 1\end{pmatrix}\right\}^{-1}\begin{pmatrix}1 & 1 & 1 & 1\\1 & -1 & -1 & 1\end{pmatrix}$

$= \begin{pmatrix}1 & 1\\1 & -1\\1 & -1\\1 & 1\end{pmatrix}\begin{pmatrix}4 & 0\\0 & 4\end{pmatrix}^{-1}\begin{pmatrix}1 & 1 & 1 & 1\\1 & -1 & -1 & 1\end{pmatrix}$

$= \begin{pmatrix}1 & 1\\1 & -1\\1 & -1\\1 & 1\end{pmatrix}\begin{pmatrix}\frac{1}{4} & 0\\0 & \frac{1}{4}\end{pmatrix}\begin{pmatrix}1 & 1 & 1 & 1\\1 & -1 & -1 & 1\end{pmatrix}$

$= \frac{1}{4}\begin{pmatrix}1 & 1\\1 & -1\\1 & -1\\1 & 1\end{pmatrix}\begin{pmatrix}1 & 1 & 1 & 1\\1 & -1 & -1 & 1\end{pmatrix}$

$= \frac{1}{4}\begin{pmatrix}2 & 0 & 0 & 2\\0 & 2 & 2 & 0\\0 & 2 & 2 & 0\\2 & 0 & 0 & 2\end{pmatrix}$이다.

따라서 M의 모든 성분의 합은 $\frac{1}{4} \times 2 \times 8 = 4$이다.

정답 ①

06

행렬 $A=\begin{pmatrix}1&0&1\\2&2&2\\3&0&3\end{pmatrix}$와 벡터 $b=\begin{pmatrix}2\\0\\1\end{pmatrix}$에 대하여 벡터 b에서 A의 행공간까지의 거리는?

① $\dfrac{1}{\sqrt{2}}$　　② 1　　③ $\sqrt{2}$　　④ 2

공략 포인트

벡터의 거리
임의의 두 벡터 $\boldsymbol{u},\ \boldsymbol{v}\in V$에 대해서 $\boldsymbol{u}$와 $\boldsymbol{v}$의 거리는 다음과 같이 나타낸다.
$d(\boldsymbol{u},\boldsymbol{v}) = \|\boldsymbol{u}-\boldsymbol{v}\|$

풀이

기본 행 연산에 의하여 $\begin{pmatrix}1&0&1\\2&2&2\\3&0&3\end{pmatrix}\sim\begin{pmatrix}1&0&1\\0&1&0\\0&0&0\end{pmatrix}$이므로

행공간의 기저는 $(1,0,1)$, $(0,1,0)$이다.

이때, 벡터 b를 A의 행공간에 사영한 벡터를 v라고 하면

$v=proj_{(1,0,1)}(2,0,1)+proj_{(0,1,0)}(2,0,1)=\dfrac{3}{2}(1,0,1)$이므로

행공간까지의 거리는 다음과 같다.

$$|b-v|=\left|(2,0,1)-\frac{3}{2}(1,0,1)\right|$$
$$=\frac{1}{2}|(1,0,-1)|=\frac{\sqrt{2}}{2}=\frac{1}{\sqrt{2}}$$

정답 ①

07

3차원 공간에서 세 개의 벡터 $\overrightarrow{v_1}=(2,1,0)$, $\overrightarrow{v_2}=(0,2,2)$, $\overrightarrow{v_3}=(0,0,3)$로 이루어진 기저 $\{\overrightarrow{v_1},\overrightarrow{v_2},\overrightarrow{v_3}\}$를 Gram-Schmidt 직교화 과정을 사용하여 직교화하시오.

공략 포인트

그람 슈미트의 직교화 과정
n차원 내적공간 V의 기저 $\{w_1,w_2,\cdots,w_n\}$에 대하여
$v_1=w_1$
$v_2=w_2-\dfrac{<w_2,v_1>}{\|v_1\|^2}v_1$
$v_3=w_3-\dfrac{<w_3,v_2>}{\|v_2\|^2}v_2-\dfrac{<w_3,v_1>}{\|v_1\|^2}v_1$

풀이

$\overrightarrow{u_1}=v_1=(2,1,0)$

$\overrightarrow{u_2}=v_2-proj_{u_1}v_2=(0,2,2)-\dfrac{2}{5}(2,1,0)=\left(-\dfrac{4}{5},\ \dfrac{8}{5},\ 2\right)$

$\overrightarrow{u_3}=v_3-proj_{u_1}v_3-proj_{u_2}v_3=(0,0,3)-0(2,1,0)-\dfrac{5}{6}\left(-\dfrac{4}{5},\ \dfrac{8}{5},\ 2\right)=\left(\dfrac{2}{3},\ -\dfrac{4}{3},\ \dfrac{4}{3}\right)$

정답 풀이 참조

08

좌표공간에 주어진 평행사변형을 xy, yz, xz평면에 정사영한 것들의 넓이가 각각 $1, 4, 8$이라 하자. 이때, 평행사변형의 넓이의 제곱값을 구하시오.

① 16 ② 36 ③ 49 ④ 81

공략 포인트

평면상으로 사영된 영역의 넓이
공간상의 두 벡터 u와 v에 의해 결정되는 평행사변형을 단위 수직벡터가 p인 평면상으로 직교사영시킨 영역의 넓이는 다음과 같다.
$|(u \times v) \cdot p|$

풀이

평행사변형 두 변의 외적벡터를 (a, b, c)라 하면 넓이 $S=\sqrt{a^2+b^2+c^2}$이다.
$|(a, b, c) \cdot (0,0,1)|=|c|=1$
$|(a, b, c) \cdot (1,0,0)|=|a|=4$
$|(a, b, c) \cdot (0,1,0)|=|b|=8$이므로
평행사변형의 넓이의 제곱값은 다음과 같다.
$S^2=16+64+1=81$

정답 ④

2 최소제곱 문제

1. 최소제곱

(1) 최소제곱해(최소자승해)

① A는 $m\times n$ 행렬이고 $\mathbf{y}\in\mathbb{R}^m$일 때, 모든 $\mathbf{x}\in\mathbb{R}^n$에 대해

$$\|\mathbf{y}-A\hat{\mathbf{x}}\|\le\|y-A\mathbf{x}\|$$

이 성립되는 $\hat{\mathbf{x}}\ (\in\mathbb{R}^n)$를 연립방정식 $A\mathbf{x}=\mathbf{y}$의 한 최소제곱해라 한다.

② 정리1 (일반 최소제곱문제의 해)
$A\mathbf{x}=\mathbf{y}$의 최소제곱해들의 집합은 정규방정식 $A^TA\mathbf{x}=A^T\mathbf{y}$의 공집합이 아닌 해집합과 일치한다.

③ 정리2
행렬 A^TA가 가역행렬일 필요충분조건은 행렬 A의 열들이 일차독립인 것이다.
이 경우, 방정식 $A\mathbf{x}=\mathbf{y}$는 유일한 최소제곱해 $\hat{\mathbf{x}}$를 갖으며 $\hat{\mathbf{x}}=(A^TA)^{-1}A^T\mathbf{y}$이다.

TIP▸ 많은 문제에서 A^TA는 가역행렬이지만 항상 가역이 되지는 않는다는 것에 주의한다.

(2) 최소제곱오차

$Range(A)$를 행렬 A의 열공간이라할 때, 최소제곱해 $\hat{\mathbf{x}}$를 이용하여 $\mathbf{y}$의 한 근사로서 $A\hat{\mathbf{x}}$를 구하는 경우 $\mathbf{y}$와 $A\hat{\mathbf{x}}$ 사이의 거리 $\|\mathbf{y}-A\hat{\mathbf{x}}\|$를 이 근사에 관한 최소제곱오차라고 한다.

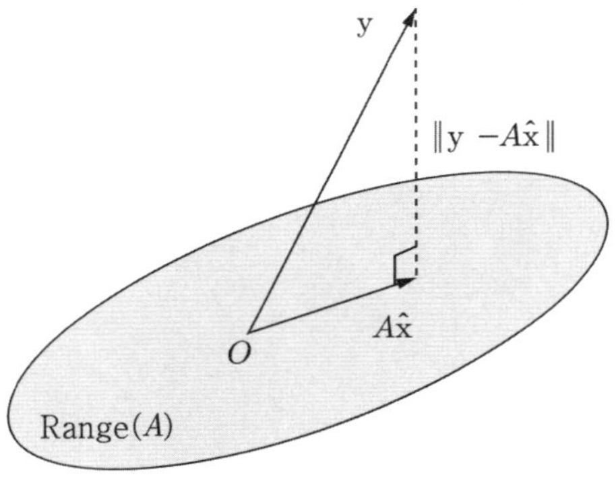

(3) 최소제곱직선

제곱오차 $E(a,b)=\sum_{i=1}^{n}(y_i-(ax_i+b))^2$이 최소가 되는 직선 $y=ax+b$를 최소제곱직선이라 한다.

최소제곱해를 구하는 방법을 이용하여 이 직선을 구한다.

TIP▸ 해가 없는 연립방정식의 근사해를 구하기 위해서는 $A\mathbf{x}$가 y와 거의 같아지는 $\mathbf{x}$를 찾아야 한다.
y의 근사로서 $A\mathbf{x}$를 생각할 때, y와 $A\mathbf{x}$ 사이의 거리 $\|\mathbf{y}-A\mathbf{x}\|$가 최소가 되는 $\mathbf{x}$를 구하는 문제이다.
$\|\mathbf{y}-A\mathbf{x}\|$가 제곱들의 합의 값에 대한 제곱근이기 때문에 최소제곱이란 용어를 쓰게 되었다.

개념적용

01

$x+y=1,\ x-y=0,\ 2x+y=2$에 대한 최소자승해(least square solution)는 얼마인가?

① $x=\frac{1}{2},\ y=\frac{1}{2}$ ② $x=\frac{7}{12},\ y=\frac{7}{12}$

③ $x=\frac{9}{14},\ y=\frac{4}{7}$ ④ $x=\frac{7}{12},\ y=\frac{4}{7}$

공략 포인트

크래머의 법칙(규칙)

선형연립방정식 $Ax=b$인

$$\begin{bmatrix} a_{11} & a_{12} & \cdots & a_{1n} \\ a_{21} & a_{22} & \cdots & a_{2n} \\ & \vdots & & \\ a_{n1} & a_{n2} & \cdots & a_{nn} \end{bmatrix}\begin{bmatrix} x_1 \\ x_2 \\ \vdots \\ x_n \end{bmatrix}=\begin{bmatrix} b_1 \\ b_2 \\ \vdots \\ b_n \end{bmatrix}$$

에서 $\det(A)\neq 0$이면

$x_j=\dfrac{\det(A_j)}{\det(A)}$ 이다.

(행렬 A_j는 행렬 A의 j열을 열벡터 $\begin{bmatrix} b_1 \\ b_2 \\ \vdots \\ b_n \end{bmatrix}$로 바꾼 행렬)

풀이

$$\begin{pmatrix} 1 & 1 \\ 1 & -1 \\ 2 & 1 \end{pmatrix}\begin{pmatrix} x^* \\ y^* \end{pmatrix}=\begin{pmatrix} 1 \\ 0 \\ 2 \end{pmatrix} \Rightarrow \begin{pmatrix} 1 & 1 & 2 \\ 1 & -1 & 1 \end{pmatrix}\begin{pmatrix} 1 & 1 \\ 1 & -1 \\ 2 & 1 \end{pmatrix}\begin{pmatrix} x^* \\ y^* \end{pmatrix}=\begin{pmatrix} 1 & 1 & 2 \\ 1 & -1 & 1 \end{pmatrix}\begin{pmatrix} 1 \\ 0 \\ 2 \end{pmatrix}$$

$$\Rightarrow \begin{pmatrix} 6 & 2 \\ 2 & 3 \end{pmatrix}\begin{pmatrix} x^* \\ y^* \end{pmatrix}=\begin{pmatrix} 5 \\ 3 \end{pmatrix}$$

크래머의 법칙으로부터

$$x^*=\frac{\begin{vmatrix} 5 & 2 \\ 3 & 3 \end{vmatrix}}{\begin{vmatrix} 6 & 2 \\ 2 & 3 \end{vmatrix}}=\frac{9}{14},\ y^*=\frac{\begin{vmatrix} 6 & 5 \\ 2 & 3 \end{vmatrix}}{\begin{vmatrix} 6 & 2 \\ 2 & 3 \end{vmatrix}}=\frac{4}{7}$$ 이다.

정답 ③

02

다음 (x, y)인 점들에 대하여 제곱오차 $E=\sum_{k=1}^{4}\left[y_k-(a+bx_k)\right]^2$가 최소가 되는

직선이 $y=a+bx$일 때, $a+b$의 값을 구하면?

$$(0, 1),\quad (1, 3),\quad (2, 4),\quad (3, 4)$$

① 1 ② 2.5 ③ 3.2 ④ 1.7

공략 포인트

최소제곱직선 제곱오차

$E(a, b)=\sum_{i=1}^{n}(y_i-(ax_i+b))^2$

이 최소가 되는 직선 $y=ax+b$

풀이

$a=1,\ a+b=3,\ a+2b=4,\ a+3b=4$에서

$$\begin{pmatrix}1&0\\1&1\\1&2\\1&3\end{pmatrix}\begin{pmatrix}a\\b\end{pmatrix}=\begin{pmatrix}1\\3\\4\\4\end{pmatrix}$$

$$\Rightarrow \begin{pmatrix}1&1&1&1\\0&1&2&3\end{pmatrix}\begin{pmatrix}1&0\\1&1\\1&2\\1&3\end{pmatrix}\begin{pmatrix}a'\\b'\end{pmatrix}=\begin{pmatrix}1&1&1&1\\0&1&2&3\end{pmatrix}\begin{pmatrix}1\\3\\4\\4\end{pmatrix}$$

$\Rightarrow \begin{pmatrix}a'\\b'\end{pmatrix}=\begin{pmatrix}1.5\\1\end{pmatrix}$이다.

$\therefore\ a+b=2.5$

정답 ②

3 이차형식과 응용

1. 이차형식

(1) 이차형식(quadratic form)

① 정의

n개의 변수 $x_1,\ x_2,\ \cdots,\ x_n$ 을 변수로 갖는 이차형식은 다음과 같은 형태의 함수 $q:\mathbb{R}^n \to \mathbb{R}$ 로 정의된다.

$$q(\boldsymbol{x}) = \boldsymbol{x}^t A\boldsymbol{x} = \langle A\boldsymbol{x},\ \boldsymbol{x}\rangle = \sum_{i,\,j=1}^{n} a_{ij}x_i x_j$$

(여기서 $A=[a_{ij}]\in M_n$: $n\times n$ 대칭행렬, $\boldsymbol{x}=[x_1\ x_2\ \cdots\ x_n]^t\in\mathbb{R}^n$: $n-$벡터)

② 예시

- 2변수 $x,\ y$ 에 대한 이차형식

  $ax^2+2bxy+cy^2=[x\quad y]\begin{bmatrix} a & b \\ b & c\end{bmatrix}\begin{bmatrix} x \\ y\end{bmatrix}$

- 3변수 $x,\ y,\ z$ 에 대한 이차형식

  $ax^2+by^2+cz^2+2dxy+2exz+2fyz=[x\quad y\quad z]\begin{bmatrix} a & d & e \\ d & b & f \\ e & f & c\end{bmatrix}\begin{bmatrix} x \\ y \\ z\end{bmatrix}$

TIP▸ 대칭행렬은 이차형식을 행렬로 표현하는 데 유용하지만 꼭 필수적인 것은 아니다.

$2x^2+6xy-7y^2=(x\ y)\begin{pmatrix} 2 & 5 \\ 1 & -7\end{pmatrix}\begin{pmatrix} x \\ y\end{pmatrix}=(x\ y)\begin{pmatrix} 2 & 4 \\ 2 & -7\end{pmatrix}\begin{pmatrix} x \\ y\end{pmatrix}$ 로 표기할 수 있다.

그러나 일반적으로 대칭행렬이 가장 간단한 결과를 가져오므로 이들을 사용하기로 한다.

따라서 이차형식 v^TAv 로 표현된 경우 특별한 언급이 없다 할지라도 A 는 대칭행렬로 이해한다.

(2) 양정치 행렬

① 양의 정부호와 양정치 행렬

- 모든 $v\neq\vec{0}$에 대하여 이차형식 $v^tAv>0$을 만족할 때 양의 정부호 또는 양정치 이차형식이라 한다.
- 이때의 대칭행렬 A를 양정치 행렬이라 한다.

② 정리

- 대칭행렬 A가 양정치이기 위한 필요충분조건은 A의 모든 고유치가 양인 것이다.
- 대칭행렬 A가 양정치이기 위한 필요충분조건은 모든 주 부분행렬의 행렬식이 양인 것이다.

③ 참고사항

- A의 주 부분행렬: A가 정방행렬이면 $r=1,2,\cdots,n$ 에 대해서 처음 r 행과 r 열로서 구성한 부분행렬
- 주 부분행렬을 열거하면 다음과 같다.

$$A_1=a_{11}\ ,\ A_2=\begin{pmatrix} a_{11} & a_{12} \\ a_{21} & a_{22}\end{pmatrix},\ A_3=\begin{pmatrix} a_{11} & a_{12} & a_{13} \\ a_{21} & a_{22} & a_{23} \\ a_{31} & a_{32} & a_{33}\end{pmatrix},\ \cdots\ ,\ A_n=A=\begin{pmatrix} a_{11} & a_{12} & \cdots & a_{1n} \\ a_{21} & a_{22} & \cdots & a_{2n} \\ \vdots & \vdots & \ddots & \vdots \\ a_{n1} & a_{n2} & \cdots & a_{nn}\end{pmatrix}$$

2. 응용

(1) 최댓값, 최솟값 문제

① $A \in M_n$가 대칭행렬이고 $\lambda_1 \geq \lambda_2 \geq \cdots \geq \lambda_n$을 크기순으로 배열한 A의 고윳값이라 할 때, $\mathbb{R}^n$에서 유클리드 내적에 대해 단위벡터인 $n-$벡터 $\boldsymbol{x}$에 대하여 다음 관계가 성립한다.

- $\lambda_1 \geq \boldsymbol{x}^t A\boldsymbol{x} \geq \lambda_n$
- $\boldsymbol{x}$를 λ_1에 대한 고유벡터로 택하면 $\boldsymbol{x}^t A\boldsymbol{x} = \lambda_1$이고, λ_n에 대한 고유벡터로 택하면 $\boldsymbol{x}^t A\boldsymbol{x} = \lambda_n$이다.

② 참고사항

- 대칭행렬 A의 고윳값 λ는 실수이다.
- 일반적으로 $\vec{0} \neq \boldsymbol{x} \in \mathbb{R}^n$일 때, 대칭행렬 A의 최대 고윳값 λ_1과 최소 고윳값 λ_n에 대해 다음과 같은 관계식이 성립한다.

$$\lambda_n \leq \frac{\boldsymbol{x}^t A\boldsymbol{x}}{\boldsymbol{x}^t\boldsymbol{x}} \leq \lambda_1$$

(2) 주축정리(Principal Axis Theorem)

① $q(\boldsymbol{x}) = \boldsymbol{x}^t A\boldsymbol{x}$를 변수 $x_1, x_2, \cdots, x_n$에 대한 이차형식, A를 대칭행렬, P는 A를 직교대각화하는 행렬, $\lambda_1, \lambda_2, \cdots, \lambda_n$을 A의 고윳값이라 하면 치환 $x = Py$ (즉, $y = P^{-1}x = P^T x$)에 의하여 $q(\boldsymbol{x})$는 다음과 같이 나타낼 수 있다.

$$q(x) = x^T Ax = (Py)^T A(Py) = y^T P^T APy = y^T Dy = \lambda_1 y_1^2 + \lambda_2 y_2^2 + \cdots + \lambda_n y_n^2 = q(y)$$

② 예시

일반적인 이차곡선 $ax^2 + 2bxy + cy^2 + dx + ey + f = 0$의 직교변환

- step 1

  $ax^2 + 2bxy + cy^2 = (x\ \ y)\begin{pmatrix} a & b \\ b & c \end{pmatrix}\begin{pmatrix} x \\ y \end{pmatrix}$에서

  대칭행렬 $A = \begin{pmatrix} a & b \\ b & c \end{pmatrix}$의 고윳값 α, β에 대응하는 단위 고유벡터 v_1, v_2에 대하여

  직교행렬 $P = (v_1\ \ v_2)$라 하면

- step 2

  직교변환 $\begin{pmatrix} x \\ y \end{pmatrix} = P\begin{pmatrix} X \\ Y \end{pmatrix}$에 의하여

  $ax^2 + 2bxy + cy^2 = \alpha X^2 + \beta Y^2$이고,

  $dx + ey = (d\ \ e)\begin{pmatrix} x \\ y \end{pmatrix} = (d\ \ e)P\begin{pmatrix} X \\ Y \end{pmatrix}$를 이용하여

  $ax^2 + 2bxy + cy^2 + dx + ey + f = 0$를 직교변환한다.

③ 참고사항

- 주축정리는 이차형식의 2차항에서 나타나는 교차항 $x_i x_j$ $(x_i \neq x_j)$의 좌표축을 재구성하여 소거함으로써 이차형식을 알기 쉬운 형태로 표준화할 수 있음을 보여준다.
- 주축정리에서 P의 열을 이차형식 $q(\boldsymbol{x}) = \boldsymbol{x}^t A\boldsymbol{x}$의 주축(principal axis)이라고 한다.

개념적용

01

벡터 X는 $(x\ \ y\ \ z)$이고 행렬 A는 $\begin{pmatrix} a_{11} & a_{12} & a_{13} \\ a_{21} & a_{22} & a_{23} \\ a_{31} & a_{32} & a_{33} \end{pmatrix}$일 때,

$x^2+y^2+z^2+xy+yz$는 XAX^T으로 나타낼 수 있다.

$a_{11}+a_{12}+a_{13}=5$일 때, $a_{21}+a_{31}$의 값은? (단, X^T는 X의 전치행렬이다.)

① 1 ② -1 ③ -3 ④ 3

공략 포인트

다음 두 식을 더하면
$a_{12}+a_{21}=1$, $a_{13}+a_{31}=0$
$a_{12}+a_{13}+a_{21}+a_{31}=1$이다.
이때, $a_{12}+a_{13}=4$이므로
이를 대입하면 구하고자 하는 값
$a_{21}+a_{31}$
$=1-(a_{12}+a_{13})=1-4$
$=-3$

풀이

$(x\ \ y\ \ z)\begin{pmatrix} a_{11} & a_{12} & a_{13} \\ a_{21} & a_{22} & a_{23} \\ a_{31} & a_{32} & a_{33} \end{pmatrix}\begin{pmatrix} x \\ y \\ z \end{pmatrix}=x^2+y^2+z^2+xy+yz$이므로

$a_{11}=1, a_{22}=1, a_{33}=1$, $a_{12}+a_{21}=1$, $a_{23}+a_{32}=1$, $a_{13}+a_{31}=0$이다.

주어진 조건에서 $a_{11}+a_{12}+a_{13}=5$이므로

$a_{12}+a_{13}=4$, $a_{12}+a_{21}=1$, $a_{13}+a_{31}=0$

$\therefore\ a_{21}+a_{31}=-3$이다.

정답 ③

02

공간벡터 $\boldsymbol{x}$를 전치한 벡터를 $\boldsymbol{x}^T=(x_1, x_2, x_3)$라 하고, 행렬 C는 대칭행렬(symmetric matrix)

이라 할 때, ${x_1}^2+7{x_2}^2+5{x_3}^2+6x_1x_2+5x_1x_3+4x_2x_3$는 $\boldsymbol{x}^TC\boldsymbol{x}$로 나타낼 수 있다.

행렬 C의 i행과 j열 원소를 c_{ij}라 할 때, $c_{23}+c_{31}$은 얼마인가?

① 4 ② 4.5 ③ 5 ④ 5.5

공략 포인트

3변수 x, y, z에 대한 이차형식
$ax^2+by^2+cz^2$
$+2dxy+2exz+2fyz$
$=[x\ \ y\ \ z]\begin{bmatrix} a & d & e \\ d & b & f \\ e & f & c \end{bmatrix}\begin{bmatrix} x \\ y \\ z \end{bmatrix}$

풀이

$$x_1^2+7x_2^2+5x_3^2+6x_1x_2+5x_1x_3+4x_2x_3=(x_1\ x_2\ x_3)\begin{pmatrix} 1 & 3 & 2.5 \\ 3 & 7 & 2 \\ 2.5 & 2 & 5 \end{pmatrix}\begin{pmatrix} x_1 \\ x_2 \\ x_3 \end{pmatrix}$$

$\therefore\ c_{23}+c_{31}=2+2.5=4.5$

정답 ②

03

대칭행렬 $\begin{pmatrix} 2 & -1 & 1 \\ -1 & k & 2 \\ 1 & 2 & 3 \end{pmatrix}$ 의 모든 고유치가 양수가 되도록 하는 k 는?

① $k > -1$　　② $k > 5$　　③ $k > 3$　　④ 존재하지 않음

공략 포인트

대칭행렬 A 의 모든 고유치가 양수가 되기 위한 필요충분 조건은 행렬 A 가 양정치 행렬이어야 한다.

양정치 행렬은 주 부분행렬의 행렬식이 양이어야 한다.

풀이

대칭행렬의 모든 고유치가 양수가 되도록 하려면 주부분 행렬식이 모두 양이 되어야 한다.

(i) $\begin{vmatrix} 2 & -1 \\ -1 & k \end{vmatrix} > 0 \Leftrightarrow 2k-1>0 \Leftrightarrow k>\frac{1}{2}$

(ii) $\begin{vmatrix} 2 & -1 & 1 \\ -1 & k & 2 \\ 1 & 2 & 3 \end{vmatrix} > 0 \Leftrightarrow \begin{vmatrix} 0 & -5 & -5 \\ 0 & 2+k & 5 \\ 1 & 2 & 3 \end{vmatrix} = -25+5(2+k) = 5k-15>0 \Rightarrow k>3$

따라서 대칭행렬의 모든 고유치가 양수가 되도록 하는 k의 범위는

(i), (ii)에서 구한 k값의 범위를 모두 만족하는 $k>3$ 이다.

정답 ③

04

제약조건을 $x_1^2+x_2^2 = 1$로 하여 2차형식 $x_1^2+x_2^2+4x_1x_2$ 의 최댓값과 최솟값을 구하고,

최댓값과 최솟값이 나타나는 x_1과 x_2의 값을 구하시오.

공략 포인트

2변수 x, y 에 대한 이차형식
$ax^2+2bxy+cy^2$
$= [x\ \ y]\begin{bmatrix} a & b \\ b & c \end{bmatrix}\begin{bmatrix} x \\ y \end{bmatrix}$

풀이

2차형식은 $x_1^2+x_2^2+4x_1x_2 = (x_1\ x_2)\begin{pmatrix} 1 & 2 \\ 2 & 1 \end{pmatrix}\begin{pmatrix} x_1 \\ x_2 \end{pmatrix}$ 로 표현할 수 있다.

그리고 A의 특성방정식은 $|A-\lambda I| = \begin{vmatrix} 1-\lambda & 2 \\ 2 & 1-\lambda \end{vmatrix} = \lambda^2-2\lambda-3=0$ 이다.

따라서 A의 고윳값은 $\lambda=3$ 과 $\lambda=-1$이고, 이들은 각각 제약조건을 갖는 2차형식의 최댓값과 최솟값이다.
최댓값과 최솟값이 나타나는 x_1 과 x_2 의 값을 구하기 위해서 이들 고윳값에 대응하는 고유벡터를 구하여 이들 고유벡터가 조건 $x_1^2+x_2^2=1$을 만족하도록 단위화하여야 한다.

고유공간의 기저는 $\lambda=3$; $\begin{pmatrix} 1 \\ 1 \end{pmatrix}$, $\lambda=-1$; $\begin{pmatrix} 1 \\ -1 \end{pmatrix}$ 로 된다.

이들 고유벡터를 단위화하면 $\begin{pmatrix} \frac{1}{\sqrt{2}} \\ \frac{1}{\sqrt{2}} \end{pmatrix}$, $\begin{pmatrix} \frac{1}{\sqrt{2}} \\ -\frac{1}{\sqrt{2}} \end{pmatrix}$ 이다.

따라서 제약조건을 $x_1^2+x_2^2 = 1$로 하는 경우

2차형식의 최댓값은 $\lambda=3$ 이고 $x_1 = \frac{1}{\sqrt{2}}$, $x_2 = \frac{1}{\sqrt{2}}$ 일 때 나타난다.

최솟값은 $\lambda=-1$ 이며, $x_1 = \frac{1}{\sqrt{2}}$, $x_2 = -\frac{1}{\sqrt{2}}$ 일 때 나타난다.

더구나 고유공간에 대한 다른 기저는 위 기저벡터에 -1을 곱하여 얻어질 수 있다.

그러므로 최댓값은 또한 $x_1 = -\frac{1}{\sqrt{2}}$, $x_2 = -\frac{1}{\sqrt{2}}$ 일 때 나타나고

최솟값은 $\lambda=-1$ 은 $x_1 = -\frac{1}{\sqrt{2}}$, $x_2 = \frac{1}{\sqrt{2}}$ 일 때 나타난다.

정답 풀이 참조

05

행렬 $A=\begin{pmatrix} 1 & 0 & -1 \\ 0 & 1 & 0 \\ -1 & 0 & 1 \end{pmatrix}$ 과 영벡터가 아닌 벡터 $v \in \mathbb{R}^3$ 에 대한 함수

$R(v)=\dfrac{v^TAv}{v^Tv}$ 의 최댓값을 구하시오.

① 2 ② 1 ③ $\dfrac{3}{2}$ ④ $\dfrac{13}{8}$

공략 포인트

일반적으로 $\vec{0} \neq \boldsymbol{x} \in \mathbb{R}^n$일 때, 대칭행렬 A의 최대 고윳값 λ_1과 최소 고윳값 λ_n에 대해 다음과 같은 관계식이 성립한다.

$\lambda_n \le \dfrac{\boldsymbol{x}^t A \boldsymbol{x}}{\boldsymbol{x}^t \boldsymbol{x}} \le \lambda_1$

풀이

주어진 문제에서 $v^Tv=(x\ y\ z)\begin{pmatrix} x \\ y \\ z \end{pmatrix}=x^2+y^2+z^2=|v|^2$이고,

$R(v)=\dfrac{v^TAv}{v^Tv}=\dfrac{v^TAv}{|v|^2}=\dfrac{v^T}{|v|}A\dfrac{v}{|v|}$이다.

여기서 $u=\dfrac{v}{|v|}$는 v와 방향이 같은 단위벡터이므로

$u^Tu=\dfrac{v^T}{|v|}\dfrac{v}{|v|}=\dfrac{1}{\sqrt{x^2+y^2+z^2}}(x\ y\ z)\cdot\dfrac{1}{\sqrt{x^2+y^2+z^2}}\begin{pmatrix} x \\ y \\ z \end{pmatrix}=1$이다.

따라서 $u^Tu=1$로 제약될 때, $R(v)=\dfrac{v^TAv}{v^Tv}=u^TAu$이므로

$R(v)$의 최댓값은 대칭행렬 A의 고유치의 최댓값과 같다.

$A=\begin{pmatrix} 1 & 0 & -1 \\ 0 & 1 & 0 \\ -1 & 0 & 1 \end{pmatrix}$의 고유치를 λ라 하면

$\begin{vmatrix} 1-\lambda & 0 & -1 \\ 0 & 1-\lambda & 0 \\ -1 & 0 & 1-\lambda \end{vmatrix}=0 \Leftrightarrow (1-\lambda)\begin{vmatrix} 1-\lambda & -1 \\ -1 & 1-\lambda \end{vmatrix}=0$

$\Leftrightarrow (1-\lambda)\{(1-\lambda)^2-1\}=0$

$\Leftrightarrow \lambda(1-\lambda)(\lambda-2)=0$

$\therefore\ \lambda=0,\ 1,\ 2$

따라서 $R(v)=\dfrac{v^TAv}{v^Tv}$의 최댓값은 2이다.

정답 ①

06

방정식 $11x^2+24xy+4y^2-15=0$으로 표현되는 원뿔곡선의 형태는?

① 타원 ② 쌍곡선 ③ 포물선 ④ 직선

공략 포인트

쌍곡선의 표준형 공식

$\dfrac{x^2}{a^2}-\dfrac{y^2}{b^2}=1$

풀이

주어진 방정식의 고유다항식은 $f(\lambda)=\lambda^2-15\lambda+44-144=(\lambda-20)(\lambda+5)=0$이다.

즉, 고윳값은 $\lambda=20,\ -5$가 된다.

주축정리에 의하여 $11x^2+24xy+4y^2-15=0 \Leftrightarrow 20x^2-5y^2=15 \Leftrightarrow \dfrac{4}{3}x^2-\dfrac{1}{3}y^2=1$

이므로 주어진 곡선의 형태는 쌍곡선이다.

정답 ②

4 내적공간과 이차형식

출제경향 분석

\# 직교여공간에 대한 차원을 계산할 수 있어야 합니다.

\# 직교화 과정의 알고리즘을 적용할 수 있어야 합니다.

\# 다음과 같은 문제가 출제됩니다.

- 최소제곱해 계산
- 이차형식의 응용으로 최댓값과 최솟값
- 양정치 이차형식의 판정법
- 주축정리를 적용한 곡선 또는 곡면 판정

01 내적공간

개념 1. 내적공간, 직교사영

차수가 2차 이하이고, 실수 계수를 갖는 다항식들의 벡터공간을 $P_2(\mathbb{R})$라 하자.

$P_2(\mathbb{R})$ 위에서의 내적을 다음과 같이 정의한다.

$$< f(x), g(x) > \; = \int_{-1}^{1} f(x)\,g(x)\,dx$$

다음 설명 중 옳지 <u>않은</u> 것은?

① 다항식 1과 x는 서로 수직이다.

② 다항식 x와 $x-1$ 사이의 각을 θ라 할 때, $\cos\theta = \dfrac{1}{2}$이다.

③ 다항식 1의 길이는 2이다.

④ $P_2(\mathbb{R})$은 3개의 다항식으로 구성된 정규직교기저를 갖는다.

풀이

STEP A 내적공간의 성질을 이용하여 참, 거짓 판별하기

① $< 1, x > \; = \displaystyle\int_{-1}^{1} x\,dx = 0$

따라서 다항식 1과 x는 서로 수직이다. (참)

② $< x, x-1 > \; = \displaystyle\int_{-1}^{1} x(x-1)\,dx = \frac{2}{3}$

$\|x\| = \sqrt{< x, x >} = \sqrt{\displaystyle\int_{-1}^{1} x^2\,dx} = \sqrt{\dfrac{2}{3}}$

$\|x-1\| = \sqrt{< x-1, x-1 >} = \sqrt{\displaystyle\int_{-1}^{1} (x-1)^2\,dx} = \sqrt{\dfrac{8}{3}}$

따라서 $\cos\theta = \dfrac{< x, x-1 >}{\|x\|\,\|x-1\|} = \dfrac{1}{2}$ (참)

③ $\|1\| = \sqrt{< 1, 1 >} = \sqrt{\displaystyle\int_{-1}^{1} 1\,dx} = \sqrt{2}$ (거짓)

④ 임의의 유한차원 내적공간에는 정규직교기저가 존재한다.

$\dim(P_2(\mathbb{R})) = 3$이므로 3개의 다항식으로 구성된 정규직교기저를 갖는다. (참)

정답 ③

02 내적공간의 직교여공간

개념 1. 내적공간, 직교사영

세 벡터 $v_1=(1,-2,1), v_2=(1,-1,3), v_3=(1,1,7)$로 생성되는 $\mathbb{R}^3$의 부분공간 W의 직교여공간 $W^{\perp}$의 차원은?

① 0　② 1　③ 2　④ 3

풀이

STEP A 벡터를 행벡터로 하는 행렬 구하기

세 벡터 v_1, v_2, v_3를 행벡터로 하는 행렬을 구하면 다음과 같다.

$$A=\begin{bmatrix}1&-2&1\\1&-1&3\\1&1&7\end{bmatrix}$$

STEP B 기본 행 연산에 의해 계수 구하기

$$A=\begin{bmatrix}1&-2&1\\1&-1&3\\1&1&7\end{bmatrix}\sim\begin{bmatrix}1&-2&1\\0&1&2\\0&3&6\end{bmatrix}\sim\begin{bmatrix}1&-2&1\\0&1&2\\0&0&0\end{bmatrix}$$ 에서

$rank(A)=2$ 이다.

STEP C 차원정리에 의해 직교여공간의 차원 구하기

그러므로 행렬 A의 행공간 W의 차원은 2이다.

또한 W의 직교여공간 $W^{\perp}$는 행렬 A의 해공간이므로

차원정리에 의해 $\dim(W^{\perp})=nullity(A)=3-rank(A)=1$이다.

정답 ②

03 직교기저 및 정규직교기저

개념 1. 내적공간, 직교사영

벡터 $u=(-2,1,3)$을 실공간 $\mathbb{R}^3$의 직교기저 $B=\{(1,0,1),(1,1,-1),(-1,2,1)\}$를 정규화(normalization)한 정규직교기저(orthonormal basis)의 일차결합으로 나타낼 때, 계수들의 곱은?

① $\frac{14}{3}$　② $-\frac{14}{3}$　③ $\frac{7}{18}$　④ $-\frac{7}{18}$

풀이

STEP A 직교기저를 정규직교기저로 전환하기

직교기저 $B=\{(1,0,1),(1,1,-1),(-1,2,1)\}$를 정규화한 정규직교기저는 다음과 같다.

$$\left\{w_1=\left(\frac{1}{\sqrt{2}},0,\frac{1}{\sqrt{2}}\right), w_2=\left(\frac{1}{\sqrt{3}},\frac{1}{\sqrt{3}},-\frac{1}{\sqrt{3}}\right), w_3=\left(-\frac{1}{\sqrt{6}},\frac{2}{\sqrt{6}},\frac{1}{\sqrt{6}}\right)\right\}$$

STEP B 벡터를 정규직교기저의 일차결합으로 나타내어 계수들의 곱을 구하기

$$u=(u\cdot w_1)w_1+(u\cdot w_2)w_2+(u\cdot w_3)w_3$$
$$=\frac{1}{\sqrt{2}}w_1-\frac{4}{\sqrt{3}}w_2+\frac{7}{\sqrt{6}}w_3$$

따라서 계수들의 곱은 $-\frac{14}{3}$이다.

정답 ②

04 직교사영의 성분

개념 1. 내적공간, 직교사영

벡터 $v_1=(1,0,-1,-1)$, $v_2=(0,2,1,2)$로 생성되는 $\mathbb{R}^4$의 부분공간을 W라 하고, 벡터 $(1,1,1,-1)$에 가장 가까운 W에 있는 벡터를 $v=(a_1, a_2, a_3, a_4)$라 하자. v의 성분의 합 $a_1+a_2+a_3+a_4$은?

① 1　② 2　③ 3　④ 4

풀이

STEP A 벡터에 가장 가까운 부분공간의 벡터 구하기

가장 가까운 벡터 v는 W위로의 정사영벡터이다.

$A=\begin{pmatrix} 1 & 0 \\ 0 & 2 \\ -1 & 1 \\ -1 & 2 \end{pmatrix}$ 라 하면 사영행렬은 $P=A(A^TA)^{-1}A^T$이다.

STEP B 정사영벡터 구하기

v를 W위로의 정사영벡터

$$P\begin{pmatrix} 1 \\ 1 \\ 1 \\ -1 \end{pmatrix}=A(A^TA)^{-1}A^T\begin{pmatrix} 1 \\ 1 \\ 1 \\ -1 \end{pmatrix}=\begin{pmatrix} \frac{2}{3} \\ \frac{2}{3} \\ -\frac{1}{3} \\ 0 \end{pmatrix}$$

따라서 v의 성분의 합은 1이다.

정답 ①

05 양정치 행렬

개념 3. 이차형식과 응용

행렬 $A=\begin{bmatrix} 4 & 2 & 0 \\ 2 & a & b \\ 0 & b & 1 \end{bmatrix}$가 있다. 0이 아닌 임의의 $x\in R^3$에 대하여 $x^TAx>0$이 성립하도록 하는 순서쌍 (a, b)로 옳지 <u>않은</u> 것을 고르면?

① $(2, 0)$ ② $(3, -1)$ ③ $(4, 2)$ ④ $(12, -3)$

풀이

STEP A 대칭행렬이 양정치이기 위한 필요충분조건 이용하기

대칭행렬 A의 주부분 행렬식이 모두 양수이면 $x^TAx>0$이 성립한다.

$\begin{vmatrix} 4 & 2 \\ 2 & a \end{vmatrix}=4a-4>0 \Rightarrow a>1$과

$\begin{vmatrix} 4 & 2 & 0 \\ 2 & a & b \\ 0 & b & 1 \end{vmatrix}=\begin{vmatrix} 4 & 2 & 0 \\ 0 & a-1 & b \\ 0 & b & 1 \end{vmatrix}=4\{a-1-b^2\}>0 \Rightarrow a-b^2>1$을 만족할 때,

$x^TAx>0$이 성립한다.

STEP B 조건에 부합하지 않는 순서쌍 고르기

$a>1$과 $a-b^2>1$를 만족하지 않는 순서쌍을 보기에서 고르면

③ $(4, 2)$이다.

정답 ③

06 최댓값, 최솟값 문제

개념 3. 이차형식과 응용

함수 $f(x, y)$는 $f(x, y)=(\,x\ \ y\,)\begin{pmatrix} 3 & 1 \\ 1 & 3 \end{pmatrix}\begin{pmatrix} x \\ y \end{pmatrix}$로 주어진다. $x^2+y^2=1$일 때, $f(x, y)$의 최댓값은 M이고 최솟값은 m이다. $M+m$의 값은?

① 2 ② 4 ③ 6 ④ 8

풀이

STEP A 고윳값 구하기

행렬 $A=\begin{pmatrix} 3 & 1 \\ 1 & 3 \end{pmatrix}$이라 할 때,

$\begin{vmatrix} 3-\lambda & 1 \\ 1 & 3-\lambda \end{vmatrix}=\lambda^2-6\lambda+8=(\lambda-2)(\lambda-4)$이므로

A의 고윳값은 2와 4이다.

STEP B 이차형식에 의한 최댓값, 최솟값 구하기

이차형식에 의하여 $f(x, y)$의 최댓값은 $M=4$, 최솟값은 $m=2$이다.

즉, 구하고자 하는 값 $M+m=6$이다.

정답 ③

07 주축정리

개념 3. 이차형식과 응용

타원 $5x^2+8xy+5y^2=1$의 장축의 길이는?

① $\frac{2}{3}$ ② 1 ③ 2 ④ 4

풀이

STEP A 주어진 식을 2변수 x, y에 대한 이차형식으로 나타내기

$$5x^2+8xy+5y^2=(x \quad y)\begin{pmatrix}5 & 4\\4 & 5\end{pmatrix}\begin{pmatrix}x\\y\end{pmatrix}=1$$

STEP B 고윳값 구하기

$\begin{vmatrix}5-\lambda & 4\\4 & 5-\lambda\end{vmatrix}=\lambda^2-10\lambda+9=(\lambda-1)(\lambda-9)$이므로

고윳값은 $\lambda=1$, $\lambda=9$이다.

STEP C 주축정리에 의해 이차형식을 알기 쉬운 형태로 표준화하기

주축정리에 의하여

$5x^2+8xy+5y^2=1 \Leftrightarrow X^2+9Y^2=1 \Leftrightarrow \frac{X^2}{1^2}+\frac{Y^2}{\left(\frac{1}{3}\right)^2}=1$이다.

STEP D 타원의 성질에 따라 장축의 길이 구하기

따라서 X절편이 ±1, Y절편이 $\pm\frac{1}{3}$이므로

구하고자 하는 장축의 길이는 2이다.

정답 ③

08 주축정리

개념 3. 이차형식과 응용

이차형식 $p(x,\ y)=3x^2+2xy+3y^2$을 직교대각화하면 $2X^2+4Y^2$이 된다.
이때, $Y=lx+my$라면 m의 값은? (단, $l>0$이다.)

① $-\frac{1}{\sqrt{2}}$　② $-\frac{1}{2}$　③ $\frac{1}{2}$　④ $\frac{1}{\sqrt{2}}$

풀이

STEP A 주어진 식을 2변수 $x,\ y$에 대한 이차형식으로 나타내기

$$p(x,y)=3x^2+2xy+3y^2 \iff p(x,y)=\begin{pmatrix} x & y \end{pmatrix}\begin{pmatrix} 3 & 1 \\ 1 & 3 \end{pmatrix}\begin{pmatrix} x \\ y \end{pmatrix}$$

STEP B 고윳값과 고유벡터 구하기

$\begin{vmatrix} 3-\lambda & 1 \\ 1 & 3-\lambda \end{vmatrix}=\lambda^2-6\lambda+8=(\lambda-4)(\lambda-2)=0$이므로

고윳값은 $\lambda=2,\ \lambda=4$이다.

(i) $\lambda=2$일 때

$\begin{pmatrix} 1 & 1 \\ 1 & 1 \end{pmatrix}\begin{pmatrix} x \\ y \end{pmatrix}=\begin{pmatrix} 0 \\ 0 \end{pmatrix} \iff x+y=0$을 만족해야 한다.

따라서 고유벡터는 $\begin{pmatrix} 1 \\ -1 \end{pmatrix} \Rightarrow \begin{pmatrix} \frac{1}{\sqrt{2}} \\ -\frac{1}{\sqrt{2}} \end{pmatrix}$이다.

(ii) $\lambda=4$일 때

$\begin{pmatrix} -1 & 1 \\ 1 & -1 \end{pmatrix}\begin{pmatrix} x \\ y \end{pmatrix}=\begin{pmatrix} 0 \\ 0 \end{pmatrix} \iff x-y=0$을 만족해야 한다.

따라서 고유벡터는 $\begin{pmatrix} 1 \\ 1 \end{pmatrix} \Rightarrow \begin{pmatrix} \frac{1}{\sqrt{2}} \\ \frac{1}{\sqrt{2}} \end{pmatrix}$이다.

STEP C 주축정리에 의해 이차형식을 알기 쉬운 형태로 나타내기

주축정리에 의하여 축을 회전변환하는 행렬을 P라고 할 때,

$P=\frac{1}{\sqrt{2}}\begin{pmatrix} 1 & 1 \\ -1 & 1 \end{pmatrix}=\begin{pmatrix} \cos\theta & -\sin\theta \\ \sin\theta & \cos\theta \end{pmatrix}$이다.

$\begin{pmatrix} x \\ y \end{pmatrix}=\frac{1}{\sqrt{2}}\begin{pmatrix} 1 & 1 \\ -1 & 1 \end{pmatrix}\begin{pmatrix} X \\ Y \end{pmatrix}$

$\iff \begin{pmatrix} X \\ Y \end{pmatrix}=\frac{1}{\sqrt{2}}\begin{pmatrix} 1 & -1 \\ 1 & 1 \end{pmatrix}\begin{pmatrix} x \\ y \end{pmatrix}$

$\iff X=\frac{1}{\sqrt{2}}x-\frac{1}{\sqrt{2}}y,\ Y=\frac{1}{\sqrt{2}}x+\frac{1}{\sqrt{2}}y$가 성립한다.

따라서 $m=\frac{1}{\sqrt{2}}$이다.

정답 ④

5 내적공간과 이차형식

정답 및 풀이 p.378

01 A가 $n\times n$ 실 행렬일 때, 다음 중 항상 참은 아닌 것은?

① A가 직교행렬이면, A의 행벡터들은 정규직교이다.
② A가 직교행렬이면, A의 열벡터들은 정규직교이다.
③ A가 가역행렬이면, $A^{-1}A^T$는 직교행렬이다.
④ A가 직교행렬이면, 모든 정수 k에 대하여 A^k도 직교행렬이다. (단, A^0은 n차 단위행렬이다.)

02 직교행렬 Q에 관한 다음 명제 중 거짓인 것은?

ㄱ. $\mathbb{R}^n$의 모든 $\boldsymbol{x}$에 대하여 $\|Q\boldsymbol{x}\|=\|\boldsymbol{x}\|$이다.
ㄴ. $\det Q=1$이다.
ㄷ. Q^{-1}은 직교행렬이다.
ㄹ. λ가 Q의 고윳값이면, $|\lambda|=1$이다.

① ㄱ ② ㄴ ③ ㄷ ④ ㄹ

03 $\vec{v_1}=(1,2,3)$, $\vec{v_2}=(1,0,1)$에 대하여 $V=\left\{c_1\vec{v_1}+c_2\vec{v_2}\;\middle|\;c_1,\ c_2\in\mathbb{R}\right\}$라 할 때, V의 $\mathbb{R}^3$에 대한 직교보공간을 W라 하자. $(3,1,1)$의 W 위로의 정사영이 (x,y,z)라면, $x+y+z$의 값은?

① 1 ② $\frac{1}{3}$ ③ -1 ④ $-\frac{1}{3}$

04 선형변환 $T:\mathbb{R}^3 \to \mathbb{R}^4$가 $T(x, y, z) = (x+z, 2x+2z, 2y-4z, -3x+6z)$로 정의될 때, 다음 중 T의 치역(range) W의 직교여공간(orthogonal complement) $W^{\perp}$에 속하는 벡터는?

① $(1, 0, 0, -3)$ ② $(2, -1, 0, 0)$ ③ $(1, -1, 3, -2)$ ④ $(-4, 2, -7, 8)$

05 행렬 $A = \begin{pmatrix} 1 & 1 & 0 \\ 1 & 0 & -1 \\ 0 & 1 & 1 \\ -1 & 1 & -1 \end{pmatrix}$의 열공간(column space)을 W라 하자. 벡터 $b = \langle 2, 5, 6, 6 \rangle$의 W 위로의 정사영을 $proj_W b = \langle a, b, c, d \rangle$라 할 때, $a+b+c+d$의 값은?

① 12 ② 16 ③ 20 ④ 24

06 선형변환 $T: \mathbb{R}^4 \to \mathbb{R}^6$를 나타내는 행렬이 $\begin{pmatrix} 1 & 0 & 1 & 1 \\ 1 & -1 & 0 & 0 \\ 1 & 0 & 1 & 1 \\ 0 & 1 & 1 & 1 \\ 0 & 1 & 1 & 1 \\ 0 & 1 & 1 & 1 \end{pmatrix}$이고, 유클리드 내적공간 $\mathbb{R}^6$상의 부분공간 W를

$W = \{w \in \mathbb{R}^6 \mid v \in Im\,T$인 모든 v에 대해 $v \cdot w = 0\}$로 정의할 때, W의 차원(dimension)은?
(단, $Im\,T = \{T(u) \mid u \in \mathbb{R}^4\}$이고 $v \cdot w$는 $\mathbb{R}^6$상의 표준내적이다.)

① 1 ② 2 ③ 3 ④ 4

[07~08] 다음 제시문을 읽고 물음에 답하시오.

> 모든 2×2 행렬들로 이루어진 벡터공간 $M_2(\mathbb{R})$에 다음과 같은 내적이 주어져 있다.
>
> $$(A,\ B)=a_{11}b_{11}+a_{12}b_{12}+a_{21}b_{21}+a_{22}b_{22}$$ (여기서 $A=(a_{ij})$, $B=(b_{ij})$는 $M_2(\mathbb{R})$의 행렬)
>
> $T: M_2(\mathbb{R})\to M_2(\mathbb{R})$를 행렬 $\begin{pmatrix}1&0\\0&0\end{pmatrix}$과 $\begin{pmatrix}1&1\\1&0\end{pmatrix}$이 생성하는 부분공간 W로의 정사영(orthogonal projection)이라 하고, T의 표준 기저 $\left\{\begin{pmatrix}1&0\\0&0\end{pmatrix},\begin{pmatrix}0&1\\0&0\end{pmatrix},\begin{pmatrix}0&0\\1&0\end{pmatrix},\begin{pmatrix}0&0\\0&1\end{pmatrix}\right\}$에 대한 행렬 표현을 $P=(p_{ij})_{4\times4}$라 하자.

07 행렬 $C=\begin{pmatrix}4&2\\3&1\end{pmatrix}$의 W 위로의 정사영을 $T(C)=\begin{pmatrix}\alpha&\beta\\\gamma&\delta\end{pmatrix}$라 할 때, $\alpha+\beta+\gamma+\delta$의 값은?

① 6　② 7　③ 8　④ 9

08 제시문의 행렬 $P=(p_{ij})_{4\times4}$에 대하여 $p_{11}+p_{22}+p_{33}+p_{44}+\det(P)$의 값은? (단, $\det P$는 P의 행렬식이다.)

① 2　② 3　③ 4　④ 5

09 행렬 $\mathbb{R}^3$의 기저 $\{(1,0,1),\ (0,1,2),\ (2,1,0)\}$을 그램-슈미트(Gram-Schmidt) 과정에 의해 직교기저로 옮길 때, 아래에서 직교기저의 원소가 될 수 있는 것의 개수는?

> ㄱ. $(1,0,1)$　ㄴ. $(-1,1,1)$　ㄷ. $(1,2,-1)$　ㄹ. $(-1,-2,1)$

① 1개　② 2개　③ 3개　④ 4개

10 세 벡터 $w_1 = (1, 0, 0, 0)$, $w_2 = (1, 1, 1, 0)$, $w_3 = (1, 2, 0, 1)$에
그람-슈미트 과정(Gram-Schmdit process)을 적용하여 얻은 정규직교벡터(orthonormal vectors)가
$u_1 = (1, 0, 0, 0)$, $u_2 = (0, a, a, b)$, $u_3 = (0, c, d, c)$일 때, $a^2 + b^2 + c^2 + d^2$의 값은?

① $\frac{5}{6}$ ② $\frac{7}{6}$ ③ $\frac{11}{12}$ ④ $\frac{13}{12}$

11 $v_1 = \left\langle \frac{1}{\sqrt{2}}, 0, -\frac{1}{\sqrt{2}} \right\rangle$, $v_2 = \left\langle \frac{1}{\sqrt{6}}, -\frac{2}{\sqrt{6}}, \frac{1}{\sqrt{6}} \right\rangle$, $v_3 = \langle a, b, c \rangle$가 벡터공간 $\mathbb{R}^3$의
정규직교기저(orthonormal basis)를 이룬다. 이 기저 $S = \{v_1, v_2, v_3\}$에 대한 벡터 $\langle \sqrt{6}, 2\sqrt{6}, 3\sqrt{6} \rangle$의
좌표벡터의 모든 성분의 합은? (단, a는 양수이다.)

① $\sqrt{2}$ ② $\sqrt{2} + \sqrt{3}$ ③ $4\sqrt{2} - 2\sqrt{3}$ ④ $6\sqrt{2} - 2\sqrt{3}$

12 임의의 실수 x, y에 대하여 $(x \ \ y)\begin{pmatrix} 2 & -a \\ 0 & 4 \end{pmatrix}\begin{pmatrix} x \\ y \end{pmatrix}$가 항상 0 이상이 되게 하는 실수 a의 최댓값은?

① $4\sqrt{2}$ ② $\sqrt{15}$ ③ $\sqrt{6}$ ④ 0

13 $A=\begin{bmatrix} 4 & 0 \\ 0 & 2 \\ 1 & 1 \end{bmatrix}$, $\boldsymbol{b}=\begin{bmatrix} 2 \\ 0 \\ 11 \end{bmatrix}$일 때 해를 가지지 않는 방정식 $A\boldsymbol{x}=\boldsymbol{b}$에 대한 최소제곱해를 $\overline{\boldsymbol{x}}=\begin{bmatrix} a \\ b \end{bmatrix}$라 하면, $b-a$의 값은?

① 1　　② 2　　③ 3　　④ 4

14 네 점 $(1, 0)$, $(2, 1)$, $(4, 2)$, $(5, 2)$에 대하여 최소제곱오차를 갖는 직선은?

① $y=-\frac{1}{4}+\frac{1}{3}x$　　② $y=-\frac{1}{4}+\frac{1}{2}x$　　③ $y=-\frac{1}{3}+\frac{1}{2}x$　　④ $y=-\frac{1}{3}+\frac{1}{3}x$

15 실험실에서 1시간 간격으로 어떤 물질의 온도를 측정하여 다음의 데이터를 얻었다.

시간(t)	0	1	2	$\cdots$	10
온도(T)	6	9	10	$\cdots$	?

위 데이터에 가장 가까운 최소제곱해(least squares solution)를 일차함수로 구하여 10시간 후 이 물질의 온도를 추정하면?

① 13.5　　② 16.4　　③ 20.3　　④ 26.3

16 행렬 폐구간 $[0, 1]$에서 내적을 $\langle f,\ g \rangle = \int_0^1 f(x)g(x)\,dx$로 정의할 때,

$\{1,\ 2x-1\}$에 의해서 생성된 $C([0, 1])$의 부분공간으로부터 $x^2 \in C([0, 1])$에 가장 근사한

최소제곱해(least squares)를 구하면?

① $y = x - \frac{1}{7}$　　② $y = x - \frac{1}{6}$　　③ $y = x - \frac{1}{5}$　　④ $y = x - \frac{1}{4}$

17 다음 이차형식 q는 모든 $(x, y, z) \neq (0, 0, 0)$에 대하여 $q(x, y, z) > 0$이다. 이를 만족하는 정수 a의 개수를 구하면?

$$q(x, y, z) = x^2 + 2ay^2 + 3az^2 + 4xy + 2(1-a)xz - 2ayz$$

① 1개　　② 2개　　③ 3개　　④ 4개

18 $A = \begin{pmatrix} 3 & \sqrt{2} & 0 & 0 \\ \sqrt{2} & 2 & 0 & 0 \\ 0 & 0 & 1 & \sqrt{2} \\ 0 & 0 & \sqrt{2} & 2 \end{pmatrix}$, $x = \begin{pmatrix} x_1 \\ x_2 \\ x_3 \\ x_4 \end{pmatrix} \in \mathbb{R}^4$일 때 $x \neq 0$에 대하여 $\dfrac{x^T A^T A x}{x^T x}$의 최댓값은?

(단, A^T와 $\boldsymbol{x}^T$는 각각 A와 x의 전치(transpose)행렬이다.)

① 5　　② 9　　③ 10　　④ 16

19 선형사상 $T:\mathbb{R}^3 \to \mathbb{R}^3$은 $T(x,\ y,\ z) = (x+2y+3z,\ 2x+y,\ 3x+2z)$로 정의된다.
구 $x^2+y^2+z^2=1$ 위의 점 $(x,\ y,\ z)$에 대하여 $\| T(x,\ y,\ z) \|$의 최솟값은? (단, $\| (a,\ b,\ c) \| = \sqrt{a^2+b^2+c^2}$ 이다.)

① $\frac{\sqrt{13}-2}{2}$　② $\frac{\sqrt{13}-1}{2}$　③ $\frac{\sqrt{13}+1}{2}$　④ $\frac{\sqrt{13}+2}{2}$

20 타원 $x^2+xy+y^2=3$의 장축의 길이와 단축의 길이의 곱은?

① $2\sqrt{3}$　② $4\sqrt{3}$　③ $6\sqrt{3}$　④ $8\sqrt{3}$

21 형식 $3x^2-4xy+3y^2+5z^2$을 직교대각화하면, $aX^2+bY^2+5Z^2$이다.
이때, $X=\alpha x+\beta y+\gamma z$이면 $a^2+b^2+\alpha^2+\beta^2+\gamma^2$의 값은? (단, $a<b\le 5$이다.)

① 24　② 25　③ 26　④ 27

22 이차곡선 $5x^2-4xy+8y^2+4\sqrt{5}x-16\sqrt{5}y+4=0$이 회전 및 평행이동에 의해 이차곡선 $\dfrac{x^2}{A}+\dfrac{y^2}{B}=1$이 될 때, $A\times B$의 값을 구하시오. (단, A와 B는 상수이다.)

① 12 ② 24 ③ 36 ④ 48

23 2차원 xy–직교좌표계 상에 놓인 타원 $4x^2+y^2=4$를 원점을 중심으로 반시계 방향으로 $30°$ 회전시켰을 때 생긴 곡선의 방정식을 구하시오.

① $13x^2+3\sqrt{3}xy+7y^2=4$ ② $13x^2+3\sqrt{3}xy+7y^2=16$
③ $7x^2+6\sqrt{3}xy+13y^2=4$ ④ $13x^2+6\sqrt{3}xy+7y^2=16$

24 3×3 행렬 $A=\begin{pmatrix}1&0&0\\0&2&1\\0&1&1\end{pmatrix}$, $x=\begin{pmatrix}x_1\\x_2\\x_3\end{pmatrix}\in\mathbb{R}^3$일 때, $T(x)=x^TAx$라 정의한다.

T에 대한 설명으로 다음 보기 중 옳은 것의 개수는?

| 보 기 |

ㄱ. $T(x)$는 선형사상이다.
ㄴ. $\|x\|=1$일 때, $T(x)$의 최댓값과 최솟값의 합은 3이다.
ㄷ. 임의의 $x\neq\vec{0}$에 대하여 $T(x)>0$이다.

① 0개 ② 1개 ③ 2개 ④ 3개

25 3×5 행렬 $A=\begin{pmatrix}1&1&1&1&1\\1&1&2&3&4\\1&1&1&5&6\end{pmatrix}$에 대하여 공간 $\mathbb{R}^5$에서 행렬 A의 행공간 위로의 정사영행렬을 $P_{5\times5}$,

해공간(null space) 위로의 정사영행렬을 $Q_{5\times5}$라 할 때, 다음 설명 중 옳은 것의 개수는?

ㄱ. 행렬 P는 정칙행렬이다.
ㄴ. 행렬 P의 대각성분의 합은 2이다.
ㄷ. 행렬 Q의 계수($rank$)는 3이다.
ㄹ. 임의의 $x\in\mathbb{R}^5$에 대하여 $Px\cdot Qx=0$이다.

① 0개 ② 1개 ③ 2개 ④ 3개

정답 및 풀이

01. 행렬과 행렬식

문제 p.39

01 ③	02 ①	03 ②	04 ②	05 ②	06 ④	07 ②	08 ④	09 ④	10 ②
11 ③	12 ①	13 ④	14 ④	15 ④	16 ②	17 ①	18 ②	19 ③	20 ①

01 ③

$B=\begin{pmatrix} a & b \\ c & d \end{pmatrix}$라고 할 때,

$A-B=\begin{pmatrix} 1 & 3 \\ 5 & 6 \end{pmatrix}-\begin{pmatrix} a & b \\ c & d \end{pmatrix}=\begin{pmatrix} 1-a & 3-b \\ 5-c & 6-d \end{pmatrix}$이고

$AB=\begin{pmatrix} 1 & 3 \\ 5 & 6 \end{pmatrix}\begin{pmatrix} a & b \\ c & d \end{pmatrix}=\begin{pmatrix} a+3c & b+3d \\ 5a+6c & 5b+6d \end{pmatrix}$이므로

$1-a=a+3c \Leftrightarrow 2a+3c=1$,

$3-b=b+3d \Leftrightarrow 2b+3d=3$,

$5-c=5a+6c \Leftrightarrow 5a+7c=5$,

$6-d=5b+6d \Leftrightarrow 5b+7d=6$를 만족한다.

정리하면 $a=8$, $b=-3$, $c=-5$, $d=3$이므로

구하고자 하는 행렬 B의 모든 원소의 합은

$a+b+c+d=3$이다.

02 ①

$A=\begin{pmatrix} 2 & 1 \\ 0 & 2 \end{pmatrix}$

$A^2=\begin{pmatrix} 2^2 & 2\times2 \\ 0 & 2^2 \end{pmatrix}$

$A^3=\begin{pmatrix} 2^3 & 3\times2^2 \\ 0 & 2^3 \end{pmatrix}$

$\cdots\ A^n=\begin{pmatrix} 2^n & n\times2^{n-1} \\ 0 & 2^n \end{pmatrix}$이므로

$A^{10}=\begin{pmatrix} 2^{10} & 10\times2^9 \\ 0 & 2^{10} \end{pmatrix}$

$\therefore 2^{10}+10\times2^9+2^{10}=14\times2^9=7\times2^{10}$

03 ②

ㄱ. $AB+AC\neq BA+CA$ (거짓)

ㅁ. $(AB)^T=B^TA^T$ (거짓)

04 ②

행렬 $B=\begin{pmatrix} a & b \\ c & d \end{pmatrix}$라고 할 때, $6B-A=AB$

$\Leftrightarrow \begin{pmatrix} 6a & 6b \\ 6c & 6d \end{pmatrix}-\begin{pmatrix} 1 & 2 \\ 3 & 0 \end{pmatrix}=\begin{pmatrix} 1 & 2 \\ 3 & 0 \end{pmatrix}\begin{pmatrix} a & b \\ c & d \end{pmatrix}$

$\Leftrightarrow \begin{pmatrix} 6a-1 & 6b-2 \\ 6c-3 & 6d \end{pmatrix}=\begin{pmatrix} a+2c & b+2d \\ 3a & 3b \end{pmatrix}$이므로

$6a-1=a+2c$,

$6b-2=b+2d$,

$6c-3=3a$,

$6d=3b$를 만족해야 한다.

정리하면 $a=\frac{1}{2}$, $c=\frac{3}{4}$, $b=\frac{1}{2}$, $d=\frac{1}{4}$이므로

행렬 B의 대각원소의 합은 $a+d=\frac{3}{4}$이다.

05 ②

① (거짓)

곱셈에 대한 교환법칙은 성립하지 않으므로

$ABC\neq CBA$

② (참)

$(ABC)^t=C^tB^tA^t$

③ (거짓)

[반례] $A=\begin{pmatrix} 1 & 0 \\ 0 & 0 \end{pmatrix}$, $B=\begin{pmatrix} 0 & 1 \\ 0 & 0 \end{pmatrix}$, $C=\begin{pmatrix} 0 & -1 \\ 0 & 1 \end{pmatrix}$

④ (거짓)

$(A+B+C)-(A+B+C)=O$

06 ④

ㄱ. (참)

정방행렬의 대각합 성질 $trA=trA^T$

ㄴ. (참)

정방행렬의 대각합 성질 $trAB=trBA$

ㄷ. (참)

$tr((A+B)(A-B))$

$=tr(A^2-AB+BA-B^2)$

$=tr(A^2)-tr(AB)+tr(BA)-tr(B^2)$

$=tr(A^2)-tr(B^2)$

ㄹ. (참)

A, B가 존재한다면

$tr(AB-BA)=tr(I)$를 만족한다.

$tr(AB-BA)=tr(AB)-tr(BA)=0$이고,

$tr(I)=n$이므로 모순이 된다.

따라서 이를 만족하는 A, B는 존재하지 않는다.

옳은 것은 ㄱ, ㄴ, ㄷ, ㄹ이다.

07 ②

① (참)

$B=A+C$이므로 식을 변환하면 다음과 같다.

$AB=A(A+C)=A^2+AC=A^2+A=(A+I)A=BA$

② (거짓)

$C=\begin{pmatrix} 1 & 0 \\ 0 & 1 \end{pmatrix}=I$이므로

$((AB)^T C)^T = AB = \begin{pmatrix} 32 & 45 \\ 21 & 29 \end{pmatrix}\begin{pmatrix} 33 & 45 \\ 21 & 30 \end{pmatrix} = \begin{pmatrix} * 2790 \\ * & * \end{pmatrix}$

$C^T A^T B^T = A^T B^T = \begin{pmatrix} 32 & 21 \\ 45 & 29 \end{pmatrix}\begin{pmatrix} 33 & 21 \\ 45 & 30 \end{pmatrix} = \begin{pmatrix} * 1302 \\ * & * \end{pmatrix}$

따라서 $((AB)^T C)^T \neq C^T A^T B^T$

③ (참)

$A(B+C) = AB + AC$

④ (참)

$AB = BA$ 이므로

$(A+B)(A-B) = A^2 - B^2$

08 ④

$tr(AA^T) = \sum_{i=1}^{4}\sum_{j=1}^{4} a_{ij}^2$이므로 행렬 A의 각 원소를 제곱한 후 합하면 된다. 즉,

$1+0+1+1+0+1+0+1+1+0+4+0+0+1+1+4=16$이다.

$\therefore tr(AA^T) = 16$

09 ④

$\begin{bmatrix} 2 & -1 & 1 \\ 3 & 0 & 4 \\ -1 & 2 & -3 \end{bmatrix} = A$, $\begin{bmatrix} 2 & a & 0 \\ b & 0 & c \\ 0 & d & -3 \end{bmatrix} = B$,

$\begin{bmatrix} 0 & e & 1 \\ f & 0 & g \\ -1 & h & 0 \end{bmatrix} = C$라고 할 때,

$B = \frac{1}{2}(A + A^T)$

$= \frac{1}{2}\left\{\begin{bmatrix} 2 & -1 & 1 \\ 3 & 0 & 4 \\ -1 & 2 & -3 \end{bmatrix} + \begin{bmatrix} 2 & 3 & -1 \\ -1 & 0 & 2 \\ 1 & 4 & -3 \end{bmatrix}\right\} = \frac{1}{2}\begin{bmatrix} 4 & 2 & 0 \\ 2 & 0 & 6 \\ 0 & 6 & -6 \end{bmatrix}$

$= \begin{bmatrix} 2 & 1 & 0 \\ 1 & 0 & 3 \\ 0 & 3 & -3 \end{bmatrix}$

$C = \frac{1}{2}(A - A^T)$

$= \frac{1}{2}\left\{\begin{bmatrix} 2 & -1 & 1 \\ 3 & 0 & 4 \\ -1 & 2 & -3 \end{bmatrix} - \begin{bmatrix} 2 & 3 & -1 \\ -1 & 0 & 2 \\ 1 & 4 & -3 \end{bmatrix}\right\} = \frac{1}{2}\begin{bmatrix} 0 & -4 & 2 \\ 4 & 0 & 2 \\ -2 & -2 & 0 \end{bmatrix}$

$= \begin{bmatrix} 0 & -2 & 1 \\ 2 & 0 & 1 \\ -1 & -1 & 0 \end{bmatrix}$이다.

주어진 식과 비교하여 정리하면

$a=1,\ b=1,\ c=3,\ d=3,\ e=-2,\ f=2,\ g=1,\ h=-1$이다.

즉, 구하고자 하는 값은

$abcd - efgh = 9 - 4 = 5$이다.

10 ②

주어진 조건에 따라 $|A| = k$이다.

$|B| = \begin{vmatrix} c_1 & c_2 & c_3 \\ a_1 & a_2 & a_3 \\ b_1 & b_2 & b_3 \end{vmatrix} = -\begin{vmatrix} a_1 & a_2 & a_3 \\ c_1 & c_2 & c_3 \\ b_1 & b_2 & b_3 \end{vmatrix}$

$= \begin{vmatrix} a_1 & a_2 & a_3 \\ b_1 & b_2 & b_3 \\ c_1 & c_2 & c_3 \end{vmatrix} = |A| = k$

$|C| = \begin{vmatrix} 2a_1 - 4c_1 & a_2 - 2c_2 & a_3 - 2c_3 \\ 6b_1 + 2c_1 & 3b_2 + c_2 & 3b_3 + c_3 \\ 2c_1 & c_2 & c_3 \end{vmatrix}$

$= \begin{vmatrix} 2a_1 & a_2 & a_3 \\ 6b_1 & 3b_2 & 3b_3 \\ 2c_1 & c_2 & c_3 \end{vmatrix}$

$= 2\begin{vmatrix} a_1 & a_2 & a_3 \\ 3b_1 & 3b_2 & 3b_3 \\ c_1 & c_2 & c_3 \end{vmatrix} = 6\begin{vmatrix} a_1 & a_2 & a_3 \\ b_1 & b_2 & b_3 \\ c_1 & c_2 & c_3 \end{vmatrix} = 6|A| = 6k$

$|D| = \begin{vmatrix} \frac{2}{3}a_1 & \frac{a_2}{3} & a_3 \\ 2b_1 & b_2 & 3b_3 \\ c_1 & \frac{c_2}{2} & \frac{3}{2}c_3 \end{vmatrix}$

$= \frac{1}{3}\cdot\frac{1}{2}\begin{vmatrix} 2a_1 & a_2 & 3a_3 \\ 2b_1 & b_2 & 3b_3 \\ 2c_1 & c_2 & 3c_3 \end{vmatrix}$

$= \begin{vmatrix} a_1 & a_2 & a_3 \\ b_1 & b_2 & b_3 \\ c_1 & c_2 & c_3 \end{vmatrix} = |A| = k$

$|E| = \begin{vmatrix} a_1 + 2a_2 + 3a_3 & a_2 & a_3 \\ b_1 + 2b_2 + 3b_3 & b_2 & b_3 \\ c_1 + 2c_2 + 3c_3 & c_2 & c_3 \end{vmatrix} = \begin{vmatrix} a_1 & a_2 & a_3 \\ b_1 & b_2 & b_3 \\ c_1 & c_2 & c_3 \end{vmatrix}$

$= |A| = k$

따라서 행렬식이 k와 같지 않은 행렬은

$C = \begin{bmatrix} 2a_1 - 4c_1 & a_2 - 2c_2 & a_3 - 2c_3 \\ 6b_1 + 2c_1 & 3b_2 + c_2 & 3b_3 + c_3 \\ 2c_1 & c_2 & c_3 \end{bmatrix}$이다.

11 ③

$\det\begin{pmatrix} x & -1 \\ 3 & 1-x \end{pmatrix} = -x^2 + x + 3$

$\det\begin{pmatrix} 1 & 0 & -3 \\ 2 & x & -6 \\ 1 & 3 & x-5 \end{pmatrix} = x^2 - 2x$

따라서 $-x^2 + x + 3 = x^2 - 2x$인 x를 구하면 된다.

즉, $2x^2 - 3x - 3 = 0$에서 $x = \frac{3 \pm \sqrt{33}}{4}$이다.

TIP ▸ 근의 공식

$ax^2 + bx + c = 0$일 때, $x = \frac{-b \pm \sqrt{b^2 - 4ac}}{2a}$

12 ①

(2열)$\times(-25)+$(1열)$\Rightarrow$(1열)로 행렬을 변환한 후

1열을 선택해 전개하면

$\begin{vmatrix} 78 & 3 & \pi & \sqrt{2} \\ 1675 & 67 & 6 & e \\ 3025 & 121 & 11 & 5 \\ 1100 & 44 & 4 & 2 \end{vmatrix} = \begin{vmatrix} 3 & 3 & \pi & \sqrt{2} \\ 0 & 67 & 6 & e \\ 0 & 121 & 11 & 5 \\ 0 & 44 & 4 & 2 \end{vmatrix}$

$= 3\begin{vmatrix} 67 & 6 & e \\ 121 & 11 & 5 \\ 44 & 4 & 2 \end{vmatrix}$

(2열)$\times(-11)+$(1열)$\Rightarrow$(1열)로 행렬을 변환하면

$= 3\begin{vmatrix} 1 & 6 & e \\ 0 & 11 & 5 \\ 0 & 4 & 2 \end{vmatrix}$

$= 3 \times (22 - 20) = 6$

13 ④

(1행)+(3행)⇒(3행), (1행)×(−3)+(4행)⇒(4행)으로 행렬을 변환하면

$$\det\begin{pmatrix}1&2&1&0\\0&3&1&1\\-1&0&3&1\\3&1&2&0\end{pmatrix}=\det\begin{pmatrix}1&2&1&0\\0&3&1&1\\0&2&4&1\\0&-5&-1&0\end{pmatrix}$$

$$=\det\begin{pmatrix}3&1&1\\2&4&1\\-5&-1&0\end{pmatrix}$$

$\therefore \det(A)=-5-2+20+3=16$

14 ④

행렬 A의 행렬식 $\det(A)$는

$$\det(A)=\begin{vmatrix}1&2&4\\1&3&9\\1&4&16\end{vmatrix}$$

$$=\begin{vmatrix}1&2&4\\0&1&5\\0&2&12\end{vmatrix}$$

$$=\begin{vmatrix}1&2&4\\0&1&5\\0&0&2\end{vmatrix}$$

$=2$이므로

$\det(2A^7)=2^3[\det(A)]^7=2^3\cdot 2^7=2^{10}$

TIP▸ 행렬식의 성질

$\det(kA)=k^n\det(A)$

$\det(A^n)=(\det(A))^n$

15 ④

ㄱ. [반례]

$A=\begin{pmatrix}1&0\\0&0\end{pmatrix}$, $B=\begin{pmatrix}0&1\\0&0\end{pmatrix}$는 모두 영행렬이 아니지만 $BA=O$이다.

ㄴ. [반례]

$A=\begin{pmatrix}1&2\\2&3\end{pmatrix}$, $B=\begin{pmatrix}1&3\\3&2\end{pmatrix}$는 모두 대칭행렬이지만

$BA=\begin{pmatrix}7&11\\7&12\end{pmatrix}$는 대칭행렬이 아니다.

ㄷ. [반례]

$A=\begin{pmatrix}0&1\\0&0\end{pmatrix}$, $B=\begin{pmatrix}0&0\\0&0\end{pmatrix}$이라 하면 $A^2=BA=O$이다.

ㄹ. [반례]

$A=\begin{pmatrix}0&0\\0&0\end{pmatrix}$, $B=\begin{pmatrix}1&0\\0&0\end{pmatrix}$이면 $BA=A=O$이지만

$\det B=0$이다.

따라서 보기 중 틀린 것의 개수는 4개이다.

16 ②

$$|C^T|=|C|=\begin{vmatrix}2&4&7\\6&0&3\\1&5&3\end{vmatrix}=120$$

TIP▸ 행렬식의 성질

$\det(C^T)=\det(C)$

17 ①

$$\begin{vmatrix}1&a&b&c\\1&c&b&a\\1&b&c&a\\1&b-c&c-a&a-b\end{vmatrix}=\begin{vmatrix}1&a&b&a+b+c\\1&c&b&a+b+c\\1&b&c&a+b+c\\1&b-c&c-a&0\end{vmatrix}$$

$\because\begin{bmatrix}(2열)\times(1)+(4열)\Rightarrow(4열)\\(3열)\times(1)+(4열)\Rightarrow(4열)\end{bmatrix}$

$$=(a+b+c)\begin{vmatrix}1&a&b&1\\1&c&b&1\\1&b&c&1\\1&b-c&c-a&0\end{vmatrix}$$

$$=(a+b+c)\begin{vmatrix}0&a&b&1\\0&c&b&1\\0&b&c&1\\1&b-c&c-a&0\end{vmatrix}\quad\because (4열)\times(-1)+(1열)\Rightarrow(1열)$$

$$=-(a+b+c)\begin{vmatrix}a&b&1\\c&b&1\\b&c&1\end{vmatrix}$$

1열에 대한 여인수 전개하면

$$=-(a+b+c)\begin{vmatrix}a-b&b-c&0\\c-b&b-c&0\\b&c&1\end{vmatrix}\quad\because\begin{bmatrix}(3행)\times(-1)+(1행)\Rightarrow(1행)\\(3행)\times(-1)+(2행)\Rightarrow(2행)\end{bmatrix}$$

$$=-(a+b+c)\begin{vmatrix}a-b&b-c\\c-b&b-c\end{vmatrix}$$

3행에 대한 여인수 전개하면

$$=-(a+b+c)(b-c)\begin{vmatrix}a-b&1\\c-b&1\end{vmatrix}$$

$=-(a+b+c)(b-c)(a-c)$

$=(a+b+c)(b-c)(c-a)$

따라서 행렬식 값의 인수가 아닌 것은 $a-b$이다.

18 ②

$$\begin{vmatrix}a&b&a&b\\0&a&b&a\\2a&3a+2b&3a+3b&3a+2b\\3a&-a+3b&3a-b&3b\end{vmatrix}$$

$$=\begin{vmatrix}a&b&a&b\\0&a&b&a\\0&3a&a+3b&3a\\0&-a&-b&0\end{vmatrix}\quad\because\begin{bmatrix}(1행)\times(-2)+(3행)\Rightarrow(3행)\\(1행)\times(-3)+(4행)\Rightarrow(4행)\end{bmatrix}$$

1열에 대해 전개하면

$$=a\begin{vmatrix}a&b&a\\3a&a+3b&3a\\-a&-b&0\end{vmatrix}$$

$$=a\begin{vmatrix}0&0&a\\3a&a+3b&3a\\-a&-b&0\end{vmatrix}\quad\because (3행)\times1+(1행)\Rightarrow(1행)$$

3열에 대해 전개하면

$$=a^2\begin{vmatrix}3a&a+3b\\-a&-b\end{vmatrix}$$

$$=a^2\begin{vmatrix}0&a\\-a&-b\end{vmatrix}$$

$=a^4=16$이므로

$a=\pm2$이고 b는 모든 실수이다.

19 ③

$$|C| = \begin{vmatrix} 2a_{11} & 2a_{12} & -2a_{13} \\ 2a_{21}-b_{21} & 2a_{22}-b_{22} & -2a_{23}+b_{23} \\ -2a_{31} & -2a_{32} & 2a_{33} \end{vmatrix}$$

$$= \begin{vmatrix} 2a_{11} & 2a_{12} & -2a_{13} \\ 2a_{21} & 2a_{22} & -2a_{23} \\ -2a_{31} & -2a_{32} & 2a_{33} \end{vmatrix} + \begin{vmatrix} 2a_{11} & 2a_{12} & -2a_{13} \\ -b_{21} & -b_{22} & b_{23} \\ -2a_{31} & -2a_{32} & 2a_{33} \end{vmatrix}$$

$$= 8\begin{vmatrix} a_{11} & a_{12} & -a_{13} \\ a_{21} & a_{22} & -a_{23} \\ -a_{31} & -a_{32} & a_{33} \end{vmatrix} + 4\begin{vmatrix} a_{11} & a_{12} & -a_{13} \\ -b_{21} & -b_{22} & b_{23} \\ -a_{31} & -a_{32} & a_{33} \end{vmatrix}$$

$$= (-1)^2 8\begin{vmatrix} a_{11} & a_{12} & a_{13} \\ a_{21} & a_{22} & a_{23} \\ a_{31} & a_{32} & a_{33} \end{vmatrix} + (-1)^3 4\begin{vmatrix} a_{11} & a_{12} & a_{13} \\ b_{21} & b_{22} & b_{23} \\ a_{31} & a_{32} & a_{33} \end{vmatrix}$$

$$= 8\begin{vmatrix} a_{11} & a_{12} & a_{13} \\ a_{21} & a_{22} & a_{23} \\ a_{31} & a_{32} & a_{33} \end{vmatrix} - 4\begin{vmatrix} a_{11} & a_{12} & a_{13} \\ b_{21} & b_{22} & b_{23} \\ a_{31} & a_{32} & a_{33} \end{vmatrix}$$

$$= 8\alpha - 4\beta$$

20 ①

$$\det P = \begin{vmatrix} a & b & c \\ d & e & f \\ 5g & 5h & 5i \end{vmatrix} = 5|A| = 35$$

$$\det Q = \begin{vmatrix} a & b & c \\ g & h & i \\ d & e & f \end{vmatrix} = -|A| = -7$$

$$\det R = \begin{vmatrix} a & b & c \\ 2d+a & 2e+b & 2f+c \\ g & h & i \end{vmatrix}$$

$$= \begin{vmatrix} a & b & c \\ 2d & 2e & 2f \\ g & h & i \end{vmatrix} = 2|A| = 14$$

$\therefore \det P + \det Q + \det R = 42$

02. 수반행렬과 역행렬

문제 p.63

01 ④	02 ④	03 ②	04 ①	05 ①	06 ①	07 ④	08 ④	09 ④	10 ①
11 ②	12 ③	13 ②	14 ①	15 ④	16 ④	17 ②	18 ①	19 ③	20 ②

01 ④

삼각행렬의 행렬식은 대각원소들의 곱이므로

$$|A| = \begin{vmatrix} 1 & 0 & -2 \\ 0 & 1 & 0 \\ 0 & 0 & 2 \end{vmatrix} = 1 \cdot 1 \cdot 2 = 2$$

$$\therefore\ |adj(A^2)| = |A^2|^2 = |A|^4 = 2^4 = 16$$

TIP ▸ 수반행렬의 성질

$|adj(A)| = |A|^{n-1}$

02 ④

행렬 A의 행렬식은 다음과 같다.

$$|A| = \begin{vmatrix} 3 & 1 & 1 \\ 0 & 2 & 4 \\ 2 & 1 & 1 \end{vmatrix} = \begin{vmatrix} 3 & 1 & -1 \\ 0 & 2 & 0 \\ 2 & 1 & -1 \end{vmatrix} = 2\begin{vmatrix} 3 & -1 \\ 2 & -1 \end{vmatrix} = 2(-3+2) = -2$$

구하고자 하는 값은

$$\begin{aligned} |adj(adj(A))| &= |A|^{(3-1)^2} \\ &= |A|^{2^2} \\ &= |A|^4 \\ &= (-2)^4 = 16 \end{aligned}$$

TIP ▸ 수반행렬의 성질

$|adj\,(adj(A))| = |A|^{(n-1)^2}$

03 ②

$$\begin{aligned} |B| = \left|\frac{1}{2}A^T adjA\right| &= \left(\frac{1}{2}\right)^5 |A^T|\,|adj\,A| \\ &= \left(\frac{1}{2}\right)^5 |A|\,|A|^4 \\ &= \left(\frac{1}{2}\right)^5 |A|^5 \\ &= \left(\frac{1}{2}\right)^5 (-2)^5 = -1 \text{이다.} \end{aligned}$$

TIP ▸ 행렬식의 성질

$|A^T| = |A|$

04 ①

$$|A| = \begin{vmatrix} 1 & 0 & 7 \\ 1 & 1 & 7 \\ 7 & 1 & 1 \end{vmatrix} = \begin{vmatrix} 0 & -1 & 0 \\ 1 & 1 & 7 \\ 0 & -6 & -48 \end{vmatrix} = (-1)(-1)\begin{vmatrix} 1 & 7 \\ 0 & -48 \end{vmatrix} = -48$$

$adj(A) \cdot A = |A|I = \begin{pmatrix} -48 & 0 & 0 \\ 0 & -48 & 0 \\ 0 & 0 & -48 \end{pmatrix}$이므로

대각성분의 합은 -144이다.

다른 풀이

$C_{11} = -6,\ C_{12} = 48,\ C_{13} = -6,\ C_{21} = 7,\ C_{22} = -48,\ C_{23} = -1$

$C_{31} = -7,\ C_{32} = 0,\ C_{33} = 1$이므로

$adj\,A = \begin{pmatrix} -6 & 7 & -7 \\ 48 & -48 & 0 \\ -6 & -1 & 1 \end{pmatrix}$이다.

$adjA \cdot A = B$라 하면

$B = \begin{pmatrix} -6 & 7 & -7 \\ 48 & -48 & 0 \\ -6 & -1 & 1 \end{pmatrix}\begin{pmatrix} 1 & 0 & 7 \\ 1 & 1 & 7 \\ 7 & 1 & 1 \end{pmatrix}$이므로

대각성분을 구하면

$B_{11} = -6\times1+7\times1-7\times7 = -48,$

$B_{22} = 48\times0-48\times1+0\times1 = -48,$

$B_{33} = -6\times7-1\times7+1 = -48$

$\therefore\ B_{11}+B_{22}+B_{33} = 3\times(-48) = -144$이다.

TIP ▸ 수반행렬의 성질

$A\,adj(A) = adj(A)\,A = |A|\,I$

05 ①

$$|A| = \begin{vmatrix} 2 & 5 & 5 \\ -1 & -1 & 0 \\ 2 & 4 & 3 \end{vmatrix} = -1\text{이고}$$

$$adj(A) = \begin{pmatrix} -3 & 3 & -2 \\ 5 & -4 & 2 \\ 5 & -5 & 3 \end{pmatrix}^T = \begin{pmatrix} -3 & 5 & 5 \\ 3 & -4 & -5 \\ -2 & 2 & 3 \end{pmatrix}\text{이므로}$$

$$A^{-1} = \frac{1}{|A|}adj(A) = \begin{pmatrix} 3 & -5 & -5 \\ -3 & 4 & 5 \\ 2 & -2 & -3 \end{pmatrix}$$

TIP ▸ 수반행렬

행렬 A의 여인수를 성분으로 가지는 행렬 B를 A의 여인수 행렬이라고 할 때, 행렬 B의 전치행렬

06 ①

$$A^{-1} = \frac{1}{4}\begin{pmatrix} 4 & 0 & 0 & 0 \\ 0 & 12 & -20 & 0 \\ 0 & -4 & 8 & 0 \\ 0 & 0 & 0 & 1 \end{pmatrix}\text{이므로}$$

$$tr(A^{-1}) = \frac{1}{4}(4+12+8+1) = \frac{25}{4}\text{이다.}$$

(TIP) 대각합

n차 정방행렬 A의 주대각원소들의 합

07 ④

$A^{-1}=\frac{1}{|A|}adjA$이므로

A^{-1}의 1행 2열 성분

$=\frac{1}{|A|}$(A의 2행 1열의 여인수)

즉, $\frac{-\begin{vmatrix}6&1&6&4\\4&4&1&7\\3&5&0&7\\0&4&1&3\end{vmatrix}}{|A|}=\frac{\begin{vmatrix}6&1&6&4\\4&4&1&7\\3&5&0&7\\0&4&1&3\end{vmatrix}}{-|A|}$이다.

08 ④

$n=3$, $|A|=2$일 때,

① $|2A^{-1}|=2^3|A^{-1}|=2^3\frac{1}{|A|}=4$

② $|(2A)^{-1}|=\left|\frac{1}{2}A^{-1}\right|=\left(\frac{1}{2}\right)^3\frac{1}{|A|}=\frac{1}{16}$

③ $|2A^T|=2^3|A^T|=8|A|=16$

④ $|2adjA|=2^3|adjA|=8|A|^2=32$

즉, 보기 중 행렬식이 가장 큰 행렬은 ④이다.

09 ④

ㄱ. (참)

$A^T=-A$이면 행렬 A는 교대행렬이다.

교대행렬의 주대각원소는 모두 0이므로,

$tr(A)=0$이다.

ㄴ. (참)

$A^{-1}=A$이면 $|A^{-1}|=|A|$이고 $\frac{1}{|A|}=|A|$이므로 $|A|^2=1$이다.

$\therefore |A|=\pm1$

ㄷ. (참)

$(A^TA)^T=A^T(A^T)^T=A^TA$이므로

A^TA는 대칭행렬이다.

ㄹ. (참)

$tr(AA^T)=tr(A^TA)=\sum_{i=1}^{m}\sum_{j=1}^{n}{a_{ij}}^2$이므로

$AA^T=O$ 또는 $A^TA=O$이면 모든 i, j에 대하여 $a_{ij}=0$이다.

따라서 $A=O$이다.

10 ①

$A^2=\begin{bmatrix}0&2&1\\0&0&3\\0&0&0\end{bmatrix}\begin{bmatrix}0&2&1\\0&0&3\\0&0&0\end{bmatrix}=\begin{bmatrix}0&0&6\\0&0&0\\0&0&0\end{bmatrix}$이므로

$I+A+A^2=\begin{pmatrix}1&2&7\\0&1&3\\0&0&1\end{pmatrix}$이다.

삼각행렬의 행렬식은 대각원소들의 곱과 같으므로 1이다.

따라서 역행렬의 행렬식은 $\frac{1}{1}=1$이다.

다른 풀이

$A^3=O \Leftrightarrow I-A^3=I \Leftrightarrow (I-A)(I+A+A^2)=I$이므로

$(I-A)^{-1}=I+A+A^2$이 성립한다.

따라서 $I+A+A^2$의 역행렬은

$I-A=\begin{pmatrix}1&-2&-1\\0&1&-3\\0&0&1\end{pmatrix}$이고, $\det(I-A)=1$이다.

11 ②

ㄱ. (거짓)

행렬식의 성질에 따라 $\det(2A)=2^3\det(A)$

ㄴ. (참)

$AB=\begin{pmatrix}a&0&0\\0&b&0\\0&0&c\end{pmatrix}\begin{pmatrix}d&0&0\\0&e&0\\0&0&f\end{pmatrix}=\begin{pmatrix}ad&0&0\\0&be&0\\0&0&cf\end{pmatrix}$

$BA=\begin{pmatrix}d&0&0\\0&e&0\\0&0&f\end{pmatrix}\begin{pmatrix}a&0&0\\0&b&0\\0&0&c\end{pmatrix}=\begin{pmatrix}ad&0&0\\0&be&0\\0&0&cf\end{pmatrix}$

즉, $AB=BA$이므로

$(A-B)^2=(A-B)(A-B)$

$=A^2-AB-BA+B^2$

$=A^2-2AB+B^2$

ㄷ. (거짓)

$A^{-1}=\begin{pmatrix}\frac{1}{a}&0&0\\0&\frac{1}{b}&0\\0&0&\frac{1}{c}\end{pmatrix}$

$A^{-1}B=\begin{pmatrix}\frac{1}{a}&0&0\\0&\frac{1}{b}&0\\0&0&\frac{1}{c}\end{pmatrix}\begin{pmatrix}d&0&0\\0&e&0\\0&0&f\end{pmatrix}=\begin{pmatrix}\frac{d}{a}&0&0\\0&\frac{e}{b}&0\\0&0&\frac{f}{c}\end{pmatrix}$

$\det(A)=abc$, $\det(B)=def$

$\therefore \det(A^{-1}B)=\frac{def}{abc}\neq abcdef=\det(A)\det(B)$

따라서 보기 중 옳은 것은 ㄴ이다.

12 ③

ㄱ. (참)

$AB=A(A^2)=A^3=(A^2)A=BA$

ㄴ. (참)

A^{-1}이 존재하므로 $AAA^{-1}A^{-1}=E$가 성립한다.

$A^2(A^2)^{-1}=E \Leftrightarrow B(A^2)^{-1}=E$가 성립하므로

B의 역행렬은 $(A^2)^{-1}$이다.

즉, B의 역행렬은 존재한다.

ㄷ. (거짓)

$A^2=B$를 $B^2=8A$에 대입하면 $A^4=8A$이고,

다시 양변에 A^{-1}를 곱하면 다음과 같다.

$A^{-1}A^4=8A^{-1}A$

$\Leftrightarrow A^3=8E$

$\Leftrightarrow (A-2E)(A^2+2A+4E)=O$

이때, $A-2E$의 역행렬이 존재하므로

양변에 $(A-2E)^{-1}$를 곱하면

$A^2+2A+4E=O \Rightarrow B+2A+4E=0$

$\Rightarrow -B-2A=4E$

$\Rightarrow -\frac{1}{4}E(B+2A)=E$

따라서 $(B+2A)^{-1}=-\frac{1}{4}E$이다.

즉, $2A+B$의 역행렬은 존재한다.

13 ②

행렬식의 성질을 이용하면

$$|A^{-1}B^t(-3C)|=|A^{-1}||B^t||-3C|$$
$$=\frac{1}{|A|}|B|(-3)^{2019}|C|$$
$$=-3^{2019}\times\frac{1}{2}\times2\times3$$
$$=-3^{2020}\text{이다.}$$

14 ①

행렬 A의 행렬식은 다음과 같다.

(3열)$\times(-2)+$(4열)$\Rightarrow$(4열)

$$\det(A)=\begin{vmatrix}0&0&1&2\\2&1&2&4\\1&2&1&2\\2&0&4&6\end{vmatrix}$$
$$=\begin{vmatrix}0&0&1&0\\2&1&2&0\\1&2&1&0\\2&0&4&-2\end{vmatrix}$$

4열에 대한 여인수 전개하면

$$=(-2)\begin{vmatrix}0&0&1\\2&1&2\\1&2&1\end{vmatrix}$$

1행에 대한 여인수 전개하면

$$=(-2)(1)\begin{vmatrix}2&1\\1&2\end{vmatrix}=-6$$

행렬 B의 행렬식은 다음과 같다.

(1열)$\times(-1)+$(4열)$\Rightarrow$(4열)

$$\det(B)=\begin{vmatrix}1&0&0&1\\2&-2&1&0\\1&0&2&1\\-1&1&0&1\end{vmatrix}$$
$$=\begin{vmatrix}1&0&0&0\\2&-2&1&-2\\1&0&2&0\\-1&1&0&2\end{vmatrix}$$

1행에 대한 여인수 전개하면

$$=(1)\begin{vmatrix}-2&1&-2\\0&2&0\\1&0&2\end{vmatrix}$$

2행에 대한 여인수 전개하면

$$=(1)(2)\begin{vmatrix}-2&-2\\1&2\end{vmatrix}=-4$$

역행렬의 성질에 따라 구하고자 하는 값을 구하면 다음과 같다.

$$\therefore \det(B^{-1}A^{-1})=\det(B^{-1})\cdot\det(A^{-1})$$
$$=\frac{1}{\det(B)}\cdot\frac{1}{\det(A)}=\frac{1}{24}$$

15 ④

주어진 조건에 의하여

$A\begin{pmatrix}1&0&0\\0&2&0\\0&0&3\end{pmatrix}=\begin{pmatrix}1&1&1\\1&2&-1\\1&3&1\end{pmatrix}$이다.

즉, $A=\begin{pmatrix}1&1&1\\1&2&-1\\1&3&1\end{pmatrix}\begin{pmatrix}1&0&0\\0&2&0\\0&0&3\end{pmatrix}^{-1}$ 이며,

$$A^{-1}=\begin{pmatrix}1&0&0\\0&2&0\\0&0&3\end{pmatrix}\begin{pmatrix}1&1&1\\1&2&-1\\1&3&1\end{pmatrix}^{-1}=\frac{1}{4}\begin{pmatrix}1&0&0\\0&2&0\\0&0&3\end{pmatrix}\begin{pmatrix}5&2&-3\\-2&0&2\\1&-2&1\end{pmatrix}$$

구하고자 하는 A^{-1}의 (2,3) 성분은

$\begin{pmatrix}1&0&0\\0&2&0\\0&0&3\end{pmatrix}$의 2행과 $\begin{pmatrix}1&1&1\\1&2&-1\\1&3&1\end{pmatrix}^{-1}$ 의 3열로 결정된다.

$$\therefore (2,3)\text{ 성분}=0\cdot\left(\frac{-3}{4}\right)+2\cdot\left(\frac{2}{4}\right)+0\cdot\left(\frac{1}{4}\right)=1$$

16 ④

ㄱ. (거짓)

행렬식이 같다고 반드시 같은 행렬은 아니다.

[반례] $A=\begin{pmatrix}1&0\\0&2\end{pmatrix}$, $B=\begin{pmatrix}2&1\\0&3\end{pmatrix}$

$AB=\begin{pmatrix}1&0\\0&2\end{pmatrix}\begin{pmatrix}2&1\\0&3\end{pmatrix}=\begin{pmatrix}2&1\\0&6\end{pmatrix}$, $BA=\begin{pmatrix}2&1\\0&3\end{pmatrix}\begin{pmatrix}1&0\\0&2\end{pmatrix}=\begin{pmatrix}2&2\\0&6\end{pmatrix}$

$\Rightarrow AB\neq BA$

ㄴ. (거짓)

[반례] $A=\begin{pmatrix}1&1\\1&1\end{pmatrix}$이면 $\det(A)=0$ 이지만,

A는 영행렬이 아니다.

ㄷ. (거짓)

$\det(-A)=(-1)^n\det(A)$

따라서 다음 중 틀린 것은 ㄱ, ㄴ, ㄷ이다.

17 ②

ㄱ. (참)

$\det(AB)=\det(A)\cdot\det(B)$ ($\because$ 행렬식의 성질)

ㄴ. (거짓)

$\det(kA)=k^n\det(A)$ ($\because$ 행렬식의 성질)

ㄷ. (참)

$\det(A^{-1})=\frac{1}{\det(A)}=\frac{1}{\det(A^T)}$

($\because \det(A)=\det(A^T)$, 행렬식의 성질)

18 ①

$$\begin{vmatrix}c&-c&c\\2&c&1\\0&0&c\end{vmatrix}=c(c^2+2c)=c^2(c+2)$$

$c=0$과 $c=-2$일 때, 행렬식이 0이 되고 역행렬이 존재하지 않는다.

즉, 역행렬이 존재하지 않도록 하는 모든 실수 c의 값의 합은 -2이다.

19 ③

$$|A|=\begin{vmatrix} 2 & 3 & 2 \\ 1 & 3 & 1 \\ 1 & 2 & -1 \end{vmatrix}$$

$$=\begin{vmatrix} 4 & 7 & 0 \\ 2 & 5 & 0 \\ 1 & 2 & -1 \end{vmatrix}$$

$=-(20-14)=-6$이다.

$AB=A\,adjA=A|A|A^{-1}=|A|I$이므로

$tr(AB)=tr(|A|I)=|A|tr(I)=-6\times 3=-18$

TIP ▸ 수반행렬을 이용한 역행렬

$A^{-1}=\dfrac{1}{\det(A)}adjA$에서

$adjA=|A|A^{-1}$

20 ②

ㄱ. (거짓)

[반례] $A=\begin{pmatrix} 1 & 0 \\ 1 & 0 \end{pmatrix}$이면 $A^2=A$이지만,

$A=I$ 또는 $A=O$이 아니다.

ㄴ. (참)

$\det(A)=\dfrac{1}{2}$이면 $\det(A^n)=\left(\dfrac{1}{2}\right)^n$이므로

$$\sum_{n=1}^{\infty}\det(A^n)=\frac{1}{2}+\left(\frac{1}{2}\right)^2+\cdots=\frac{\frac{1}{2}}{1-\frac{1}{2}}=1\text{이다.}$$

ㄷ. (참)

$|cA|=c^2|A|$이므로 $|A|\neq 0$ 이다.

따라서 A는 역행렬을 갖는다.

ㄹ. (거짓)

[반례] $A=\begin{pmatrix} 0 & 1 \\ 1 & 0 \end{pmatrix}$이라고 하면 $\det(A)\neq 0$이고 $A\neq I$ 이지만

$\det(A+I)=\begin{vmatrix} 1 & 1 \\ 1 & 1 \end{vmatrix}=0$이다.

따라서 보기에서 옳은 것은 ㄴ, ㄷ이다.

TIP ▸ 등비수열의 합

$S_n=\dfrac{a(1-r^n)}{1-r}$ (r: 공비, a: 첫 항의 값)

03. 행렬계수와 선형연립방정식

문제 p.87

01 ④	02 ②	03 ①	04 ①	05 ②	06 ②	07 ③	08 ③	09 ④	10 ②
11 ②	12 ②	13 ②	14 ④	15 ③					

01 ④

기본 행 연산에 의하여

ㄱ. $\begin{pmatrix} 1 & 1 & 1 \\ 1 & 2 & 3 \\ 3 & 2 & 1 \end{pmatrix} \rightarrow \begin{pmatrix} -1 & -1 & -1 \\ -1 & -2 & -3 \\ -3 & -2 & -1 \end{pmatrix}$이므로 행 동치이다.

ㄴ. $\begin{pmatrix} 1 & 1 & 1 \\ 1 & 2 & 3 \\ 3 & 2 & 1 \end{pmatrix} \rightarrow \begin{pmatrix} 1 & 1 & 1 \\ 3 & 2 & 1 \\ 1 & 2 & 3 \end{pmatrix}$이므로 행 동치이다.

ㄷ. $\begin{pmatrix} 1 & 1 & 1 \\ 1 & 2 & 3 \\ 3 & 2 & 1 \end{pmatrix} \rightarrow \begin{pmatrix} 1 & 1 & 1 \\ 4 & 4 & 4 \\ 3 & 2 & 1 \end{pmatrix}$이므로 행 동치이다.

ㄹ. $\begin{pmatrix} 1 & 1 & 1 \\ 1 & 2 & 3 \\ 3 & 2 & 1 \end{pmatrix} \rightarrow \begin{pmatrix} \frac{3}{4} & \frac{1}{2} & \frac{1}{4} \\ \frac{1}{3} & \frac{2}{3} & \frac{3}{3} \\ 3 & 2 & 1 \end{pmatrix} \rightarrow \begin{pmatrix} 0 & 0 & 0 \\ 1 & 2 & 3 \\ 3 & 2 & 1 \end{pmatrix}$이므로 행 동치이다.

따라서 주어진 행렬과 행 동치인 보기는 ㄱ, ㄴ, ㄷ, ㄹ이다.

02 ②

보기 중 기약 행 사다리꼴 행렬은 ㄴ, ㄹ이다. ㄱ, ㄷ은 행렬의 맨 아랫부분에 모든 원소가 0이 아니므로 기약 행사다리꼴 행렬이 아니다.

TIP ▸ 기약 행 사다리꼴의 성질

(i) 0이 아닌 행에서 첫 번째 나타나는 0이 아닌 원소는 1이다.

(ii) 행의 번호가 커질수록 선행성분은 뒤로 밀린다.

(iii) 모든 원소가 0인 행은 행렬의 맨 아랫부분에 있다.

(iv) 첫 원소 1을 포함하는 열의 다른 요소는 모두 0이다.

03 ①

주어진 행렬을 행 사다리꼴 형태로 나타내고자 행 연산을 하면

$\begin{pmatrix} 1 & 5 & a \\ 2 & 6 & 48 \\ 3 & 7 & b \\ 4 & 8 & 72 \end{pmatrix} \sim \begin{pmatrix} 1 & 5 & a \\ 0 & -4 & 48-2a \\ 0 & -8 & b-3a \\ 0 & -12 & 72-4a \end{pmatrix}$

$\left(\because \begin{matrix} (1\text{행})\times(-2)+(2\text{행})\rightarrow(2\text{행}) \\ (1\text{행})\times(-3)+(3\text{행})\rightarrow(3\text{행}) \\ (1\text{행})\times(-4)+(4\text{행})\rightarrow(4\text{행}) \end{matrix} \right)$

$\sim \begin{pmatrix} 1 & 5 & a \\ 0 & -4 & 48-2a \\ 0 & 0 & a+b-96 \\ 0 & 0 & 2a-72 \end{pmatrix}$

$\left(\because \begin{matrix} (2\text{행})\times(-2)+(3\text{행})\rightarrow(3\text{행}) \\ (2\text{행})\times(-3)+(4\text{행})\rightarrow(4\text{행}) \end{matrix} \right)$

행렬의 계수($rank$)가 2이므로

$a+b-96=0$, $2a-72=0$이어야 한다.

두 식을 연립하면 $a=36$, $b=60$이다.

$\therefore$ 구하고자 하는 값 $a+b=96$이다.

04 ①

6×3 행렬 A, 3×3 행렬 $\begin{bmatrix} 1 & 2 & 3 \\ 1 & -1 & -1 \\ 5 & 1 & 3 \end{bmatrix}=B$에 대하여

$rankA+rankB-3 \le rank(AB)$가 성립한다.

가우스 소거법으로 $rankB$를 구하면

$B=\begin{pmatrix} 1 & 2 & 3 \\ 1 & -1 & -1 \\ 5 & 1 & 3 \end{pmatrix} \sim \begin{pmatrix} 1 & 2 & 3 \\ 0 & -3 & -4 \\ 0 & -9 & -12 \end{pmatrix} \sim \begin{pmatrix} 1 & 2 & 3 \\ 0 & -3 & -4 \\ 0 & 0 & 0 \end{pmatrix}$에서

$rankB=2$, $AB=O$이므로

$rankA+2-3 \le rankO$이다.

$\therefore rankA \le 1 \Leftrightarrow rank(A)=1$이다.

($\because$ 행렬 A는 영행렬이 아닌 조건)

TIP ▸ 실베스터 부등식

$rankA+rankB-n \le rank(AB)$

(A: $m\times n$ 행렬, B: $n\times l$ 행렬일 때)

05 ②

$\begin{bmatrix} 6 & 0 & 3 \\ 0 & 2 & 0 \\ 4 & 0 & 2 \\ 0 & 6 & 0 \end{bmatrix} \sim \begin{bmatrix} 2 & 0 & 1 \\ 0 & 2 & 0 \\ 4 & 0 & 2 \\ 0 & 6 & 0 \end{bmatrix}$ $\left[\frac{1}{3}\times(1\text{행}) \Rightarrow (1\text{행}) \right]$

$\sim \begin{bmatrix} 2 & 0 & 1 \\ 0 & 2 & 0 \\ 0 & 0 & 0 \\ 0 & 0 & 0 \end{bmatrix}$ $\left[\begin{matrix} (-2)\times(1\text{행})+(3\text{행}) \Rightarrow (3\text{행}) \\ (-3)\times(2\text{행})+(4\text{행}) \Rightarrow (4\text{행}) \end{matrix} \right]$

따라서 $rank=2$이다.

06 ②

$A^T=\begin{bmatrix} 1 & 3 & -2 & -7 \\ 4 & 1 & 3 & 5 \\ 2 & -5 & 7 & 19 \end{bmatrix}$

$\sim \begin{bmatrix} 1 & 3 & -2 & -7 \\ 0 & -11 & 11 & 33 \\ 0 & -11 & 11 & 33 \end{bmatrix}$ $\left[\begin{matrix} (-4)\times(1\text{행})+(2\text{행}) \Rightarrow (2\text{행}) \\ (-2)\times(1\text{행})+(3\text{행}) \Rightarrow (3\text{행}) \end{matrix} \right]$

$\sim \begin{bmatrix} 1 & 3 & -2 & -7 \\ 0 & -11 & 11 & 33 \\ 0 & 0 & 0 & 0 \end{bmatrix}$ $[(-1)\times(2\text{행})+(3\text{행}) \Rightarrow (3\text{행})]$

따라서 $rank(A)=rank(A^T)=2$

07 ③

주어진 연립방정식을 행렬로 나타내면

$$\begin{pmatrix} 1 & -2 & 1 & -1 \\ 2 & -3 & 4 & -3 \\ 3 & -5 & 2 & -4 \end{pmatrix}\begin{pmatrix} x_1 \\ x_2 \\ x_3 \\ x_4 \end{pmatrix} = \begin{pmatrix} 2 \\ 0 \\ 3 \end{pmatrix}$$ 로 나타낼 수 있다.

이를 첨가행렬로 나타내면 다음과 같다.

$$\left(\begin{array}{cccc|c} 1 & -2 & 1 & -1 & 2 \\ 2 & -3 & 4 & -3 & 0 \\ 3 & -5 & 2 & -4 & 3 \end{array}\right) \sim \left(\begin{array}{cccc|c} 1 & -2 & 1 & -1 & 2 \\ 0 & 1 & 2 & -1 & -4 \\ 0 & 1 & -1 & -1 & -3 \end{array}\right)$$

$$\sim \left(\begin{array}{cccc|c} 1 & -2 & 1 & -1 & 2 \\ 0 & 1 & 2 & -1 & -4 \\ 0 & 0 & -3 & 0 & 1 \end{array}\right)$$

$-3x_3 = 1$ 이므로 구하고자 하는 값 $x_3 = -\frac{1}{3}$ 이다.

08 ③

주어진 일차 연립방정식은

$$\begin{bmatrix} 2 & 4 & -1 & -3 \\ -3 & -1 & 2 & 4 \\ 1 & -3 & 4 & -2 \\ -4 & 2 & -3 & 1 \end{bmatrix}\begin{bmatrix} x_1 \\ x_2 \\ x_3 \\ x_4 \end{bmatrix} = \begin{bmatrix} -13 \\ 14 \\ 6 \\ -9 \end{bmatrix}$$ 로 나타낼 수 있다.

이를 $Ax = b$라 하면 $x_1 = \dfrac{\det(A_1)}{\det(A)}$이다. ($\because$ 크래머 공식)

$$\det(A) = \begin{vmatrix} 2 & 4 & -1 & -3 \\ -3 & -1 & 2 & 4 \\ 1 & -3 & 4 & -2 \\ -4 & 2 & -3 & 1 \end{vmatrix}$$

$$= \begin{vmatrix} -10 & 10 & -10 & 0 \\ 13 & -9 & 14 & 0 \\ -7 & 1 & -2 & 0 \\ -4 & 2 & -3 & 1 \end{vmatrix}$$

$$= \begin{vmatrix} -10 & 10 & -10 \\ 13 & -9 & 14 \\ -7 & 1 & -2 \end{vmatrix} = -260$$

$$\det(A_1) = \begin{vmatrix} -13 & 4 & -1 & -3 \\ 14 & -1 & 2 & 4 \\ 6 & -3 & 4 & -2 \\ -9 & 2 & -3 & 1 \end{vmatrix}$$

$$= \begin{vmatrix} -40 & 10 & -10 & 0 \\ 50 & -9 & 14 & 0 \\ -12 & 1 & -2 & 0 \\ -9 & 2 & -3 & 1 \end{vmatrix}$$

$$= \begin{vmatrix} -40 & 10 & -10 \\ 50 & -9 & 14 \\ -12 & 1 & -2 \end{vmatrix} = -260$$

따라서 크래머 공식에 의해 구하고자 하는

$x_1 = \dfrac{\det(A_1)}{\det(A)} = 1$이다.

TIP ▸ 크래머 공식

선형연립방정식 $Ax = b$인

$$\begin{bmatrix} a_{11} & a_{12} & \cdots & a_{1n} \\ a_{21} & a_{22} & \cdots & a_{2n} \\ & \vdots & & \\ a_{n1} & a_{n2} & \cdots & a_{nn} \end{bmatrix}\begin{bmatrix} x_1 \\ x_2 \\ \vdots \\ x_n \end{bmatrix} = \begin{bmatrix} b_1 \\ b_2 \\ \vdots \\ b_n \end{bmatrix}$$ 에서

$\det(A) \neq 0$ 이면 $x_j = \dfrac{\det(A_j)}{\det(A)}$ 이다.

(여기서 행렬 A_j는 행렬 A의 j열을 열벡터 $\begin{bmatrix} b_1 \\ b_2 \\ \vdots \\ b_n \end{bmatrix}$ 로 바꾼 행렬)

09 ④

주어진 일차 연립방정식을 행렬로 나타내고

이를 $Ax = b$라 할 때,

$$\det(A) = \begin{vmatrix} a & b & 0 & 0 \\ a & a & b & 0 \\ 2a & 2a & a & b \\ a & b & 0 & c \end{vmatrix}$$

$$= a\begin{vmatrix} 1 & b & 0 & 0 \\ 1 & a & b & 0 \\ 2 & 2a & a & b \\ 1 & b & 0 & c \end{vmatrix}$$

$$= a\begin{vmatrix} 1 & b & 0 & 0 \\ 0 & a-b & b & 0 \\ 0 & 2a-2b & a & b \\ 0 & 0 & 0 & c \end{vmatrix}$$

$$= a\begin{vmatrix} a-b & b & 0 \\ 2a-2b & a & b \\ 0 & 0 & c \end{vmatrix}$$

$$= ac\begin{vmatrix} a-b & b & 0 \\ 2a-2b & a & b \\ 0 & 0 & 1 \end{vmatrix}$$

$$= ac\begin{vmatrix} a-b & b \\ 2a-2b & a \end{vmatrix} = ac(a-b)(a-2b)$$

연립방정식이 유일한 해를 갖기 위한 조건은 $\det(A) \neq 0$이어야 한다.

$ac(a-b)(a-2b) \neq 0$이려면

$a \neq 0,\ c \neq 0,\ a \neq b,\ a \neq 2b$이므로

보기 중 조건으로 옳지 않은 것은 ④이다.

10 ②

연립방정식을 첨가행렬로 나타내면

$$\left(\begin{array}{ccc|c} 1 & -1 & 3 & 1 \\ a & -1 & 1 & -1 \\ -3 & a & -4 & 0 \end{array}\right)$$

$$\sim \left(\begin{array}{ccc|c} 1 & -1 & 3 & 1 \\ 0 & a-3 & 5 & 3 \\ 0 & a-1 & -3a+1 & -a-1 \end{array}\right)$$

$$\sim \left(\begin{array}{ccc|c} 1 & -1 & 3 & 1 \\ 0 & a-3 & 5 & 3 \\ 0 & 0 & -3a^2+5a+2 & -a^2-a+6 \end{array}\right)$$

$$\sim \left(\begin{array}{ccc|c} 1 & -1 & 3 & 1 \\ 0 & a-3 & 5 & 3 \\ 0 & 0 & -(a-2)(3a+1) & -(a-2)(a+3) \end{array}\right)$$

무수히 많은 해를 가지려면 계수와 선형시스템 해의 연관성에서

$rank(A) = rank(A|B) < 3$이어야 한다.

따라서 $a = 2$이다.

다른 풀이

$\det(A) = 0$이면 무수히 많은 해를 갖거나 해가 없다.

$$\begin{vmatrix} 1 & -1 & 3 \\ a & -1 & 1 \\ -3 & a & -4 \end{vmatrix} = 0 \Rightarrow 3a^2 - 5a - 2 = 0$$

$\therefore\ a = 2,\ -\frac{1}{3}$

따라서 $a = 2$일 때 무수히 많은 해를 갖고,

$a=-\frac{1}{3}$일 때 해를 갖지 않는다.

11 ②

선형계를 첨가행렬로 나타내면

$$\begin{pmatrix} 1 & k & 0 & 0 & | & 1 \\ 0 & 1 & k & 0 & | & 1 \\ 0 & 0 & 1 & k & | & 1 \\ k & 0 & 0 & 1 & | & 1 \end{pmatrix}$$

$$\sim\begin{pmatrix} 1 & k & 0 & 0 & | & 1 \\ 0 & 1 & k & 0 & | & 1 \\ 0 & 0 & 1 & k & | & 1 \\ 0 & -k^2 & 0 & 1 & | & 1-k \end{pmatrix}$$

$$\sim\begin{pmatrix} 1 & k & 0 & 0 & | & 1 \\ 0 & 1 & k & 0 & | & 1 \\ 0 & 0 & 1 & k & | & 1 \\ 0 & 0 & k^3 & 1 & | & 1-k+k^2 \end{pmatrix}$$

$$\sim\begin{pmatrix} 1 & k & 0 & 0 & | & 1 \\ 0 & 1 & k & 0 & | & 1 \\ 0 & 0 & 1 & k & | & 1 \\ 0 & 0 & 0 & 1-k^4 & | & 1-k+k^2-k^3 \end{pmatrix}$$

해가 존재하지 않으려면

$1-k^4=0$이고 $1-k+k^2-k^3\neq 0$이어야 한다.

$\therefore k=-1$

12 ②

연립방정식을 첨가행렬로 표현하면 다음과 같다.

$$\begin{pmatrix} 1 & 0 & 1 & | & 2 \\ 2 & 1 & 3 & | & 3 \\ -3 & -3 & a^2-5a & | & a-5 \end{pmatrix}$$

기본 행 연산에 의하여

$$\begin{pmatrix} 1 & 0 & 1 & | & 2 \\ 2 & 1 & 3 & | & 3 \\ -3 & -3 & a^2-5a & | & a-5 \end{pmatrix}$$

$$\sim\begin{pmatrix} 1 & 0 & 1 & | & 2 \\ 0 & 1 & 1 & | & -1 \\ 0 & -3 & a^2-5a+3 & | & a+1 \end{pmatrix}$$

$$\sim\begin{pmatrix} 1 & 0 & 1 & | & 2 \\ 0 & 1 & 1 & | & -1 \\ 0 & 0 & a^2-5a+6 & | & a-2 \end{pmatrix}$$

$$\sim\begin{pmatrix} 1 & 0 & 1 & | & 2 \\ 0 & 1 & 1 & | & -1 \\ 0 & 0 & (a-3)(a-2) & | & a-2 \end{pmatrix}$$

$a=2$일 때 무수히 많은 해를 갖고,

$a=3$일 때 해가 존재하지 않는다.

13 ②

$$\begin{bmatrix} 2 & 6 & 6 & 4 \\ 2 & 6 & 9 & 5 \\ -1 & -3 & 3 & 0 \end{bmatrix}\begin{bmatrix} x_1 \\ x_2 \\ x_3 \\ x_4 \end{bmatrix}=\begin{bmatrix} b_1 \\ b_2 \\ b_3 \end{bmatrix}$$

이를 확대행렬로 나타내면

$$\begin{bmatrix} 2 & 6 & 6 & 4 & | & b_1 \\ 2 & 6 & 9 & 5 & | & b_2 \\ -1 & -3 & 3 & 0 & | & b_3 \end{bmatrix}$$

기본 행 연산에 의하여

$$\sim\begin{bmatrix} 2 & 6 & 6 & 4 & | & b_1 \\ 0 & 0 & 3 & 1 & | & b_2-b_1 \\ 0 & 0 & 6 & 2 & | & b_3+\frac{1}{2}b_1 \end{bmatrix}$$

$$\sim\begin{bmatrix} 2 & 6 & 6 & 4 & | & b_1 \\ 0 & 0 & 3 & 1 & | & b_2-b_1 \\ 0 & 0 & 0 & 0 & | & b_3+\frac{5}{2}b_1-2b_2 \end{bmatrix}$$

$\frac{5}{2}b_1-2b_2+b_3=0 \Rightarrow 5b_1-4b_2+2b_3=0$일 때,

해가 존재한다.

그러므로 $\alpha+\beta=5+(-4)=1$이다.

14 ④

ㄱ. (O)

$|A|=|A^T|$이므로 A^T가 가역행렬이면

$|A^T|\neq 0$이고 $|A|\neq 0$이다.

따라서 A는 가역행렬이다.

ㄴ. (X)

$\det(A)=0$이면 A는 비가역행렬이다.

ㄷ. (O)

$|A|\neq 0$인 정방행렬의 기약 행 사다리꼴 행렬은 I이다.

따라서 A는 n차 항등행렬 I와 행동치이면 $|A|\neq 0$이고

A는 가역행렬이다.

ㄹ. (O)

동차 연립 일차방정식 $Ax=0$의 해가 0

즉, 유일해를 가지면 $|A|\neq 0$이므로 A는 가역행렬이다.

ㅁ. (O)

연립 일차방정식 $Ax=b$는 모든 벡터 b에 대해 유일한 해가

존재하면 $|A|\neq 0$이므로 행렬 A는 가역행렬이다.

ㅂ. (X)

[반례] $A=\begin{pmatrix} 1 & 1 \\ 2 & 2 \end{pmatrix}$, $b=\begin{pmatrix} 2 \\ 4 \end{pmatrix}$라고 할 때,

$x_1=\begin{pmatrix} 1 \\ 1 \end{pmatrix}$과 $x_2=\begin{pmatrix} 2 \\ 0 \end{pmatrix}$는 $Ax=b$의 해가 되고

$x_1-x_2=\begin{pmatrix} -1 \\ 1 \end{pmatrix}$도 $Ax=0$의 해가 되지만 $|A|=0$이므로

A는 비가역행렬이다.

즉, 'A는 가역행렬이다.'와 필요충분조건인 것의 개수는 4개다.

15 ③

주어진 선형 연립방정식을 행렬로 나타내고

이를 $Ax=0$라 할 때,

$\det(A)=\begin{vmatrix} 4 & 1 & 5 \\ 14 & 4 & 17 \\ 6 & 2 & a \end{vmatrix}=0$이면 선형연립방정식이

무수히 많은 해를 갖는다.

즉, $16a+140+102-120-136-14a=0$이므로

$a=7$이다.

04. 벡터

문제 p.117

01 ①	02 ②	03 ④	04 ③	05 ②	06 ②	07 ②	08 ③	09 ④	10 ②
11 ④	12 ④	13 ②	14 ③	15 ③	16 ②	17 ④	18 ①	19 ①	20 ①

01 ①

$|\vec{a}+k\vec{b}| = |(1, 5)+k(8, 1)|$

$= |(1+8k, 5+k)|$

$= \sqrt{(1+8k)^2+(5+k)^2}$ 이므로

$f(k) = (1+8k)^2+(5+k)^2$ 의 최솟값을 갖는 k 는

$|\vec{a}+k\vec{b}| = \sqrt{(1+8k)^2+(5+k)^2}$ 의 최솟값을 갖게 하는 k의 값과 같다.

$f(k) = (1+8k)^2+(5+k)^2$ 이라 하면

$f'(k) = 2(1+8k)8+2(5+k)$

$= 16+128k+10+2k$

$= 26+130k = 0$ 이므로

$k = -\frac{1}{5}$ 일 때, $f(k)$ 는 최솟값을 갖는다.

그러므로 $|\vec{a}+k\vec{b}| = \sqrt{(1+8k)^2+(5+k)^2}$ 의 크기가 최소가 되게 하는 k 의 값은 $-\frac{1}{5}$ 이다.

02 ②

v에 수직인 u의 벡터를 w라고 할 때,

$w = u-proj_v u = u-\frac{u \cdot v}{v \cdot v}v$

$= (3, -1, 4)-\frac{6+4}{4+1}(2, 0, 1)$

$= (3, -1, 4)-2(2, 0, 1)$

$= (3, -1, 4)-(4, 0, 2)$

$= (-1, -1, 2)$이므로

벡터 w의 크기는 $\sqrt{1+1+4} = \sqrt{6}$ 이다.

03 ④

$\vec{a} = \overrightarrow{a_T}+\overrightarrow{a_N}$ 이라 할 때,

$\overrightarrow{a_T} = proj_{\vec{b}}\vec{a} = \frac{\vec{b} \cdot \vec{a}}{\vec{b} \cdot \vec{b}}\vec{b}$

$= \frac{2+49}{1+0+49}(1, 0, 7)$

$= \frac{51}{50}(1, 0, 7)$

$= \left(\frac{51}{50}, 0, \frac{357}{50}\right)$

04 ③

$i-j$와 $i+j+k$에 각각 수직인 벡터는

$(1, -1, 0) \times (1, 1, 1) = \begin{vmatrix} i & j & k \\ 1 & -1 & 0 \\ 1 & 1 & 1 \end{vmatrix} = (-1, -1, 2)$와 평행하므로

$i-j$와 $i+j+k$에 동시에 수직인 단위벡터 u는 다음 중

ㄱ. $u = \frac{1}{\sqrt{6}}(i+j-2k)$ 또는 ㄹ. $u = \frac{1}{\sqrt{6}}(-i-j+2k)$이다.

05 ②

벡터 $v = 2i+3j+6k$가 x축, y축, z축의 양의 방향과 이루는 각의 크기를 각각 α, β, γ라 할 때, 벡터 v의 크기

$|\vec{v}| = \sqrt{4+9+36} = 7$이므로

$\cos\alpha = \frac{\overrightarrow{v_1}}{|\vec{v}|} = \frac{2}{7}$

$\cos\beta = \frac{\overrightarrow{v_2}}{|\vec{v}|} = \frac{3}{7}$

$\cos\gamma = \frac{v_3}{|\vec{v}|} = \frac{6}{7}$이다.

$$\therefore \frac{\cos\alpha\cos\beta}{\cos^2\alpha+\cos^2\beta+\cos^2\gamma} = \frac{\frac{2}{7} \times \frac{3}{7}}{\left(\frac{2}{7}\right)^2+\left(\frac{3}{7}\right)^2+\left(\frac{6}{7}\right)^2} = \frac{6}{49}$$

06 ②

벡터 $v \perp (v \times w)$이므로 $3\vec{v} \cdot (\vec{v} \times \vec{w}) = 0$이고,

$-2(\vec{w} \times \vec{v}) \cdot \vec{u} = -2\vec{u} \cdot (\vec{w} \times \vec{v})$

$= 2\vec{u} \cdot (\vec{v} \times \vec{w})$

$= 2$이다.

$\therefore 3\vec{v} \cdot (\vec{v} \times \vec{w})-2(\vec{w} \times \vec{v}) \cdot \vec{u} = 2$

TIP 벡터 v와 $v \times w$는 직교($\perp$)하므로

$\vec{v} \cdot (\vec{v} \times \vec{w}) = 0$

07 ②

벡터 (a, b, c)는

$(2, -1, 3)$과 $(-1, 2, -3)$에 모두 수직이므로

$(2, -1, 3) \times (-1, 2, -3)$

$= \begin{vmatrix} i & j & k \\ 2 & -1 & 3 \\ -1 & 2 & -3 \end{vmatrix} = (-3, 3, 3)$과 평행하다.

따라서 크기가 $\sqrt{3}$ 이며,

$(2, -1, 3)$과 $(-1, 2, -3)$에 모두 수직인 벡터는 $(-1, 1, 1)$이다.

즉, $a=-1, b=1, c=1$이므로 ($\therefore a<0$인 경우)
$ab+bc+ca=-1+1-1=-1$이다.

08 ③

$u=(3, 2, 1, 4)$, $v=(x_1, x_2, x_3, x_4)$로 놓으면

$$f(x_1, x_2, x_3, x_4)=\frac{3x_1+2x_2+x_3+4x_4}{\sqrt{x_1^2+x_2^2+x_3^2+x_4^2}}=\frac{u \cdot v}{|v|}=\frac{|u||v|\cos\theta}{|v|}$$

$=|u|\cos\theta$이므로 (θ는 u, v의 사잇각)
$\theta=0$일 때, 최댓값
$|u|=\sqrt{3^2+2^2+1^2+4^2}=\sqrt{30}$을 갖는다.

09 ④

외적의 성질에 의하여
$(\overrightarrow{AB}\times\overrightarrow{BC})\cdot(\overrightarrow{AC}\times\overrightarrow{CD})$
$=(\overrightarrow{AB}\cdot\overrightarrow{AC})(\overrightarrow{BC}\cdot\overrightarrow{CD})-(\overrightarrow{AB}\cdot\overrightarrow{CD})(\overrightarrow{BC}\cdot\overrightarrow{AC})$이다.
여기서
$\overrightarrow{AB}\cdot\overrightarrow{AC}=|\overrightarrow{AB}||\overrightarrow{AC}|\cos60°=\frac{1}{2}$ ($\therefore \triangle ABC$: 정삼각형)
$\overrightarrow{BC}\cdot\overrightarrow{CD}=|\overrightarrow{BC}||\overrightarrow{CD}|\cos60°=\frac{1}{2}$ ($\therefore \triangle BCD$: 정삼각형)
$\overrightarrow{AB}\cdot\overrightarrow{CD}=|\overrightarrow{AB}||\overrightarrow{CD}|\cos90°=0$이므로
$(\overrightarrow{AB}\cdot\overrightarrow{AC})(\overrightarrow{BC}\cdot\overrightarrow{CD})-(\overrightarrow{AB}\cdot\overrightarrow{CD})(\overrightarrow{BC}\cdot\overrightarrow{AC})=\frac{1}{4}$이다.
($\because \overrightarrow{AB}\cdot\overrightarrow{CD}=\overrightarrow{AB}\cdot(\overrightarrow{AD}-\overrightarrow{AC})=\overrightarrow{AB}\cdot\overrightarrow{AD}-\overrightarrow{AB}\cdot\overrightarrow{AC}=0$)

10 ②

① $(a\times b)\cdot b=0$이므로 수직이다.

② $(b-proj_a b)\cdot b=\left(b-\frac{a\cdot b}{a\cdot a}\right)\cdot b$

$=b\cdot b-\frac{a\cdot b}{a\cdot a}b$

는 항상 0이라 볼 수 없으므로, 벡터 b와 수직이 아닐 수 있다.

③ $(a-2b)\times(b-2a)$
$=a\times b-a\times 2a-2b\times b+4b\times a$
$=-3a\times b$
$(-3a\times b)\cdot b=0$이므로 수직이다.

④ $\{(b\cdot b)a-(a\cdot b)b\}\cdot b$
$=(b\cdot b)(a\cdot b)-(a\cdot b)(b\cdot b)$
$=0$이므로 수직이다.

11 ④

점 A$(0,1,1)$, B$(2,-1,2)$, C$(3,1,5)$라고 할 때,
삼각형 ABC의 넓이는

$$\frac{1}{2}|\overrightarrow{AB}\times\overrightarrow{AC}|=\frac{1}{2}\left\|\begin{vmatrix} i & j & k \\ 2 & -2 & 1 \\ 3 & 0 & 4\end{vmatrix}\right\|$$

$$=\frac{1}{2}|i(-8)-j(5)+k(6)|$$

$$=\frac{1}{2}\sqrt{64+25+36}$$

$=\frac{\sqrt{125}}{2}=\frac{5\sqrt{5}}{2}$이다.

12 ④

점 A$(2, 0, 1)$, B$(5, 2, 0)$, C$(0, 5, 2)$, D$(4, 1, 6)$라고 할 때,
사면체의 부피는

$$V=\frac{1}{6}||\overrightarrow{AB}\cdot(\overrightarrow{AC}\times\overrightarrow{AD})||$$

$$=\frac{1}{6}\left\|\begin{vmatrix} 3 & 2 & -1 \\ -2 & 5 & 1 \\ 2 & 1 & 5\end{vmatrix}\right\|$$

$$=\frac{1}{6}\left\|\begin{vmatrix} 3 & 2 & -1 \\ 1 & 7 & 0 \\ 17 & 11 & 0\end{vmatrix}\right\|$$

$$=\frac{1}{6}|-(11-119)|$$

$=\frac{1}{6}\times 108=18$이다.

13 ②

점 A$(1, 2, 2)$, B$(3, 2, 3)$, C$(4, 1, 0)$, D$(2, 3, 0)$를 xy에 평면에 사영시키면 A$'(1, 2, 0)$, B$'(3, 2, 0)$, C$'(4, 1, 0)$, D$'(2, 3, 0)$이다.
B$'$, C$'$, D$'$가 일직선상에 놓이므로 사영된 도형은 꼭짓점이 A$'$와 C$'$, D$'$로 이루어진 삼각형이 된다.
또한 높이 $\overrightarrow{D'A'}=(-1, -1, 0)$이고,
밑변 $\overrightarrow{D'C'}=(2, -2, 0)$가 서로 수직이므로
삼각형의 넓이는 $\frac{1}{2}\times\sqrt{2}\times\sqrt{8}=2$이다.

14 ③

O$(0, 0, 0)$, A$(x, 1, 0)$, B$(0, x, 3)$, C$(-1, 1, x)$를 꼭짓점으로 갖는 사면체의 부피가 V일 때,

$$V=\frac{1}{6}|\overrightarrow{OA}\cdot(\overrightarrow{OB}\times\overrightarrow{OC})|$$

$$=\frac{1}{6}\begin{vmatrix} x & 1 & 0 \\ 0 & x & 3 \\ -1 & 1 & x\end{vmatrix}$$

$=\frac{1}{6}|x^3-3x-3|$이다.

$f(x)=x^3-3x-3$이라 할 때,
$f'(x)=3x^2-3$이므로 $x=\pm1$에서 임계점을 갖는다.
임계점과 양끝점에서의 값을 구하면
$f(1)=1-3-3=-5$, $f(-1)=-1+3-3=-1$
$f(2)=8-6-3=-1$, $f(-2)=-8+6-3=-5$
이므로 사면체 부피의 최댓값은 $\frac{5}{6}$이다.

15 ③

스칼라사영

$comp_v u = \frac{u \cdot v}{|u||v|}|u| = \frac{u \cdot v}{|v|} = \frac{1}{\sqrt{2}} = a$

벡터사영

$proj_v u = \frac{u \cdot v}{v \cdot v} v = \frac{-1+2}{1+0+1}(1,\ 0,\ -1) = \frac{1}{2}(1,\ 0,\ -1) = (b,\ c,\ d)$

$\therefore a^2 + b^2 + c^2 + d^2 = \frac{1}{2} + \frac{1}{4} + \frac{1}{4} = 1$

16 ②

ㄱ. (거짓)

[반례] $u = (1, 0, 0)$, $v = (0, 1, 0)$, $w = (0, 0, 1)$

이라 하면 $u \cdot v = u \cdot w$ 이지만 $v \neq w$ 이다.

ㄴ. (거짓)

[반례] $u = (1, 0, 0)$, $v = (2, 0, 0)$, $w = (3, 0, 0)$

이라 하면 $u \times v = u \times w = \vec{0}$ 이지만 $v \neq w$ 이다.

ㄷ. (참)

$u \cdot v = u \cdot w$ 이면

$u \cdot (v - w) = 0 \Leftrightarrow |u||v - w|\cos\theta = 0$

$\Leftrightarrow |v - w|\cos\theta = 0$ 이고

$u \times v = u \times w$ 이면

$u \times (v - w) = \vec{0} \Leftrightarrow |u||v - w|\sin\theta = 0$

$\Leftrightarrow |v - w|\sin\theta = 0$ 에서

$|v - w|\cos\theta = 0$ 과 $|v - w|\sin\theta = 0$을 동시에

만족하는 θ 의 값은 존재하지 않으므로,

$|v - w| = 0$ 이고 $v - w = \vec{0} \Leftrightarrow v = w$ 이다.

즉, 보기에서 옳은 것의 개수는 1개이다.

17 ④

$|(\vec{a} - \vec{b}) \times (\vec{a} \times \vec{b})|$

$= |\vec{a} \times (\vec{a} \times \vec{b}) - \vec{b} \times (\vec{a} \times \vec{b})|$

$= |(\vec{a} \cdot \vec{b})\vec{a} - (\vec{a} \cdot \vec{a})\vec{b} - (\vec{b} \cdot \vec{b})\vec{a} + (\vec{b} \cdot \vec{a})\vec{b}|$

$= |\vec{a} - \vec{b} - 4\vec{a} + \vec{b}|$

$= |-3\vec{a}| = 3$

18 ①

ㄱ. (참)

$\vec{u} \cdot (\vec{v} \times \vec{w}) = (\vec{v} \times \vec{w}) \cdot \vec{u} = (\vec{u} \times \vec{v}) \cdot \vec{w}$

ㄴ. (참)

$(c\vec{u}) \times \vec{v} = c(\vec{u} \times \vec{v}) = \vec{u} \times (c\vec{v})$

ㄷ. (참)

$\vec{u} \times (\vec{v} + \vec{w}) = \vec{u} \times \vec{v} + \vec{u} \times \vec{w}$

ㄹ. (거짓)

$\vec{u} \times \vec{v} = -\vec{v} \times \vec{u}$

ㅁ. (거짓)

$\vec{u} \times (\vec{v} \times \vec{w}) = (\vec{u} \cdot \vec{w})\vec{v} - (\vec{u} \cdot \vec{v})\vec{w}$

즉, 옳은 것은 ㄱ, ㄴ, ㄷ이다.

19 ①

ㄱ. (참)

$(\vec{a} \times \vec{b}) \times \vec{c} = -\vec{c} \times (\vec{a} \times \vec{b})$

$= (-\vec{c} \cdot \vec{b})\vec{a} - (-\vec{c} \cdot \vec{a})\vec{b}$

$= -(\vec{c} \cdot \vec{b})\vec{a} + (\vec{c} \cdot \vec{a})\vec{b}$

$= (\vec{a} \cdot \vec{c})\vec{b} - (\vec{b} \cdot \vec{c})\vec{a}$

ㄴ. (참)

모든 벡터에 수직인 동시에 평행인 벡터는 영벡터이다.

ㄷ. (참)

$\vec{a} \cdot \vec{x} = \vec{b} \cdot \vec{x} \Rightarrow (\vec{a} - \vec{b}) \cdot \vec{x} = 0$

$\vec{x}$는 임의의 벡터이므로

$\vec{a} - \vec{b} = 0 \Leftrightarrow \vec{a} = \vec{b}$

ㄹ. (거짓)

$\|\vec{a} \times \vec{b}\| = \|\vec{a}\|\ \|\vec{b}\|\sin\theta$이다.

즉, 옳은 것은 ㄱ, ㄴ, ㄷ이다.

20 ①

점 A와 E가 평면 BCD를 사이에 두고 반대편에 있으므로 구하는 육면체의 부피는 두 사면체 ABCD와 BCDE의 부피의 합과 같다.

$\overrightarrow{BA} = (1, 0, 2)$, $\overrightarrow{BE} = (2, 3, 2)$이고

$\overrightarrow{BC} \times \overrightarrow{BD} = \begin{vmatrix} i & j & k \\ 2 & 1 & 3 \\ 1 & 2 & 3 \end{vmatrix} = (-3,\ -3,\ 3)$이므로

사면체 ABCD의 부피는

$\frac{1}{6}|\overrightarrow{BA} \cdot (\overrightarrow{BC} \times \overrightarrow{BD})| = \frac{1}{6}|(1, 0, 2) \cdot (-3,\ -3,\ 3)| = \frac{1}{2}$이고,

사면체 BCDE의 부피는

$\frac{1}{6}|\overrightarrow{BE} \cdot (\overrightarrow{BC} \times \overrightarrow{BD})| = \frac{1}{6}|(2, 3, 2) \cdot (-3,\ -3,\ 3)| = \frac{3}{2}$이다.

그러므로 구하고자 하는 육면체의 부피는

$\frac{1}{2} + \frac{3}{2} = 2$이다.

05. 직선과 평면의 방정식

문제 p.160

01 ①	02 ③	03 ②	04 ②	05 ④	06 ②	07 ④	08 ④	09 ②	10 ④
11 ①	12 ④	13 ④	14 ②	15 ③	16 ③	17 ④	18 ④	19 ①	20 ②

01 ①

평면 $x-3y+2z=-1$에 수직이고 두 점

$P(1,-1,2)$, $Q(2,1,1)$을 포함하는 평면을 α라고 할 때,

평면 α의 법선벡터 $\vec{n}$은 평면 $x-3y+2z=-1$의

법선벡터 $(1,-3,2)$와 벡터 $\overrightarrow{PQ}$에 동시에 수직이다.

$$\begin{vmatrix} i & j & k \\ 1 & -3 & 2 \\ 1 & 2 & -1 \end{vmatrix} = i(-1)-j(-3)+k(5)$$

$=(-1,3,5)$와 평행하고

점 $P(1,-1,2)$를 지나므로 평면 α의 방정식은

$-(x-1)+3(y+1)+5(z-2)=0$에서

$x-3y-5z+6=0$이다.

즉, $a=-3$, $b=-5$, $c=6$이므로

구하고자 하는 상수 $a+b+c=-3-5+6=-2$이다.

02 ③

평면 $x+y+z=1$을 α, 평면 $x+2y+2z=1$을 β, 평면 α와 β의 교선을 l, 구하고자 하는 평면을 γ라고 할 때, 교선 l의 방향벡터는 평면 α의 법선벡터와 β의 법선벡터에 동시에 수직이다. 즉,

$$\vec{n_1}\times\vec{n_2}=\begin{vmatrix} i & j & k \\ 1 & 1 & 1 \\ 1 & 2 & 2 \end{vmatrix}=i(0)-j(1)+k(1)=(0,-1,1)\text{과 평행하며}$$

평면 α와 β를 연립하여 얻은 l의 교점을 Q라고 할 때,

$Q=(1,0,0)$이다.

또한, 평면 γ의 법선벡터는 l의 방향벡터와 벡터 $\overrightarrow{PQ}$에 동시에 수직이므로

$$(l\text{의 방향벡터})\times\overrightarrow{PQ}=\begin{vmatrix} i & j & k \\ 0 & -1 & 1 \\ 1 & 1 & 3 \end{vmatrix}$$

$=i(-4)-j(-1)+k(1)$

$=(-4,1,1)\,//\,(4,-1,-1)$

03 ②

$\overrightarrow{AB}=(-1,-3,4)$, $\overrightarrow{CD}=(1,6,-7)$는 평행이 아니므로

네 점이 꼭짓점인 사각형은 평행사변형이 아니다. 즉, 사각형의 넓이는

$\frac{1}{2}|\overrightarrow{AB}\times\overrightarrow{AC}|+\frac{1}{2}|\overrightarrow{AC}\times\overrightarrow{AD}|$

$$=\frac{1}{2}\left\|\begin{vmatrix} i & j & k \\ -1 & -3 & 4 \\ -5 & -5 & 10 \end{vmatrix}\right\|+\frac{1}{2}\left\|\begin{vmatrix} i & j & k \\ -5 & -5 & 10 \\ -4 & 1 & 3 \end{vmatrix}\right\|$$

$=\frac{1}{2}|i(-10)-j(10)+k(-10)|+\frac{1}{2}|i(-25)-j(25)+k(-25)|$

$=\frac{10}{2}|(-1,-1,-1)|+\frac{25}{2}|(-1,-1,-1)|$

$=\frac{10}{2}\sqrt{3}+\frac{25}{2}\sqrt{3}=\frac{35}{2}\sqrt{3}$이다.

04 ②

구하고자 하는 사면체의 부피를 V라고 할 때,

$\overrightarrow{PQ}=(1,1,1)$, $\overrightarrow{PR}=(5,2,-2)$, $\overrightarrow{PS}=(5,4,-1)$이므로

$V=\frac{1}{6}|\overrightarrow{PQ}\cdot(\overrightarrow{PR}\times\overrightarrow{PS})|$

$$=\frac{1}{6}\left\|\begin{vmatrix} 1 & 1 & 1 \\ 5 & 2 & -2 \\ 5 & 4 & -1 \end{vmatrix}\right\|$$

$$=\frac{1}{6}\left\|\begin{vmatrix} 1 & 0 & 0 \\ 5 & -3 & -7 \\ 5 & -1 & -6 \end{vmatrix}\right\|$$

$=\frac{1}{6}|18-7|=\frac{11}{6}$이다.

TIP ▸ 세 벡터 $\vec{a}$, $\vec{b}$, $\vec{c}$에 의해 결정되는 도형의 부피

- 평행육면체: $|\vec{a}\cdot(\vec{b}\times\vec{c})|$
- 사면체: $\frac{1}{6}|\vec{a}\cdot(\vec{b}\times\vec{c})|$

05 ④

구하고자 하는 사면체 PQRS의 겉넓이를 A라고 할 때,

$A=\frac{1}{2}|\overrightarrow{PQ}\times\overrightarrow{PR}|+\frac{1}{2}|\overrightarrow{PQ}\times\overrightarrow{PS}|+\frac{1}{2}|\overrightarrow{PR}\times\overrightarrow{PS}|$

$+\frac{1}{2}|\overrightarrow{QR}\times\overrightarrow{QS}|$이다.

$$A=\frac{1}{2}\left\|\begin{vmatrix} i & j & k \\ 0 & 2 & 2 \\ 4 & 3 & -2 \end{vmatrix}\right\|+\frac{1}{2}\left\|\begin{vmatrix} i & j & k \\ 0 & 2 & 2 \\ 5 & 5 & 1 \end{vmatrix}\right\|$$

$$+\frac{1}{2}\left\|\begin{vmatrix} i & j & k \\ 4 & 3 & -2 \\ 5 & 5 & 1 \end{vmatrix}\right\|+\frac{1}{2}\left\|\begin{vmatrix} i & j & k \\ 4 & 1 & -4 \\ 5 & 3 & -1 \end{vmatrix}\right\|$$

$=\frac{1}{2}|i(-10)-j(-8)+k(-8)|$

$+\frac{1}{2}|i(-8)-j(-10)+k(-10)|$

$+\frac{1}{2}|i(13)-j(14)+k(5)|$

$+\frac{1}{2}|i(11)-j(16)+k(7)|$

$=\frac{1}{2}(\sqrt{228}+\sqrt{264}+\sqrt{390}+\sqrt{426})$

$=\sqrt{57}+\sqrt{66}+\frac{1}{2}\sqrt{426}+\frac{1}{2}\sqrt{390}$

06 ②

직선 l_1을 포함하고 직선 l_2와 평행인 평면을 P라 할 때,
평면 P의 법선은

$$\overrightarrow{d_1} \times \overrightarrow{d_2} = \begin{vmatrix} i & j & k \\ 1 & 6 & 2 \\ 2 & 15 & 6 \end{vmatrix}$$
$= i(6)-j(2)+k(3)$과 평행이다.

그리고 점 $(1, 1, 0)$을 지나므로 평면 P의 방정식은
$6(x-1)-2(y-1)+3z=0$에서
$6x-2y+3z-4=0$이다.
구하고자 하는 직선 l_1과 l_2 사이의 거리는
평면 P와 l_2 위의 점 $(1, 5, -2)$ 사이의 거리와 같다.

$\therefore \dfrac{|6-10-6-4|}{\sqrt{36+4+9}} = \dfrac{14}{7} = 2$이다.

TIP ▶ **점 (x_1, y_1)과 직선 $ax+by+c=0$ 사이의 거리 공식**

$$d = \frac{|ax_1+by_1+c|}{\sqrt{a^2+b^2}}$$

07 ④

점 $B(0, 1, 0)$, $D(1, 0, 0)$, $G(0, 0, 2)$ 를 지나는
평면 α의 방정식은 $2x+2y+z=2$이다.

(ⅰ) 평면 α와 수직이며 점 $C(0, 0, 0)$를 지나는 직선을 l이라 할 때,
l의 방정식은 $x=2t$, $y=2t$, $z=t$이다.
평면 α와 직선 l의 방정식을 연립하면
$2(2t)+2(2t)+t=2 \Leftrightarrow t=\dfrac{2}{9}$이므로
점 C를 평면 α에 사영시킨 점 X는
$(x, y, z)=\left(\dfrac{4}{9}, \dfrac{4}{9}, \dfrac{2}{9}\right)$이다.

(ⅱ) 평면 α와 수직이며 점 $E(1, 1, 2)$를
지나는 직선을 m이라 할 때, m의 방정식은
$x=2t+1$, $y=2t+1$, $z=t+2$이다.
평면 α와 직선 m의 방정식을 연립하면
$2(2t+1)+2(2t+1)+(t+2)=2 \Leftrightarrow 9t=-4$
$\Leftrightarrow t=-\dfrac{4}{9}$이므로
점 E를 평면 α에 사영시킨 점 Y는
$(x, y, z)=\left(\dfrac{1}{9}, \dfrac{1}{9}, \dfrac{14}{9}\right)$이다.

$\therefore |\overrightarrow{XY}| = \left|\left(-\dfrac{3}{9}, -\dfrac{3}{9}, \dfrac{12}{9}\right)\right| = \left|\dfrac{1}{3}(-1, -1, 4)\right| = \dfrac{1}{3}\sqrt{1+1+16}$
$=\sqrt{2}$

08 ④

세 점 $P(-2, 1, 0)$와 $Q(2, 3, 2)$, $R(1, 4, -1)$을 포함하는
평면을 α라고 할 때, 평면 α의 법선벡터는

$$\overrightarrow{PQ} \times \overrightarrow{PR} = \begin{vmatrix} i & j & k \\ 4 & 2 & 2 \\ 3 & 3 & -1 \end{vmatrix} = i(-8)-j(-10)+k(6)$$과

평행하고 점 $P(-2, 1, 0)$을 지난다.
즉, 평면 α의 방정식은
$-8(x+2)+10(y-1)+6z=0$에서
$4x-5y-3z+13=0$이다.
점 $S(3, 6, 1)$과 평면 $4x-5y-3z+13=0$까지의 거리는 다음과 같다.

$$\frac{|12-30-3+13|}{\sqrt{16+25+9}} = \frac{8}{\sqrt{50}} = \frac{8}{5\sqrt{2}} = \frac{4\sqrt{2}}{5}$$

TIP ▶ **점 (x_1, y_1, z_1)과 평면 $ax+by+cz+d=0$ 사이의 거리 공식**

$$d = \frac{|ax_1+by_1+cz_1+d|}{\sqrt{a^2+b^2+c^2}}$$

09 ②

세 점을 $A(1, 2, 5)$, $B(2, -1, -3)$, $C(3, 0, -3)$라 하면 평면
P의 법선벡터는 평면 위의 두 벡터 $\overrightarrow{AB}$, $\overrightarrow{AC}$에 수직이므로

$$\begin{vmatrix} i & j & k \\ 1 & -3 & -8 \\ 1 & -1 & -4 \end{vmatrix} = (4, -4, 2) // (2, -2, 1)$$이다.

따라서 평면 P의 방정식은
$2(x-1)-2(y-2)+(z-5)=0$에서
$2x-2y+z-3=0$이다.
점 $(3, 4 -2)$에서 평면 P까지의 거리는
$d=\dfrac{|2\cdot3-2\cdot4-2-3|}{\sqrt{2^2+(-2)^2+1^2}}=\dfrac{7}{3}$이다.
$\therefore a+b=7+3=10$

10 ④

$\overrightarrow{HP}=(x_0-x_1, y_0-y_1, z_0-z_1)=t(a, b, c)$이다.

$$\begin{cases} x_0-x_1-at=0 \\ y_0-y_1-bt=0 \\ z_0-z_1-ct=0 \end{cases}$$ 이므로

실수 t를 구하는 과정에서 필요한 식은
보기 중 ④ $y_0-y_1-bt=0$ 이다.

11 ①

직선 l_1을 포함하고 l_2에 평행인 평면을 P라고 할 때, 평면 P의
법선벡터는 l_1의 방향벡터와 l_2의 방향벡터에 동시에 수직이다. 즉,

$$\begin{vmatrix} i & j & k \\ 1 & 2 & -3 \\ 1 & 0 & -1 \end{vmatrix} = i(-2)-j(2)+k(-2)$$와 평행하고

l_1 위의 점 $(1, 2, 0)$을 지나므로 평면 P의 방정식은
$x+y+z=3 \Leftrightarrow x+y+z-3=0$이다.
평면 $P: x+y+z-3=0$과 직선 l_2 위의 점 $(0, 0, 0)$
사이의 거리는 $\dfrac{3}{\sqrt{3}}=\sqrt{3}$이고, 이는 두 직선
l_1과 l_2 사이의 거리와 같다.

12 ④

세 점 $A(2, 0, 1)$, $B(4, 2, 3)$, $C(0, 2, 1)$,
원의 중심 좌표를 $P=(p, q, r)$이라 할 때,
$|AP|=|BP|=|CP| \Rightarrow |AP|^2=|BP|^2=|CP|^2$
이 성립한다. 따라서

$(p-2)^2+q^2+(r-1)^2=(p-4)^2+(q-2)^2+(r-3)^2$

$=p^2+(q-2)^2+(r-1)^2$

$\Leftrightarrow -4p-2r+5=-8p-4q-6r+29=-4q-2r+5$

$\Leftrightarrow 4p+4q+4r=24,\ 8p+4r=24,\ -4p+4q=0$

$\Leftrightarrow p+q+r=6,\ 2p+r=6,\ -p+q=0$의 관계가 성립한다.

$\therefore p+q+r=6$

13 ④

$A=(1,\ -1,\ 2)$, $B=(2,\ 0,\ 1)$, $C=(3,\ 2,\ 0)$, $D=(a,\ 4,\ -2)$

라고 할 때, $\overrightarrow{AB}$와 $\overrightarrow{AC}$, $\overrightarrow{AD}$는 서로 종속이므로

$\overrightarrow{AB}\cdot(\overrightarrow{AC}\times\overrightarrow{AD})=0$을 만족한다.

$\therefore \begin{vmatrix} 1 & 1 & -1 \\ 2 & 3 & -2 \\ a-1 & 5 & -4 \end{vmatrix}=\begin{vmatrix} 0 & 0 & -1 \\ 0 & 1 & -2 \\ a-5 & 1 & -4 \end{vmatrix}=(a-5)=0$이므로

$a=5$일 때, 네 점은 한 평면 위에 존재한다.

14 ②

직선 L_1을 포함하고 L_2에 평행한 평면의 법선벡터는

L_1, L_2의 방향벡터와 모두 수직이다.

$\therefore \vec{n}=\begin{vmatrix} i & j & k \\ 1 & -1 & 3 \\ 2 & -2 & 7 \end{vmatrix}=(-1,\ -1,\ 0)\ //\ (1,\ 1,\ 0)$

이 평면은 직선 L_1 위의 점 $(0,\ 1,\ 2)$를 지나므로

구하고자 하는 평면의 방정식은 $x+y=1$이다.

$\therefore a+b+c=2$

15 ③

두 점을 각각 $A(2,\ 4,\ -3)$, $B(3,\ -7,\ -17)$라 하고 두 점 A, B를 지나는 직선을 l이라 할 때, 직선 l의 방향벡터는

$\overrightarrow{AB}=(1,\ -11,\ -14)$와 평행하므로 직선 l의 방정식은

$x=t+2,\ y=-11t+4,\ z=-14t-3$이다.

xy평면과 만나는 점을 찾기 위해

$z=-14t-3=0$이 되는 $t=-\dfrac{3}{14}$을 대입하면

$(x,\ y,\ z)=\left(-\dfrac{3}{14}+2,\ \dfrac{33}{14}+4,\ 0\right)=\left(\dfrac{25}{14},\ \dfrac{89}{14},\ 0\right)$에서 xy평면과 만나게 된다.

그러므로 $4a-b=\dfrac{100}{14}-\dfrac{89}{14}=\dfrac{11}{14}$이다.

16 ③

두 평면 $2x-z=0$, $x+y-z=6$의 교선을 l이라 할 때,

l의 방향벡터는 두 평면의 법선벡터에 동시에 수직하므로

$\begin{vmatrix} i & j & k \\ 2 & 0 & -1 \\ 1 & 1 & -1 \end{vmatrix}=i(1)-j(-1)+k(2)=(1,\ 1,\ 2)$에 평행이고

점 $(0,\ 6,\ 0)$을 지난다.

즉, 교선 l의 방정식은 $x=t,\ y=t+6,\ z=2t$이다.

또한 원점 $(0,\ 0,\ 0)$과 곡선 위의 임의의 점 $A(t,\ t+6,\ 2t)$를 연결한 벡터 $\overrightarrow{OA}=(t,\ t+6,\ 2t)$와 직선은 서로 수직이다. 즉,

$(t,\ t+6,\ 2t)\cdot(1,\ 1,\ 2)=0 \Leftrightarrow t=-1$일 때, 최소가 된다.

따라서 교선과 원점의 거리는

$|\overrightarrow{OA}|=|(-1,\ 5,\ -2)|=\sqrt{1+25+4}=\sqrt{30}$이다.

17 ④

L_2를 포함하며 L_1과 평행인 평면을 P라 하면 평면 P의 법선벡터는 두 직선의 방향벡터와 동시에 수직이다.

$(2,\ 2,\ 1)\times(1,\ 2,\ 0)=(-2,\ 1,\ 2)$이므로 평면 P의 법선벡터는 $(-2,\ 1,\ 2)$와 평행하다.

평면 P는 L_2 위의 점 $(1,\ 0,\ 2)$를 지나므로

평면의 방정식은 $-2x+y+2z-2=0$이다.

평면 P와 L_1 위의 점 $(1,\ 2,\ 3)$ 사이의 거리는

$d=\dfrac{|-2+2+6-2|}{\sqrt{4+1+4}}=\dfrac{4}{3}$이다.

$\therefore$ 두 직선 L_1과 L_2의 최단거리는 $\dfrac{4}{3}$ 이다.

18 ④

두 평면 $x+2y-3z=1$과 $3x+4y-5z=3$의 교선 l_1의 방향벡터는

$\begin{vmatrix} i & j & k \\ 1 & 2 & -3 \\ 3 & 4 & -5 \end{vmatrix}=i(-10+12)-j(-5+9)+k(4-6)$

$=(2,\ -4,\ -2)\ //\ (-1,\ 2,\ 1)$과 평행이다.

그리고 두 평면 $x+2y-3z=1$과 $2x-y-z=2$의 교선 l_2의 방향벡터는

$\begin{vmatrix} i & j & k \\ 1 & 2 & -3 \\ 2 & -1 & -1 \end{vmatrix}=i(-2-3)-j(-1+6)+k(-1-4)$

$=(-5,\ -5,\ -5)\ //\ (1,\ 1,\ 1)$과 평행이다.

따라서 두 교선 l_1과 l_2가 이루는 각의 크기를 θ라 할 때,

$\cos\theta=\dfrac{(-1,\ 2,\ 1)\cdot(1,\ 1,\ 1)}{\sqrt{1+4+1}\sqrt{1+1+1}}=\dfrac{2}{3\sqrt{2}}=\dfrac{\sqrt{2}}{3}$

$\therefore \sin\theta=\sqrt{1-\cos^2\theta}$

$=\sqrt{\dfrac{7}{9}}=\dfrac{\sqrt{7}}{3}$이다.

19 ①

두 벡터 $\vec{u}=(-3,\ -5,\ 1)$, $\vec{v}=(-3,\ 2,\ 1)$를 포함하는

평면 W의 법선벡터는

$\vec{n}=\vec{u}\times\vec{v}=(-7,\ 0,\ -21)\ //\ (1,\ 0,\ 3)$이므로

평면 W의 방정식은 $x+3z=0$ 이다.

점 $P(5,\ -9,\ 5)$와 최소거리가 되게 하는 평면 W 위의 좌표를

$Q(x,\ y,\ z)$ 라 하면

$\overrightarrow{PQ}\ //\ \vec{n} \Leftrightarrow (x-5,\ y+9,\ z-5)=t(1,\ 0,\ 3)$에서

$Q(t+5,\ -9,\ 3t+5)$이다.

점 Q는 평면 W위의 한 점이므로

$(t+5)+3(3t+5)=0 \Rightarrow t=-2$ 이다.

그러므로 구하고자 하는 좌표 $Q(3,\ -9,\ -1)$ 이다.

20 ②

두 평면 $2x-3y+z=7$과 $3x+2y-5z=3$에 수직이므로
주어진 평면의 법선은 두 평면의 법선 벡터인 $(2,\ -3,\ 1)$과
$(3,\ 2,\ -5)$에 동시에 수직이다.
따라서 평면의 법선 벡터는

$$(2,\ -3,\ 1)\times(3,\ 2,\ -5)=\begin{vmatrix} i & j & k \\ 2 & -3 & 1 \\ 3 & 2 & -5 \end{vmatrix}$$

$$=i(13)-j(-13)+k(13)$$

$$=(13,\ 13,\ 13)\text{에 평행하고}$$

점 $(1,\ 5,\ 7)$을 지나므로 평면의 방정식은 $x+y+z=13$이다.
그러므로 평면 $x+y+z=13$ 위에 존재하지 않는 점은 보기 중
② $(3,\ 5,\ 7)$이다. $(\because 3+5+7=15\neq 13)$

06. 벡터공간

문제 p.201

01 ④	02 ④	03 ③	04 ①	05 ①	06 ④	07 ③	08 ②	09 ③	10 ②
11 ②	12 ①	13 ①	14 ③	15 ④	16 ③	17 ②	18 ③	19 ①	20 ③

01 ④

ㄱ. (거짓)

영벡터공간의 부분공간은 자기 자신 1개 뿐이다.

ㄴ. (거짓)

[반례] $W=\{(0,y,z)\}$, $\boldsymbol{u}=(1,1,1)$, $\boldsymbol{v}=(-1,1,1)$라하면 벡터 $\boldsymbol{u}+\boldsymbol{v}=(0,2,2)$는 W에 속하지만, 벡터 $\boldsymbol{u}$와 $\boldsymbol{v}$는 W에 속하지 않는다.

ㄷ. (거짓)

벡터공간 V의 두 개의 부분공간의 교집합은 항상 영벡터를 갖는다.

ㄹ. (거짓)

반드시 원점을 지나는 직선이어야 한다.

보기의 기술 중 옳지 않은 것의 개수는 4개다.

02 ④

ㄱ. (참)

W_1, W_2가 벡터공간 V의 부분공간일 때,

$W_1 \cap W_2$는 W_1과 W_2에 동시에 포함되는 V의 부분공간 중에서 가장 큰 부분공간이다.

ㄴ. (참)

A의 열벡터가 일차독립이면 $\det(A^t) \neq 0$이다.

$\det(A) = \det(A^t)^t \neq 0$이므로 역행렬이 존재한다.

ㄷ. (참)

$k=1$일 때, $u, v \in W$에 대하여 $u+v \in W$가 성립하고,

$ku = u'$으로 놓으면 $u'+v \in W$에서 $u' \in W$이므로 W는 V의 부분공간이다.

보기에서 옳은 것은 ㄱ, ㄴ, ㄷ이다.

03 ③

부분공간이 되려면 $\vec{0}$의 존재가 있어야 한다. 즉, 원점을 지나야 한다.

① a, b를 지나는 직선

⇒ 반드시 원점을 지나지는 않는다.

② a, b, c를 지나는 평면

⇒ 반드시 원점을 지나지는 않는다.

④ $\vec{0} \not\in \{x \in \mathbb{R}^3 \mid (a \cdot x, b \cdot x, c \cdot x) = (0,0,-1)\}$

04 ①

ㄱ. (부분공간이 아니다.)

$g(x)=k$, $h(x)=k$ $(k \neq 0)$라 하면

$g(x) \in F(\mathbb{R})$, $h(x) \in F(\mathbb{R})$이지만

$g(x)+h(x)=2k \not\in F(\mathbb{R})$이므로 부분공간이 아니다.

ㄴ. (부분공간이 아니다.)

(i) $f(x)=0$이라 하면 $|f(x)| \leq 1$이므로 $0 \in F(\mathbb{R})$이다.

(ii) $g(x) \in F(\mathbb{R})$, $h(x) \in F(\mathbb{R})$이라 하면 $g(x)+h(x) \not\in F(\mathbb{R})$이므로 $\{f \in F(\mathbb{R}) \mid |f(x)| \leq 1\}$은 부분공간이 될 수 없다.

[반례] $g(x)=\dfrac{1}{2}$, $h(x)=\dfrac{3}{4}$이라고 하면

$g(x)+h(x)=\dfrac{5}{4}$이므로 $g(x)+h(x) \not\in F(\mathbb{R})$이다.

ㄷ. (부분공간이 아니다.)

(i) $f(x)=0$이라 하면 $[f(x)]=0$이므로 $0 \in F(\mathbb{R})$이다.

(ii) $g(x) \in F(\mathbb{R})$, $h(x) \in F(\mathbb{R})$이라 하면 $g(x)+h(x) \not\in F(\mathbb{R})$이므로 $\{f \in F(\mathbb{R}) \mid [f(x)]=0\}$은 부분공간이 될 수 없다.

[반례] $g(x)=\dfrac{1}{2}$, $h(x)=\dfrac{3}{4}$이라고 하면

$g(x)+h(x)=\dfrac{5}{4}$이므로 $g(x)+h(x) \not\in F(\mathbb{R})$이다.

따라서 함수의 벡터 공간 $F(\mathbb{R})=\{f \mid f:\mathbb{R}\to\mathbb{R}\}$이 부분공간이 되는 것의 개수는 0이다.

05 ①

벡터 $(x,1,1,1)$, $(1,x,1,1)$, $(1,1,x,1)$, $(1,1,1,x)$가 일차종속이면 벡터로 이루어진 행렬의 행렬식

$$\begin{vmatrix} x & 1 & 1 & 1 \\ 1 & x & 1 & 1 \\ 1 & 1 & x & 1 \\ 1 & 1 & 1 & x \end{vmatrix} = 0\text{이어야 한다.}$$

$$\begin{vmatrix} x & 1 & 1 & 1 \\ 1 & x & 1 & 1 \\ 1 & 1 & x & 1 \\ 1 & 1 & 1 & x \end{vmatrix} = \begin{vmatrix} x & 1 & 1 & 1 \\ 1-x & x-1 & 0 & 0 \\ 1 & 1 & x & 1 \\ 1 & 1 & 1 & x \end{vmatrix}$$

$$= (x-1)\begin{vmatrix} x & 1 & 1 & 1 \\ -1 & 1 & 0 & 0 \\ 1 & 1 & x & 1 \\ 1 & 1 & 1 & x \end{vmatrix}$$

$$= (x-1)\begin{vmatrix} x+1 & 1 & 1 & 1 \\ 0 & 1 & 0 & 0 \\ 2 & 1 & x & 1 \\ 2 & 1 & 1 & x \end{vmatrix}$$

$$= (x-1)\begin{vmatrix} x+1 & 1 & 1 \\ 2 & x & 1 \\ 2 & 1 & x \end{vmatrix}$$

$$= (x-1)\begin{vmatrix} x+1 & 1 & 1 \\ 2 & x & 1 \\ 0 & 1-x & x-1 \end{vmatrix}$$

$$= (x-1)^2 \begin{vmatrix} x+1 & 1 & 1 \\ 2 & x & 1 \\ 0 & -1 & 1 \end{vmatrix}$$

$$= (x-1)^2 \begin{vmatrix} x+1 & 2 & 1 \\ 2 & x+1 & 1 \\ 0 & 0 & 1 \end{vmatrix}$$

$$= (x-1)^2 \begin{vmatrix} x+1 & 2 \\ 2 & x+1 \end{vmatrix}$$

$$= (x-1)^3(x+3)$$

따라서 $\begin{vmatrix} x & 1 & 1 & 1 \\ 1 & x & 1 & 1 \\ 1 & 1 & x & 1 \\ 1 & 1 & 1 & x \end{vmatrix} = 0$을 만족하는 x는 $x=1,\ -3$이다.

그러므로 1, -3을 더하면 -2이다.

06 ④

④ $a(\sqrt{x}+5)+b(\sqrt{x}-5x)+c(x-1)+d(x)=0$을 만족하는 a, b, c, d가 존재하므로 $(a=1,\ b=-1,\ c=5,\ d=-10)$ 선형종속인 ④은 선형독립이 아닌 것끼리 묶여 있다.

07 ③

ㄱ. $\begin{pmatrix} 1 & 3 & 2 \\ 2 & 1 & 3 \\ 3 & 2 & 1 \end{pmatrix} \sim \begin{pmatrix} 1 & 3 & 2 \\ 0 & -5 & -1 \\ 0 & -7 & -5 \end{pmatrix}$ 이므로

$rank\begin{pmatrix} 1 & 3 & 2 \\ 2 & 1 & 3 \\ 3 & 2 & 1 \end{pmatrix} = 3$이다.

계수 판정법에 따라 이 집합은 일차독립이다.

ㄴ. $\begin{pmatrix} 1 & -3 & 2 \\ 2 & 1 & -3 \\ -3 & 2 & 1 \end{pmatrix} \sim \begin{pmatrix} 1 & -3 & 2 \\ 0 & 1 & -1 \\ 0 & 0 & 0 \end{pmatrix}$ 이므로

$rank\begin{pmatrix} 1 & -3 & 2 \\ 2 & 1 & -3 \\ -3 & 2 & 1 \end{pmatrix} = 2$이다.

계수 판정법에 따라 이 집합은 일차종속이다.

ㄷ. $\begin{pmatrix} 4 & 0 & 6 \\ -1 & 1 & -1 \\ 2 & -4 & 2 \end{pmatrix} \sim \begin{pmatrix} -1 & 1 & -1 \\ 0 & 2 & 1 \\ 0 & 0 & 1 \end{pmatrix}$ 이므로

$rank\begin{pmatrix} 4 & 0 & 6 \\ -1 & 1 & -1 \\ 2 & -4 & 2 \end{pmatrix} = 3$이다.

계수 판정법에 따라 이 집합은 일차독립이다.

ㄹ. $\begin{pmatrix} -1 & 1 & 0 \\ -1 & -1 & 2 \\ 1 & 1 & 1 \end{pmatrix} \sim \begin{pmatrix} 1 & 1 & 1 \\ 0 & 2 & 1 \\ 0 & 0 & 3 \end{pmatrix}$ 이므로

$rank\begin{pmatrix} -1 & 1 & 0 \\ -1 & -1 & 2 \\ 1 & 1 & 1 \end{pmatrix} = 3$이다.

계수 판정법에 따라 이 집합은 일차독립이다.

보기 중 일차독립인 벡터의 집합의 개수는 3개다.

08 ②

$M_{n\times n}$ 은 덧셈에 대한 교환, 결합법칙이 성립한다.

ㄱ. (벡터공간이다.)

$U=\{A \in M_{n\times n} \mid A=A^T\}$

$O \in U$ (O는 $n\times n$ 영행렬)이고,

$A,\ B \in U$, $c \in \mathbb{R}$ 에 대하여

$(A+cB)^T = A^T + cB^T = A+cB$ 이므로 벡터공간이다.

ㄴ. (벡터공간이 아니다.)

$V=\{A \in M_{n\times n} \mid A$는 가역행렬$\}$ 라 하면

$O \notin V$ 이므로 벡터공간이 아니다.

ㄷ. (벡터공간이다.)

$W=\{A \in M_{n\times n} \mid A$는 상삼각행렬$\}$

$O \in W$이고, $A,\ B \in U$, $c \in \mathbb{R}$ 에 대하여

$(A+cB)^T = A^T + cB^T = A+cB$ 이므로 벡터공간이다.

보기 중 벡터공간인 것은 ㄱ, ㄷ이다.

09 ③

벡터 $\vec{v}=(1,-1,2)$, $\overrightarrow{u_1}=(3,0,-4)$, $\overrightarrow{u_2}=(4,0,3)$, $\overrightarrow{u_3}=(0,1,0)$ 에 대하여

$\vec{v}=c_1\overrightarrow{u_1}+c_2\overrightarrow{u_2}+c_3\overrightarrow{u_3}$

$\Leftrightarrow \begin{pmatrix} 3 & 4 & 0 \\ 0 & 0 & 1 \\ -4 & 3 & 0 \end{pmatrix}\begin{pmatrix} c_1 \\ c_2 \\ c_3 \end{pmatrix} = \begin{pmatrix} 1 \\ -1 \\ 2 \end{pmatrix}$

$\Rightarrow c_3 = -1$이다.

$\begin{pmatrix} 3 & 4 \\ -4 & 3 \end{pmatrix}\begin{pmatrix} c_1 \\ c_2 \end{pmatrix} = \begin{pmatrix} 1 \\ 2 \end{pmatrix}$

$\Rightarrow c_1 = -\dfrac{1}{5},\ c_2 = \dfrac{2}{5}$ 이다.

$\therefore 5(c_1+c_2+c_3) = 5\times\left(-\dfrac{1}{5}+\dfrac{2}{5}-1\right) = -4$ 이다.

10 ②

ㄱ. (참)

$u_1 = \begin{bmatrix} a_1 \\ a_2 \\ \vdots \\ a_n \end{bmatrix},\ u_2 = \begin{bmatrix} b_1 \\ b_2 \\ \vdots \\ b_n \end{bmatrix}$ 이라 하면

$u_1^T u_2 = [\,a_1\ \ a_2\ \ \cdots\ \ a_n\,]\begin{bmatrix} b_1 \\ b_2 \\ \vdots \\ b_n \end{bmatrix}$

$= a_1b_1 + a_2b_2 + \dots + a_nb_n$ 이고

$u_2 u_1^T = \begin{bmatrix} b_1 \\ b_2 \\ \vdots \\ b_n \end{bmatrix}[\,a_1\ \ a_2\ \ \cdots\ \ a_n\,]$

$= \begin{bmatrix} a_1b_1 & & & \\ & a_2b_2 & & \\ & & \ddots & \\ & & & a_nb_n \end{bmatrix}$ 이므로

$tr(u_1^T u_2) = tr(u_2 u_1^T)$가 성립한다.

ㄴ. (거짓)

[반례] $u_1 = \begin{bmatrix} 1 \\ 0 \\ 0 \end{bmatrix},\ u_2 = \begin{bmatrix} 2 \\ 0 \\ 0 \end{bmatrix}$ 이라 하면

$u_1 u_2^T = \begin{bmatrix} 1 \\ 0 \\ 0 \end{bmatrix}[\,2\ \ 0\ \ 0\,] = \begin{bmatrix} 2 & 0 & 0 \\ 0 & 0 & 0 \\ 0 & 0 & 0 \end{bmatrix}$ 이므로

1열은 2열과 3열의 일차결합으로 표현할 수 없다.

ㄷ. (거짓)

[반례] $u_1 = \begin{bmatrix} 1 \\ 0 \\ 0 \end{bmatrix}$, $u_2 = \begin{bmatrix} 2 \\ 0 \\ 0 \end{bmatrix}$, $u_3 = \begin{bmatrix} 3 \\ 0 \\ 0 \end{bmatrix}$이라 하면

$A = u_1u_1^T + u_2u_2^T + u_3u_3^T = \begin{bmatrix} 14 & 0 & 0 \\ 0 & 0 & 0 \\ 0 & 0 & 0 \end{bmatrix}$이므로

A는 역행렬은 존재하지 않는다.

설명 중 옳지 않은 것은 ㄴ, ㄷ이다.

11 ②

$A^t = -A$이므로 A는 반대칭(또는 교대)행렬이다.

(i) $n = 3$이면

$W = \{A \in \mathbb{R}^{3\times3} : A^t = -A\} = \left\{ \begin{bmatrix} 0 & a & b \\ -a & 0 & c \\ -b & -c & 0 \end{bmatrix} \right\}$이므로

$\dim(W) = 1+2 = 3$

(ii) $n = 4$이면

$W = \{A \in \mathbb{R}^{4\times4} : A^t = -A\} = \left\{ \begin{bmatrix} 0 & a & b & c \\ -a & 0 & d & e \\ -b & -d & 0 & f \\ -c & -e & -f & 0 \end{bmatrix} \right\}$이므로

$\dim(W) = 1+2+3 = 6$

$\therefore \dim(W) = \dim(\{A \in \mathbb{R}^{n\times n} : A^t = -A\})$

$= 1+2+3+\cdots+(n-1)$

$= \dfrac{n(n-1)}{2}$

12 ①

① (거짓)

[반례] $n=3$이라 할 때,

$v_1 = (1, 0, 0)$, $v_2 = (0, 1, 0)$, $v_3 = (0, 0, 0)$이라 하면 A는 일차종속이지만 v_1은 v_2과 v_3의 일차결합으로 표현할 수 없다.

② (참)

$\dim(V) < n$이면 최대 $(n-1)$개의 벡터까지 독립일 수 있다.

따라서 n개의 벡터를 모아놓은 집합인 A는 일차종속이다.

③ (참)

A의 원소가 공간 V에 속하는 원소이므로

A의 모든 일차결합의 집합은 V의 부분공간이다.

④ (참)

A가 일차독립이면 n개의 벡터가 독립이므로 $\dim(V) = n$이다.

$\therefore \dim(V) \ge n$이 성립한다.

설명 중 옳지 않은 것은 ①이다.

13 ①

$a(1, 2, 1) + b(2, 9, 0) + c(3, 3, 4) = (5, -1, 9)$

$\Leftrightarrow a+2b+3c = 5$, $2a+9b+3c = -1$, $a+4c = 9$이므로

풀이하면 $a=1$, $b=-1$, $c=2$이다.

그러므로 좌표벡터의 성분의 합은

$a+b+c = 1-1+2 = 2$이다.

14 ③

$A = \begin{pmatrix} 1&1&2 \\ 1&2&3 \\ 1&3&4 \end{pmatrix} \sim \begin{pmatrix} 1&1&2 \\ 0&1&1 \\ 0&0&0 \end{pmatrix}$이므로 행공간의 기저는

$\{(1, 1, 2), (0, 1, 1)\}$이다.

$span\{(1, 1, 2), (0, 1, 1)\} = \{(x, y, z) \in \mathbb{R}^3 \mid x+y-z=0\}$이다.

$(1, 2, 3) = 1(1, 0, 1) + 2(0, 1, 1)$이므로

부분공간에 속하는 벡터는 $\begin{bmatrix} 1 \\ 2 \\ 3 \end{bmatrix}$이다.

15 ④

$$A = \begin{pmatrix} 1&2&1&0 \\ 2&-1&0&1 \\ 1&-3&-1&1 \\ 2&9&4&-1 \end{pmatrix} \sim \begin{pmatrix} 1&2&1&0 \\ 0&-5&-2&1 \\ 0&-5&-2&1 \\ 0&5&2&-1 \end{pmatrix}$$

$$\sim \begin{pmatrix} 1&2&1&0 \\ 0&-5&-2&1 \\ 0&0&0&0 \\ 0&0&0&0 \end{pmatrix}$$

$$\sim \begin{pmatrix} 1&0&\frac{1}{5}&\frac{2}{5} \\ 0&-5&-2&1 \\ 0&0&0&0 \\ 0&0&0&0 \end{pmatrix}$$

$$\begin{pmatrix} 1&0&\frac{1}{5}&\frac{2}{5} \\ 0&-5&-2&1 \\ 0&0&0&0 \\ 0&0&0&0 \end{pmatrix} \begin{pmatrix} x \\ y \\ z \\ w \end{pmatrix} = \begin{pmatrix} 0 \\ 0 \\ 0 \\ 0 \end{pmatrix}$$

$\Rightarrow x = -\frac{1}{5}z - \frac{2}{5}w$, $y = -\frac{2}{5}z + \frac{1}{5}w$

$$\Rightarrow \begin{pmatrix} x \\ y \\ z \\ w \end{pmatrix} = z\begin{pmatrix} -\frac{1}{5} \\ -\frac{2}{5} \\ 1 \\ 0 \end{pmatrix} + w\begin{pmatrix} -\frac{2}{5} \\ \frac{1}{5} \\ 0 \\ 1 \end{pmatrix}$$

따라서 해공간의 기저는 $\left\{ \begin{pmatrix} -1 \\ -2 \\ 5 \\ 0 \end{pmatrix}, \begin{pmatrix} -\frac{2}{5} \\ \frac{1}{5} \\ 0 \\ 1 \end{pmatrix} \right\}$이다.

그러므로 $\dfrac{b}{a} + \dfrac{d}{c} = 2 - \dfrac{1}{2} = \dfrac{3}{2}$ 이다.

16 ③

기본 행 연산에 의하여

$$\begin{pmatrix} 1&0&1&0 \\ 0&2&0&2 \\ 6&7&6&7 \\ 6&7&8&9 \end{pmatrix} \sim \begin{pmatrix} 1&0&1&0 \\ 0&2&0&2 \\ 0&7&0&7 \\ 0&7&2&9 \end{pmatrix} \sim \begin{pmatrix} 1&0&1&0 \\ 0&2&0&2 \\ 0&0&0&0 \\ 0&0&2&2 \end{pmatrix}$$이므로

열공간은 3차원이다.

17 ②

연립방정식을 행렬을 이용하여

$Ax=0$꼴로 표현하면

$$\begin{pmatrix} 1 & 3 & -2 & 0 & 2 & 0 \\ 2 & 6 & -5 & -2 & 4 & -3 \\ 0 & 0 & 1 & 2 & 0 & 3 \\ 1 & 3 & 0 & 4 & 2 & 9 \end{pmatrix}\begin{pmatrix} x_1 \\ x_2 \\ x_3 \\ x_4 \\ x_5 \\ x_6 \end{pmatrix}=\begin{pmatrix} 0 \\ 0 \\ 0 \\ 0 \\ 0 \\ 0 \end{pmatrix}$$이다.

기본 행 연산에 의하여

$$\begin{pmatrix} 1 & 3 & -2 & 0 & 2 & 0 \\ 2 & 6 & -5 & -2 & 4 & -3 \\ 0 & 0 & 1 & 2 & 0 & 3 \\ 1 & 3 & 0 & 4 & 2 & 9 \end{pmatrix} \sim \begin{pmatrix} 1 & 3 & -2 & 0 & 2 & 0 \\ 0 & 0 & -1 & -2 & 0 & -3 \\ 0 & 0 & 1 & 2 & 0 & 3 \\ 0 & 0 & 2 & 4 & 0 & 9 \end{pmatrix}$$

$$\sim \begin{pmatrix} 1 & 3 & -2 & 0 & 2 & 0 \\ 0 & 0 & -1 & -2 & 0 & -3 \\ 0 & 0 & 0 & 0 & 0 & 0 \\ 0 & 0 & 0 & 0 & 0 & 3 \end{pmatrix}$$이므로

$rank(A)=3$이다.

차원정리에 의해 해공간의 차원을 구하면,

(해공간의 차원)=(A의 열의 수)$-rank(A)$

$=6-3=3$이다.

18 ③

선형방정식 $A\boldsymbol{x}=\boldsymbol{b}$의 해가 존재한다는 것은

$\boldsymbol{b}$가 A의 열공간에 포함된다는 것이다.

$\boldsymbol{x}$의 자유변수가 2개이므로 해는 2개 존재한다.

즉, 해공간의 차원이 2이므로

차원정리에 의하여 행렬 A의 계수는

$rankA=n-\dim(N(A))=4-2=2$이다.

19 ①

$$A=\begin{pmatrix} 1 & 1 & 4 & 1 & 2 \\ 0 & 1 & 2 & 1 & 1 \\ 0 & 0 & 0 & 1 & 2 \\ 1 & -1 & 0 & 0 & 2 \\ 2 & 1 & 6 & 1 & 2 \end{pmatrix}$$

$$\sim \begin{pmatrix} 1 & 1 & 4 & 1 & 2 \\ 0 & 1 & 2 & 1 & 1 \\ 0 & 0 & 0 & 1 & 2 \\ 0 & -2 & -4 & -1 & 0 \\ 0 & -1 & -2 & -1 & -2 \end{pmatrix}$$

$$\sim \begin{pmatrix} 1 & 1 & 4 & 1 & 2 \\ 0 & 1 & 2 & 1 & 1 \\ 0 & 0 & 0 & 1 & 2 \\ 0 & 0 & 0 & 1 & 2 \\ 0 & 0 & 0 & 0 & -1 \end{pmatrix}$$

$$\sim \begin{pmatrix} 1 & 1 & 4 & 1 & 2 \\ 0 & 1 & 2 & 1 & 1 \\ 0 & 0 & 0 & 1 & 2 \\ 0 & 0 & 0 & 0 & 1 \\ 0 & 0 & 0 & 0 & 0 \end{pmatrix}$$이므로

$rank(A)=4$이다. 차원정리에 의해

$nullity(A)=5-4=1$이다.

20 ③

$nullity(A)=n-rank(A)=7$ $\cdots$(i)

$nullity(A^T)=m-rank(A^T)=2$ $\cdots$(ii)

$nullity(A^TA)=n-rank(A^TA)=k$

계수의 성질에 따라

$rank(A)=rank(A^T)=rank(A^TA)$이므로

(iii) $nullity(A^TA)=k=n-rank(A)=7$이다.

(ii)$-$(i)이면 $m-n=-5$

$\therefore m-n+k=-5+7=2$

07. 고윳값과 고유벡터

문제 p.247

01 ②	02 ①	03 ③	04 ①	05 ②	06 ④	07 ③	08 ④	09 ①	10 ②
11 ④	12 ①	13 ①	14 ②	15 ①	16 ③	17 ③	18 ③	19 ④	20 ④
21 ③	22 ④	23 ④	24 ①	25 ④					

01 ②

행렬 $\begin{pmatrix} 1 & 0 & 0 \\ 2 & a^2 & 4 \\ 3 & 0 & 2a \end{pmatrix}$을 A라 하면

(ⅰ) 행렬식 $|A| = a^2(2a) = 2a^3$이므로

$2a^3 = 8a \Leftrightarrow a(a^2-4) = 0$을 만족한다.

따라서 $a=0$, $a=2$, $a=-2$이다.

(ⅱ) $tr(A) = a^2+2a+1$이므로

$a^2+2a+1 = 9 \Leftrightarrow a^2+2a-8=0$

$\Leftrightarrow (a+4)(a-2)=0$을 만족한다.

따라서 $a=2$, $a=-4$이다.

(ⅰ)과 (ⅱ)에 의하여 $a=2$이다.

02 ①

ㄱ. $\begin{vmatrix} 5-\lambda & 3 \\ 3 & 5-\lambda \end{vmatrix} = (5-\lambda)^2 - 9 = 0$에서 $\lambda = 2, 8$

ㄴ. $\begin{vmatrix} -2-\lambda & 2 & -3 \\ 2 & 1-\lambda & -6 \\ -1 & -2 & -\lambda \end{vmatrix}$

$= (-2-\lambda)\begin{vmatrix} 1-\lambda & -6 \\ -2 & -\lambda \end{vmatrix} - 2\begin{vmatrix} 2 & -6 \\ -1 & -\lambda \end{vmatrix} - 3\begin{vmatrix} 2 & 1-\lambda \\ -1 & -2 \end{vmatrix}$

$= -(\lambda-5)(\lambda+3)^2 = 0$에서 $\lambda = -3, 5$이다.

ㄷ. 대각행렬의 고윳값은 주대각원소인 $2, -3, 1, 7$이다.

ㄹ. 상삼각행렬의 고윳값은 주대각원소인 $-2, 3, 4, 1$이다.

따라서 보기의 모든 행렬들 중 가장 큰 고윳값은 8, 가장 작은 고윳값은 -3이다. 그러므로 구하고자 하는 값 $\alpha - \beta = 11$이다.

03 ③

$A^TA = \begin{pmatrix} 2 & -1 & 1 \\ -1 & 1 & 0 \\ 1 & 0 & 1 \end{pmatrix}$의 고윳값을 구하면

$$|\lambda I - A^TA| = \begin{vmatrix} \lambda-2 & 1 & -1 \\ 1 & \lambda-1 & 0 \\ -1 & 0 & \lambda-1 \end{vmatrix} = (\lambda-2)(\lambda-1)^2 - 2(\lambda-1)$$

$$= (\lambda-1)(\lambda^2-3\lambda+2-2)$$

$$= \lambda(\lambda-1)(\lambda-3) = 0$$

$\therefore \lambda = 0, 1, 3$ 이다.

04 ①

$\begin{vmatrix} 6-\lambda & -5 \\ 3 & -2-\lambda \end{vmatrix} = 0$에서 고윳값 λ는 1 또는 3이다.

이제 고유벡터 $\vec{v}$를 구하면

(ⅰ) $\lambda=1$일 때,

$\begin{bmatrix} 5 & -5 \\ 3 & -3 \end{bmatrix}\begin{bmatrix} x \\ y \end{bmatrix} = \begin{bmatrix} 0 \\ 0 \end{bmatrix}$에서 $\overrightarrow{v_1} = (1, 1)$이다.

(ⅱ) $\lambda=3$일 때,

$\begin{bmatrix} 3 & -5 \\ 3 & -5 \end{bmatrix}\begin{bmatrix} x \\ y \end{bmatrix} = \begin{bmatrix} 0 \\ 0 \end{bmatrix}$에서 $3x-5y=0$이므로

$\overrightarrow{v_2} = (5, 3)$이다.

즉, 고윳값과 고유벡터가 올바르게 대응된 것은 ㄱ, ㄷ이다.

05 ②

$$\alpha = |A| = \begin{vmatrix} a & a+1 & a+2 \\ a+1 & a+2 & a+3 \\ a+2 & a+3 & a+4 \end{vmatrix} = \begin{vmatrix} a & a+1 & a+2 \\ 1 & 1 & 1 \\ 2 & 2 & 2 \end{vmatrix} = 0$$

$\beta = tr(B) = b + (c-b) + (3-c) = 3$이므로

$\alpha + \beta = 3$이다.

06 ④

$A = \begin{pmatrix} 2 & 4 & a \\ 4 & a & 2 \\ a & 2 & 4 \end{pmatrix}$의 고윳값을 λ_1, λ_2, λ_3라 하면

$\lambda_1 + \lambda_2 + \lambda_3 = 2+4+a = 6+a$

$\lambda_1\lambda_2 + \lambda_2\lambda_3 + \lambda_3\lambda_1 = -a^2+6a-12$이다.

A^2의 고윳값은 λ_1^2, λ_2^2, λ_3^2이며

$f(a) = \lambda_1^2 + \lambda_2^2 + \lambda_3^2$를 구하면 된다.

$f(a) = (\lambda_1+\lambda_2+\lambda_3)^2 - 2(\lambda_1\lambda_2 + \lambda_2\lambda_3 + \lambda_3\lambda_1)$

$= (6+a)^2 - 2(-a^2+6a-12)$

$= 3a^2 + 60$이므로

다항식 $f(a)$의 모든 계수의 합은 63이다.

07 ③

$\begin{pmatrix} 1 & 2 & -1 \\ 1 & 0 & 2 \\ 4 & 4 & 5 \end{pmatrix}$의 고윳값을 구한 후 $\frac{1}{10}$배 해주면 된다.

$\begin{vmatrix} 1-\lambda & 2 & -1 \\ 1 & -\lambda & 2 \\ 4 & 4 & 5-\lambda \end{vmatrix}$

$= (1-\lambda)\begin{vmatrix} -\lambda & 2 \\ 4 & 5-\lambda \end{vmatrix} - 2\begin{vmatrix} 1 & 2 \\ 4 & 5-\lambda \end{vmatrix} - \begin{vmatrix} 1 & -\lambda \\ 4 & 4 \end{vmatrix}$

$= (1-\lambda)\{\lambda(\lambda-5)-8\} - 2(5-\lambda-8) - (4+4\lambda)$

$= -\lambda^3 + 6\lambda^2 + \lambda - 6$

$= (1-\lambda^2)(\lambda-6) = 0$에서

$\lambda = -1, 1, 6$이므로 구하는 고윳값은

$-\frac{1}{10}, \frac{1}{10}, \frac{3}{5}$이다.

$\therefore \dfrac{3}{\alpha}+\dfrac{3}{\beta}+\dfrac{3}{\gamma}=-30+30+5=5$

08 ④

주어진 문제의 조건에 따라 B와 A는 닮은 행렬이다.
B의 고윳값이 2, −1, 1, 3 이므로 A의 고윳값도 2, −1, 1, 3 이다.
따라서 $A+2I$의 고윳값은 4, 1, 3, 5 이므로
특성다항식은 $f(x)=(x-4)(x-1)(x-3)(x-5)$ 이다.
따라서 구하고자 하는 값
$f(2)=(-2)\cdot 1\cdot(-1)\cdot(-3)=-6$이고,
$|f(2)|=6$이다.

09 ①

$tr(A)=3-1-1=1$
$\det(A)=(3+0+0)-(2+0+2)=-1$
$C_{11}+C_{22}+C_{33}=1+(-1)+(-1)=-1$이므로
특성방정식은 $\lambda^3-\lambda^2-\lambda+1=0 \Rightarrow (\lambda-1)^2(\lambda+1)=0$에서
$\therefore \lambda=-1, 1, 1$이다.
$tr(A^{99})=(-1)^{99}+1^{99}+1^{99}=1$

10 ②

$|A-\lambda I|=\begin{vmatrix} 2-\lambda & 1 \\ -1 & 4-\lambda \end{vmatrix}=\lambda^2-6\lambda+9=(\lambda-3)^2$
이므로 A의 고유치는 3, 3이고
$tr(A^n)=3^n+3^n=2\times 3^n$이다.
$|B-\lambda I|=\begin{vmatrix} 1-\lambda & -1 \\ 2 & 4-\lambda \end{vmatrix}=\lambda^2-5\lambda+6=(\lambda-3)(\lambda-2)$
이므로 B의 고유치는 2, 3이고
$tr(B^n)=2^n+3^n$이다.
$\therefore \lim_{n\to\infty}\dfrac{tr(A^n)}{tr(B^n)}=\lim_{n\to\infty}\dfrac{2\times 3^n}{2^n+3^n}=2$

11 ④

$(A+3I)\vec{v}=\vec{0}$ 즉,
$\begin{pmatrix} 1 & 2 & -3 \\ 2 & 4 & -6 \\ -1 & -2 & 3 \end{pmatrix}\begin{pmatrix} x \\ y \\ z \end{pmatrix}=\begin{pmatrix} 0 \\ 0 \\ 0 \end{pmatrix}$의 해를 구하면
$\left(\begin{array}{ccc|c} 1 & 2 & -3 & 0 \\ 2 & 4 & -6 & 0 \\ -1 & -2 & 3 & 0 \end{array}\right) \sim \left(\begin{array}{ccc|c} 1 & 2 & -3 & 0 \\ 0 & 0 & 0 & 0 \\ 0 & 0 & 0 & 0 \end{array}\right)$에서
$\begin{pmatrix} x \\ y \\ z \end{pmatrix}=\begin{pmatrix} -2r+3s \\ r \\ s \end{pmatrix}$ $(r, s\in\mathbb{R})$이다.
$\therefore E_{\lambda=-3}=\left\{\begin{pmatrix} x \\ y \\ z \end{pmatrix} \middle| \begin{pmatrix} x \\ y \\ z \end{pmatrix}=r\begin{pmatrix} -2 \\ 1 \\ 0 \end{pmatrix}+s\begin{pmatrix} 3 \\ 0 \\ 1 \end{pmatrix}, r, s\in\mathbb{R}\right\}$
$\therefore a+b=2+3=5$

12 ①

A와 $\begin{pmatrix} 2 & 0 & 0 \\ 0 & b & 0 \\ 0 & 0 & 2 \end{pmatrix}$가 닮은 행렬이므로
A의 고윳값은 2, b, 2 이다. 고윳값들의 합과
대각합의 관계에서 다음과 같다.
$tr(A)=3+a=b+4$이다.
$\therefore a-b=1$

13 ①

$B=\begin{pmatrix} 2 & -2 & 2 \\ 0 & 2 & -2 \\ 0 & 0 & 2 \end{pmatrix}$라 하면 A와 B는 닮은 행렬이므로
A의 고윳값은 2(대수적 중복도 3)이고,
$A-I_3$의 고윳값은 1(대수적 중복도 3)이다.
따라서 행렬 $A-I_3$의 모든 고윳값의 곱은
$\det(A-I_3)=1$이다.

14 ②

$A_{3\times 3}$이고 $\lambda=1$, $\lambda=2$, $\lambda=2$이면
$\det(A)=4\neq 0$이므로
ㄱ. $rank(A)=3$이다.
ㄴ, ㄷ. $\lambda=1$일 때,
(대수적 중복도)=(기하적 중복도)=1이고
$[(A-I)$의 열의 수$]-rank(A-I)$
$=3-rank(A-I)=1$이므로 $rank(A-I)=2$이다.
ㄹ, ㅁ. $\lambda=2$일 때,
(대수적 중복도)=2, $1\leq$ (기하적 중복도) ≤ 2이고
$[(A-2I)$의 열의 수$]-rank(A-2I)$
$=3-rank(A-2I)$이므로
$rank(A-2I)=1$ 또는 $rank(A-2I)=2$이다.
즉, 다음 중 항상 참이 되는 것의 개수는 2개다.

15 ①

벡터 $v_1=\begin{pmatrix} 1 \\ 1 \end{pmatrix}$이 행렬 $(A-3I)$의 해공간의 기저벡터고
벡터 $v_2=\begin{pmatrix} 1 \\ -1 \end{pmatrix}$이 행렬 $(A-I)$의 해공간의 기저벡터면
행렬 A의 고윳값은 3과 1이며,
고유벡터는 각각 $\begin{pmatrix} 1 \\ 1 \end{pmatrix}$과 $\begin{pmatrix} 1 \\ -1 \end{pmatrix}$이다.
이때, $\begin{pmatrix} 0 \\ 2 \end{pmatrix}=\begin{pmatrix} 1 \\ 1 \end{pmatrix}-\begin{pmatrix} 1 \\ -1 \end{pmatrix}$이므로
$A\begin{pmatrix} 1 \\ 1 \end{pmatrix}=3\begin{pmatrix} 1 \\ 1 \end{pmatrix} \Rightarrow A^4\begin{pmatrix} 1 \\ 1 \end{pmatrix}=3^4\begin{pmatrix} 1 \\ 1 \end{pmatrix}$
$A\begin{pmatrix} 1 \\ -1 \end{pmatrix}=1\begin{pmatrix} 1 \\ -1 \end{pmatrix} \Rightarrow A^4\begin{pmatrix} 1 \\ -1 \end{pmatrix}=1^4\begin{pmatrix} 1 \\ -1 \end{pmatrix}$
$A^4\begin{pmatrix} 0 \\ 2 \end{pmatrix}=A^4\left\{\begin{pmatrix} 1 \\ 1 \end{pmatrix}-\begin{pmatrix} 1 \\ -1 \end{pmatrix}\right\}=A^4\begin{pmatrix} 1 \\ 1 \end{pmatrix}-A^4\begin{pmatrix} 1 \\ -1 \end{pmatrix}=3^4\begin{pmatrix} 1 \\ 1 \end{pmatrix}-\begin{pmatrix} 1 \\ -1 \end{pmatrix}$
그러므로 $A^4\begin{pmatrix} 0 \\ 2 \end{pmatrix}$의 모든 성분의 합은 2×3^4이다.

16 ③

A의 특성방정식 $\lambda^2-(4+2)\lambda+(8-3)=0$

$\Leftrightarrow \lambda^2-6\lambda+5=0$에서 $\lambda=1, 5$이다.

$\lambda=1$일 때, $\begin{bmatrix}3 & -3\\-1 & 1\end{bmatrix}\begin{bmatrix}x\\y\end{bmatrix}=\begin{bmatrix}0\\0\end{bmatrix} \Rightarrow \begin{bmatrix}x\\y\end{bmatrix}=\begin{bmatrix}1\\1\end{bmatrix}$

$\lambda=5$일 때, $\begin{bmatrix}-1 & -3\\-1 & -3\end{bmatrix}\begin{bmatrix}x\\y\end{bmatrix}=\begin{bmatrix}0\\0\end{bmatrix} \Rightarrow \begin{bmatrix}x\\y\end{bmatrix}=\begin{bmatrix}3\\-1\end{bmatrix}$

따라서 $A^{100}\begin{bmatrix}5\\1\end{bmatrix}=\alpha\cdot 1^{100}\begin{bmatrix}1\\1\end{bmatrix}+\beta\cdot 5^{100}\begin{bmatrix}3\\-1\end{bmatrix}$

$=2\cdot 1^{100}\begin{bmatrix}1\\1\end{bmatrix}+1\cdot 5^{100}\begin{bmatrix}3\\-1\end{bmatrix}\left(\because \begin{bmatrix}5\\1\end{bmatrix}=2\begin{bmatrix}1\\1\end{bmatrix}+1\begin{bmatrix}3\\-1\end{bmatrix}\right)$

$=\begin{bmatrix}2+3\cdot 5^{100}\\2-5^{100}\end{bmatrix}$

$\therefore abc=2\cdot 3\cdot 5=30$

17 ③

주어진 행렬 A는 대칭행렬이다.

① 행렬 A의 고유벡터들은 일차독립이다.

② 행렬 A는 대칭행렬이므로 대각화가능하다.

③ $|A|\neq 0$이므로 행렬 A는 가역행렬이다.

④ 행렬 A의 고유치들은 모두 실수이다.

즉, 행렬에 대한 설명으로 틀린 것은 ③이다.

18 ③

ㄱ. (거짓)

[반례] $A=\begin{pmatrix}0&0\\0&0\end{pmatrix}$

ㄴ. (참)

A가 가역이면 $\lambda=0$은 A의 고윳값이 아니다. 따라서 A가 비가역이면 A는 $\lambda=0$을 고윳값으로 갖는다.

ㄷ. (참)

고유벡터들은 고윳값들에 대응되는 고유공간의 기저가 된다. 따라서 일차독립이다.

그러므로 보기에서 옳은 것의 개수는 2개다.

19 ④

$Av_1=v_2 \Rightarrow A^2v_1=Av_2=v_1$,

$Av_2=v_1 \Rightarrow A^2v_2=Av_1=v_2$,

$Av_3=2v_3 \Rightarrow A^2v_3=A(2v_3)=2Av_3=4v_3$이므로 A^2의 고유치는 1, 1, 4 이고, 각 고유치에 대응하는 고유벡터는 v_1, v_2, v_3 이다.

ㄱ. (참)

A의 고유치 중 0은 존재하지 않으므로 A는 가역행렬이다.

ㄴ. (참)

고유치 1에 대응하는 고유벡터 v_1, v_2 가 독립이고, 서로 다른 고유치에 대응하는 고유벡터들은 일차독립이므로 v_1, v_2, v_3은 일차독립이다.

따라서 A^2은 대각화가능하다.

ㄷ. (참)

$tr(A^2)=1+1+4=6$

보기에서 옳은 것은 ㄱ, ㄴ, ㄷ이다.

20 ④

① A와 A^T의 고유치는 같으므로 λ는 A^T의 고윳값이다.

② 고유벡터의 성질에 따라 행렬 A^k의 고유치는 λ^k이고, 고유벡터는 x이다. 그러므로 x는 λ^5에 대응하는 A^5의 고유벡터이다.

③ A가 가역행렬이면 $\dfrac{1}{\lambda}$은 A^{-1}의 고윳값이다.

④ $Ax=\lambda x$ 이고 x 와 λx 는 일차종속이므로 $\{x, Ax\}$에 의해서 생성된 $\mathbb{R}^n$의 부분공간의 차원은 2가 될 수 없다.

21 ③

λ가 0이 아닌 실수일 때, ①, ②, ④는 동치이다.

③은 집합이 영부분 공간이면 동치가 아니다.

22 ④

① (거짓)

$\boldsymbol{x}$와 b가 모두 영벡터인 경우 $\boldsymbol{x}$는 고유벡터가 아니다.

② (거짓)

$b=0$일 때만 $\boldsymbol{x}$가 A의 영공간에 속한다.

③ (거짓)

A^T의 행공간에 속한다.

④ (참)

$x=\begin{pmatrix}x_1\\\vdots\\x_n\end{pmatrix}$이라고 하면

$Ax=x_1A^{(1)}+\cdots+x_nA^{(n)}=b$이다.

b는 A의 열벡터들의 일차결합이므로 A의 열공간에 속한다.

23 ④

ㄱ. (참)

A의 모든 고윳값의 합은 $tr(A)=3$이다.

ㄴ, ㄷ. (참)

$A=A^T$이므로 행렬 A는 대칭행렬이다. 따라서 A는 대각화가능하며 $\mathbb{R}^3$상에서 3개의 독립인 고유벡터를 갖는다. 그러므로 A의 모든 고유벡터에 의해 벡터 $\mathbb{R}^3$를 생성할 수 있다.

즉, 보기 중 옳은 것은 ㄱ, ㄴ, ㄷ이다.

24 ①

$|A-\lambda I|=\begin{vmatrix}2-\lambda & 1 & 0\\1 & 2-\lambda & 0\\0 & 0 & 2-\lambda\end{vmatrix}=(2-\lambda)(\lambda^2-4\lambda+3)$

$=(2-\lambda)(\lambda-1)(\lambda-3)=0$

$\therefore \lambda=1, 2, 3$

(i) $\lambda=1$ 일 때,

$\begin{pmatrix}1&1&0\\1&1&0\\0&0&1\end{pmatrix}\begin{pmatrix}x\\y\\z\end{pmatrix}\sim\begin{pmatrix}1&1&0\\0&0&0\\0&0&1\end{pmatrix}\begin{pmatrix}x\\y\\z\end{pmatrix}=\begin{pmatrix}0\\0\\0\end{pmatrix}$ 에서

$x+y=0$, $z=0$ 이므로 $\begin{pmatrix}x\\y\\z\end{pmatrix}=y\begin{pmatrix}-1\\1\\0\end{pmatrix}$ 이다.

따라서 $\lambda=1$ 에 대응하는 고유벡터는

$\begin{pmatrix} \frac{1}{\sqrt{2}} \\ -\frac{1}{\sqrt{2}} \\ 0 \end{pmatrix}$ 이다.

(ii) $\lambda=2$ 일 때,

$\begin{pmatrix} 0&1&0 \\ 1&0&0 \\ 0&0&0 \end{pmatrix}\begin{pmatrix} x \\ y \\ z \end{pmatrix}=\begin{pmatrix} 0 \\ 0 \\ 0 \end{pmatrix}$ 에서 $x=y=0$ 이므로

$\begin{pmatrix} x \\ y \\ z \end{pmatrix}=z\begin{pmatrix} 0 \\ 0 \\ 1 \end{pmatrix}$ 이다. 따라서 $\lambda=2$ 에 대응하는

고유벡터는 $\begin{pmatrix} 0 \\ 0 \\ 1 \end{pmatrix}$ 이다.

(iii) $\lambda=3$ 일 때,

$\lambda=1$ 의 대응 고유벡터와 수직인 벡터는

$\begin{pmatrix} \frac{1}{\sqrt{2}} \\ \frac{1}{\sqrt{2}} \\ 0 \end{pmatrix}$ 이다.

즉, $U=\begin{pmatrix} \frac{1}{\sqrt{2}} & 0 & \frac{1}{\sqrt{2}} \\ -\frac{1}{\sqrt{2}} & 0 & \frac{1}{\sqrt{2}} \\ 0 & 1 & 0 \end{pmatrix}$ 이다.

그러므로 구하고자 하는 값

$a+b+c+d=\frac{2}{\sqrt{2}}=\sqrt{2}$ 이다.

25 ④

A 의 고윳값은 1, 2, 3 이므로

A^{2023} 의 고윳값은 1, 2^{2023}, 3^{2023} 이고, 대응하는 고유벡터는

$v_1=\begin{pmatrix} \frac{1}{\sqrt{2}} \\ -\frac{1}{\sqrt{2}} \\ 0 \end{pmatrix}$, $v_2=\begin{pmatrix} 0 \\ 0 \\ 1 \end{pmatrix}$, $v_3=\begin{pmatrix} \frac{1}{\sqrt{2}} \\ \frac{1}{\sqrt{2}} \\ 0 \end{pmatrix}$ 이므로

스펙트럼 분해는 다음과 같다.

$A^{2023}=1\cdot v_1v_1^T+2^{2023}\cdot v_2v_2^T+3^{2023}\cdot v_3v_3^T$ 이다.

따라서 $\det(Q_1)=|v_1v_1^T|=\begin{vmatrix} \frac{1}{2} & -\frac{1}{2} & 0 \\ -\frac{1}{2} & \frac{1}{2} & 0 \\ 0 & 0 & 0 \end{vmatrix}=0$,

$\lambda_2=2$, $\mu_3=3^{2023}$ 이므로

$\det(Q_1)-\lambda_2+\mu_3=3^{2023}-2$ 이다.

08. 선형사상

문제 p.298

01 ①	02 ③	03 ④	04 ③	05 ④	06 ②	07 ④	08 ②	09 ②	10 ④
11 ③	12 ①	13 ①	14 ①	15 ③	16 ②	17 ④	18 ④	19 ④	20 ②
21 ②	22 ①	23 ④	24 ①	25 ①	26 ②	27 ④	28 ④	29 ④	30 ①

01 ①

f가 선형사상이라는 것은 $f(ax+by)=af(x)+bf(y)$가 성립함을 의미한다.

$$f(ax+by)=f\left(a\begin{bmatrix}x_1\\x_2\\x_3\end{bmatrix}+b\begin{bmatrix}y_1\\y_2\\y_3\end{bmatrix}\right)$$

$$=f\left(\begin{bmatrix}ax_1+by_1\\ax_2+by_2\\ax_3+by_3\end{bmatrix}\right)$$

$$=\begin{bmatrix}ax_2+by_2\\ax_1+by_1-ax_2-by_2\end{bmatrix}$$

$$=a\begin{bmatrix}x_1\\x_1-x_2\end{bmatrix}+b\begin{bmatrix}y_1\\y_1-y_2\end{bmatrix}$$

$$=af\left(\begin{bmatrix}x_1\\x_2\\x_3\end{bmatrix}\right)+bf\left(\begin{bmatrix}y_1\\y_2\\y_3\end{bmatrix}\right)=af(x)+bf(y)$$

2차식이나 상수항을 가진 1차식은 이 조건을 만족하지 않는다.
즉, 다음 사상들 중에서 선형사상인 것은 ①이다.

02 ③

$T(1)=(1,0,2)$, $T(x)=(0,1,0)$, $T(x^2)=\left(0,0,\frac{2}{3}\right)$이므로

표현행렬 $A=\begin{pmatrix}1&0&0\\0&1&0\\2&0&\frac{2}{3}\end{pmatrix}$이다.

그러므로 구하고자 하는 값

$\dfrac{tr(A)}{\det(A)}=\dfrac{\frac{8}{3}}{\frac{2}{3}}=4$이다.

03 ④

$$T(4v_1+3v_2-5v_3)=T\{1(v_1+v_2)+2(v_2-v_3)+3(v_1-v_3)\}$$
$$=T(v_1+v_2)+2T(v_2-v_3)+3T(v_1-v_3)$$
$$=(v_1-v_3)+2(v_1+v_2)+3(v_2+v_3)$$
$$=3v_1+5v_2+2v_3$$

04 ③

$L(<a,b,c>)=<1,1,1>$이므로

$<1,1,1>\ =\ <1,0,0>+\frac{1}{2}<0,2,0>-\frac{1}{2}<0,0,-2>$에서

변환의 선형성에 의하여

$$L(<2,4,2>)+\frac{1}{2}L(<1,2,-4>)-\frac{1}{2}L(<3,2,2>)$$

$$=L(<2+\frac{1}{2}-\frac{3}{2},\ 4+1-1,\ 2-2-1>)=L(<1,4,-1>)$$

$\therefore a+b+c=1+4-1=4$

05 ④

(i) $v=1+t+t^2$

$$=a(1+t^2)+b(t+t^2)+c(1+2t+t^2)$$
$$=(a+c)+(b+2c)t+(a+b+c)t^2$$

$\begin{cases}a+c=1\\b+2c=1\\a+b+c=1\end{cases}$ 을 연립하면 $a=\frac{1}{2}$, $b=0$, $c=\frac{1}{2}$이다.

$\therefore [v]_B=\begin{pmatrix}\frac{1}{2}\\0\\\frac{1}{2}\end{pmatrix}$

(ii) $[T]_B[v]_B=\begin{pmatrix}3&4&0\\0&5&-1\\1&-5&7\end{pmatrix}\begin{pmatrix}\frac{1}{2}\\0\\\frac{1}{2}\end{pmatrix}=\begin{pmatrix}\frac{3}{2}\\-\frac{1}{2}\\4\end{pmatrix}$

(iii) $p(t)=T(1+t+t^2)$

$$=\frac{3}{2}(1+t^2)-\frac{1}{2}(t+t^2)+4(1+2t+t^2)$$

$\therefore p(-1)=3$

06 ②

$T(x^3+x^2)=2x^2+x-1$
$=0(x^3+x^2)+2(x^2)+1(x+1)-2\cdot 1$

$T(x^2)=2x^2-1$
$=0(x^3+x^2)+2(x^2)+0(x+1)-1\cdot 1$

$T(x+1)=2x^3-x+3$
$=2(x^3+x^2)-2(x^2)-1(x+1)+4\cdot 1$

$T(1)=x^3-x$
$=1(x^3+x^2)-1(x^2)-1(x+1)+1\cdot 1$

이므로 표현행렬은 다음과 같다.

$$A=\begin{pmatrix}0&0&2&1\\2&2&-2&-1\\1&0&-1&-1\\-2&-1&4&1\end{pmatrix}$$

즉, 두 번째 행의 모든 성분의 합은 1이다.

07 ④

선형변환 T의 표현행렬을 A라 하면
$nullity A = 2$이므로 계수정리에 의해 $rank A = 1$이다.
그리고

$T(\overrightarrow{e_1}) = 0\overrightarrow{e_1}+2\overrightarrow{e_2}+0\overrightarrow{e_3}$

$T(\overrightarrow{e_2}) = 0\overrightarrow{e_1}+2m\overrightarrow{e_2}+0\overrightarrow{e_3}$

$T(\overrightarrow{e_3}) = 0\overrightarrow{e_1}+2n\overrightarrow{e_2}+0\overrightarrow{e_3}$

이다.
(c)에 의해

$\overrightarrow{e_2} \cdot T(\overrightarrow{e_1}) = \overrightarrow{e_2} \cdot T(\overrightarrow{e_i}),\ i=2,3$

$\Leftrightarrow 2|\overrightarrow{e_1}|^2 = 2m|\overrightarrow{e_2}|^2 = 2n|\overrightarrow{x_3}|^2$

$\therefore\ m=n=1$이다.
따라서

$T(\overrightarrow{e_1}+2\overrightarrow{e_2}-\overrightarrow{e_3}) = T(\overrightarrow{e_1})+2T(\overrightarrow{e_2})-T(\overrightarrow{e_3})$

$= 2\overrightarrow{e_2}+4\overrightarrow{e_2}-2\overrightarrow{e_2} = 4\overrightarrow{e_2}$

$\therefore a+b-c=0+4-0=4$이다.

TIP ▸ 계수정리(차원정리)
$rank(A)+nullity(A)=n$

08 ②

$T(0,1,1)=(1)(0,1,1)+(1)(1,0,1)+(2)(1,1,0)$
$=(3,3,2)$

$T(1,0,1)=(2)(0,1,1)+(1)(1,0,1)+(1)(1,1,0)$
$=(2,3,3)$

$T(1,1,0)=(1)(0,1,1)+(2)(1,0,1)+(5)(1,1,0)$
$=(7,6,3)$

$$A=\begin{bmatrix}3&3&2\\2&3&3\\7&6&3\end{bmatrix}\sim\begin{bmatrix}3&3&2\\0&3&5\\0&0&0\end{bmatrix}$$

따라서 두 벡터 $(3,3,2),(0,3,5)$에 의해 생성되는 A의 열공간은 원점을 지나는 평면이다.

$\vec{n}=(3,3,2)\times(0,3,5)=(9,-15,9)$이므로
T의 치역은
$\{(x,y,z)\mid 3x-5y+3z=0\}$이다. 이에 속하는 벡터는 ②이다.
$(\because 3\cdot3-5\cdot3+3\cdot2=0)$

09 ②

(i) T의 치역은 A의 열공간과 같다.

즉, $A=\begin{pmatrix}3&2&1\\1&1&1\\1&2&3\end{pmatrix}\sim\begin{pmatrix}1&1&1\\3&2&1\\1&2&3\end{pmatrix}\sim\begin{pmatrix}1&1&1\\0&-1&-2\\0&1&2\end{pmatrix}\sim\begin{pmatrix}1&1&1\\0&-1&-2\\0&0&0\end{pmatrix}$이므로

A의 열공간의 기저는 $\left\{v_1=\begin{pmatrix}3\\1\\1\end{pmatrix},\ v_2=\begin{pmatrix}2\\1\\2\end{pmatrix}\right\}$이다.

즉, A의 열공간은 원점을 지나고,
법선벡터가 $\vec{n}=v_1\times v_2=(1,-4,1)$인 평면은
$x-4y+z=0$ 이다.

(ii) 점 P(1, 1, 1)의 대칭점은 (1, 1, 1)을 지나고
방향벡터가 (1, −4, 1)인 직선 위의 점이다. 그러므로
$Q(a,b,c)=(1+t,1-4t,1+t)$라 하면

$\overline{PQ}$의 중점은 $\left(\dfrac{2+t}{2},\dfrac{2-4t}{2},\dfrac{2+t}{2}\right)$ 이고,

평면의 방정식에 대입하면 $t=\dfrac{2}{9}$이다.

따라서 점 $Q(a,b,c)=\left(\dfrac{11}{9},\dfrac{1}{9},\dfrac{11}{9}\right)$이므로

$a+b+c=\dfrac{23}{9}$이다.

10 ④

(i) T의 표현행렬을 A라 하면

$A\begin{pmatrix}1\\0\\0\end{pmatrix}=\begin{pmatrix}1\\2\\2\end{pmatrix},\ A\begin{pmatrix}1\\1\\0\end{pmatrix}=\begin{pmatrix}-4\\5\\1\end{pmatrix},\ A\begin{pmatrix}1\\1\\1\end{pmatrix}=\begin{pmatrix}5\\-3\\1\end{pmatrix}$

$\Leftrightarrow A\begin{pmatrix}1&1&1\\0&1&1\\0&0&1\end{pmatrix}=\begin{pmatrix}1&-4&5\\2&5&-3\\2&1&1\end{pmatrix}$

$\Leftrightarrow A=\begin{pmatrix}1&1&1\\0&1&1\\0&0&1\end{pmatrix}^{-1}\begin{pmatrix}1&-4&5\\2&5&-3\\2&1&1\end{pmatrix}$

$=\begin{pmatrix}1&-1&0\\0&1&-1\\0&0&1\end{pmatrix}\begin{pmatrix}1&-4&5\\2&5&-3\\2&1&1\end{pmatrix}$

$=\begin{pmatrix}-1&-9&8\\0&4&-4\\2&1&1\end{pmatrix}$

(ii) $A\sim\begin{pmatrix}-1&-9&8\\0&4&-4\\0&-17&17\end{pmatrix}\sim\begin{pmatrix}-1&0&-1\\0&1&-1\\0&0&0\end{pmatrix}$

$\therefore$ 해공간 기저 $\{(-1,1,1)\}$

(iii) 해공간의 벡터 $a=(-1,1,1)$ 위로의
벡터 $b=(1,-2,3)$의 정사영 벡터

$proj_a b=\dfrac{a\cdot b}{a\cdot a}a=\dfrac{0}{3}(-1,1,1)=(0,0,0)$

(iv) 가장 가까운 벡터는 (0,0,0)이므로
구하고자 하는 거리는 다음과 같다.
$\sqrt{1+4+9}=\sqrt{14}$

11 ③

$A=\begin{pmatrix}1&2&2\\0&3&6\\1&1&0\end{pmatrix}$이라 하면 선형사상의 치역 Im T는 A의 열공간이다.

기본 행 연산으로 기저를 찾아보면 다음과 같다.

$A\sim\begin{pmatrix}1&2&2\\0&1&2\\1&1&0\end{pmatrix}\sim\begin{pmatrix}1&2&2\\0&1&2\\0&-1&-2\end{pmatrix}\sim\begin{pmatrix}1&2&2\\0&1&2\\0&0&0\end{pmatrix}$

선두 1이 1, 2열에 존재하므로 열공간의
기저는 {(1, 0, 1), (2, 3, 1)}이다.
두 기저벡터를 외적하면
$(1,0,1)\times(2,3,1)=(-3,1,3)$이고,

열공간은 $\text{Im}T=\left\{\begin{pmatrix}x\\y\\z\end{pmatrix}\middle|\ -3x+y+3z=0\right\}$이다.

$a=-3,\ b=1$이므로 $a^2+b^2=10$이다.

12 ①

$\begin{bmatrix}1\\0\\0\end{bmatrix}=\frac{1}{2}\begin{bmatrix}1\\0\\1\end{bmatrix}+\frac{1}{2}\begin{bmatrix}1\\1\\0\end{bmatrix}-\frac{1}{2}\begin{bmatrix}0\\1\\1\end{bmatrix}$ 이므로

$$T\left(\begin{bmatrix}1\\0\\0\end{bmatrix}\right)=T\left(\frac{1}{2}\begin{bmatrix}1\\0\\1\end{bmatrix}+\frac{1}{2}\begin{bmatrix}1\\1\\0\end{bmatrix}-\frac{1}{2}\begin{bmatrix}0\\1\\1\end{bmatrix}\right)$$

$$=\frac{1}{2}T\left(\begin{bmatrix}1\\0\\1\end{bmatrix}\right)+\frac{1}{2}T\left(\begin{bmatrix}1\\1\\0\end{bmatrix}\right)-\frac{1}{2}T\left(\begin{bmatrix}0\\1\\1\end{bmatrix}\right)$$

$$=\frac{1}{2}\begin{bmatrix}2\\3\end{bmatrix}+\frac{1}{2}\begin{bmatrix}4\\-2\end{bmatrix}-\frac{1}{2}\begin{bmatrix}-6\\1\end{bmatrix}$$

$$=\begin{bmatrix}6\\0\end{bmatrix}$$

동일한 방법으로 구하면

$T\left(\begin{bmatrix}0\\1\\0\end{bmatrix}\right)=\begin{bmatrix}-2\\-2\end{bmatrix}$, $T\left(\begin{bmatrix}0\\0\\1\end{bmatrix}\right)=\begin{bmatrix}-4\\3\end{bmatrix}$이다.

즉, $T\left(\begin{bmatrix}1&0&0\\0&1&0\\0&0&1\end{bmatrix}\right)=\begin{bmatrix}6&-2&-4\\0&-2&3\end{bmatrix}$이므로

모든 성분의 합은 1이다.

13 ①

실수성분을 갖는 2×2 행렬의 벡터공간

$M_{2\times2}(\mathbb{R})$ 의 표준기저는

$\left\{\begin{bmatrix}1&0\\0&0\end{bmatrix},\begin{bmatrix}0&1\\0&0\end{bmatrix},\begin{bmatrix}0&0\\1&0\end{bmatrix},\begin{bmatrix}0&0\\0&1\end{bmatrix}\right\}$이다.

$$\Phi\left(\begin{bmatrix}1&0\\0&0\end{bmatrix}\right)=\begin{bmatrix}1&1\\0&1\end{bmatrix}$$
$$=(1)\begin{bmatrix}1&0\\0&0\end{bmatrix}+(1)\begin{bmatrix}0&1\\0&0\end{bmatrix}+(0)\begin{bmatrix}0&0\\1&0\end{bmatrix}+(1)\begin{bmatrix}0&0\\0&1\end{bmatrix}$$

$$\Phi\left(\begin{bmatrix}0&1\\0&0\end{bmatrix}\right)=\begin{bmatrix}1&1\\1&0\end{bmatrix}$$
$$=(1)\begin{bmatrix}1&0\\0&0\end{bmatrix}+(1)\begin{bmatrix}0&1\\0&0\end{bmatrix}+(1)\begin{bmatrix}0&0\\1&0\end{bmatrix}+(0)\begin{bmatrix}0&0\\0&1\end{bmatrix}$$

$$\Phi\left(\begin{bmatrix}0&0\\1&0\end{bmatrix}\right)=\begin{bmatrix}0&1\\1&1\end{bmatrix}$$
$$=(0)\begin{bmatrix}1&0\\0&0\end{bmatrix}+(1)\begin{bmatrix}0&1\\0&0\end{bmatrix}+(1)\begin{bmatrix}0&0\\1&0\end{bmatrix}+(1)\begin{bmatrix}0&0\\0&1\end{bmatrix}$$

$$\Phi\left(\begin{bmatrix}0&0\\0&1\end{bmatrix}\right)=\begin{bmatrix}1&0\\1&1\end{bmatrix}$$
$$=(1)\begin{bmatrix}1&0\\0&0\end{bmatrix}+(0)\begin{bmatrix}0&1\\0&0\end{bmatrix}+(1)\begin{bmatrix}0&0\\1&0\end{bmatrix}+(1)\begin{bmatrix}0&0\\0&1\end{bmatrix}$$

따라서 선형변환 Φ의 표현행렬은

$A=\begin{bmatrix}1&1&0&1\\1&1&1&0\\0&1&1&1\\1&0&1&1\end{bmatrix}$이다.

행렬 A의 특성방정식은

$\begin{vmatrix}1-\lambda&1&0&1\\1&1-\lambda&1&0\\0&1&1-\lambda&1\\1&0&1&1-\lambda\end{vmatrix}=0$에서

고유치 $\lambda=-1,1,1,3$이다. 즉,

보기 중 Φ의 고유치가 아닌 것은 ①이다.

14 ①

$$W=\{A\in M_{2\times2}(\mathbb{R})\mid A^T=-A\}$$
$$=\left\{\begin{bmatrix}0&b\\-b&0\end{bmatrix}\middle|\ b\in\mathbb{R}\right\}$$

$\Phi\left(\begin{bmatrix}0&b\\-b&0\end{bmatrix}\right)=\begin{bmatrix}b&0\\0&-b\end{bmatrix}$이므로

선형변환 Φ 에 의한 상$\Phi(W)$의 차원은 1이다.

15 ③

$$T(-1+2x^2)=x(-1+2x^2)'=4x^2$$
$$T^2(-1+2x^2)=T\circ T(-1+2x^2)$$
$$=T(4x^2)=x(4x^2)'=8x^2$$
$$T^3(-1+2x^2)=T\circ T^2(-1+2x^2)=T(8x^2)=x(8x^2)'=16x^2$$

16 ②

T를 $\mathbb{R}^3$의 표준기저로 표현한 행렬

$A=\begin{pmatrix}3&1&1\\2&4&2\\-1&-1&1\end{pmatrix}$의 특성방정식

$\begin{vmatrix}3-\lambda&1&1\\2&4-\lambda&2\\-1&-1&1-\lambda\end{vmatrix}=0$에서 고유치는 $\lambda=2,2,4$이다.

$rank(A-2I)=1$이므로

차원정리에 의해 $nullity(A-2I)=2$이다.

따라서 행렬 A는 대각화가능하다.

(i) $\lambda=2$에 대응하는 고유벡터

$$\begin{pmatrix}1&1&1\\2&2&2\\-1&-1&-1\end{pmatrix}\begin{pmatrix}x\\y\\z\end{pmatrix}=\begin{pmatrix}0\\0\\0\end{pmatrix}$$

$$\Rightarrow x+y+z=0\Rightarrow\begin{pmatrix}1\\-1\\0\end{pmatrix},\begin{pmatrix}1\\0\\-1\end{pmatrix}$$

(ii) $\lambda=4$에 대응하는 고유벡터

$$\begin{pmatrix}-1&1&1\\2&0&2\\-1&-1&-3\end{pmatrix}\begin{pmatrix}x\\y\\z\end{pmatrix}=\begin{pmatrix}0\\0\\0\end{pmatrix}$$

$$\Rightarrow\begin{pmatrix}-1&1&1\\0&2&4\\0&0&0\end{pmatrix}\begin{pmatrix}x\\y\\z\end{pmatrix}=\begin{pmatrix}0\\0\\0\end{pmatrix}\Rightarrow\begin{pmatrix}-1\\-2\\1\end{pmatrix}$$

$$P=\begin{pmatrix}1&1&-1\\-1&0&-2\\0&-1&1\end{pmatrix}\Rightarrow P^{-1}=\begin{pmatrix}1&0&1\\-\frac{1}{2}&-\frac{1}{2}&-\frac{3}{2}\\-\frac{1}{2}&-\frac{1}{2}&-\frac{1}{2}\end{pmatrix}$$

$$A=P\begin{pmatrix}2&0&0\\0&2&0\\0&0&4\end{pmatrix}P^{-1}$$

$$\Rightarrow A^{15}=P\begin{pmatrix}2^{15}&0&0\\0&2^{15}&0\\0&0&4^{15}\end{pmatrix}P^{-1}=\begin{pmatrix}a_{11}&a_{12}&a_{13}\\a_{21}&a_{22}&a_{23}\\a_{31}&a_{32}&a_{33}\end{pmatrix}$$

그러므로 $a_{33}=3\cdot2^{14}-\frac{4^{15}}{2}=3\cdot2^{14}-2^{29}$이다.

17 ④

$$A=\begin{bmatrix}1&1&-5&3\\1&0&-2&1\\2&-1&-1&0\\-2&4&-8&6\end{bmatrix}\sim\begin{bmatrix}1&1&-5&3\\0&-1&3&-2\\0&-3&9&-6\\0&6&-18&12\end{bmatrix}\sim\begin{bmatrix}1&1&-5&3\\0&-1&3&-2\\0&0&0&0\\0&0&0&0\end{bmatrix}$$

ㄱ. (참)

$\dim(Im\,T)=rankA=2$

ㄴ. (참)

$\dim(\ker T)=nullityA=4-rankA=2$

ㄷ. (참)

$\begin{bmatrix}1&1&-5&3\\1&0&-2&1\\2&-1&-1&0\\-2&4&-8&6\end{bmatrix}\begin{bmatrix}1\\1\\1\\1\end{bmatrix}=\begin{bmatrix}0\\0\\0\\0\end{bmatrix}$이므로

$(1,1,1,1)$은 핵공간의 원소이다.

ㄹ. (참)

T의 상공간의 원소는 A의 열공간에 속한다.

여기서 열공간의 기저는 $\left\{\begin{pmatrix}1\\1\\2\\-2\end{pmatrix},\begin{pmatrix}1\\0\\-1\\4\end{pmatrix}\right\}$이다.

$\begin{pmatrix}2\\1\\1\\2\end{pmatrix}=1\begin{pmatrix}1\\1\\2\\-2\end{pmatrix}+1\begin{pmatrix}1\\0\\-1\\4\end{pmatrix}$이므로

$(2,1,1,2)$는 상공간$(Im\,T)$의 원소이다.

즉, 다음 중 옳은 것의 개수는 4개다.

18 ④

선형변환 T의 표준행렬은

$A=\begin{pmatrix}1&2&1\\0&1&1\\-1&3&4\end{pmatrix}$이다.

$A=\begin{pmatrix}1&2&1\\0&1&1\\-1&3&4\end{pmatrix}\sim\begin{pmatrix}1&2&1\\0&1&1\\0&5&5\end{pmatrix}\sim\begin{pmatrix}1&2&1\\0&1&1\\0&0&0\end{pmatrix}$이므로

$rank(A)=2$이고

차원정리에 의해 $nullity(A)=3-2=1$이다.

또한,

$\left(\begin{array}{ccc|c}1&2&1&a\\0&1&1&b\\-1&3&4&c\end{array}\right)\sim\left(\begin{array}{ccc|c}1&2&1&a\\0&1&1&b\\0&5&5&a+c\end{array}\right)\sim\left(\begin{array}{ccc|c}1&2&1&a\\0&1&1&b\\0&0&0&a-5b+c\end{array}\right)$ 이므로

$a-5b+c=0$을 만족하는 (a,b,c)에 대해서만 무수히 많은 해를 갖는다.

19 ④

④ [반례]

$T(x,y)=(x+y,\ x-y)$에서

$v=(1,1)$에 대하여 $T(1,1)=(2,0)$이므로

$\|T(1,1)\|\neq\|(1,1)\|$이다.

20 ②

ㄱ. (참)

$\{u_1,u_2,\cdots u_p\}$가 일차종속이므로

$a_1u_1+a_2u_2+\cdots+a_pu_p=0$일 때,

$a_i\neq0$인 a_i가 존재한다.

$T(a_1u_1+a_2u_2+\cdots+a_pu_p)$

$=a_1T(u_1)+a_2T(u_2)+\cdots+a_pT(u_p)=0$에서

$a_i\neq0$인 a_i가 존재하므로 일차종속이다.

ㄴ. (거짓)

[반례] T가 영변환일 때,

즉 $T(a,b)\to(0,0,0)$라 하면

표준기저 $\{(1,0),(0,1)\}$에 대하여

$T(1,0)\to(0,0,0)$, $T(0,1)\to(0,0,0)$이면

$0\cdot T(1,0)+k\cdot T(0,1)=0(k\neq0)$이므로

$\{T(1,0),T(0,1)\}$는 일차종속이다.

ㄷ. (참)

(i) $a_1T(u_1)+a_2T(u_2)+\cdots+a_pT(u_p)=0$

$\Leftrightarrow T(a_1u_1+a_2u_2+\cdots+a_pu_p)=0$

T는 단사이므로

$a_1u_1+a_2u_2+\cdots+a_pu_p=0$이고 $\{u_1,u_2,\cdots u_p\}$는 일차독립이므로 $a_1=a_2=\cdots=a_p=0$이다.

$\therefore\ \{a_1T(u_1),a_2T(u_2),\cdots a_pT(u_p)\}$는 일차독립

(ii) $\{a_1T(u_1),a_2T(u_2),\cdots a_pT(u_p)\}$가 일차독립이므로

$a_1T(u_1)+a_2T(u_2)+\cdots+a_pT(u_p)=0$에서

$a_1=a_2=\cdots=a_p=0$이다.

또, $a_1T(u_1)+a_2T(u_2)+\cdots+a_pT(u_p)=0$

$\Leftrightarrow T(a_1u_1+a_2u_2+\cdots+a_pu_p)=0$에서

$a_1u_1+a_2u_2+\cdots+a_pu_p=0$ 조건에서

$a_1=a_2=\cdots=a_p=0$이므로

$\{u_1,u_2,\cdots u_p\}$는 일차독립이다.

즉, 보기에서 옳은 것은 ㄱ, ㄷ이다.

21 ②

ㄱ. (거짓)

$T(x,y)=(x+y,x-y,1)$로 정의하면

$T(0,0)=(0,0,1)$이므로 선형변환이 아니다.

ㄴ. (거짓)

[반례] $A=\begin{pmatrix}1&0\\0&0\end{pmatrix}$, $B=\begin{pmatrix}0&0\\0&1\end{pmatrix}\Rightarrow AB=\begin{pmatrix}0&0\\0&0\end{pmatrix}$

$rank(A)=rank(B)=1$이지만 $rank(AB)=0$

ㄷ. (거짓)

[반례] $A=\begin{pmatrix}1&0\\0&1\end{pmatrix}$, $B=\begin{pmatrix}1&2\\3&4\end{pmatrix}\Rightarrow AB=BA$

ㄹ. (참)

A가 $n\times n$ 대각화 가능한 행렬

$\Leftrightarrow$ 일차독립인 n개의 고유벡터가 존재

$\Rightarrow$ 고유벡터에 대응되는 고유치가 존재

즉, 보기 중 옳은 명제는 1개다.

22 ①

회전변환 R을 나타내는 행렬을 A,

선형변환 $T(x)\cdot y=x\cdot T(y)$를 만족하는 행렬을 B라고 할 때,

A는 회전변환 행렬이므로 직교행렬이고 $A^T=A^{-1}$을 만족한다.

$T(x) \cdot y = x \cdot T(y)$

$\Leftrightarrow Bx \cdot y = (Bx)^T y = x^T B^T y = x \cdot (B^T y)$이므로

$B = B^T$를 만족한다.

따라서 선형사상 S의 표현행렬을 P라 할 때, $P = A^{-1}BA$이고

$P^T = (A^{-1}BA)^T$

$= A^T B^T (A^{-1})^T = A^{-1} B (A^T)^T = A^{-1}BA$이므로

P는 대칭행렬이다.

따라서 $P = [S]$는 대칭행렬이다.

23 ④

x축과 이루는 각이 θ인 직선에 대한 대칭이동은

$-\theta$만큼의 회전변환, x축에 대한 대칭변환,

다시 θ만큼의 회전변환을 합성한 변환과 같다.

즉, $A = \begin{pmatrix} \cos\theta & -\sin\theta \\ \sin\theta & \cos\theta \end{pmatrix}\begin{pmatrix} 1 & 0 \\ 0 & -1 \end{pmatrix}\begin{pmatrix} \cos\theta & \sin\theta \\ -\sin\theta & \cos\theta \end{pmatrix}$

$= \begin{pmatrix} \cos 2\theta & \sin 2\theta \\ \sin 2\theta & -\cos 2\theta \end{pmatrix}$이다.

24 ①

$A_1 = \begin{pmatrix} -1 & 0 \\ 0 & 1 \end{pmatrix}$, $A_2 = \begin{pmatrix} -\frac{1}{2} & -\frac{\sqrt{3}}{2} \\ \frac{\sqrt{3}}{2} & -\frac{1}{2} \end{pmatrix}$, $O = \begin{pmatrix} 0 & 0 \\ 0 & 0 \end{pmatrix}$ 이라 하면

$A = \begin{pmatrix} A_1 & O \\ O & A_2 \end{pmatrix}$ 이다.

$A_1^2 = \begin{pmatrix} 1 & 0 \\ 0 & 1 \end{pmatrix}$

A_2 는 원점을 중심으로 반시계방향으로 $\frac{2}{3}\pi$ 만큼

회전한 변환이므로 $A_2^3 = \begin{pmatrix} 1 & 0 \\ 0 & 1 \end{pmatrix}$ 이다.

따라서 $A^n = I_4$ 를 만족하는 최소의 자연수 n 은

2와 3의 최소공배수인 6이다.

25 ①

$A = \begin{pmatrix} \cos\theta & 0 & \sin\theta \\ 0 & 1 & 0 \\ -\sin\theta & 0 & \cos\theta \end{pmatrix} \Rightarrow A^{2021} = \begin{pmatrix} \cos 2021\theta & 0 & \sin 2021\theta \\ 0 & 1 & 0 \\ -\sin 2021\theta & 0 & \cos 2021\theta \end{pmatrix}$

$\theta = \frac{7}{6}\pi$이므로

$$A^{2021} = \begin{pmatrix} \cos\frac{2021\times 7\pi}{6} & 0 & \sin\frac{2021\times 7\pi}{6} \\ 0 & 1 & 0 \\ -\sin\frac{2021\times 7\pi}{6} & 0 & \cos\frac{2021\times 7\pi}{6} \end{pmatrix}$$

$$= \begin{pmatrix} \cos\frac{11\pi}{6} & 0 & \sin\frac{11\pi}{6} \\ 0 & 1 & 0 \\ -\sin\frac{11\pi}{6} & 0 & \cos\frac{11\pi}{6} \end{pmatrix}$$

$$= \begin{pmatrix} \frac{\sqrt{3}}{2} & 0 & -\frac{1}{2} \\ 0 & 1 & 0 \\ \frac{1}{2} & 0 & \frac{\sqrt{3}}{2} \end{pmatrix}$$

26 ②

회전행렬 A는 직교행렬이므로 $\alpha = \frac{1}{3}$이다.

또한 회전변환 A에 대하여 회전축은 A의 고유치 1에 대응하는 고유벡터이므로

$(A-I)\begin{pmatrix} x \\ y \\ z \end{pmatrix} = \begin{pmatrix} 0 \\ 0 \\ 0 \end{pmatrix}$에서

$\begin{pmatrix} -\frac{1}{3} & -\frac{1}{3} & \frac{2}{3} \\ \frac{2}{3} & -\frac{1}{3} & -\frac{1}{3} \\ -\frac{1}{3} & \frac{2}{3} & -\frac{1}{3} \end{pmatrix}\begin{pmatrix} x \\ y \\ z \end{pmatrix} = \begin{pmatrix} 0 \\ 0 \\ 0 \end{pmatrix} \sim \begin{pmatrix} 1 & 0 & -1 \\ 0 & 1 & -1 \\ 0 & 0 & 0 \end{pmatrix}\begin{pmatrix} x \\ y \\ z \end{pmatrix} = \begin{pmatrix} 0 \\ 0 \\ 0 \end{pmatrix}$

즉, $x - z = 0$, $y - z = 0$을 만족한다.

따라서 고유치 1에 대응하는 고유벡터는

$\begin{pmatrix} x \\ y \\ z \end{pmatrix} = \begin{pmatrix} z \\ z \\ z \end{pmatrix} = z\begin{pmatrix} 1 \\ 1 \\ 1 \end{pmatrix}$이다.

고유벡터 $(1,1,1)$의 단위벡터는 $\left(\frac{1}{\sqrt{3}}, \frac{1}{\sqrt{3}}, \frac{1}{\sqrt{3}}\right)$이다.

$\therefore |v_1 + v_2 + v_3| = \sqrt{3}$

27 ④

$A = I - \frac{1}{n^T n} nn^T = \begin{bmatrix} 1 & 0 & 0 \\ 0 & 1 & 0 \\ 0 & 0 & 1 \end{bmatrix} - \frac{1}{2}\begin{bmatrix} 1 & -1 & 0 \\ -1 & 1 & 0 \\ 0 & 0 & 0 \end{bmatrix}$

$= \begin{bmatrix} \frac{1}{2} & \frac{1}{2} & 0 \\ \frac{1}{2} & \frac{1}{2} & 0 \\ 0 & 0 & 1 \end{bmatrix}$이므로

특성방정식 $(1-\lambda)\left\{\left(\frac{1}{2} - \lambda\right)^2 - \frac{1}{4}\right\} = 0$에서 $\lambda = 0, 1$(중근)이다.

(ⅰ) $\lambda = 0$일 때, $\frac{1}{2}(x+y) = 0$, $z = 0$이므로

고유벡터는 $[1 \ \ -1 \ \ 0]^T$이다.

(ⅱ) $\lambda = 1$일 때, $\frac{1}{2}(-x+y) = 0$이므로

고유벡터는 $[1 \ \ 1 \ \ 0]^T$, $[0, 0, 1]^T$이다.

즉, 정사영을 나타내는 변환의 고유벡터가 아닌 것은 ④이다.

28 ④

평면의 법선벡터가

$n = \begin{pmatrix} 1 \\ 1 \\ 1 \end{pmatrix}$이므로 $A = I - \frac{1}{n^t n} nn^t$ 이다.

ㄱ. (거짓)

$\det(A) = \det\left(I - \frac{1}{n^t n} nn^t\right) = 0$

이므로 A의 역행렬은 존재하지 않는다.

ㄴ. (참)

(1, 1, 1)은 평면의 법선벡터이므로

A의 고유치 0에 대응하는 고유벡터이다.

ㄷ. (참)

행렬 A의 고유치는 $\lambda = 0$, 1, 1이므로

A의 트레이스(trace)는 2이다.

ㄹ. (참)

$$A^t=\left(I-\frac{1}{n^tn}nn^t\right)^t$$
$$=I^t-\frac{1}{n^tn}(nn^t)^t$$
$$=I-\frac{1}{n^tn}nn^t=A \text{이므로}$$

행렬 A는 대칭행렬이다. 따라서 대각화가능하다.

즉, 옳은 것은 ㄴ, ㄷ, ㄹ이다.

다른 풀이

ㄹ. (참)

각 고유치에 대하여 대수적 중복도와 기하적 중복도가 같으므로 A는 대각화가능하다.

29 ④

$$\triangle ABC=\frac{1}{2}\left\|\begin{vmatrix} i & j & k \\ 1 & -5 & 0 \\ 2 & -1 & 0\end{vmatrix}\right\|=\frac{1}{2}|(0,0,9)|=\frac{9}{2}\text{이고,}$$

선형변환 T의 표현행렬은 $\begin{pmatrix} 2 & -1 \\ 1 & 2\end{pmatrix}$ 이다.

$$\triangle A'B'C'=\det\begin{pmatrix} 2 & -1 \\ 1 & 2\end{pmatrix}\cdot\triangle ABC$$
$$=5\cdot\frac{9}{2}=\frac{45}{2}\text{ 이다.}$$

30 ①

각 순서기저를

$\alpha=\{w_1, w_2, w_3\}$과 $\beta=\{v_1, v_2, v_3\}$라 하면

α에서 β로의 기저변환 행렬은

$$P_{\alpha\to\beta}=\begin{pmatrix} 1 & 0 & 0 \\ 2 & 1 & 0 \\ 4 & 2 & 1\end{pmatrix}\text{이고}$$

β에서 α로의 기저변환 행렬은

$$P_{\beta\to\alpha}=(P_{\alpha\to\beta})^{-1}=\begin{pmatrix} 1 & 0 & 0 \\ -2 & 1 & 0 \\ 0 & -2 & 1\end{pmatrix}\text{이다.}$$

따라서 α에서 α로의 기저변환 행렬은

$$[T]_\alpha=P_{\beta\to\alpha}[T]_\alpha^\alpha P_{\alpha\to\beta}=\begin{pmatrix} 1 & 0 & 0 \\ -2 & 1 & 0 \\ 0 & -2 & 1\end{pmatrix}\begin{pmatrix} 1 & 1 & -1 \\ 2 & 0 & 1 \\ 1 & 1 & 0\end{pmatrix}\begin{pmatrix} 1 & 0 & 0 \\ 2 & 1 & 0 \\ 4 & 2 & 1\end{pmatrix}$$
$$=\begin{pmatrix} 1 & 1 & -1 \\ 0 & -2 & 3 \\ -3 & 1 & -2\end{pmatrix}\begin{pmatrix} 1 & 0 & 0 \\ 2 & 1 & 0 \\ 4 & 2 & 1\end{pmatrix}$$
$$=\begin{pmatrix} -1 & -1 & -1 \\ 8 & 4 & 3 \\ -9 & -3 & -2\end{pmatrix}\text{이다. 그러므로}$$

$T(w_1+w_2+w_3)$

$=T(w_1)+T(w_2)+T(w_3)$

$=(-w_1+8w_2-9w_3)+(-w_1+4w_2-3w_3)+(-w_1+3w_2-2w_3)$

$=-3w_1+15w_2-14w_3$이고

$a+b+c=-3+15-14=-2$이다.

다른 풀이

$w_1=v_1+2v_2+4v_3$, $w_2=v_2+2v_3$, $w_3=v_3$이며,

$T(v_1)=v_1+2v_2+v_3$,

$T(v_2)=v_1+v_3$,

$T(v_3)=-v_1+v_2$이므로

$T(w_1)=(v_1+2v_2+v_3)+2(v_1+v_3)+4(-v_1+v_2)$

$=-v_1+6v_2+3v_3$

$T(w_2)=(v_1+v_3)+2(-v_1+v_2)=-v_1+2v_2+v_3$

$T(w_3)=-v_1+v_2$이다.

$T(w_1+w_2+w_3)=-3v_1+9v_2+4v_3$

$=-3(v_1+2v_2+4v_3)+15(v_2+2v_3)-14(v_3)$

$=-3w_1+15w_2-14w_3$

$\therefore -3+15-14=-2$

09. 내적공간과 이차형식

문제 p.336

01 ③	02 ②	03 ①	04 ②	05 ②	06 ④	07 ④	08 ①	09 ④	10 ②
11 ④	12 ①	13 ①	14 ②	15 ④	16 ②	17 ②	18 ④	19 ②	20 ④
21 ④	22 ③	23 ④	24 ③	25 ②					

01 ③

①, ② (참)

$AA^T = A^TA = I$ 이므로

각 행(열)벡터들은 정규직교집합을 이룬다.

③ (거짓)

[반례] $A=\begin{pmatrix}1&1\\0&1\end{pmatrix}$일 때, $A^{-1}A^T=\begin{pmatrix}0&-1\\1&1\end{pmatrix}$이고

$\begin{pmatrix}0&-1\\1&1\end{pmatrix}^T\begin{pmatrix}0&-1\\1&1\end{pmatrix}=\begin{pmatrix}0&1\\-1&1\end{pmatrix}\begin{pmatrix}0&-1\\1&1\end{pmatrix}=\begin{pmatrix}1&1\\1&2\end{pmatrix}\neq I_2$

④ (참)

$A^k(A^k)^T = \underbrace{A\cdots A}_{k}\underbrace{A^T\cdots A^T}_{k}$

$= A\cdots A(AA^T)A^T\cdots A^T = I$ 이므로

A^k 는 직교행렬이다.

02 ②

ㄱ. (참)

직교행렬은 크기를 보존한다.

ㄴ. (거짓)

$\det Q=\pm 1$이다.

ㄷ. (참)

직교행렬의 역행렬은 직교행렬이다.

ㄹ. (참)

직교행렬의 고윳값은 ± 1이다.

03 ①

$\mathbb{R}^3$에 대한 V의 직교보공간은 평면 V에 수직이고 원점을 통과하는 직선이다.

$\begin{vmatrix}i&j&k\\1&2&3\\1&0&1\end{vmatrix}=2(1,\ 1,\ -1)$이므로

직선의 방향벡터는 $(1,\ 1,\ -1)$이고

이 벡터 위로 $(3,\ 1,\ 1)$의 정사영은

$proj_{(1,1,-1)}(3,\ 1,\ 1)=\dfrac{(3,\ 1,\ 1)\cdot(1,\ 1,\ -1)}{\left(\sqrt{1^2+1^2+(-1)^2}\right)^2}(1,\ 1,\ -1)$

$=(1,\ 1,\ -1)=(x,\ y,\ z)$

따라서 $x+y+z=1+1-1=1$이다.

04 ②

T의 표현행렬 $A=\begin{bmatrix}1&0&1&0\\2&0&2&0\\0&2&-4&0\\-3&0&6&0\end{bmatrix}$이고

T의 치역 W의 직교여공간은 A^t의 해공간이다.

$\begin{bmatrix}1&2&0&-3\\0&0&2&0\\1&2&-4&6\\0&0&0&0\end{bmatrix}\begin{bmatrix}x\\y\\z\\w\end{bmatrix}=\begin{bmatrix}0\\0\\0\\0\end{bmatrix}\Rightarrow\begin{pmatrix}1&2&0&-3\\0&0&2&0\\0&0&0&9\\0&0&0&0\end{pmatrix}\begin{pmatrix}x\\y\\z\\w\end{pmatrix}=\begin{pmatrix}0\\0\\0\\0\end{pmatrix}$

$\therefore\ W^{\perp}=Span\langle -2,1,0,0\rangle$

05 ②

행렬 $A=\begin{pmatrix}1&1&0\\1&0&-1\\0&1&1\\-1&1&-1\end{pmatrix}=(c_1:c_2:c_3)$의 열벡터들은 서로 직교하므로

열공간 $W=<c_1,\ c_2,\ c_3>$이다.

$proj_W b=\dfrac{<b,c_1>}{\|c_1\|^2}c_1+\dfrac{<b,c_2>}{\|c_2\|^2}c_2+\dfrac{<b,c_3>}{\|c_3\|^2}c_3$

$=\dfrac{1}{3}c_1+\dfrac{14}{3}c_2-\dfrac{5}{3}c_3=<5,\ 2,\ 3,\ 6>$

$=<5,\ 2,\ 3,\ 6>=<a,\ b,\ c,\ d>$이다.

따라서 $a+b+c+d=16$ 이다.

06 ④

$A=\begin{pmatrix}1&0&1&1\\1&-1&0&0\\1&0&1&1\\0&1&1&1\\0&1&1&1\\0&1&1&1\end{pmatrix}$이라 할 때, 상공간 ImT는 A의 열공간(A^T의 행공간)과 같고 A^T에 수직인 공간은 A^T의 해공간과 같다.

따라서 $A^T=\begin{pmatrix}1&1&1&0&0&0\\0&-1&0&1&1&1\\1&0&1&1&1&1\\1&0&1&1&1&1\end{pmatrix}$이고

기본 행 연산에 의하여

$\begin{pmatrix}1&1&1&0&0&0\\0&-1&0&1&1&1\\1&0&1&1&1&1\\1&0&1&1&1&1\end{pmatrix}\Rightarrow\begin{pmatrix}1&1&1&0&0&0\\0&-1&0&1&1&1\\0&-1&0&1&1&1\\0&-1&0&1&1&1\end{pmatrix}$

$\dim(W)=6-2=4$이다.

07 ④

사영행렬을 P, 행렬 $A=\begin{pmatrix}1&1\\0&1\\0&1\\0&0\end{pmatrix}$이라 할 때,

$$P=A(A^TA)^{-1}A^T$$

$$=\begin{pmatrix}1&1\\0&1\\0&1\\0&0\end{pmatrix}\left\{\begin{pmatrix}1&0&0&0\\1&1&1&0\end{pmatrix}\begin{pmatrix}1&1\\0&1\\0&1\\0&0\end{pmatrix}\right\}^{-1}\begin{pmatrix}1&0&0&0\\1&1&1&0\end{pmatrix}$$

$$=\begin{pmatrix}1&1\\0&1\\0&1\\0&0\end{pmatrix}\begin{pmatrix}1&1\\1&3\end{pmatrix}^{-1}\begin{pmatrix}1&0&0&0\\1&1&1&0\end{pmatrix}$$

$$=\begin{pmatrix}1&1\\0&1\\0&1\\0&0\end{pmatrix}\frac{1}{2}\begin{pmatrix}3&-1\\-1&1\end{pmatrix}\begin{pmatrix}1&0&0&0\\1&1&1&0\end{pmatrix}$$

$$=\frac{1}{2}\begin{pmatrix}2&0\\-1&1\\-1&1\\0&0\end{pmatrix}\begin{pmatrix}1&0&0&0\\1&1&1&0\end{pmatrix}=\frac{1}{2}\begin{pmatrix}2&0&0&0\\0&1&1&0\\0&1&1&0\\0&0&0&0\end{pmatrix}$$ 이다.

또한,

$$\frac{1}{2}\begin{pmatrix}2&0&0&0\\0&1&1&0\\0&1&1&0\\0&0&0&0\end{pmatrix}\begin{pmatrix}4\\2\\3\\1\end{pmatrix}=\frac{1}{2}\begin{pmatrix}8\\5\\5\\0\end{pmatrix}$$ 이므로

$C=\begin{pmatrix}4&2\\3&1\end{pmatrix}$를 사영시킨 행렬은

$\frac{1}{2}\begin{pmatrix}8&5\\5&0\end{pmatrix}=\begin{pmatrix}\alpha&\beta\\\gamma&\delta\end{pmatrix}$이다.

$\therefore\ \alpha+\beta+\gamma+\delta=\frac{1}{2}(8+5+5+0)=9$

08 ①

07에서 구한 사영행렬

$$P=\frac{1}{2}\begin{pmatrix}2&0&0&0\\0&1&1&0\\0&1&1&0\\0&0&0&0\end{pmatrix}$$ 이므로

$p_{11}+p_{22}+p_{33}+p_{44}+\det(P)=2$이다.

09 ④

$v_1=(1,0,1)$, $v_2=(0,1,2)$, $v_3=(2,1,0)$라 하여

그램-슈미트 과정에 의해 직교기저로 옮기면

$w_1=v_1=(1,0,1)$

$w_2=v_2-proj_{w_1}v_2=(0,1,2)-\frac{2}{2}(1,0,1)$

$=(-1,1,1)$

$w_3=v_3-proj_{w_1}v_3-proj_{w_2}v_3$

$=(2,1,0)-\left\{\frac{2}{2}(1,0,1)+\frac{-1}{3}(-1,1,1)\right\}$

$=(2,1,0)-(1,0,1)+\frac{1}{3}(-1,1,1)$

$=(1,1,-1)+\frac{1}{3}(-1,1,1)$

$=\left(\frac{2}{3},\frac{4}{3},-\frac{2}{3}\right)$ // $(1,2,-1)$ // $(-1,-2,1)$

즉, 직교기저의 원소가 될 수 있는 것은 ㄱ, ㄴ, ㄷ, ㄹ이다.

10 ②

세 벡터

$w_1=(1,0,0,0)$

$w_2=(1,1,1,0)$

$w_3=(1,2,0,1)$를 직교화하면

$v_1=(1,0,0,0)$

$v_2=w_2-proj_{v_1}w_2=(1,1,1,0)-\frac{1}{1}(1,0,0,0)$

$=(0,1,1,0)$

$v_3=w_3-proj_{v_1}w_3-proj_{v_2}w_3$

$=(1,2,0,1)-\left\{\frac{1}{1}(1,0,0,0)+\frac{2}{2}(0,1,1,0)\right\}$

$=(1,2,0,1)-(1,1,1,0)=(0,1,-1,1)$이다.

그러므로 정규직교기저는

$u_1=(1,0,0,0)$

$u_2=\frac{1}{\sqrt{2}}(0,1,1,0)=(0,a,a,b)$

$u_3=\frac{1}{\sqrt{3}}(0,1,-1,1)=(0,c,d,c)$이다.

$\therefore\ a^2+b^2+c^2+d^2=\frac{1}{2}+0+\frac{1}{3}+\frac{1}{3}=\frac{7}{6}$

11 ④

두 벡터 v_1, v_2에 수직인 단위벡터는

$\frac{v_1\times v_2}{\|v_1\times v_2\|}=\frac{1}{\sqrt{3}}<1,1,1>$ $(\because a>0)$이므로

좌표벡터를 $<p,q,r>$이라고 하면

$pv_1+qv_2+rv_3=<\sqrt{6},2\sqrt{6},3\sqrt{6}>$이다. 즉,

$$\begin{pmatrix}\frac{1}{\sqrt{2}}&\frac{1}{\sqrt{6}}&\frac{1}{\sqrt{3}}\\0&-\frac{2}{\sqrt{6}}&\frac{1}{\sqrt{3}}\\-\frac{1}{\sqrt{2}}&\frac{1}{\sqrt{6}}&\frac{1}{\sqrt{3}}\end{pmatrix}\begin{pmatrix}p\\q\\r\end{pmatrix}=\begin{pmatrix}\sqrt{6}\\2\sqrt{6}\\3\sqrt{6}\end{pmatrix}$$ 에서

$$\begin{pmatrix}p\\q\\r\end{pmatrix}=\begin{pmatrix}\frac{1}{\sqrt{2}}&\frac{1}{\sqrt{6}}&\frac{1}{\sqrt{3}}\\0&-\frac{2}{\sqrt{6}}&\frac{1}{\sqrt{3}}\\-\frac{1}{\sqrt{2}}&\frac{1}{\sqrt{6}}&\frac{1}{\sqrt{3}}\end{pmatrix}^T\begin{pmatrix}\sqrt{6}\\2\sqrt{6}\\3\sqrt{6}\end{pmatrix}$$

($\because$ 직교행렬)

$p=\sqrt{3}-3\sqrt{3}=-2\sqrt{3}$

$q=1-4+3=0$

$r=\sqrt{2}+2\sqrt{2}+3\sqrt{2}=6\sqrt{2}$

$\therefore\ p+q+r=6\sqrt{2}-2\sqrt{3}$

12 ①

$(x\ \ y)\begin{pmatrix} 2 & -a \\ 0 & 4 \end{pmatrix}\begin{pmatrix} x \\ y \end{pmatrix} = (x\ \ y)\begin{pmatrix} 2 & -\frac{a}{2} \\ -\frac{a}{2} & 4 \end{pmatrix}\begin{pmatrix} x \\ y \end{pmatrix}$의 모든 값이 0

이상이 되기 위해서는

$\begin{pmatrix} 2 & -\frac{a}{2} \\ -\frac{a}{2} & 4 \end{pmatrix}$의 모든 고유치가 양수(양정치 행렬)이어야 한다.

$\therefore 8-\dfrac{a^2}{4} \geq 0 \Leftrightarrow a^2 \leq 32$

$\Leftrightarrow -\sqrt{32} \leq a \leq \sqrt{32}$ 일 때,

$(x\ \ y)\begin{pmatrix} 2 & -a \\ 0 & 4 \end{pmatrix}\begin{pmatrix} x \\ y \end{pmatrix}$가 항상 0 이상이 된다.

그러므로 a의 최댓값은 $\sqrt{32}=4\sqrt{2}$ 이다.

13 ①

$A\mathbf{x}=\mathbf{b} \Rightarrow A^TA\mathbf{x}=A^T\mathbf{b}$

$\Rightarrow \begin{bmatrix} 4 & 0 & 1 \\ 0 & 2 & 1 \end{bmatrix}\begin{bmatrix} 4 & 0 \\ 0 & 2 \\ 1 & 1 \end{bmatrix}\begin{bmatrix} a \\ b \end{bmatrix}=\begin{bmatrix} 4 & 0 & 1 \\ 0 & 2 & 1 \end{bmatrix}\begin{bmatrix} 2 \\ 0 \\ 11 \end{bmatrix}$

$\Rightarrow \begin{bmatrix} 17 & 1 \\ 1 & 5 \end{bmatrix}\begin{bmatrix} a \\ b \end{bmatrix}=\begin{bmatrix} 19 \\ 11 \end{bmatrix}$

$\therefore a=1,\ b=2$이므로

구하고자 하는 값 $b-a=1$이다.

14 ②

최소제곱오차를 갖는 직선을 $y=ax+b$라고 할 때,

다음의 식을 만족한다.

$0=a+b,\ 1=2a+b,\ 2=4a+b,\ 2=5a+b$

즉, $\begin{pmatrix} 1 & 1 \\ 2 & 1 \\ 4 & 1 \\ 5 & 1 \end{pmatrix}\begin{pmatrix} a \\ b \end{pmatrix}=\begin{pmatrix} 0 \\ 1 \\ 2 \\ 2 \end{pmatrix}$이므로

$$\begin{pmatrix} a \\ b \end{pmatrix}=\left\{\begin{pmatrix} 1 & 1 \\ 2 & 1 \\ 4 & 1 \\ 5 & 1 \end{pmatrix}^T\begin{pmatrix} 1 & 1 \\ 2 & 1 \\ 4 & 1 \\ 5 & 1 \end{pmatrix}\right\}^{-1}\begin{pmatrix} 1 & 1 \\ 2 & 1 \\ 4 & 1 \\ 5 & 1 \end{pmatrix}^T\begin{pmatrix} 0 \\ 1 \\ 2 \\ 2 \end{pmatrix}$$

$$=\begin{pmatrix} 46 & 12 \\ 12 & 4 \end{pmatrix}^{-1}\begin{pmatrix} 20 \\ 5 \end{pmatrix}$$

$$=\frac{1}{184-144}\begin{pmatrix} 4 & -12 \\ -12 & 46 \end{pmatrix}\begin{pmatrix} 20 \\ 5 \end{pmatrix}=\frac{10}{40}\begin{pmatrix} 2 & -6 \\ -6 & 23 \end{pmatrix}\begin{pmatrix} 4 \\ 1 \end{pmatrix}$$

$=\dfrac{1}{4}\begin{pmatrix} 2 \\ -1 \end{pmatrix}$이다.

그러므로 최소제곱오차를 갖는 직선은

$y=\dfrac{1}{2}x-\dfrac{1}{4}$이다.

15 ④

$T=mt+n$이라 할 때,

$\Rightarrow 6=n,\ 9=m+n,\ 10=2m+n$이다.

이를 행렬로 표현하면

$\begin{bmatrix} 0 & 1 \\ 1 & 1 \\ 2 & 1 \end{bmatrix}\begin{bmatrix} m \\ n \end{bmatrix}=\begin{bmatrix} 6 \\ 9 \\ 10 \end{bmatrix}$

$\Rightarrow \begin{bmatrix} 0 & 1 & 2 \\ 1 & 1 & 1 \end{bmatrix}\begin{bmatrix} 0 & 1 \\ 1 & 1 \\ 2 & 1 \end{bmatrix}\begin{bmatrix} m \\ n \end{bmatrix}=\begin{bmatrix} 0 & 1 & 2 \\ 1 & 1 & 1 \end{bmatrix}\begin{bmatrix} 6 \\ 9 \\ 10 \end{bmatrix}$

$\Rightarrow \begin{bmatrix} 5m+3n \\ 3m+3n \end{bmatrix}=\begin{bmatrix} 29 \\ 25 \end{bmatrix}$

$\Rightarrow m=2,\ n=\dfrac{19}{3}$

$\therefore T=2t+\dfrac{19}{3}$

$\therefore T(10)=\dfrac{79}{3}\approx 26.3$

16 ②

$f_1=1,\ f_2=2x-1,\ f=x^2$이라 하면

$<f_1, f_2> = \int_0^1 1\cdot(2x-1)dx=0$이고

$\|f_1\|=\sqrt{\int_0^1 1^2\,dx}=1$

$\|f_2\|=\sqrt{\int_0^1 (2x-1)^2\,dx}=\dfrac{1}{\sqrt{3}}$이므로

$g_1=\dfrac{f_1}{\|f_1\|}=1,\ g_2=\dfrac{f_2}{\|f_2\|}=\sqrt{3}(2x-1)$

따라서 최소제곱해는

$\hat{f}=<f, g_1>\cdot g_1+<f, g_2>\cdot g_2$

$=\left(\int_0^1 x^2\cdot 1dx\right)g_1+\left(\int_0^1 x^2\cdot\sqrt{3}(2x-1)dx\right)g_2$

$=\dfrac{1}{3}\cdot 1+\dfrac{\sqrt{3}}{6}\cdot\sqrt{3}(2x-1)$

$=x-\dfrac{1}{6}$

다른 풀이

$<1, 1> = \int_0^1 1\,dx = 1$

$<1, 2x-1> = \int_0^1 (2x-1)\,dx = 0$

$<2x-1, 2x-1> = \int_0^1 (2x-1)^2\,dx = \dfrac{1}{3}$

$<1, x^2> = \int_0^1 x^2\,dx = \dfrac{1}{3}$

$<2x-1, x^2> = \int_0^1 (2x^3-x^2)\,dx = \dfrac{1}{6}$

$\begin{bmatrix} <1,1> & <1,2x-1> \\ <2x-1,1> & <2x-1,2x-1> \end{bmatrix}\begin{bmatrix} a \\ b \end{bmatrix}=\begin{bmatrix} <1,x^2> \\ <2x-1,x^2> \end{bmatrix}$

$\Leftrightarrow \begin{bmatrix} 1 & 0 \\ 0 & \frac{1}{3} \end{bmatrix}\begin{bmatrix} a \\ b \end{bmatrix}=\begin{bmatrix} \frac{1}{3} \\ \frac{1}{6} \end{bmatrix}$

따라서 $a=\dfrac{1}{3},\ b=\dfrac{1}{2}$이므로

최소제곱해는 $y=\dfrac{1}{3}+\dfrac{1}{2}(2x-1)=x-\dfrac{1}{6}$이다.

17 ②

$q(x,y,z)=x^2+2ay^2+3az^2+4xy+2(1-a)xz-2ayz$

$$=(x\ y\ z)\begin{pmatrix}1&2&1-a\\2&2a&-a\\1-a&-a&3a\end{pmatrix}\begin{pmatrix}x\\y\\z\end{pmatrix}$$

이고 행렬 $A=\begin{pmatrix}1&2&1-a\\2&2a&-a\\1-a&-a&3a\end{pmatrix}$라고 할 때,

$q(x,y,z)>0$ 이기 위해서는 A의 주 부분행렬의 행렬식이 양수이어야 한다.

(ⅰ) $|A_1|=|1|=1$

(ⅱ) $|A_2|=\begin{vmatrix}1&2\\2&2a\end{vmatrix}=2a-4$

(ⅲ) $\begin{vmatrix}1&2&1-a\\2&2a&-a\\1-a&-a&3a\end{vmatrix}=\begin{vmatrix}1&2-a&1-a\\2&0&-a\\1-a&a^2-2a&3a\end{vmatrix}$

$$=\begin{vmatrix}1&2-a&1-a\\2&0&-a\\1-a&-a(2-a)&3a\end{vmatrix}$$

$$=\begin{vmatrix}1&2-a&1-a\\2&0&-a\\1&0&-a^2+4a\end{vmatrix}$$

$$=(a-2)(-2a^2+8a+a)$$

$$=-a(a-2)(2a-9)\text{이다.}$$

따라서 $2a-4>0 \Leftrightarrow a>2$ 와

$-a(a-2)(2a-9)>0 \Leftrightarrow a<0$ 또는 $2<a<\frac{9}{2}$를 동시에 만족해야 한다.

부등식을 만족하는 정수 a는 3, 4로 2개다.

18 ④

$$\frac{\boldsymbol{x}^TA^TA\boldsymbol{x}}{\boldsymbol{x}^T\boldsymbol{x}}=\frac{(A\boldsymbol{x})^TA\boldsymbol{x}}{\boldsymbol{x}^T\boldsymbol{x}}$$

$$=\frac{\|A\boldsymbol{x}\|^2}{\|\boldsymbol{x}\|^2}$$

$$=\frac{\|\lambda\boldsymbol{x}\|^2}{\|\boldsymbol{x}\|^2}=\lambda^2\ (\because A\boldsymbol{x}=\lambda\boldsymbol{x})\text{이므로}$$

고유치의 최댓값을 구하면 된다.

$$\begin{vmatrix}3-\lambda&\sqrt{2}&0&0\\\sqrt{2}&2-\lambda&0&0\\0&0&1-\lambda&\sqrt{2}\\0&0&\sqrt{2}&2-\lambda\end{vmatrix}$$

$$=\begin{vmatrix}3-\lambda&\sqrt{2}\\\sqrt{2}&2-\lambda\end{vmatrix}\begin{vmatrix}1-\lambda&\sqrt{2}\\\sqrt{2}&2-\lambda\end{vmatrix}$$

$$=(\lambda^2-5\lambda+4)(\lambda^2-3\lambda)$$

$$=\lambda(\lambda-1)(\lambda-3)(\lambda-4)=0\text{에서}$$

$\lambda=0,1,3,4$이므로 최대 고윳값은 4이고,

최댓값은 $\lambda^2=4^2=16$이다.

19 ②

선형사상 $T:R^3\to R^3$,

$T(x,y,z)=(x+2y+3z,\ 2x+y,\ 3x+2z)$의

표준행렬을 A라 하면

$A=\begin{pmatrix}1&2&3\\2&1&0\\3&0&2\end{pmatrix}$이고

벡터 $v=\begin{pmatrix}x\\y\\z\end{pmatrix}\in R^3$에 대하여 $T(x,y,z)=Av$이다.

이때,

$$\|T(x,y,z)\|^2=\|Av\|^2=Av\cdot Av$$

$$=(Av)^TAv$$

$$=v^TA^TAv$$

$$=v^TA^2v\text{이므로 이차형식이다.}$$

$x^2+y^2+z^2=1$이므로 A^2의 고윳값의 최솟값을 구하면 된다.

$$|A-\lambda I|=\begin{vmatrix}1-\lambda&2&3\\2&1-\lambda&0\\3&0&2-\lambda\end{vmatrix}$$

$$=3(3\lambda-3)+(2-\lambda)(\lambda^2-2\lambda-3)$$

$$=-\lambda^3+4\lambda^2+8\lambda-15$$

$$=-(\lambda-5)(\lambda^2+\lambda-3)\text{이므로}$$

$\lambda=5,\ \lambda=\frac{-1+\sqrt{13}}{2},\ \lambda=\frac{-1-\sqrt{13}}{2}$이다.

$\therefore \|T(x,y,z)\|$의 최솟값은 $\frac{\sqrt{13}-1}{2}$이다.

20 ④

주어진 식을 2변수 x, y에 대한 이차형식으로 나타내면 다음과 같다.

$$x^2+xy+y^2=(x\ \ y)\begin{pmatrix}1&\frac{1}{2}\\\frac{1}{2}&1\end{pmatrix}\begin{pmatrix}x\\y\end{pmatrix}=3$$

그리고 특성방정식을 구하면

$\begin{vmatrix}1-\lambda&\frac{1}{2}\\\frac{1}{2}&1-\lambda\end{vmatrix}=\lambda^2-2\lambda+\frac{3}{4}=0$에서 $\lambda=\frac{1}{2},\ \frac{3}{2}$이므로

주축 정리에 의하여

$\frac{x^2}{2}+\frac{3y^2}{2}=3\Rightarrow\frac{x^2}{6}+\frac{y^2}{2}=1$이다.

이 타원의 장축 길이는 $2\sqrt{6}$, 단축의 길이는 $2\sqrt{2}$이므로

장축의 길이와 단축의 길이의 곱은 $8\sqrt{3}$이다.

21 ④

주어진 식을 3변수 x, y, z에 대한 이차형식으로 나타내면 다음과 같다.

$$3x^2-4xy+3y^2+5z^2=(x\ y\ z)\begin{pmatrix}3&-2&0\\-2&3&0\\0&0&5\end{pmatrix}\begin{pmatrix}x\\y\\z\end{pmatrix}$$

그리고 특성방정식을 구하면

$$\begin{vmatrix}3-\lambda&-2&0\\-2&3-\lambda&0\\0&0&5-\lambda\end{vmatrix}=(5-\lambda)(\lambda^2-6\lambda+5)$$

$$=-(\lambda-5)^2(\lambda-1)\text{이므로}$$

$\lambda=1=a,\ \lambda=5=b$이다.

(ⅰ) $\lambda=1$일 때,

$\begin{pmatrix}2&-2&0\\-2&2&0\\0&0&4\end{pmatrix}\begin{pmatrix}x\\y\\z\end{pmatrix}=\begin{pmatrix}0\\0\\0\end{pmatrix}$이므로

고유벡터가 $\begin{pmatrix}1\\1\\0\end{pmatrix}$과 평행하고 크기가 1이어야 하므로

$\frac{1}{\sqrt{2}}\begin{pmatrix}1\\1\\0\end{pmatrix}$이다.

(ii) $\lambda=5$일 때,

$\begin{pmatrix}-2&-2&0\\-2&-2&0\\0&0&0\end{pmatrix}\begin{pmatrix}x\\y\\z\end{pmatrix}=\begin{pmatrix}0\\0\\0\end{pmatrix}$이므로

고유벡터가 $\begin{pmatrix}-1\\1\\0\end{pmatrix}$, $\begin{pmatrix}0\\0\\1\end{pmatrix}$과 평행하고 크기가 1이어야 하므로

$\frac{1}{\sqrt{2}}\begin{pmatrix}-1\\1\\0\end{pmatrix}$, $\begin{pmatrix}0\\0\\1\end{pmatrix}$이다.

또한, 고유벡터를 열로 받아 만든

$P=\frac{1}{\sqrt{2}}\begin{pmatrix}1&-1&0\\1&1&0\\0&0&\sqrt{2}\end{pmatrix}$, 변경 전 좌표벡터를 $V=\begin{pmatrix}x\\y\\z\end{pmatrix}$,

변경 후 좌표벡터를 $V'=\begin{pmatrix}X\\Y\\Z\end{pmatrix}$라고 할 때,

$\begin{pmatrix}x\\y\\z\end{pmatrix}=\frac{1}{\sqrt{2}}\begin{pmatrix}1&-1&0\\1&1&0\\0&0&\sqrt{2}\end{pmatrix}\begin{pmatrix}X\\Y\\Z\end{pmatrix}$

$\Rightarrow \begin{pmatrix}X\\Y\\Z\end{pmatrix}=\frac{1}{\sqrt{2}}\begin{pmatrix}1&1&0\\-1&1&0\\0&0&\sqrt{2}\end{pmatrix}\begin{pmatrix}x\\y\\z\end{pmatrix}$이므로

$X=\frac{1}{\sqrt{2}}x+\frac{1}{\sqrt{2}}y$이다.

그러므로 $a^2+b^2+\alpha^2+\beta^2+\gamma^2=1+25+1=27$이다.

22 ③

$5x^2-4xy+8y^2=(x\ \ y)\begin{pmatrix}5&-2\\-2&8\end{pmatrix}\begin{pmatrix}x\\y\end{pmatrix}$이고

$\begin{vmatrix}5-\lambda&-2\\-2&8-\lambda\end{vmatrix}=\lambda^2-13\lambda+36=(\lambda-9)(\lambda-4)$이므로

$\lambda=9$, $\lambda=4$이다.

(i) $\lambda=9$일 때,

$\begin{pmatrix}-4&-2\\-2&-1\end{pmatrix}\begin{pmatrix}x\\y\end{pmatrix}=\begin{pmatrix}0\\0\end{pmatrix} \Leftrightarrow 2x+y=0$이므로

고유벡터는 $\frac{1}{\sqrt{5}}\begin{pmatrix}1\\-2\end{pmatrix}$이다.

(ii) $\lambda=4$일 때,

$\begin{pmatrix}1&-2\\-2&4\end{pmatrix}\begin{pmatrix}x\\y\end{pmatrix}=\begin{pmatrix}0\\0\end{pmatrix} \Leftrightarrow x-2y=0$이므로

고유벡터는 $\frac{1}{\sqrt{5}}\begin{pmatrix}2\\1\end{pmatrix}$이다.

주축정리에 의하여

$5x^2-4xy+8y^2 \Rightarrow 9(x')^2+4(y')^2$이다.

$(4\sqrt{5}\ \ -16\sqrt{5})\begin{pmatrix}x\\y\end{pmatrix}=(4\sqrt{5}\ \ -16\sqrt{5})\frac{1}{\sqrt{5}}\begin{pmatrix}1&2\\-2&1\end{pmatrix}\begin{pmatrix}x'\\y'\end{pmatrix}$

$=(4\ \ -16)\begin{pmatrix}1&2\\-2&1\end{pmatrix}\begin{pmatrix}x'\\y'\end{pmatrix}$

$=(36\ \ -8)\begin{pmatrix}x'\\y'\end{pmatrix}$

$=36(x')-8(y')$이므로

$4\sqrt{5}x-16\sqrt{5}y \Rightarrow 36(x')-8(y')$이다.

그러므로 주축정리에 의하여

$5x^2-4xy+8y^2+4\sqrt{5}x-16\sqrt{5}y+4=0$

$\Rightarrow 9x^2+4y^2+36x-8y+4=0$이다. 또한,

$9x^2+4y^2+36x-8y+4=0$

$\Leftrightarrow 9(x^2+4x+4)+4(y^2-2y+1)=36$

$\Leftrightarrow \frac{(x+2)^2}{4}+\frac{(y-1)^2}{9}=1$이며

평행이동에 의하여 $\frac{x^2}{4}+\frac{y^2}{9}=1$으로 바꾸어 쓸 수 있다.

즉, $A\times B=4\times 9=36$이다.

23 ④

평면곡선을 반시계 방향으로 30° 씩 회전하면

곡선 위의 점은 반시계 방향으로 30° 씩 회전하게 된다.

즉, $PX=Y \Leftrightarrow \begin{pmatrix}\cos\frac{\pi}{6}&-\sin\frac{\pi}{6}\\\sin\frac{\pi}{6}&\cos\frac{\pi}{6}\end{pmatrix}\begin{pmatrix}x\\y\end{pmatrix}=\begin{pmatrix}x'\\y'\end{pmatrix}$

$\Leftrightarrow \begin{pmatrix}\frac{\sqrt{3}}{2}&\frac{-1}{2}\\\frac{1}{2}&\frac{\sqrt{3}}{2}\end{pmatrix}\begin{pmatrix}x\\y\end{pmatrix}=\begin{pmatrix}x'\\y'\end{pmatrix}$

$\Leftrightarrow \begin{pmatrix}x\\y\end{pmatrix}=\frac{1}{2}\begin{pmatrix}\sqrt{3}&1\\-1&\sqrt{3}\end{pmatrix}\begin{pmatrix}x'\\y'\end{pmatrix}$

$\Leftrightarrow X=P^{-1}Y$이다.

$1=X^tAX$

$=(P^{-1}Y)^t\begin{pmatrix}1&0\\0&\frac{1}{4}\end{pmatrix}(P^{-1}Y)$

$=\frac{1}{4}(x'\ y')\begin{pmatrix}\sqrt{3}&-1\\1&\sqrt{3}\end{pmatrix}\begin{pmatrix}1&0\\0&\frac{1}{4}\end{pmatrix}\begin{pmatrix}\sqrt{3}&1\\-1&\sqrt{3}\end{pmatrix}\begin{pmatrix}x'\\y'\end{pmatrix}$

$=\frac{1}{16}(x'\ y')\begin{pmatrix}13&3\sqrt{3}\\3\sqrt{3}&7\end{pmatrix}\begin{pmatrix}x'\\y'\end{pmatrix}$

$\Rightarrow 13(x')^2+6\sqrt{3}x'y'+7(y')^2=16$

따라서 회전시킨 곡선의 방정식은

$13x^2+6\sqrt{3}xy+7y^2=16$ 이다.

24 ③

ㄱ. (거짓)

스칼라 c에 대하여

$T(cx)=(cx)^TA(cx)=c^2(x^TAx)=c^2T(x)$이므로

선형사상이 아니다.

ㄴ. (참)

이차형식 $T(x)$의 최대, 최소는 행렬 A의 고윳값의 최대, 최소와 같다.

A의 고윳값을 구하면 1, $\frac{3\pm\sqrt{5}}{2}$이므로

이차형식 T의 최소와 최대는 $\frac{3-\sqrt{5}}{2}$, $\frac{3+\sqrt{5}}{2}$이다.

그러므로 최대, 최소의 합은 3이다.

ㄷ. (참)

ㄴ에서 구한 고윳값이 모두 양수이므로

임의의 $x\neq\vec{0}$에 대하여 $T(x)>0$이다.

즉, 보기 중 옳은 것의 개수는 2개다.

25 ②

ㄱ. (거짓)

사영행렬 P의 행렬식은 0이다.

ㄴ. (거짓)

$rankA = rankP = trP = 3$

ㄷ. (거짓)

$nullityA = rankQ = 2$

ㄹ. (참)

A의 행공간의 직교여공간은 A의 해공간이다.

Px는 행공간의 벡터이고, Qx는 해공간의 벡터이므로 서로 직교한다. 따라서 $Px \cdot Qx = 0$이다.

즉, 설명 중 옳은 것의 개수는 1개다.

MEMO